"科学逻辑"丛书

科学论证

逻辑与科学评价方法

第二版

周建武 著

Scientific Argumentation
Logic and Scientific Evaluation Method

化学工业出版社

·北京·

内容简介

提升科学论证能力的主要途径在于改进思维方法，作为"科学逻辑"丛书之一，本书从科学论证的实用角度来编写，不仅详细介绍了科学论证的逻辑原理，而且结合丰富的科学案例来阐明如何发现问题、分析问题和解决问题，以此论述科学的论证方法，从而启发科学思维并提升读者的科学论证技能。

本书共分为十章，内容包括逻辑概论、论证语言、论证识别、论证重构、演绎论证、归纳论证、证据评估、论证评价、论证分析、论证构建，并附录有科学论证测试，具有科学性、系统性、实用性的特点。本书适合作为高等院校逻辑学、论证与批判性思维、科学逻辑与科学思维方法等相关课程的教材或参考用书，也适合对此感兴趣的各类读者阅读。

图书在版编目（CIP）数据

科学论证：逻辑与科学评价方法/周建武著. —2版. —北京：化学工业出版社，2023.10
（"科学逻辑"丛书）
ISBN 978-7-122-43694-8

Ⅰ. ①科… Ⅱ. ①周… Ⅲ. ①科学－论证－研究
Ⅳ. ①G40-05

中国国家版本馆CIP数据核字（2023）第112124号

责任编辑：廉　静　　　　　　　装帧设计：王晓宇
责任校对：宋　夏

出版发行：化学工业出版社（北京市东城区青年湖南街13号　邮政编码100011）
印　　装：大厂聚鑫印刷有限责任公司
710mm×1000mm　1/16　印张27　字数415千字　2023年10月北京第2版第1次印刷

购书咨询：010-64518888　售后服务：010-64518899
网　　址：http://www.cip.com.cn
凡购买本书，如有缺损质量问题，本社销售中心负责调换。

定　　价：128.00元　　　　　　　　　　　　　　版权所有　违者必究

宏伟壮丽的科学事业推动着人类社会的文明与进步，科学应用在社会生活的各个领域，使得人们在生活中的几十年，甚至几年的变化要超过现代科学出现之前的几百年甚至几千年的变化。科学与社会进步的相互作用，使得科学体系本身也不断发展与壮大，从而对实践的指导作用不断得到加强，对人类历史进程的影响日趋显著。

现代社会已进入知识经济时代，科学技术、智力资源日益成为生产力发展和经济增长的决定性要素，并正日益深刻地影响着我们的生活。从微观层面看，一个公民的科学素养程度影响到个人价值观和对自然和社会问题的看法，从而影响到个人的生存发展与生活质量。从宏观层面看，国民的科学素养已经关乎一个国家的综合国力。

经济合作与发展组织（OECD）认为，科学素养是运用科学知识，确定问题和作出具有证据的结论，以便对自然世界和通过人类活动对自然世界的改变进行理解和作出决定的能力。科学素养大致包括科学知识、科学方法和科学精神三个方面，现代公民应该理解和掌握基本的科学技术知识和成果、科学研究的方法，并具备好奇心、追求真理、严谨求实、质疑、尊重事实和证据、有实证意识、创新和合作的科学精神和科学态度。

科学方法是科学素养的核心因素之一，经典的科学方法有两大类：实验方法（包括观察方法、调查方法）和思维方法（即科学逻辑方法）。科学思维是从科学视角对客观事物的本质属性及内在规律的认识方式，是基于经验事实对事物间的相互关系的抽象概括和建构的反映，该反映以经验事实和科学知识为中介，借助推理和论证等形式，对多变量因果系统进行信息加工。

科学逻辑形成并运用于科学认识活动，是一个从具体到抽象，再从抽象到具体的过程，通过概念、判断、推理，在思维中再现客观事物的本质，并真实反映客观事物的运动规律。科学逻辑是在实验基础上经过概括、抽象、推理得出规律这样一种研究问题的方法，其本质就是科学思维，是归纳与演绎方法在科学领域的具体运用；是基于事实证据和科学推理，对不同观点和结论提出质疑、批判、检验和修正，进而提出创造性见解的能力，主要包括科学推理、科学分析、科学论证等核心思维能力。

科学是现代人世界观的基础，而逻辑是人们认识这个世界的方式。科学作为一个建立在可检验的解释和对客观事物的形式、组织等进行预测的有序的知识系统，极度依赖逻辑推理。科学知识固然重要，而科学的思维方法更具有重要意义。在思维技能培养中，演绎法与归纳法同等重要。相应地，科学思维能力的培养需要同等重要地培养公民的批判性推理（Critical Thinking，CT）、分析性推理（Analytical Reasoning，AR）两种能力。在北美及欧洲等发达国家，普遍把分析性推理和批判性推理能力的培养作为高等教育的核心目标。这两类能力的主要区别如下。

	批判性推理（CT）	分析性推理（AR）
核心理念	独立思考，怀疑精神，价值多元，包容不同意见	尊重事实、证据，重视事物的客观性，重视命题的可重复性和可检验性
逻辑	认识到形式逻辑的局限性	强调形式逻辑的重要性
	强调归纳逻辑、非演绎逻辑、非形式逻辑（实践逻辑、实质逻辑）	强调演绎逻辑、形式逻辑
语言	认识到语言的局限性	强调概念的明确清晰性，强调语言表达的准确性
数学模型	非线性模型、动态模型、随机性模型、多维模型	线性模型、静态模型、确定性模型、单维模型

逻辑推理分为演绎推理和非演绎推理两大类，其中，分析性推理（AR）的关注范围是演绎推理，批判性推理（CT）的关注重点是非演绎推理（即广义归纳推理）。在科学活动中，科学认识是一个由个别到一般，又由一般到个别的反复过程，达到归纳和演绎的统一。因此，科学逻辑既包括归纳逻辑，也包括演绎逻辑。

科学逻辑作为科学研究的思维方法，是处理科学问题的思维工具。在当今知识大爆炸的时代，任何人都不可能把某一专业领域的所有知识全部掌握。但一个人只要掌握基础理论，形成科学思维模式，学会获取知识的方法，就能够熟练获取需要的知识并获得创新能力。可见，科学的思维技能比具体的知识更为重要，好的教育要授人以鱼，更要授人以渔。好的思维技能在面对与日俱增的新鲜问题的时候，能够调动自我的知识体系找到最优解决方案。理解和掌握科学逻辑是培养和提高学生及公众普遍的科学素养的重要途径，而掌握科学的逻辑技能需要得到有效的指导和针对性的训练。

从科学问题和见解的提出到科学知识、科学原理的形成以及科学规律的应用，贯穿了逻辑方法与逻辑能力的综合运用和发挥。为此，本人先后撰写《科学推理——逻辑与科学思维方法》《科学分析——逻辑与科学演绎方法》《科学论证——逻辑与科学评价方法》三部著作，构成"科学逻辑"丛书。该套丛书自出版以来，被多家学术自媒体推荐，入选"社会科学研究方法的年度书单""思维升级必读书单"，被推荐为"值得阅读一生的8本思维方法论书籍"，受到了读者的广泛好评。

本套丛书以科学研究中的思维方法为核心论述科学的逻辑，书中有针对性地选用了科学史上一些典型案例，以及具有科学背景的逻辑推理与论证问题，并进行了深入的分析，以此论述科学逻辑的原理与方法，从而启发思维并提升读者的科学逻辑技能。

由于时间和水平所限，疏漏和不足之处在所难免，欢迎读者朋友批评指正。若有信息反馈请直接发至本人邮箱：zjwgct@sina.com。

著者

2023年6月

科学论证与评价方法在科学认识、发现和运用中具有至关重要的作用。逻辑论证有助于发现和揭示真理性的东西，有助于表达或宣扬真理，是建立科学体系、确立科学理论的必要手段，论证也是人际沟通中的重要手段。

作为科学探究的核心，广义的科学论证至少包含三种不同的含义：第一，对科学进行论证，是指再现科学结论成立的过程，或者在更大系统中证明科学的价值；第二，依据科学加以论证，是以已成共识的科学理论和方法来论证工程与技术方案的可行性、先进性、适用性，并尽可能地予以优化；第三，科学地进行论证，适用于比科学范围更广的领域，如论证各种日常工作和生活中的论辩、行动、策略和方案等，强调的是从实际出发，合理决策。

科学中的论证就是基于推理来理解，科学论证的实质，就是基于证据和逻辑推理的理性思维。论证是科学研究的中心话题，是学习科学的核心。严格意义上的科学论证，就是用科学共同体"约定"的"规则"去解释科技现象并得出科学结论，其过程是基于证据的思维，基于证据和逻辑，并且这个证据要能够经得起检验，要进行真伪辨别。学习科学论证不仅能提供利用科学知识来证明自己的主张和识别他人缺点的机会，而且还有助于建立自己的知识和理解。培养科学论证能力，一方面要以批判性的态度学习知识，运用各种合理的标准来检验推理的质量，并做出合理的改进；另一方面对他人观点提出合理和有价值的质疑，在彼此澄清和修正中养成科学思维。

科学论证既涉及批判性推理，又涉及分析性推理，其关注重点在于论证逻辑。论证逻辑是以论证作为总的出发点和中心，着眼于逻辑与批判性思维的技能与方法，解决科学论证或日常论辩的逻辑问题。关于论证逻辑，其主要涵盖的内容如下。

第一，论证的语言。包括论证的语言规范、预设假定、言语理解等。

第二，论证的识别。包括如何判定一个口头语篇、书面文本或其他交流中存在的论证，辨识论证的线索、论证的类型、论证的要素以及论证的结构。

第三，论证的重构。包括如何良构一个论证、标准转换的方法、论证的假设以及论证的结构分析方法。

第四，论证的评价。包括论证评估的原则、论证评估的标准以及论证评估的过程。

第五，论证的分析。包括逻辑基本规律、论证谬误的识别、论证批判的方法以及论证有效性分析。

第六，论证的构建。包括论证构建的原则、图尔敏论证模型、论证构建的步骤、论证的规则以及论证文的写作方法。

本书共分为十章，内容包括逻辑概论、论证语言、论证识别、论证重构、演绎论证、归纳论证、证据评估、论证评价、论证分析、论证构建，并附录有科学论证测试，具有科学性、系统性、实用性的特点。

科学论证由科学主张、科学证据和科学推理三个要素构成。科学论证可促进人们进行探究式的深度学习，促进人们科学思维能力的发展。就科学论证而言，一般是指在特定的教学情境中鼓励人们提出不同的主张并努力选择、组合及评估信息以获得证据进行证明的科学思维过程。通过科学论证，使得人们在获得科学主张和科学知识的同时，使其能够经历较高水平的推理和较为深刻的思维活动过程体验，以此发展人们高阶思维能力并提高科学逻辑水平。

作为"科学逻辑"丛书之一，本书以论证逻辑为范畴，详细论述科学论证和科学评价的原理与技法，旨在提升读者的科学论证技能。

著者

2023年6月

目 录

第一章

逻辑概论

逻辑一词译自英文logic，导源于希腊语 λόγος 逻格斯，原意是指思想、言辞、理性、规律性等。古代西方学者用"逻辑"指的是一门研究推理、论证的学问。

第一节　逻辑概述

逻辑学是一门工具性的学科，它是为包括基础学科在内的一切科学提供逻辑分析、逻辑批判、逻辑推理、逻辑论证的工具。

一、逻辑简史

中国先秦名辩学，古印度因明学，与古希腊亚里士多德逻辑学并称世界逻辑三大发源。一般来说，被尊为逻辑之父的是古希腊的哲学家亚里士多德。由于他把逻辑视为一切科学的工具，几乎涉及人类思维的所有方面。在19世纪以前，在逻辑学的研究特别是教学中，一直延续着这种"大逻辑"传统。

近代德国哲学家莱布尼兹提出将数学方法融入逻辑学。英国数学家布尔创立布尔代数，将传统形式逻辑学符号化、数学化。经弗雷格、罗素、希尔伯特等人的发展和完善，建立起现代数理逻辑学体系。到19世纪末20世纪上半叶，形式化的数理逻辑，即现代逻辑占据了逻辑领域的主导地位。在现代和当代社会，现代逻辑作为一门基础性学科，在计算机和电子技术、人工智能、系统论、信息论、控制论、数学、语言学、符号学、心理学、哲学认识论、思维学等各个学科得到广泛应用。

但是，另一方面，现代逻辑在取得辉煌成果的同时，却基本丧失了逻辑最初的教导作用，即通过学习逻辑使人逻辑性强，提高思维能力，表现在头脑清楚，说话有条理，能言善辩等。这是逻辑学产生的初衷之一，但是如果说传统逻辑还有一定的教导作用，那么现代逻辑则基本没有这个作用，符号化的数理逻辑与人们的日常思维的关系不那么直接、明显，并且又比较难学。为了解决逻辑教学"与人们的日常生活相关，与人们的日常思维相关"这一困难，20世纪70年代初，西方一些逻辑学家几乎同时开始了对非形式逻辑的研究，出现了人们所说的"非形式逻辑与批判性思维"运动，以解决实际论证的评价问题，从而培养现代公民的逻辑与批判性思维能力。这场逻辑运动的结果就是，首先在北美，进而在世界范围内出现了一种开设论证逻辑、批判性思维课程，编撰论证与批判性思维教材的"新浪潮"，随之，美国的各类研究生入学考试中都普遍把论证与批判性思维能力作为主要考察目标。

二、逻辑分类

逻辑学在世界上备受尊崇，联合国1974年公布的基础学科分类目录，将基础学科分为数学、逻辑学、天文学和天体物理学、地球科学和空间科学、物理学、化学、生命科学七大类；1977年出版的《大英百科全书》把知识分为逻辑学、数学、科学（包括自然科学、社会科学和技术科学）、历史学和人文学（主要指语言文字）、哲学，其中逻辑学列为五大分科之首。逻辑学的主要任务是提供识别有效的推理、论证与无效的推理、论证的标准，并教会人们正确地进行推理和论证，识别、揭露和反驳错误的推理和论证。

关于逻辑的重要性以及逻辑与语言、科学、数学与哲学的关系，20世纪最有影响力的一位哲学家维特根斯坦认为：逻辑是构成我们现在客观世界的最基本架构之一；当我们开始想要认识这个世界的时候，语言是基础，而语言里的基础则是逻辑；哲学与科学是认知形式，语言是一切的纽带；哲学是系统性的逻辑严格完善的一套语言系统；科学中最基础的是数学，数学的根源仍是逻辑；科学的底层架构，一是逻辑，二是客观世界所观察到现象。

按照本书的观点，逻辑学的分类大致如下表。

传统逻辑	现代逻辑		应用逻辑（非标准逻辑）
传统逻辑（又叫普通逻辑，含传统演绎逻辑、古典归纳逻辑）	形式逻辑	现代演绎逻辑，又称标准逻辑、现代逻辑、符号逻辑等，其基础是数理逻辑，包括命题逻辑、谓词逻辑等	①数学领域：集合论、模型论、递归论…… ②人工智能领域：非单调逻辑、欠缺逻辑…… ③哲学领域：哲学逻辑 本体论方面：模态逻辑、时态逻辑…… 认识论方面：认知逻辑…… 伦理学方面：道义逻辑…… ④语言逻辑 ⑤法律逻辑 ⑥逻辑的应用理论 ……
		现代归纳逻辑（含概率逻辑）	
	非形式逻辑：主要包括论证逻辑（含批判性思维）		

其中，非形式逻辑并不是形式逻辑的截然对立面，而是在形式逻辑框架的基础之上通过引入语用要素等论证评价要素建立起来的。不同于形式逻辑的研究对象是蕴含，非形式逻辑的研究对象是论证。非形式逻辑并不排斥规则和程

序，规范和其应用，但它拒斥把逻辑形式视为理解所有论证结构的关键，拒斥把有效性看成是逻辑上好论证的唯一适当标准的观点。与形式逻辑一样，非形式逻辑也是逻辑学的一个重要分支。

第二节 论证逻辑

逻辑论证着眼于逻辑与批判性思维的技能与方法，有助于发现和揭示真理性的东西，有助于表达或宣扬真理，是建立科学体系、确立科学理论的必要手段。

20世纪70年代，在北美兴起一股教育改革和逻辑学教学改革的新浪潮——"基于非形式逻辑的批判性思维运动"（informal-logic-based critical thinking）。经过这场声势浩大的运动，"非形式逻辑"（informal logic）、"新修辞学"（new rhetoric）和"论辩理论"（argumentation theory）等被整合为"论证逻辑"（logic of argument）。

一、逻辑的非形式转向

逻辑的非形式转向，开始于美国这个公认的教育大国对自己教育模式所存在缺陷的警觉。美国教育界研究认为，一方面，现在的学生在课堂上所学的知识更多更新；但另一方面，他们解决问题的思考能力明显有弱化的趋势。如果把现代社会的运作比作一架傻瓜相机，美国人发现，他们的教育确实培养了足够的能熟练操作这架相机的人，但其中能发明新相机或改进旧相机的人却越来越少。对推动社会发展有决定性意义的，不是对相机的操作能力，而是相机的发明和改进能力。具备后面这种能力的佼佼者，美国人称之为"科学知识分子"。

"科学知识分子"是具有解决问题的思考能力的知识分子，美国人非常关心这批人在美国总人口中的比例，并认为这是综合国力的一项实质性指标，正是这批人决定着美国社会优化发展的进程。美国人这样总结自己的教训："我们应当教学生如何思考，但我们只是教学生思考什么。"教学生思考什么，是传授知识；教学生如何思考，则是培养思维能力，即能有效地理解、评价和运用知识的能力。这种能力就称为批判性思维能力。

1.批判性思维的核心技能

批判性思维（critical thinking，CT）一词最早由美国学者格拉泽尔（Edward Maynard Glaser）于1941年提出。从词源上说，critical来源于希腊词"krinein"，意思是"判断其价值"。

爱因斯坦曾说："我没有什么特别的才能，只不过喜欢寻根刨底地探究问题罢了。"寻根刨底地探究问题正是批判性思维的一个本质特征。一个真正的批判性思维者不只是悬疑判断，不仅质疑、批判别人，而且也质疑、批判自己；同时，不仅要为自己辩护，也要为别人辩护。质疑、批判是为了寻求理由或确保正当性，为我们的信念和行为进行理性奠基。因此，批判性思维也是建设性的。

阅读　批判性思维核心技能

20世纪90年代，美国哲学学会面向哲学和教育领域的专家，运用德尔菲方法（Delphi method）对"何为批判性思维"的问题进行了研究。这项研究的结果认为，在认知方面，批判性思维包含6项核心技能和16项子技能（见下表）。

批判性思维技能

核心技能	子技能
1. 解释（interpretation）	1. 归类（categorization）
	2. 意义解码（decoding significance）
	3. 意义澄清（clarifying meaning）
2. 分析（analysis）	4. 观点探测（examining ideas）
	5. 论证确认（identifying arguments）
	6. 论证分析（analyzing arguments）
3. 评价（evaluation）	7. 判断评价（assessing claims）
	8. 论证评价（assessing arguments）
4. 推论（inference）	9. 证据查证（querying evidence）
	10. 设想多种可能性（conjecturing alternatives）
	11. 导出结论（drawing conclusions）
5. 阐释（explanation）	12. 说明结果（stating results）
	13. 过程判断（justifying procedures）
	14. 展示论证（presenting arguments）
6. 自我调整（self-regulation）	15. 自省（self-examination）
	16. 自我纠错（self-correction）

2. 批判性思维的能力训练

在现代社会，批判性思维是现代社会公民必备的素质，并被普遍确立为教育特别是高等教育的核心目标之一。但批判性思维能力的实质性提高，不可能是短期行为的结果，是需要通过学习和长期实践才能掌握的一项技能。

（1）批判性思维的入口：6W

面对一个具体议题，通过以下几个问题，开始进入批判性思维模式。

① Who：这是谁说的？

是业内专家，是你朋友？是谁告诉你的很重要吗？

② What：他说了什么？

他说的是事实（fact）还是观点（opinion）？他提供了所有的事实了吗？还有什么缺漏？

③ Where：他在哪说的？

公开发布这个信息？还是仅在私下传播？

④ When：什么时候说的？

是在事件发生前、中，还是事后？

⑤ Why：为什么要说这个？

他有没有说这个观点的理由？

⑥ How：他是怎样说的？

他当时的态度是什么？他是通过书面论述的还是随口一说？你当时能理解他说出的这句话吗？

（2）理性思考的5个问题

遇到一件事情，你想过这5个问题吗？

① 这个事情有没有证据和理由支撑？

② 这个理由/逻辑是否能够推出结论？

③ 这里面是否隐藏了某种价值观假设？

④ 其中的证据/事实是否能有效支撑理由？

⑤ 是否存在隐藏或模糊不清的证据/事实？

阅读　循证医学

1. 经验医学

医学起源于本能行为、生活经验和宗教活动，过去伤病常常是外伤和寄生虫病等，病因非常清楚，凭借经验判断是非常容易的。无论是古希腊、印度、古埃及、阿拉伯、中国等地区，都有经验医学。西方医学在经验医学的时代，治疗方法是很粗暴的，甚至包括放血疗。美国第一任总统乔治·华盛顿，因他在治疗自己的疾病时，采用了放血疗法，失血加上原发疾病导致死亡。

随着文明的进步，我们发现经验在有些时候并不可靠。进而，我们需要一个新的体系来验证之前的治疗方法是有效的，还是有害的。

1989年牛津大学学报发表了一篇研究，结果还是令人吃惊的：对当时产科正在使用的226种治疗方法进行严格评价，20%有效（疗效大于副作用），30%有害或疗效可疑，50%缺乏高质量的研究证据。

这个研究得到三点重要的启发：

（1）经验不可靠；

（2）所有医疗干预都应基于严格的研究证据之上并接受严格的科学评估；

（3）根据证据停止使用无效的干预措施，而且要有办法预防新的无效措施被引入医学实践。

2. 循证医学

循证医学这个名词，出现在1992年。之前，先辈已经做过很多的探索，形成了一套用于临床研究的体系，如队列研究、随机对照研究等。这些研究在循证医学这个名词出现之前，已经产生了影响后世的效果。比如1948年的随机对照研究，确立了链霉素在治疗肺结核中的地位，从此肺结核不再是不治之症。

关于循证医学的解释为：慎重、准确和明智地应用当前所能获得的最好的研究依据，同时结合医生的个人专业技能和多年临床经验，考虑患者的价值和愿望，将三者完美地结合，制定出患者的治疗措施。所以只要采用科学的研究体系、严格的方法实施科研过程，证实治疗的确有效，就可以形成证据。之后其他医生可以依据证据（循证），结合经验采取治疗策略（医学）。

（3）用理性标准来评价论证

批判性思维要求我们利用理性标准来评价自己或别人的思维和论证：

① 所有的推理与论证都有目的。

② 所有的推理与论证都企图有所发现，并确定问题，解决问题。

③ 所有的推理与论证都基于假设。

④ 所有的推理与论证都通过一些观点来实现。

⑤ 所有的推理与论证都基于数据、信息以及证据。

⑥ 所有的推理与论证都是通过并经由概念、观点表达及形塑而成的。

⑦ 所有的推理与论证包含推论或解释，由此我们得出结论并赋予数据以意义。

⑧ 所有的推理与论证都通往某处，或者具有含义及结果。

案例　随机双盲实验

英国皇家科学院院士、牛津大学教授道金斯认为，最能提高每个人认知能力的科学概念就是"双盲对照试验"。

在医学上，人们发现，存在疾病自愈和安慰剂效应。有些疾病无需治疗也能自动痊愈，如口腔溃疡、感冒等；有些疾病即使病人吃安慰剂后，在心理暗示下也能痊愈。而在以上两类情况下医生所进行的药物和治疗都是多此一举的，这些所使用的药物和疗法都是无效的"假治"，那么，该怎样确定药物和疗法的有效性呢？

18世纪末，法国巴黎学派的医生们掀起一次医学革命，他们主张治疗不能依据传统古典理论和盲从权威，而是要观察事实做出推理和决策，并第一次引入"对照组"的概念，发现当时广为流行的放血疗法和吐酒石其实并无疗效，发出了循证医学的先声。之后，又逐步发展到单盲和双盲实验。

1. 单盲实验

首先把一定数量的病人随机分为三组。其要点有三：

（1）要一定数量的大样本。因为统计学上存在"大数原则"，即样本越大，统计结果越能稀释掉那些特例（例如某些人免疫系统特别强或特别弱），也就越能逼近真实情况。

（2）一定要随机选取。因为这样可以有效避免病人由于病情轻重而导致的痊愈效果阶段性差异。

（3）要分成三组：

第一组是对照组，不做任何治疗，用来观察病人疾病在没有治疗情况下的自愈效果。

第二组是安慰剂组，给病人吃没有治疗成分的"假药"，用来观察病人的心理作用对疾病的影响。

第三组是治疗组，给病人吃真药，观察这种药物或疗法的真实治疗效果。

当然，病人们并不知道自己属于哪一组。然后根据结果统计，只有第三组的治疗效果明显高于前两组，才能证明该药物或疗法的有效性是真实的。

2. 双盲实验

后来人们又发现了一种情况：医生的主观偏见会对结果产生影响。因为参加治疗的医生一旦知道自己属于哪一组，出于自己的主观目的，有可能会自觉或不自觉地对病人产生暗示。

假如某个医生知道病人是安慰剂组，而医生希望该疗法能被盲测认定，就会暗示病人现在吃的是假药。假如某个医生身处治疗组，医生会更加认真细心。这样就有可能使三组病人并不是处于公平的位置。

为此，人们改进了盲测的方法，把医生也"蒙起来"，所有情况都保密，连医生都不知道自己身处哪一组，而统计工作由第三方来进行。这样一来，就能很好屏蔽来自医生的偏见影响，让实验更加客观公正了。

点评：大样本随机双盲测试是一种严格的科学论证，是现代医学界公认的确定药物疗效的机制。

二、论证逻辑的产生

论证是以使自己（存在于个体内部心智中的思考进行的论证）或别人（存在于某种对话情境中的碰撞进行的论证）相信所提出的主张的有效性为明确目标和方向的，其本质就是一个利用资料和根据等证据以不断消除主张的不确定性的言语上的逻辑与推理过程。

论证逻辑的产生与当代教育改革密切相关，与有关更好地向学生教授推理方法的教育学讨论一直结合在一起。论证逻辑既在"批判性思维运动"的背景中脱颖而出，又为批判性思维教学提供了合适的手段。

20世纪70年代，随着论证逻辑的形成，批判性思维运动的动力得到增强。批判性思维要求学生批判地分析自己和他人的信念，做出合理的决策，这就需要用某些技能来武装学生，这些技能工具的很大一部分来自论证逻辑。此外，论证逻辑和批判性思维有几乎相同的词语，如假设、前提、理由、推理、论点、标准、相干性、可接受性、充分性、一致性、可信性、解释、歧义、含混、异议、支持、偏见、证明、矛盾、证据、区别等，说明论证逻辑是培养批判性思维技能和倾向的直接而有效的工具。

论证逻辑家所感兴趣的论证具有社会性，它折射复杂的、多维的社会实践；它是社会团体、成员消除分歧，磋商一致的手段，是针对人们共同关心的问题而发生的交际活动。论证也是辩证的。它预设矛盾、对立面的存在和运动，并通过正方和反方、辩护和攻击、证明和反驳、赞同与反对等相互作用而展开。当这种言语和思想的交换活动以对话的方式出现时，正方根据反方或听众的信念或承诺（无论它们是被假定的或是被陈述出来的）展开论证，并对种种反对他的观点的反对意见做出回应（无论这些反对是预想的还是由反方提出的）。论证不是纯粹的语义或语形事件，而是语用的，因为我们不可能脱离对话者的意图、语境规则和解释的丰富结构而理解论证。论证逻辑关心作为产品（product）、程序（procedure）甚至过程（process）的论证。

论证逻辑是研究评价一个论证的前提是否合理地支持其结论的方法。形式逻辑和论证逻辑都讲推理和论证，但以形式推理为核心对象的形式化逻辑和以论证为核心对象的论证逻辑在一系列基本观念上不同。主要表现在以下几个方面。

论证逻辑的主要内容有：表述论证的语言，论证辨识（识别论证、明确论证类型），论证结构分析，论证的重构（补充未表达因素，如假设、省略前提、慈善原则），论证分析（论证分析技术、论证图解与复杂论证结构解析），论证评估（论证评估的标准及流程、论证的一般规范、论证谬误及缺陷），论证的构建等。

项目	形式逻辑	论证逻辑
关注点	注重的是推理形式的有效性，其"有效性"概念专注于推理形式之评估。不考虑前提与结论的语义关联	并不仅仅考虑其有效性，更多的是考虑前提对结论的支持或削弱程度、语义的关联，以及一个推理和论证得出真结论的条件等
前提	不考虑推理前提在事实上的真假	首要考虑一个论证或推理的前提真或假
背景	不考虑推理中的隐含前提（或论证或推理的背景），对推理的评估只是依据直接陈述出来的命题表达式	需要处理和评估论证背景、隐含前提或假定前提等问题

案例　医疗方案

著名作家毕淑敏说了这么一个故事：

在一节医学课上，教授提出了一个问题，这个问题很简单：由病毒引起重度上呼吸道感染，病人发热流鼻涕咳嗽，应该怎么办？

这样的一个病例对医学院的学生来说不是太难。于是各个学生都提出了自己的方案。其中有的学生开出的方案是除采用常规医疗外，还采用了抗菌素（抗生素）。

讲评的时候，执教的老教授说："凡是在治疗方案里采用抗菌素的同学都要扣分，因为这是一个病毒感染的病例，抗菌素是无效的。如果使用了，一是浪费，二是造成抗药性……最重要的是表明医生对自己的诊断不自信，一味追求保险系数。"老教授发了一通火，就走了。

同学们大部分都没有说什么，而那个采用了抗菌素的女生却是很认真地找到了负责教务的老师，讲了上课的情况，她认为教授讲得不对，如果是在海拔5000米以上的高原，病人会出现高热等一系列症状，明知是病毒感染，也要大量使用抗菌素，因为高原气候恶劣，病员的抵抗力会大幅度下降，很可能合并细菌感染。如果到了临床上出现明确的感染才开始使用抗菌素的话，那就晚了，来不及了。

负责教务的老师沉默了一会儿说："我可以把你的意见转告给老教授，但是你的分数不能改。"

而在晚自习的时候，老教授来了，目光如锥，他说："听说有人对我的讲评有意见，好像是一个女生，这位同学，请站起来，让我这个当老师的认识一下？"那个女生站了起来，老教授看了一会儿说："你坐下。"老教授又说："这位同学，谢谢你。

你是好学生，你讲得很好，作为一个好医生，一定不能全搬书本，要根据具体的情况决定治疗方案，在这一点上，你们要记住，无论多么好的老师，也不能把所有的规则教给你们。我没有去过这个女生所在的高原，但是我知道缺氧对人体的影响。在那种情况下，她主张使用抗菌素是完全正确的。我要把她的分数改过来。"

老教授紧接着说："但在全班，我只改这一个女生的，你们有人和她写得一样，但是还是要被扣分，因为你们没有说出她那番道理，因为就算你想到了，但对上级医生的错误没敢指出来，对于年轻医生来说，忠诚于病情和病人，比忠实于导师要重要得多，必要的时候，你宁可得罪你的上司，也万万不能得罪你的病人……"

这个女生就是后来著名的作家毕淑敏，她回忆起这件事时说：我的三年习医生涯，在我的生命中是一个重大的转折，如果说在高原的时候，我对生命还是模模糊糊的敬畏，那么，那个老教授使我确立了这样的观念：对生命的敬畏。

点评：提出合理的方案或主张当然重要，但关键还要给出充足的理由，方案只有通过合理论证，才能使人信服。

第二章

论证语言

论证与语言具有不可分割的联系，语言是逻辑思维的工具。为了能够很好地建构、分析、评价推理和论证，我们必须密切关注语言。

第一节　语言规范

语言是人类实践活动的产物，人是通过语言来思考的。语言是逻辑思维的观念载体，逻辑主要关心的是语言的认知意义而非情感意义。

一、自然语言的特性

自然语言是人类交流和思维的主要工具，从意义上看，自然语言具有多重性和不明确性。

1.自然语言意义的多重性

语词是概念的语言形式，概念可以看作是语词的思想内容。在使用语词的过程中，使用者不仅确认语词最一般的理性意义，而且也根据具体的使用环境给语词附加了其他的意义，由此造成了语词意义的多重性。

在论证中，一方面要关注语词的理性意义以及多重性意义可能造成的交际障碍；另一方面也要关注各种附加意义对论证的干扰。

论证是由语句组成的。语句及语句组成的语段可称为话语。作为语言表达式（语言形式）的话语意义，就是根据语形、语义和语用的规则和交际语境，语言的使用者应用这个语言表达式所表达或传达的思想感情。不同的话语种类表达的意义含量是不同的。在实际交流中所面对的论证是以话语的方式呈现的，因此，表达论证的语言形式的实际意义，不只是抽象命题，而是包括命题、命题态度、意谓和语境作为其有机构成因素的"意思"，它才是语言交际中具体的、完全的和真实的（不是经过抽象的）意义。

2.自然语言意义的不明确性

清晰的思维常常受语言的歧义和含混的干扰。

（1）歧义

歧义是指一个语词的多重含义，具体就是指一个语言表达具有一种以上可能的解释或意义。

（2）含混

含混是指一个语词在范围上是不确定的，如果存在着不清楚一个词是否可正确地适用的边界情形，一个词就是含混的。含混的表达式常常容许作连续的、一系列的解释。其意义朦胧、晦暗和不确切。举例说，像"新鲜的""富有的""贫穷的""正常的""保守的"等这样的词都是含混的。

例1：

西蒙：我们仍然不知道机器是否能够思考，计算机能够执行非常复杂的任务，但是缺少人类智力的灵活特征。

罗伯特：我们不需要更复杂的计算机来知道机器是否能够思考，我们人类是机器，我们思考。

罗伯特对西蒙的反应是基于对哪一个语词的重新理解？

分析：西蒙的结论是，机器不思考，通过计算机执行复杂操作，但是缺乏人类的灵活性，把机器指代为计算机。而罗伯特的结论是，机器思考，人类就是机器，把机器指代为人类。可见，"机器"一词在两人的对话中有不同的理解。

例2：

古希腊有人论证说：探究是不可能进行的，因为一个人既不能探究他所知道的，也不能探究他所不知的。他不能探究他所知道的，因为他知道它，无需再探究它；不能探究他所不知道的，因为他不知道他要探究的东西是什么。

分析：上述结论的得出依赖于这样的论证，他不能探究他所不知道的，因为他不知道他要探究的东西是什么。

这一论证犯了歧义性谬误，其逻辑漏洞在于混淆了"知道"的两种不同含义：第一个"他不知道的"是指不知道被探究问题的答案是什么，而第二个"他不知道的"是指不知道所要探究的问题是什么。

二、论证的语言规范

从论证的角度来说，好的语言是达到目的的语言，是适合对象的语言，是明晰的语言。不好的语言是指，由于它的干扰，未能使论证达到目的的语言。

1.语言的清晰性

好的论证语言是一种明晰的语言。在科学论证语境中，明晰的语言就是精确的语言。但在日常论证中，明晰的语言不一定是达到科学精确性的语言。只要论证双方对关键词、语的理解达到一致，论证的语言就可被认为是明晰的。在论证中，论证语言要明晰，实际上就是传统逻辑"同一律"的要求。这一规律反映在思想中，就是任一概念或词、句，在某个特定的时间、空间和条件下，它就是它所是的那个东西，而不会是与它自己不同的另外某个东西。这正是要求论证中的语言保持其确定性，以使得对词、句的含义的理解和把握成为可能。

当一个词或语句有一个以上的意义时，它就是歧义的。消除歧义，保证使用清晰的语言，就要充分运用定义方法。同时，对论证中的关键词、句的把握，需要借助于论证的语境和相关的主题知识。

2.语言的精确性

语言不仅应是清晰的，还应是精确的。精确性的要求是针对语言的含混性提出的。在某些论辩中，给出一个含混词的精确定义是必要而有用的，但先决条件是，选择一个特定分界点要有好理由。在日常生活中，我们会遇到很多混淆的、含糊的概念或术语，混淆的关键是没有把握定义的严格、精确的标准。例如：

安全水、健康水和纯净水

矿物质水和矿泉水

整体厨房和整体橱柜

高清电视和数字电视

无糖食品和无蔗糖食品

中医和传统医疗

绿色和原生态

……

对论证中的主张或理由的语言描述有时需要定量描述，明确某种描述的假设的条件以及运用广义量词（如，绝大部分、多数、一般情况下等）。能为好论证提供最佳服务的语言的精确度必定与论证语境相关。需要对表达论证的语言的精确性设定合理的标准。这就要求我们平衡语言的精确性和针对性这两种不同的要求。

例：比较以下三个陈述。

航班将在今晚21点30分到北京。（1）

航班大约在今晚21点30分左右到北京。（2）

航班有可能在今晚21点30分之前，也有可能在21点30分之后到北京。（3）

分析：

（1）就很精确，排除一天所有其他可能时间。这样即使航班是在21点31分到北京的，我们也可以说航班晚了一点，只有当航班是在21点30分整到北京的，我们才说这个预测完全准确。

（2）就有模糊性，排除的其他时间范围变小，不确定变多。如果航班是21点20分或者21点40分到北京的，我们还是会说预测准确。所以，模糊的、信息量少的陈述，比较容易证明为真。

（3）这是一个空洞的论断。所有可能的到达时间它一个也没有排除，没有办法否认。航班任何时候到北京，都符合这一论断。

第二节　预设假定

预设假定（Presuppositions）也称"预设"或者"前提假设"，指的是日常沟通的对象、现象或者事件，应该是存在的，具体是指包含在日常语言的某个命题中并使之成立的"隐含判断"，是某一个判断、某一个推理、某一个论证有意义的前提。预设概念的引入对逻辑学发展有重要意义。

一、预设的定义

预设就是交际双方共知的东西，或者说在交际中说话的已知部分。

预设是一个或一组陈述，这些陈述的真，是一个问题有任何真实答案的必要条件。即对于一命题而言，预设的真或假是其能否成立的前提条件。如果没有某预设，那么某判断、某推理无意义。

例1：张山的哥哥是科学家。

分析：这句话的已知部分是"张山有哥哥"，未知部分是"张山的哥哥是或不是科学家"。因此，这句话的预设是"张山有哥哥"。

例2：老师批评小明说："你怎么上化学课又迟到了？"

分析：老师提问的预设是小明上化学课曾经迟到过。

1.预设的逻辑定义

语义预设是把预设看作一个语义概念，认为预设理论是语义理论的一个分支，其基本特征是将预设纳入真值理论。从语义上分析，预设是某语句及其否定语句共同暗含的东西，即一个命题及其否定都要假定的东西。

预设的逻辑定义如下：

S预设S'，当且仅当，S真则S'真，而S假则S'也真。

（上述S代表一个特定的语句，S'表示它的预设）

也就是说，句子S在语义上预设句子S'，当且仅当，句子S'真是句子S有真假的先决条件。

例1：

（a1）关公的脸是红的。

（a2）关公的脸不是红的。

分析：上述（a1）和（a2），双方都承认存在关公其人，即预设关公存在，他们的分歧在于关公是不是红脸。

例2：

（b1）那个红脸的是关公。

（b2）那个红脸的不是关公。

分析：上述（b1）和（b2），就如同是在看戏，双方都承认存在"那个红脸的人"，即预设"那个红脸的人存在"，分歧在于他扮演的是不是关公。

2.预设的逻辑性质

用逻辑的真值观来解释预设，就是：一个预设真，那么得出这个预设的语句或真或假；而若一个预设假，那么得出这个预设的语句就无意义，即如果预设假，那么论证就不成立。

如果"无意义"也算一种逻辑真值的话，那么涉及预设的逻辑真值就有三个：真、假、无意义。语句S及其预设S'的真值关系如下表。

S	S'
真	真
假	真
无意义	假

例1：老王戒烟了。

分析：上述语句（S）预设"老王原来吸烟"（S'）。

当上述语句（S）真时，预设"老王原来吸烟"（S'）真；

当上述语句（S）假时，即老王没有戒烟时，预设"老王原来吸烟"（S'）真；

当且仅当预设"老王原来吸烟"（S'）假，即老王原来不吸烟，上述语句（S）才无意义。

例2：《时间简史》的作者是一位著名的科学家。

分析：预设"存在有《时间简史》的作者"。

如果存在《时间简史》作者，并且他是一位著名的科学家，那么上述语句真；

如果存在《时间简史》作者，但他并不是一位著名的科学家，那么上述语句假；

如果不存在《时间简史》的作者，那么上述语句无意义。

二、预设的类型

从语义的角度，可以把预设分为三种类型。

1.存在预设

存在预设就是语句主词所表示的对象存在的预设。

例1：谁是现任的清华大学校长？

存在清华大学，并且有一个现任的清华大学校长。

例2：中国第一位诺贝尔奖获得者是女性。

分析：预设了"中国有第一位诺贝尔奖获得者"。

例3：发现行星轨道椭圆性的那个人悲惨地死去。

分析：预设了"有人发现了行星轨道的椭圆性"。

例4：武松打死了西门庆。

这个命题预设蕴含："至少存在一个人，这个人是武松，并且至少存在一个人，这个人是西门庆，并且武松打了西门庆。"

从逻辑上讲，所谓存在预设即是指假定直言命题的主项或谓项所表达的类是一个非空集合，或者说，主项或谓项所指示的类不能是空集。如果取消了这一假定，在传统逻辑中被视为演绎有效的某些直言推理就不再有效。在传统逻辑中，存在预设是直言命题推理有效性证明的不可或缺的内容。一般情况下，它可以分类为主项存在预设和谓项存在预设。

指称假定是常见的存在预设，具体是指当我们使用一个单独名词或名字时就是假定或许诺了这个名字所指称的对象的存在。

（1）指称假定是陈述有意义的条件

一个陈述"有意义"，指它有可真可假的可能，如果一个陈述的指称假定不真，那么这个陈述本身就没有真假的问题，它就没有意义。

比如，有人问"你停止殴打你的老婆了吗？"如果你还没结婚根本没有老婆，或者你结婚了但你从来没有殴打过老婆，那么，这一问题根本就没有意义。

（2）指称假定是关于明确、具体、单一的对象

应该明确一点，"指称假定"所涉及的对象，是明确的、具体的、特定的对象，它们是可以单一、准确地确定的。如果所指的对象模糊不定，使人不能确定其存在，那么也无法判断陈述是否有真假，讨论也没有意义。

比如，"张山想当科学家"，这句话预设了有一个名字叫张山的人。但是如果你根本不知道"张山"到底指谁，你就不能判定这个话是真是假。

（3）指称对象的存在依语境而定

确定指称的具体对象的存在，要依据语境。语境至少包括时间、地点、情境、说话者、说话的对象等。当然，语言的一般规范也起作用。

要完成指称一个独特事物的任务，需要一定的方法和说明，来使听众能确定和理解，这是在指一个具体东西，以及这个具体东西是什么样的。但这些说明，一般不会在句子中表达出来，句子只是隐含着它的存在，明确表达的是关于这个东西的性质。

比如"现在的阿波罗国女王很睿智"，句子的重点是现在的阿波罗国女王的"睿智"，它隐含地预设：在说话的时候，有一个地方叫阿波罗国，它现在有且只有一个女王。

（4）评价论证需要考虑预设指称问题

一个论证中如果有实际上不存在或者不能确定的指称，整个论证都会受到影响。

比如，"谁是当今英国的总统？"这句话预设了当今英国有总统，而事实上当今英国是不存在总统的。

（5）如何检查指称假定

对一个论证，需要警惕，看看主要的概念是否有具体所指，你是否能清楚地确定它的存在。你可以检查陈述中的指称事物、对象、事件等的名词，看看它们预设的事物、对象、事件等的明确性和存在情况。

2.事实预设

事实预设就是对于语句中所涉及的事实的预设。

由于某种事实引起人们的关注，不管人们对于这种事实的态度如何，都预设这一事实。除非预设的事实不存在，不然语句总是有意义的。这种预设的语句一般带有表达所含事实的性质或关系的谓词，以叙事性动词如遗憾、认识到、知道、对……感到惊奇等作谓词的命题，常常含有事实预设。

例1：张山对李斯的成功感到惊讶。

分析：预设"李斯成功"这一事实。

如果李斯成功并且张山对此感到惊讶，那么上述语句真；

如果李斯成功，但张山并不对此感到惊讶，那么上述语句假；

如果李斯并没有成功，也就是说这个事实预设不存在，那么上述语句无意义。

例2：在从清华大学获得博士学位之后，王伍去英国剑桥大学做了博士后。

分析：预设了一个事实："王伍从清华大学获得博士学位。"

3.种类预设

种类预设就是对于语句中讨论的对象或事实所属辖域的预设。

它总是表明主词处于谓词的辖域之内，是一类事物的分子。

例1：爱因斯坦是绝顶聪明的。

分析：预设爱因斯坦是具有某种思想的对象。"是绝顶聪明的"的值域就是由可以思想（或具有心灵）的所有对象组成的集合。

例2：所有的鬼都是青面獠牙的。

分析：预设鬼是某种事物，"是青面獠牙的"的值域就是由所有事物组成的集合。当然，这一语句预设了"有鬼"。如果无鬼，则关于鬼的任何谈论都没有真假方面的意义，也就是说，没有认知方面的意义。

三、预设的特点

预设在日常语言交际中的应用非常普遍，掌握预设，对于我们语言的表达、解释和理解有重要意义。

语义预设实际上是对预设作真值分析，即把预设看成语义中稳定而不受语境约束的部分，但也存在着至少两方面的缺陷：第一，从真值角度看，无论一命题是真是假，其预设总为真，但语言事实是，预设有时在语境中会消失；第二，复句预设并非是各分句预设之和。鉴于预设对语境因素十分敏感，因此，需要应用语用分析。

语用是指使用语句的语境及说话者的身份、信仰等，从语用上析出预设，我们可以把预设看成一种语用推理，就包括这样三个要素：说话人A通过话语S预设命题S′。

从语用的角度，预设有如下几个特点。

1.共知性

预设的共知性，也叫共识性，是预设的基本特征。

预设是交际双方设定的共有信息，是发话人说出的话的预设信息，应是听话人已知的信息。即它是人际沟通中预先设定的一个判断，隐含在沟通交际双方所共有的知识背景的语境中，被双方共同接受。大致包含以下三层意思。

第一，预设是交际双方或一般人已知的信息、经验或知识。

预设的本义是预先设定的意思。交际双方预先设定的一般是命题和事实，但是，预设命题真，不等于这命题确实真；预设事实存在，不一定这事实确实存在。在特定语境中，只要交际双方设定预设命题真或预设事实存在，即共认它们是真的，那么就不会影响到双方的言语交际。

第二，预设要通过发话人的话语揭示出来，并得到受话人的认同或理解。

只有受话人认同或理解了发话人所说话语中的预设，交际双方才能实现思想交流。讨论问题、交流思想、沟通情况必须要有共同的论域、共同的语境、共同的预设，否则会导致南辕北辙的尴尬境地。

第三，预设有时局限在交际双方知道，其他人虽能理解谈话的表层意义，但因缺乏对预设的把握而不能理解谈话的真正含义。在这种情况下，如果谈话的真正内容需要其他人了解，那么谈话者就应把谈话所预设的东西讲出来，使其他人不仅知其然，而且知其所以然。但若谈话预设的东西是谈话者的隐私，就另当别论了。

例1：请分析以下对话中的预设。

甲：请你尽快把借我的那本《昆虫记》还给我！

乙：好的。

分析：甲预设：乙在此前借了甲那本《昆虫记》的书，并且是一本要还甲的书。

乙回答"好的"，不仅表明乙认可甲话中预设的已知信息，而且表明乙接受甲催还他借甲的那本《昆虫记》的书的新信息。

其中的预设就是甲乙二人已知的信息。

例2：太阳距离地球1.5亿公里。

分析：这句话至少可以推导出这样几点预设：

（1）有一个叫"太阳"的星体；

（2）存在着一个叫"地球"的星体；

（3）这两个星体之间有一定距离。

以上预设是一般人都知道的信息。

例3：某两个同学之间说话以某本书的存在作为预设，那么就可能有下列对话：

甲：借到了吗？

乙：没借到。

此时若有第三个在场，而他不知该预设的话，可能会说：

丙：什么没借到？

2.恰当性

预设的恰当性，也叫合适性。

预设通常指交际中话语的已知部分，或者双方共知的信息。这是指预设是交际双方或一般人共知的内容暗示出来的能够得到听话人理解的信息。据此，语用预设可表示为：如果话语S只有当命题S'为交际双方共知时才是恰当的，则S在语用上预设S'。

人与人之间比较容易沟通主要在于具有共同的"预设"，然而，在现实的人际沟通中，有些预设的判断，却只是一方自己的看法，未必是双方所共同接受的。

预设的恰当性就是预设与特定语境的协调一致。具体讲，为了使预设被交际者理解和接受，必须满足一定的语境（时间、地点、人物、事因、事态、事果等）。一般地说，只有满足语境的预设，才是恰当的预设；而只有语句含有的恰当合适，语句才是有意义、有价值的。

例1：父亲对儿子说："把门关上！"

分析：上例是父亲对儿子发出的命令句，它是否有意义，取决于它的语用预设是否与语境协调一致。上例预设：父亲命令关上的门是父子都知道的；本来开着的门，并且父亲知道儿子有能力做这件事，等等。如果实际语境不具备这些语用预设条件，如儿子不知道父亲说的是哪个门，或者门本来是关着的，或者儿子根本没有能力做这件事，那么，这个命令句的预设就不恰当，它也就无意义。

例2：任何两个物体之间由于其质量（m_1、m_2）而产生相互吸引，其引力（F）的大小与两个物体的质量乘积成正比，与两者的质心隔离（r）成反比。

分析：上例陈述的是牛顿的万有引力定律。假设有两位大学物理教授在一起谈论有关行星运动问题，对这个问题的解释可能涉及上例的内容，但这时交谈的任何一方都不必重述它。因为它是交际双方共有的知识，即所谓的理论预设。

3.可撤销性

预设的可撤销性是指预设在一定条件下能够被取消。

预设是语句可理解、有意义的先决条件。交际中的语句不仅要服从遣词造句的语法规则，还要有被交际双方所理解的实际意义，但语句有意义或有真假值的先决条件是交际双方共同设定的预设真。就一般来说，一个预设假，那么暗含这个预设的语句就无真假值，即无意义，也不会被交际双方所理解接受。

例1：小王的丈夫很能干。

分析：上例预设"小王有丈夫"，但如果再加上一句"只可惜前不久她跟丈夫离婚了"，原先的预设就被取消。

例2：你昨晚看什么书？

分析：上例预设"你昨晚看书"。如果昨晚你没有看书，即这个预设假，那么上例就无意义，你也不会接受你昨晚看书的"事实"。

例3：小张没能看到那场演唱会。

分析：上例具备如下预设：小张看了这次演唱会。但是如果说成"小张没能看到那场演唱会，因为他已经住了医院"。原先的预设就被撤销了。

例4：永动机是用金属制造的还是用非金属制造的？

分析：上例预设"永动机是用金属制造的或是用非金属制造的"。由于这个预设的主词"永动机"事实上不存在，无论断定其中的哪一种情况，预设都是假的，因此上例是无意义的。

4. 隐含性

预设是暗含在语句内部的信息。一个语句在交际中具有表层信息和内部信息，语句表层信息是交际者已知信息和未知信息的集合，语句内部信息是交际者的已知信息。人们只有通过分析语句表层信息，才能揭示出暗含在语句内部的预设。

例：老张又戒烟了。

分析：上句的表层信息是：存在老张这个人，而且他又戒烟了。

其内部信息包含了以下预设。

第一，老张曾经抽烟。

第二，老张过去戒过次数可能不止一次。

第三，老张过去的戒烟都没有成功。

第四，老张这次戒烟可能很难成功。

四、预设的谬误

"预设谬误"（fallacy of presumption）也叫"假设性谬误"，就是指这种以没有保证的假设来作为结论支持的论证。这类谬误的产生不是因为前提与结论不相关，也不是因为前提所提供的理由不足为信，而是论证中存在前提与结论之间的推理缺口，是一种无根据的跳跃，在论证或推理过程中暗中利用了某些不当的假定、预设，当这些可疑的假设隐藏在论证之中，作为对结论的主要支持时，该论证就成为坏论证。

预设指的是说话者在说出某个话语或句子时所做的假设，即说话者为保证句子或语段的合适性而必须满足的隐含前提。这些未经证实的假设常常暗含在论证的那些命题之中，这些假设或者是因为我们的失察，或者是论证者的精心设计而让我们难以察觉。

避免此谬误的方法之一是把自己的论据及其结论按提纲形式一一列举出来，检查其中是否缺少某些环节、步骤，从而造成论据之间或者论据与结论之间的脱节，补上缺失的那些命题。如果这些命题存在争议，而又被含混敷衍过去，那就可能发生预设谬误。

1. 预期理由

预期理由（anticipatory reason）是典型的"预设谬误"，是指用本身的真实性尚待证明的命题充当论据，而起不到证明的作用。

这种谬误较常见的形式是论证者通过遗漏一个可能假的（不可靠的）关键性的前提，通过在结论中重述这个可能假的前提，制造出一种错觉，这种错觉使得一个不充分的前提看起来好像为结论提供了充分的支持，对于确立该论证的结论来说，不需要再提供任何论据。如果论证者不能确定这些前提的真实性，其论证就等于没有证明任何东西。

"障眼法"就是指遮蔽或转移别人视线，使其看不清真相的手法。预期理由的谬误也包括在证明过程中利用"障眼法"，即隐藏某个错误前提，从而得出错误结论的无效论证。

例1：我不是科学家，所以我不用学科学知识。

分析：这是日常论证中常见的省略式，省略的部分为"只有科学家，才用学科学知识"，这是一个假命题。

例2：用望远镜观察火星，可以发现上面有不少有规则的条状阴影，而这就是火星人开凿的运河，因此得出结论说：火星上是有人的。

分析：这个论证就犯了预期理由的谬误，因为上述论据火星上有规则的条状阴影是火星人开凿的运河，这个判断本身是否真实还未确定。

例3：杀人在道义上是错误的。因此，主动型安乐死在道义上是错误的。

分析：这里略去了预设"主动型安乐死是杀人"，而这一预设是有争议的。

例4：谋杀是违反道义的行为。既然如此，那么堕胎也是违反道义的行为。

分析：论证遗漏的有争议的预设是"堕胎是一种谋杀行为"。

例5：在过去的两个月中，每一次啦啦队队长戴着蓝色发带为球队助威时，篮球队都吃了败仗。所以，为了避免篮球队以后再吃败仗，啦啦队队长应当扔掉那倒霉的蓝色发带。

分析：论证依赖的假设是，蓝色发带导致球队吃败仗。而这一假设是不成立的。

2. 复合问题

复合问题（complex question）也叫复杂问语、复杂问题、误导性问题，其谬误在于预先假设某种没有证明和没有被大家接受的关键事实，即预先假定的对象不真。

这是一种常见的预设谬误，是指一个问题内往往包含两个无关的重点，是由于问题自身包含了个当的隐含前提而产生的。任何问句都包括两部分：一是所问的东西；另一是该问句已经假定的内容，叫作该问句的预设。而复合问题的预设是假的，或者是有争议的。

复合问题实际上含有某种陷阱，对这种问题的贸然回答，会使回答者陷入困境：承认他或她原本可能不愿意承认的东西。因为这类问题中预设着回答者不能接受的前提，即问题加入了不当假设，一旦回答便显示了一个暗示性的同意。不管对问题做肯定的回答或做否定的回答，都意味着回答者承认了该问题中所预设的前提。对复杂问题谬误的提防是在碰到这类命题时，不是简单地回答"是"或者"否"，而是要对问句之后隐藏的观点作出审视。

例1："作案后，你是回家还是去了其他地方？"

分析：预设了"你作案了"这个有争议的前提。

例2：法官询问犯罪嫌疑人："你把赃物藏到哪儿了？"

分析：这句问话其实问了两个问题，法官预设了"有赃物"，也就是预设嫌疑犯真的偷了东西，再问"藏到哪儿去了"，即此谬误。

例3：家长想要问孩子有没有念书，而问"今天晚上某某节目好不好看？"

分析：家长其实是问了"今天晚上有没有看电视""节目好不好看"两个问题。

例4：你还干那非法勾当？

分析：简单的一句提问，其实隐藏了两个问题：你干过非法勾当吗？是否还在继续？你给予其中一条问题的答案，并不一定和另外一条的一样。例如你干了非法勾当，但未必等于你还在继续。

例5：你是否改掉了考试作弊的恶习？

分析：如果你回答说："改掉了"。这意味着你在以往的考试中经常作弊。如果你回答说："没改掉"，这意味着你仍然在考试中作弊。可见，该问句实际上包含着两个问题：你在以往的考试中作弊吗？如果你作过弊，现在改了吗？

3.非黑即白

"非黑即白"也叫假两难推理（false dilemma）、黑白二分、虚假两分、假二择一、非此即彼、错误二分法，属于分散注意谬误（fallacies of distraction）的一种。

这种谬误就是在两个极端之间不恰当地二者择一，其所犯的论证谬误，实际上就是忽视了第三种情况的存在，机械地进行非此即彼的选择。这类论证只考虑了两个极端的情况，没有考虑可能存在的中间情况，这就像在黑与白之间本来有很多中间色，却非要人们或者选择黑或者选择白。论证中否定一个观点，从而就认可另一个相反的观点，就是非黑即白。其实，这两个极端的观点都有可能是错误的。

非黑即白的谬误实质是论证者所制造的错觉，这种错觉使人觉得其所提供的选言前提穷尽了所有可能的选择。如果一个选言前提穷尽了所有可能的选择，那么它就一定是真的。在非黑即白的谬误中，所提供的两种选择不但没有穷尽所有可能，而且所提供的两种选择都是不大可能的。所以，其选言前提是假的，或者至少可能是假的。对这种谬误，也可以说它制造了一个貌似真实的，实际上却是假的或可能假的前提。

例1：你中学毕业后如果考不上大学，下半生就要做清洁工人。

分析：事实上，就算考不上大学也不一定表示下半生只能做清洁工人。

例2：你再不煮饭，今天晚上我们便要挨饿。

分析：除了在家中吃饭外，还可以外出用餐。

例3：要么人类是上帝创造的，要么人是从猴子变成的。

分析：因为"上帝创造"及"猴子变成"并不是人类来源的所有可能。除非能证明除这两种可能以外，人类可能没有其他来源；否则该命题并不成立。

例4：你们要么支持我们，要么就是支持恐怖分子。

分析：除了支持你们和支持恐怖分子以外，还有其他可能。例如，支持你们也支持恐怖分子，或不支持你们也不支持恐怖分子。

例5：苏格拉底悖论

"苏格拉底悖论"又称作"学习的悖论"，指的是学习本身所引发的矛盾。

苏格拉底说，学习本身就是一个矛盾：任何人既不可能学习他知道的东西，也不可能学习他不知道的东西。他不能学习知道的东西，因为他已经知道了这个东西，不需要学习。同样，他也不能学习不知道的东西，因为他不知道自己要学习什么。

分析："苏格拉底悖论"的积极意义在于，学习不存在"无知"和"已知"两个极端状态，而是在两者之间。就学习的起点而言，它既不是绝对的无知，也不是绝对的有知。

第三节　言语理解

逻辑的研究对象就是思维，而在实际思维中，思维的过程同时也是使用语言的过程。所以在研究逻辑思维时一刻也不能离开语言。

一、语意分析

在我们平时的语言表达中往往存在逻辑问题。对于日常语言由于所处环境的不同以及受话人个体的差异，往往有不同的理解。但在特定的语境下，一句话的含义应该是确定的。在需要确定一句话或一段话的真实含义时，有必要进行一定的语意分析，从而准确地把握其中判断所表述的实际意义和内容。

自然语言的语句是依赖语境的，语境指言语交际所发生的具体环境，一般包括言语交际的参与者（即说话者和听话者），言语交际的主题、时间、地点及其相关情景，说话者和听话者之间共有的背景知识等。虽然自然语言常常是多义的、歧义的、模糊的，但由于语境因素在起作用，我们日常所进行语言交际活动大致都能成功进行，很少发生误解或曲解现象，就是因为语境补充了字面信息的不足。也就是说，一个句子表达什么意义，不仅取决于其中所使用的词语的一般意义，而且还取决于说出这句话的语境。

例1：科学家的平均收入与他们作出的贡献比起来是太低了。最杰出的科学家的收入不应该和普通的演员、歌星、体育明星、大饭店经理相比，应该和他们之中的最杰出者相比。

上述议论所隐含的意思是什么？

分析：上述议论隐含了尽管现在这些最杰出的科学家的收入比普通的演员等要高，但却无法与他们之中的最杰出者相比。即隐含以下两层意思。

第一，最杰出的科学家的收入并不比普通的演员、歌星、体育明星和大饭店经理低。

第二，最杰出的演员、歌星、体育明星、大饭店经理的收入一般地要高于最杰出的科学家。

例2：小荧十分渴望成为一名微雕艺术家，为此，她去请教微雕大师孔先生："您如果教我学习微雕，我要多久才能成为一名微雕艺术家？"孔先生回答："大约十年。"小荧不满足于此，再问："如果我不分昼夜每天苦练，能否缩短时间？"孔先生答道："那要用二十年。"

孔先生的回答所提示的成为微雕艺术家的重要素质是什么？

分析：小荧要想成为一个微雕艺术家，微雕艺术家孔先生告诉她需要十年的时间，如果昼夜不休息每天苦练，孔先生反而说那要二十年。孔先生的回答说明小荧缺乏耐心，而要从事微雕这样的艺术，非得有极大的耐心不可。如果没有耐心会用更长的时间去完成同一件事情。因此，"耐心"最可能是孔先生的回答所提示的成为微雕艺术家的重要素质。

例3：传统记忆理论认为，记忆就像录像带，每一次回忆都是从大脑中找出相应时间内的某一段录像加以回放。场景构建理论对记忆给出了另一种解释：人脑在编码记忆时只是记录一些碎片；在需要的时候，人脑以合乎逻辑并与主体当前信念状态相吻合的方式，将这些碎片连贯起来并做出补充，以形成回忆。

下面列出的现象都是场景构建理论能解释而传统记忆理论不能解释的，除了：

Ⅰ.有些阿尔茨海默病患者会丧失记忆能力。

Ⅱ.人对于同一件往事的多次回忆，内容会发生变化。

Ⅲ.一项统计显示，目击证人在20%~25%的情况下会指认警方明知不正确的人。

Ⅳ.英国心理学家金佰利·韦伯通过给实验对象看一些合成的假照片，成功地给他（她）植入了关于童年生活的虚假记忆。

分析：传统记忆理论认为，记忆就像录像带，回忆完全是客观的，而场景构建理论认为，回忆带有主观的成分。

Ⅰ项所述，有些患者会丧失记忆能力，这可用传统记忆理论来解释。

其余项都可以用场景构建理论来解释，即会出现补充的内容。

例4：厄尔尼诺和拉尼娜是热带海洋和大气相互作用的产物。拉尼娜的到来将对全球气候产生相反的影响，由厄尔尼诺现象造成的许多反常气候就会改变。美国沿海遭受飓风袭击的可能性会上升，澳大利亚东部可能发生洪水，南美和非洲东部地区可能出现干旱，南亚将出现猛烈的季风雨，英国气温将会下降，大西洋西岸可能提前出现暴雨和大雪，并使该地区的产粮区遭受破坏性旱灾，东亚的雨带将往北移，秋冬季雨水将会增多。拉尼娜在将冷水从海底带到水面的同时，也把海洋深层营养丰富的物质带到水面加快浮游植物和动物繁殖，将使东太平洋沿岸国家渔业获得丰收。

以下除哪项外，都是上文所描述的拉尼娜现象可能带来的影响？

Ⅰ.非洲某些地区的干旱不但没有缓解，而且有加重的趋势，非洲一些国家的生活仍然艰难。

Ⅱ.澳大利亚西部可能发生洪水，对该地区的牧业将产生不良的影响，世界羊绒的价格可能上涨。

Ⅲ.美国东海岸地区的冬天会变冷，降雪量会有明显的增加，影响该地区的粮食生产，世界粮食价格有上涨的趋势。

Ⅳ.由于冬季雨水比较充沛，我国北方冬小麦的生长条件得到改善，小麦产量将会有所增加。

Ⅴ.墨西哥、智利等国的渔业将走出多年徘徊的局面，世界鱼产品的价格有可能下降。

分析：Ⅱ项陈述"澳大利亚西部可能发生洪水"，而题干中说的是"东部"，没说"西部"，可见该项与题干所述不符，因此为正确答案。

　　其余选项均是拉尼娜现象可能带来的影响。Ⅰ项中指的"非洲某些地区"就是题干中讲的"非洲东部地区"。Ⅲ项说的"美国东海岸地区"与题干中说的"大西洋西岸"相同。Ⅳ项所说的"我国北方冬季雨水比较充沛"与题干中说的"东亚的雨带将往北移"有关。Ⅴ项中的"墨西哥、智利等国家"与题干中的"东太平洋沿岸国家"一致。

二、争议辨析

　　论辩是一种言语的、社会的、理性的活动，是消除意见分歧的手段。对一种主张进行争辩，意味着这种主张的真实性或者可信性受到了怀疑。争辩的目的是企图打消他人的疑虑，或者使对方接受自己的主张。争议的焦点既可以是观点，也可以是理由。其中，发生在主要问题上的争议称为观点之争；发生在主要根据上的争议称为理由之争。

　　例1：张教授：和谐的本质是多样性的统一。自然界是和谐的，例如没有两片树叶是完全相同的。因此，克隆人是破坏社会和谐的一种潜在危险。

　　李研究员：你设想的那种危险是不现实的，因为一个人和他的克隆复制品完全相同的仅仅是遗传基因。克隆人在成长和受教育的过程中，必然在外形、个性和人生目标等诸方面形成自己的不同特点。如果说克隆人有可能破坏社会和谐的话，我看一个现实危险是，有人可能把他的克隆复制品当作自己的活"器官银行"。

　　请问张教授与李研究员争论的焦点是什么？

　　分析：张教授推理的隐含假设是克隆人和其原人是完全相同的。而李研究员认为一个人和他的克隆复制品仅仅是遗传基因完全相同而在外形、个性、人生目标等诸方面并不同。可见，张教授与李研究员争论的焦点是"一个人和他的克隆复制品是否完全相同？"

　　例2：陈先生：未经许可侵入别人的电脑，就好像开偷来的汽车撞伤了人，这些都是犯罪行为。但后者性质更严重，因为它既侵占了有形财产，又造成了人身伤害；而前者只是在虚拟世界中捣乱。

　　林女士：我不同意，例如，非法侵入医院的电脑，有可能扰乱医疗数据，甚至危及病人的生命。因此，非法侵入电脑同样会造成人身伤害。

　　请问两人争论的焦点是什么？

　　分析：陈先生的观点是，未经许可侵入别人的电脑只是在虚拟世界中捣乱

（并未造成人身伤害），其犯罪性质不如开偷来的汽车撞伤了人严重。林女士的观点是，非法侵入电脑同样会造成人身伤害，这两类行为同样严重。可见，本题争论的焦点是"非法侵入别人电脑与开偷来的汽车伤人这两种犯罪的性质是否一样严重？"

例3：甲：恐龙灭绝的原因是由于全球性的气候剧变极大地减少了以前丰富的食物来源。

乙：不对，恐龙的灭绝是由于出现了新的动物家族哺乳动物。哺乳动物繁殖迅速，动作敏捷，生存力极强，成为与恐龙争夺食物的致命对手。

丙：曾经发生过行星撞击地球，引起烟云遮日达数十年之久，大量的作为恐龙食物的植物相继枯亡。

如何最为恰当地概括三人的意见？

分析：题干中三人对于恐龙灭绝的原因的意见如下。

甲的意见是饥饿（极大地减少了以前丰富的食物来源），但认为造成食物短缺的原因是全球性的气候剧变。

乙的意见也是饥饿（新的动物家族成为与恐龙争夺食物的致命对手），但认为造成食物短缺的原因是新的动物家族哺乳动物。

丙的意见还是饥饿（大量的作为恐龙食物的植物相继枯亡），但认为造成食物短缺的原因是行星撞击地球，引起烟云遮日达数十年之久。

由此可见，三人都同意饥饿是引起恐龙灭绝的原因，但对引起食物短缺的原因有不同的意见。

第三章

论证识别

论证识别是论证研究的基础环节，本章通过阐述论证识别的特征，辨识论证的线索，从而进一步分析论证的类型、论证的要素以及论证的结构。

第一节　论证辨识

论证（Argumentation）在《新牛津英语词典中》中的含义是：系统性地进行推理以支持想法、活动或理论的行动或过程。通俗而言，论证是用某些理由支持某一结论的一种思维方式或思维过程，也就是我们通常所说的"摆事实，讲道理"。

一、论证及其作用

论证是指任意一个这样的命题集合，在这个命题的集合中，其中有一个命题是这个命题集合中的主张，这个主张是从该命题集合中的其他命题推导出来的，推导出这个主张的其他命题，也可以看作是对该主张的真实性或者正确性提供了支持，或者是提供了依据。

可见，论证是用某些理由去支持或反驳某个观点的过程或语言形式，是一组有内在结构联系的命题系列，通常由论点、论据和论证方式构成。论点也叫主张、结论，即论证者所主张并且要在论证过程中加以证明的观点。论据也叫前提、理由，是论证者用来支持或反驳某个论点的理由，它们可以是某种公认的一般性原理，也可以是某个事实性断言。

例1：疯牛病通过给母牛喂食染病动物的P体来传播，而且这一现状还没有完全地被根除。是以，疯牛病仍然对吃牛肉的人构成威胁。

分析："是以"一词表达了某事正在被推论出的要求，因此这段话是一个论证。

例2：食物的遗传基因修正是危险的事情。遗传基因工程能把不想要的变化引进产生食物的生物的DNA，而且这些变化对消费者可能是有毒的。

分析：这段话是一个论证。第一个陈述是结论，另外两个是前提。

一个好的论证可以既用于发现真理，也用于说服别人相信自己的结论。具体而言，论证的作用在于：

第一，论证有助于发现和揭示真理性的东西。

论证有助于证明、表达或宣扬真理，论证是建立科学体系、确立科学理论的必要手段。通过论证，可以根据某些一般性原理推出某个未来事件将会以何种方式发生，也可以根据某些一般原理去说明某个个别事件为何会如此发生。

第二，论证是人际沟通中的重要手段。

论证可以根据某些一般原理和当下的特殊情况作出行为上的决断：做什么和不做什么。通过论证，可以把一些理由组织起来，以使对方和公众接受自己的观点。论证的重要性在于，一方面，对于论证方来说，论证能够使自己的思想走向周密、深刻、全面和正确。另一方面，对于接受方来说，论证使他能够通过客观地检验论述者的思考过程来判断其思考的好坏，从而决定是否接受他的观点或想法；如果不接受，又是基于什么样的原因或理由；当有必要时，又如何去反驳他。

二、什么是非论证

论证是一个陈述系列，其中一部分被称为结论，该结论又是根据其他被称为前提的部分得到断定的。但有结构的命题序列不一定都是论证，首先要学会区分论证和非论证性陈述。典型的非论证包括：非推理的话语段落、说明性的话语段落、例解、解释和条件陈述。

1.非推理的话语段落

非推理的话语段落是缺乏证明的话语段落，包括警告、忠告、信念性或意见性陈述和报告等。

例：很多事情，当经历过，自己知道就好，很多改变，不需要说出来的，自己明白就好。

2.说明性的话语段落

说明性的话语段落是一种谈论，由一主题句开始，随之以扩展或者详细地说明该主题句的语句，并且其目的不是证明主题句。

例：英国纽克大学和曼彻斯特大学考古人员在北约克郡的斯塔卡发现一处有一万多年历史的人类房屋遗迹。测验结果显示，它为一个高约3.5米的木质圆形小屋，存在于公元前8500年，比之前发现的英国最古老房屋至少早500年。考古人员还在附近发现一个木头平台和一个保存完好的大树树干。

3.例解

一个包含例子的段落是一个举例还是一个论证依赖于对下述问题的回答：例子仅仅是阐明（或者解释）一个陈述，还是用来为它提供证据？如果例子是用来提供证据的，则该段落就是一个论证；反之，就不是一个论证而只是一个例解。

例：脊椎动物是指有脊椎骨的动物，例如，猫、马、羊、猴、人都是脊椎动物。

4.解释

解释是最重要的非论证之一。论证和解释在语言形式上非常相似，但通过语义分析，从前提和结论的关系上，我们可以看到两者是不同的。

项目	论证	解释
作用	提供理由，目的是证明一种观点	提供意义，目的是合理地说明
表达功能	使一给定话语中的一个命题得到确定的支持，增强了该命题的可接受程度	认为对于那个被解释的命题而言，它的真实性或者可接受性是没有疑问的。需要的是具体说明事物变化的原因，事物之间的联系等

例1：汤姆生病了，因为他吃得太多。

例2：脐橙被如此称呼，是因为它们在与果柄相对的另一端长有一个看似人的肚脐的东西。

上述两例属于解释，而非论证。由于解释常含有指示词"因为"，所以容易被误认为是论证。然而，解释不是论证，因为在解释中，解释者的目的是表明为什么某事是那样，即说清楚或者让被解释者弄懂，而不是要证明它；而在论证中前提的目的是证明某事就是那样。

当然，解释性的话语段落也可能是论证，论证性的话语段落也可能是解释，这需要结合具体的语境来分析。

5.条件陈述

条件句代表的关系包括因果关系、定义关系、标志关系、规定关系等。以常见的因果关系为例，因果陈述其实是一个陈述，而论证必须由两个或更多的陈述组成，所以因果关系本身并不是论证。同样，所有的条件句都不是论证。

条件句是一个以"如果……那么……"为代表的陈述，由两部分组成：前项代表条件，后项代表条件蕴含的后果。人们容易把条件句混淆为论证，误把它的前项看作前提，后项看作结论。由于条件陈述只是断言，如果前项是真的，那么后项也是真的，但并没有断言前项本身或后项本身是真的，因此，在条件陈述中，没有要求前项或后项呈现证据，所以，条件陈述不是论证。

例1：如果持续干旱，那么土地就会沙漠化。

上述条件句重点是陈述的是持续干旱和土地沙漠化的关联，它并不含有肯定现在就是持续干旱的意思，自然不能把它当前提。

例2：所有动物，如果它们的骨盆骨具有相同的特征，那么它们的其他骨骼部位一般也会具有相同或相似的特征。

上述条件句同样不是论证，只是表明了假定情况下的一种关联关系。

虽说单个条件陈述都不是论证，条件陈述可以用作论证中的内容。条件陈述和论证之间的关系可以概述如下。

第一，单个条件陈述不是个论证。

第二，条件陈述可以是论证的一部分：前提或结论（或两者）。

第三，条件陈述的推理内容可以重新表达以形成一个论证。

例3：为了胎儿的健康，孕妇一定要保持身体健康。为了保持身体健康，她必须摄取足量的钙质，同时，为了摄取到足量的钙质，她必须喝牛奶。因此，如果孕妇不喝牛奶，胎儿就会发育不好。

分析：上述段落是个论证，其条件陈述作为论证的一部分。

前提：为了胎儿的健康，孕妇必须喝牛奶。

结论：如果孕妇不喝牛奶，胎儿就会不健康。

例4：在20世纪30年代，人们已经发现了一种有绿色和褐色纤维的棉花。但是，直到最近培育出此种棉花的长纤维品种后，它们才具备了机纺的条件，才具有了商业价值。由此可见，只能手纺的绿色或褐色纤维棉花不具有商业价值。

分析：上述段落是个论证，其条件陈述作为论证的一部分。

前提：只有具备了机纺的条件，棉花才具有了商业价值。

结论：只能手纺的棉花不具有商业价值。

三、论证与推理

推理是指从已知命题得出新命题的思维形式，它在形式上表现为一个命题序列。任何推理都由两部分组成，一是前提，即推理中的已知命题；二是结论，即所推出的新命题。

论证是由推理组成的，推理存在于论证之中，在某种程度上可看成同义的，但实际上是有区别的。

1.论证和推理的联系

论证和推理有着极其密切的关系。任何论证都要借助推理才能完成。一个推理和一个论证可以用相同的语言形式表达出来。从结构上，论证和推理在本质上并没有什么区别，主张（论点、观点、论题）相当于推理的结论，理由（依据、论据、证据）相当于推理的前提，论证方式（证明方法）相当于推理的形式。

论证	主张（论点、观点、论题）	理由（依据、论据、证据）	论证方式（证明方法）
推理	结论	前提	推理形式

一般而言，推理就是论证，因为任何论证都可以看作是一个推理过程，都体现一定的逻辑关系。在这个意义上，推理的前提和结论，也就是论证的前提和结论，推理的前提和结论之间的关系也就是论证的前提和结论之间的关系。一个论证的主张和推理的结论是同样的意义；一个论证的理由和推理的前提是同样的意义；而推理过程中所蕴含的逻辑关系，也就是论证的理由和主张之间的关系。一般所说的论证方式，实际上就是指推理方式。

2. 论证和推理的区别

推理强调的只是逻辑关系，而论证除对逻辑关系的关注外，同时要关注内容和主张。

推理是一个从前提到结论的过程。我们依据什么内容来进行推理，依据的命题是真还是假，以及我们相信不相信这个主张，这些对推理都不重要。推理强调的是过程，专注的是命题和命题之间的逻辑关系。

论证则不同，它也涉及对逻辑关系的关注，但是，在对一个主张作论证的时候，我们首先得相信这个主张，或者认为这个主张是真的，我们也得相信为这个主张提供支持的命题也是真的。

区别	推理	论证
思维目标	由已知得未知	确认主张（论题）的真实性
思维进程	由已知前提，推出未知结论 先前提，后结论	先提出论题（主张），再寻找论据（理由） 论题（主张）在先，论据（理由）在后
论据（前提）	对内容的真假没有要求	不与结论相同，比结论更可信等
前提对结论的关系	推出关系	支持关系

可见，论证和推理有一个实质性的区别：推理并不要求前提真，假命题之间完全可以进行合乎逻辑的推理。即推理并不承诺前提和结论是真实的或可接受的，而仅仅承诺：如果前提是真实的，则结论是真实的。推理只关心推理中符合不符合逻辑，符合不符合推理方法和规则等等，它不关心是否正确、真实、可接受性。但论证的目的是证明结论的真实性和可接受性，因而在论证的过程中，理由、论据必须是真实的或可接受的。

例1：因为所有的猕猴桃都是香蕉，猴子是猕猴桃，所以，猴子是香蕉。

分析：上面的陈述是个有效的推理，但它不是一个论证，因为其前提明显是虚假的。

例2：所有现代鸟类的头骨和骨盆具有与某些恐龙的头骨和骨盆相同的特征，所有具有这样特征的动物都是恐龙，因此，现代的鸟类是恐龙。

分析：上面的陈述是个有效的推理，但它不是一个论证，因为其小前提和结论明显是假的。

四、辨识论证的线索

从文章中辨识出论证，是分析、评估论证的起点。论证的辨识，是从文章或话语中分离或抽象出论证，即能够解读语言之后的意义，从纷杂的句子后面辨认出原意和论证。

论证只是语言的多种功用之一。首先应辨别一个语篇或语段被用于何种目的，如前面所述，非推理的话语段落（比如，警告、劝告、连贯性陈述、报道等）、说明性的话语段落、例解、解释和条件陈述等语段一般没有论证功能。

当我们在日常生活中听到或看到一个推理和论证时，我们要练习将它转换成论证形式，寻找它的前提与结论，然后可以更进一步地去分析它。辨识论证没有固定和通用的程序，下面提供一些线索和提示方法。

1.论证指示词

辨识论证的一个线索是那些表示原因、理由、前提、根据、推测和结论的词。比如"因为"很可能是引导一个理由或前提，它的前面很可能是结论。"所以"引导的可能是结论，在它以前的便可能是理由前提。像这样标志着理由、结论的推理关系的词，称为标志词或指示词。

在自然语言中，这些指示词及其所引导出的命题组成的话语，常常表达一个论证。有时候，这些指示词成对地使用，例如我们就常常使用"之所以……是因为……"来表达一个论证。但更常见的是这些指示词的省略用法，只使用其中的一个，或者都省略。

论证指示词有两类，即结论指示词和前提指示词。比如，"因为"一词就表明其后的陈述作为论证的理由或前提起作用。两类指示词可以互换，互换之后，前提和结论出现的次序也随之变化。

（1）前提或理由指示词

用以指明前提的指示词是前提指示词。比如，因为……、由于……、依据……、根据……、原因是……、理由是……、基础是……、来自于……、归之于……、举例说来、支持我们观点的是……、这么说的缘由是……等。

例1：有些人坚信，在宇宙空间中，还存在着人类文明之外的其他高级文明，因为现在尚没有任何理论和证据去证明这样的文明不可能存在。

上述论证的前提是，现在尚没有任何理论和证据去证明这样的文明不可能存在。

例2：在工作场所，流感通常由受感染的个人传染给其他在他附近工作的人，因此一种新型的抑制流感症状的药实际上增加了流感的受感染人数，因为这种药使本应在家中卧床休息的人在受感染时返回到工作场所。

上述论证的前提是"因为"后面的陈述。

例3：《乐记》和《系辞》中都有"天尊地卑""方以类聚，物以群分"等文句，由于《系辞》的文段写得比较自然，一气呵成，而《乐记》则显得勉强生硬，分散拖沓，所以，一定是《乐记》沿袭或引用了《系辞》的文句。

上述论证的前提是"由于"后面的陈述。

（2）结论或主张指示词

用以指明结论的指示词是结论指示词。比如，因此……、所以……、因而……、从而……、由此可见……、我（们）认为……、可以推断……、这样说来……、结论是……、简而言之……、显然……、其结果是……那么……、可以推测……、我（们）相信……、很可能……、表明……、以此可以知道……、由此可得出……、这证明……等。

诸如此类的论证指示词告诉我们，哪些陈述是由证据和理由表明其正当性的，哪些陈述是作为前提支持那个陈述的。

例1：人的日常思维和行动，哪怕是极其微小的，都包含着有意识的主动行为，包含着某种创造性，而计算机的一切行为都是由预先编制的程序控制的，因此计算机不可能拥有人所具有的主动性和创造性。

上述论证的结论是"计算机不可能拥有人所具有的主动性和创造性"。

例2：保护思想自由的人争论说，思想自由是智力进步的前提条件。因为思想自由允许思考者追求自己的想法，而不管这些想法会冒犯谁，以及会把他们引到什么方向。然而，一个人必须挖掘出与某些想法相关的充分联系，才能促使智力进步。为此，思考者需要思考法则。所以，关于思想自由的论证是不成立的。

上述论证的结论是"关于思想自由的论证是不成立的"。

例3：近年来，越来越多的机器人被用于在战场上执行侦察、运输，甚至将来冲锋陷阵的都不再是人，而是形形色色的机器人。人类战争正在经历自核武器诞生以来最深刻的革命。由此可知，机器人战争技术的出现可以使人类远离危险，更安全、更有效地实现战争目标。

上述论证的结论是"由此可知"后面的陈述。

2.通过论证支持关系进行辨识

辨识论证的根本标准是话语之间的支持关系。有些论证不包含指示词，论证指示词仅仅是发现论证的线索，而不是标准。有时，论述者可能省略论证指示词，但这并不影响那个语段作为论证起作用。我们将论证和非论证区别开来的依据是，在一个语段中一些陈述是用来支持另一个陈述的可接受性的。

（1）体会论述意图

有的段落里完全没有论证的标志词语，但考察话语锻炼，可以察觉作者或陈述者的论证用心和论证的上下关系。这时，接收者（读者或听者）必须问自己这样的问题：哪个陈述被（隐含地）要求为从别的陈述推出？论述者（作者或说者）在努力证明什么？那段话里的要点是什么？

简而言之，一段文章是否论证，根本地还是要看论述者的意图。论述者是否想使你相信并接受什么观点，证明什么事实吗？如果是，那么这就是一个论证。

（2）从结论追溯理由

确定主要结论（最终结论）是寻找论证的首要工作。确定主要结论的办法有：第一，如前所述，体会作者的意图，他到底想要我们相信什么？这就是他的主要结论。第二，确定这个文章的主题，看作者到底采取的是什么立场。主要结论常常在文章的开头或者末尾表达出来。

确定主要结论（最终结论）之后，再一步步向上寻找支持它的直接理由，这是追寻论证中理由和结论之间关系的有效办法。在寻找过程中，我们可以不断地询问"理由问题"，即"有什么理由能使我接受这个断言？"通过这个问题，追寻直接支持结论的理由，然后针对这个理由再次提出这个问题，以求找到支持这个理由的理由，通过步步推进，直到最后达到论述者给出的初始理由。

（3）整体理解

寻找论证始于批判性阅读，从文章或语段中识别出论证，是一个整体理解、解释和判断的过程。为了辨别论证和结构，常常需要反复阅读文章，细致地考察文字和语境的内容，发掘语言的真实、准确的意义，理解和判断文章的意图和结论，细心找到有关陈述，分析它们的关系，提取中间的论证内容，确定已经把所有的理由都找出来了，辨认出一个完整的论证来。这常常还意味着需要补充原文中没有明说但隐含了的意思。有时还需要帮它加上需要的潜在前提。

总之，从阅读一开始，就应有意地寻找论证，确定前提、结论，哪些前提和哪个结论相关，并把它们——用符号和评注表示出来。

例1：利兹鱼生活在距今约1.65亿年前的侏罗纪中期，是恐龙时代一种体形巨大的鱼类。利兹鱼在出生后20年内可长到9米长，平均寿命40年左右的利兹鱼，最大的体长甚至可达到16.5米。这个体型与现代最大的鱼类鲸鲨相当，而鲸鲨的平均寿命约为70年，因此利兹鱼的生长速度很可能超过鲸鲨。

分析：此段落的最后一句是结论，然后寻找支持这一结论的前提。当论证根据逻辑原则重新构成的时候，结论总是列在前提后面：

P1：利兹鱼的平均寿命为40年左右，而鲸鲨的平均寿命约为70年。

P2：最大的利兹鱼体型与鲸鲨相当。

C：利兹鱼的生长速度很可能超过鲸鲨。

（备注：P1、P2分别代表前提1、前提2；C代表结论，下同。）

例2：文明人与野蛮人或其他动物的重要区别在于通过深谋远虑来抑制本能的冲动。唯有当一个人去做某一件事并不是受本能冲动的驱使，而是因为他的理性告诉他，到了未来某个时期他会因此而受益，这才出现了真正的深谋远虑。耕种土地就是一种深谋远虑的行动，人们为了冬天吃粮食而在春天工作。

分析：此段落的第一句是结论，然后寻找支持这一结论的前提。

P1：耕种土地就是一种深谋远虑的行动，人们为了冬天吃粮食而在春天工作。

P2：唯有当一个人去做某一件事并不是受本能冲动的驱使，而是因为他的理性告诉他，到了未来某个时期他会因此而受益，这才出现了真正的深谋远虑。

C：文明人与野蛮人或其他动物的重要区别在于通过深谋远虑来抑制本能的冲动。

第二节　论证类型

按照不同的分类标准，可以把论证分成不同的类别。

一、直接论证和间接论证

直接论证就是用论据正面推理得出结论的论证，即在一个论证中对结论的支持，是通过对结论的直接证实来实现的论证。

间接论证是通过论证与论题相关的某个论题假，来论证该论题真的一种论证方式。间接论证又可以分为反证法和汰证法。

1.反证法

反证法是先提出反设，即提出一个与命题的结论相反的假设，然后，从这个假设出发，经过正确的推理，导致矛盾，从而否定相反的假设，达到肯定原命题正确的一种方法。

换句话说，反证法就为证明一个命题的真，通过证明它的反命题的假，间接地获得对该命题的证明。其原理就是：如果可以确定与原论题矛盾的论题假，那么根据排中律，可以确定原命题为真。反证法的具体形式如下：

求证：p。

证明：

设非p

如果非p，那么q。

已知非q

所以，非非p。

根据排中律，p真。

反设是反证法的基础，导出矛盾的过程没有固定的模式，但必须从反设出发。导出的矛盾有几种类型：与已知条件矛盾；与已知的公理、定义、定理、公式矛盾；与反设矛盾；自相矛盾。

例1：某地区国道红川口曾经是交通事故的频发路段，自从8年前对此路段限速每小时60公里后，发生在此路段的交通伤亡人数大幅下降。然而，近年来此路段超速车辆增多，但发生在此路段的交通伤亡人数仍然下降。因此，此路段8年来交通伤亡人数下降不仅是车辆限速的结果。

分析：上述结论是，此路段8年来交通伤亡人数下降不仅是车辆限速的结果。

我们可用反证法推出上述结论成立。假设上述结论不成立，即如果车辆限速是此路段8年来交通伤亡人数下降的唯一原因，那么，近年来随着此路段超速车辆增多，发生在此路段的交通伤亡人数不会下降。这与语段的论述矛盾，所以，上述结论成立。

例2：W病毒是一种严重危害谷物生长的病毒，每年要造成谷物的大量减产。W病毒分为三种：W1、W2、W3。科学家们发现，把一种从W1中提取的基因，植入易受感染的谷物基因中，可以使该谷物产生对W1的抗体，这样处理的谷物会在W2和W3中，同时产生对其中一种病毒的抗体，但严重减弱对另一种病毒的抵抗力。科学家证实，这种方法能大大减少谷物因W病毒危害造成的损失。

从上述断定最可能得出以下哪项结论？

Ⅰ.在三种W病毒中，不存在一种病毒，其对谷物的危害性，比其余两种病毒的危害性加在一起还大。

Ⅱ.在W2和W3两种病毒中，不存在一种病毒，其对谷物的危害性，比其余两种W病毒的危害性加在一起还大。

Ⅲ.W1对谷物的危害性，比W2和W3的危害性加在一起还大。

分析： 从上述断定最可能得出Ⅱ项，否则，如果Ⅱ项不成立，即如果在W2和W3两种病毒中，存在一种病毒，不妨假设是W2，其对谷物的危害性，比其余两种W病毒的危害性加在一起还要大，那么，运用题干中的方法，谷物虽然得益于对W1和W3产生的抗体，但却同时受害于严重减弱了对W2的抵抗力。由于W2对谷物的危害性，比其余两种W病毒的危害性加在一起还要大，因此，题干的方法使谷物受害大于受益，这样，题干的论述就不能成立。所以，如果题干成立，那么，Ⅱ项一定成立。

其他两项不能作为题干的结论。比如Ⅰ项不能从题干推出，因为如果事实上W1的危害性，比其余两种病毒的危害性加在一起还大，题干的陈述仍然成立。

2.汰证法

汰证法也叫选言证法、淘汰法、排除法。汰证法是通过先论证与原论题相关的其他可能命题都不成立，从而确定论题为真的间接论证方法。

汰证法的论证过程如下：

求证：p。

证明：

设：或p，或q，或r成立。

非q且非r。

所以，p。

上述论证导出其结论的方法是通过排除其他可供选择的解释，利用汰证法，要注意其前提需要穷尽所有的可能性。

例1： 从回龙观去西单上班，或者乘地铁，或者坐公交车，或者自驾车，或者骑自行车，或者步行。但是回龙观距离西单大约30公里，步行和骑自行车是不现实的。八达岭高速经常堵车，但是八达岭高速是从回龙观去西单的必经之路，所以乘坐公交或者自驾车也很难按时到达西单。所以，唯有乘坐地铁才是准时到达西单的最佳选择。

例2： 《文化新报》记者小白周四去某市采访陈教授与王研究员。次日，其同事小李问小白，"昨天你采访到那两位学者了吗？"小白说："不，没那么顺利"小李又问："那么，你一个都没采访到？"小白说："也不是。"由此可知，小白周四采访到了一位，但没有采访到另一位。

分析：对两位学者的采访只有三种情况：采访到了两位，只采访到了一位，一个都没采访到。小白既否定了采访到了两位学者，也否定了一个都没采访到。因此，情况一定是只采访到了其中一位。

二、正面论证和反驳式论证

论证有广义和狭义之分。狭义的论证和证明同义；广义的论证，包括证明与反驳两个层面。

正面论证是指证明型论证，即证明一个结论的真实性的论证，可简称为证明、立论，就是对其结论是直接给以支持。

反驳式论证是揭露一个论证的虚假性的论证，可简称为证伪、驳论，即不是直接对其结论予以支持，而是对这个结论进行否定，驳斥这个结论。

对论证提出反驳的标准方式就是证明一个论证是坏论证。当这样做的时候，我们就是在构成另外一个论证，这个论证既可以是结论的反驳，也可以是对论证中支持结论的前提的反驳，还可以是对论证所使用的推理方式的反驳。这些类型的反驳都可以恰当地表明结论的不成立。

由于证明有论题（论点）、论据和论证三个要素，相应地反驳可以分为反驳论题、反驳论据和反驳论证三种。

1.反驳论题

反驳论题（论点）的方法有多种，其中常见的反驳就是举反例，或者直接提出反对论点或观点的论据。

例1：高脂肪、高糖含量的食物有害人的健康。因此，既然越来越多的国家明令禁止未成年人吸烟和喝含酒精的饮料，那么，为什么不能用同样的方法对待那些有害健康的食品呢？应该明令禁止18岁以下的人食用高脂肪、高糖食品。

分析：上文根据"高脂肪、高糖含量的食物有害人的健康"，提出建议，应该明令禁止18岁以下的人食用高脂肪、高糖食品。

若事实上，高脂肪、高糖食品主要危害中年人的健康，那么意味着，高脂肪、高糖食品对未成年人的危害并不大，这就直接反对了题干的建议。

例2：有医学研究显示，吃维生素和矿物质补充剂对人体没有显著帮助，有时甚至会对人体造成伤害。一些医生给出劝告，不要再吃维生素和矿物质补充剂了，而应该通过均衡的饮食来补充人体所需的维生素和矿物质。

分析：上述医学研究的观点是，吃维生素和矿物质补充剂对人没有好处，有时甚至有害处。

若事实上，一项对2万名儿童展开的3年追踪调查显示，不服用维生素和矿物质补充剂的儿童，营养缺乏的发生率较高。这就直接反对了上述观点。

例3： 补充胶原蛋白已经成为当下很多女性抗衰老的手段之一。她们认为：吃猪蹄能够补充胶原蛋白，为了美容养颜，最好多吃些猪蹄。近日有些专家对此表示质疑，他们认为多吃猪蹄其实并不能补充胶原蛋白。

以下哪项如果为真，最能质疑上述专家的观点？

Ⅰ.人们在日常生活中摄入的优质蛋白和水果、蔬菜中的营养物质，足以提供人体所需的胶原蛋白。

Ⅱ.猪蹄中胶原蛋白的含量并不多，但胆固醇含量高、脂肪多，食用过多会引起肥胖，还会增加患高血压的风险。

Ⅲ.猪蹄中的胶原蛋白经过人体消化后会被分解成氨基酸等物质，氨基酸参与人体生理活动，再合成人体必需的胶原蛋白等多种蛋白质。

分析： 专家的观点：多吃猪蹄其实并不能补充胶原蛋白。

Ⅲ项表明，猪蹄中的胶原蛋白确实能够合成人体必需的胶原蛋白，有力地质疑了专家的观点。

例4： 动物肉一直是餐桌上不可或缺的食物。前不久，某专家宣布，他的研究团队已首次利用动物干细胞在实验室培育出了人造肉，这种人造肉在口感和成分上与动物肉非常接近。该专家认为，这种人造肉在不远的将来会有很好的市场前景。

以下哪项如果为真，最能质疑上述专家的观点？

Ⅰ.目前人造肉的生产成本远高于动物肉，且产量极低，近期还很难有技术突破的可能。

Ⅱ.以植物蛋白为原料，模拟动物肉外观和口感的人造肉已在素斋中广泛使用。

Ⅲ.上述实验中人造肉制造需要加入大量的动物血清，而要获得动物血清仍需要饲养大量动物。

分析： 专家观点是，人造肉在不远的将来会有很好的市场前景。

Ⅰ项表明了人造肉的经济成本高、产量低、技术难突破，这作为理由，有力地质疑了专家的观点。

2.反驳论据

这种方式的反驳，不一定能够证明对方的论题为假，只是证明对方提供的论据证明不了论题。

例1： 李教授：目前的专利事务所工作人员很少有科技专业背景，但专利审理往往要涉及专业科技知识。由于本市现有的专利律师没有一位具有生物学的学历和工作经验，因此难以处理有关生物方面的专利。

分析：李教授得出结论的根据是：专利审理往往要涉及专业科技知识。

然而事实上，大部分科技专利事务仅涉及专利政策和一般科技知识，不需要太多的专门技术知识，就弱化了李教授的论据，因而也削弱了他的结论。

例2：迄今为止，年代最久远的智人遗骸在非洲出现，距今大约20万年。据此，很多科学家认为，人类起源于非洲，现代人的直系祖先——智人在约20万年前于非洲完成进化后，然后在约15万年到20万年前，慢慢向北迁徙，穿越中东达到欧洲和亚洲，逐步迁徙至世界其他地方。

分析：科学家的观点是，人类起源于非洲。论据是，年代最久远的智人遗骸在非洲出现，距今大约20万年。

而事实上，2010年，以色列考古学家在以色列特拉维夫以东12公里的Qesem洞穴中发现了8颗40万年前的智人牙齿，这是科学家迄今为止在全球发现的年代最为久远的智人遗骸。这就推翻了题干的论据，有力地反驳了科学家的观点。

例3：近日，M市消委会公布了三款知名薯片含有致癌物的检测报告，并提醒消费者谨慎购买。该报告显示，S公司生产的薯片样品中，致癌物丙烯酰胺的含量超过2000毫克每千克，高于欧盟设定的基准水平值750毫克每千克。S公司知晓后，立即对此事件做出了回应和反驳。

以下哪项如果为真，作为S公司的回应和反驳最为有力？

Ⅰ.薯片类产品普遍含有丙烯酰胺，但吃一包薯片，丙烯酰胺的实际摄入量极低。

Ⅱ.大多数品牌的薯片丙烯酰胺都超标，消委会不应该只检测S公司等几个品牌的薯片。

Ⅲ.多家权威机构公布的相关检测报告显示，与消委会检测的薯片样品，同批次的薯片抽检均无问题。

分析：消委会提醒消费者谨慎购买三款知名薯片，其报告显示，S公司生产的薯片样品中，致癌物丙烯酰胺的含量远高于欧盟设定的基准水平值。

Ⅲ项用多家权威机构公布的检测报告显示同批次的薯片抽检均无问题，有力地质疑了消委会的检测，作为S公司的回应和反驳最为有力。

例4：某医学专家提出一种简单的手指自我检测法：将双手放在眼前，把两个食指的指甲那一面贴在一起，正常情况下，应该看到两个指甲床之间有一个菱形的空间；如果看不到这个空，则说明手指出现了杵状改变，这是患有某种心脏或肺部疾病的迹象。该专家认为，人们通过手指自我检测能快速判断自己是否患有心脏或肺部疾病。

以下哪项如果为真，最能质疑上述专家的论断？

Ⅰ.杵状改变可能由多种肺部疾病引起，如肺纤维化、支气管扩张等，而且这种病变需要经历较长的一段过程。

Ⅱ.杵状改变不是癌的明确标志，仅有不足40%的肺癌患者有杵状改变。

Ⅲ.杵状改变是手指末端软组织积液造成，而积液是由于过量血液注入该区域导致，其内在机理仍然不明。

分析：专家认为，人们通过手指自我检测能快速判断自己是否患有心脏或肺部疾病。比如，手指出现了杵状改变是患有某种心脏或肺部疾病的迹象。

Ⅲ项表明，杵状改变的内在机理不明，这意味着通过手指自我检测难以判断心肺疾病。有力地质疑了专家的论断。

3.反驳论证

这种反驳方法的关键就是切断论题和论据之间的论证链条，这种反驳可以指出论证违反演绎规则，也可以是对论证的隐含前提进行反驳。

例1：科学研究证明，非饱和脂肪酸含量高和饱和脂肪酸含量低的食物有利于预防心脏病。鱼通过食用浮游生物中的绿色植物使得体内含有丰富的非饱和脂肪酸"奥米加-3"。而牛和其他反刍动物通过食用青草同样获得丰富的非饱和脂肪酸"奥米加-3"。因此，多食用牛肉和多食用鱼肉对于预防心脏病都是有效的。

分析：上述结论是多食用牛肉有利于预防心脏病，其根据是：牛和其他反刍动物通过食用青草获得丰富的非饱和脂肪酸，而非饱和脂肪酸含量高的食物有利于预防心脏病。其隐含的假设是食用青草同样获得丰富的非饱和脂肪酸能保留在牛肉中。

若事实上，牛和其他反刍动物在反刍消化的过程中，把大量的非饱和脂肪酸转化为饱和脂肪酸。则上述假设就不成立了，这就有力地削弱了题干的论证。

例2：研究人员发现，人类存在3种核苷酸基因类型：AA型、AG型以及GG型。一个人有36%的概率是AA型，有48%的概率是AG型，有16%的概率是GG型。在1200名参与实验的老年人中，拥有AA型和AG型基因类型的人都在上午11时之前去世，而拥有GG型基因类型的人几乎都在下午6时左右去世。研究人员据此认为：GG型基因类型的人会比其他人平均晚死7小时。

分析：上述研究只比较了不同基因类型的人去世的时辰，就得出结论：GG型基因类型的人会比其他人平均晚死7小时。

这一论证必须假设，这三种基因类型的人的平均寿命天数是一样的，只不过时辰不一样。而事实上，平均寿命的计算依据应是实验对象的生命存续长度，而不是实验对象的死亡时间。这就有力地反对了上述研究人员的观点。

三、演绎论证与广义归纳论证

由于论证就是推理，或者是一系列推理的综合运用，如同推理分为演绎推理和归纳推理，按照论证所使用的推理方式不同，论证也可以分为演绎论证与归纳论证。

1.三种推论形式

从逻辑角度，推论一般可分为演绎、归纳、似真三种类型（以下三种推论形式中，a代表个体，x代表个体变元，F和G代表性质）。

（1）演绎推论

演绎推论的特征是：如果前提均真，则结论必然为真。

其推论形式如下：

对于所有x来说，如果x是F，则x是G。

a是F。

所以，a是G。

可见，演绎推论是应用一般规则于特殊事例以得到一个结果。

例：

前提一：这个口袋中的所有豌豆都是白的。

前提二：这些豌豆来自这个口袋。

结论：这些豌豆是白的。

（2）归纳推论

归纳推论的特征是：如果前提均真，则结论可能为真。

其推论形式如下：

对于大部分x（或一定比例的x）来说，如果x是F，则x是G。

a是F。

所以，a是G。

可见，归纳推论是从事例和结果到规则，因为结论是一个概括。

例：

前提一：这些豌豆来自这个口袋。

前提二：这些豌豆是白的。

结论：这个口袋中的所有豆子都是白豌豆。

（3）似真推论

似真推论的特征是：如果前提真，则结论似然为真。

但是似真推论是可废止的，因为大前提中的概括从本质上说是有例外的，而且这种例外是不能事先考虑到的，这意味着似真推论能被新引入的前提所推翻。

其推论形式如下：

在通常情况下，如果x是F，则x是G。

a是F。

所以，a是G。

似真推论的常见形式是回溯推论，其推论形式如下：

事实C被观察到，

若A是真的，C将是理所当然的，

因此，有理由猜想A是真的。

可见，回溯推论是从规则和结果到事例。第一个前提是规则，第二个是结果，结论是事例。

例：

前提一：这个口袋中的所有豌豆都是白的。

前提二：这些散落在口袋边的豌豆是白的。

结论：这些白豌豆来自这个口袋。

2.两种论证类型

上述三种推论中，演绎推论的前提和结论之间的推理关系是演绎的，而归纳推论和似真推论的前提和结论之间的推理关系是非演绎的，因此，归纳推论和似真推论可以合并称为广义归纳推论。由此，可以把论证分为演绎论证和广义归纳论证（扩展性论证）两种。

（1）演绎论证

演绎论证是运用演绎推理的形式所进行的论证，即从一般性的原理出发，运用演绎推理规则推出其蕴含的某一特殊论断。一个推理正确的演绎论证，其大前提的真实性可以充分保证结论的真实性。

例1：直角三角形的内角和是180°；锐角三角形的内角和是180°；钝角三角形的内角和是180°。因此，三角形的内角和是180°。

分析：这是个完全归纳推理方式做出的论证，实质上属于演绎论证，即其前提真，结论必然为真。

例2：通过对一定数量的新生儿的测试，发现他们对某些图形的识别是生来就有的。由此可知，人类对图形的识别能力不都是通过学习得到的。

分析：上述论证属于演绎论证，其前提与结论之间具有必然的联系。

例3：19世纪前，技术、科学发展相对独立。而19世纪的电气革命，是建立在科学基础上的技术创新，它不可避免地导致了两者的结合与发展，而这又使人类不可避免地面对尖锐的伦理道德问题和资源环境问题。

以下哪项符合题干的断定？

Ⅰ.产生当今尖锐的伦理道德问题和资源环境问题的一个重要根源是电气革命。

Ⅱ.如果没有电气革命，则不会产生当今尖锐的伦理道德问题和资源环境问题。

Ⅲ.如果没有科学与技术的结合，就不会有电气革命。

分析：题干的推理是：

电气革命→科学与技术的结合与发展→尖锐的伦理道德问题和资源环境问题。

从题干可知，电气革命是尖锐的伦理道德问题和资源环境问题的充分条件，因此，产生当今尖锐的伦理道德问题和资源环境问题的一个重要根源是电气革命。即Ⅰ项成立。

因为由题干知，"电气革命"是"尖锐的伦理道德问题和资源环境问题"的充分条件，但并不是必要条件。因此，Ⅱ项不能从题干推出。

因为由题干知，"电气革命"是"科学与技术的结合"的充分条件，即"科学与技术的结合"是"电气革命"的必要条件。因此，Ⅲ项成立。

（2）广义归纳论证

前提不必然蕴含结论或者说前提与结论的关系是或然的，我们称为非演绎的。广义的归纳逻辑研究非演绎的推理过程。人们在这些论证中并不声称结论的真理性是从前提必然地得到，而仅仅表明，前提对结论的支持是或然的，或者说结论盖然为真。

广义归纳论证是运用非演绎推理的形式所进行的论证，是根据一些特殊论断或常理得出结论的论证。其前提的真实性并不确认结论的真实性，也可称为"扩大的"论证。

例1：大多数学习努力的人都会考上大学，李四学习努力，因此，李四可能会考上大学。

分析：这一论证属于归纳论证，其前提与结论之间的关系是归纳支持关系，即其前提真，那么结论可能为真，而此论证的结论带有限定词"可能"，因此，该论证可信。

例2：你数次闯红灯都安全，因此就认为闯红灯没有危险。

分析：这一论证属于归纳论证，其前提真，那么结论可能为真，但该论证的结论是确定性的，因此，该论证不可信。

例3：一艘远洋帆船载着5位中国人和几位外国人由中国开往欧洲。途中，除5位中国人外，全患上败血症。同乘一艘船，同样是风餐露宿，漂洋过海为什么中国人和外国人如此不同呢？原来这5位中国人都有喝茶的习惯，而外国人却没有，于是得出结论：喝茶是这5位中国人未得败血症的原因。

分析：这一论证属于归纳论证，是应用差异法得出因果关系，因此，该论证具有一定的可信度。

3.演绎与归纳的论证特征

在确定一个论证是归纳的还是演绎的时，要考虑到论证的某些客观的特征。这些特征包括：

（1）特别指示词的出现

演绎和归纳往往带有其特别的指示词，即指示词有助于我们判断一个论证是演绎的还是归纳的。

演绎指示词包括"肯定地""无疑地""绝对地""必然地"和"一定是"等。

归纳指示词包括"或许""不大会""合乎情理地""难以置信地""有望""多半不会"和"有理由推断"等。

要注意的是，指示词并不能完全确定演绎还是归纳，论证者时常出于修辞的目的，为增加其结论的力度，使用"（这）无疑可以得出"这样的短语，这并不能表明该论证就是演绎的。因此，判断的根本标准还是要看前提和结论之间的关联性。

（2）前提和结论之间的关联性

如果结论确实严格必然地从前提得来，该论证就清楚地是演绎的。在这样一个论证中，不可能前提真而结论假。另一方面，如果结论不是严格必然地从前提得来，而是或然地得来，那么最好把该论证看作归纳的。

例1：如果下雨了，那么地就会湿。现在下雨了，所以，地就会湿。

分析：在这个例子中，结论严格必然地从前提得来。因此，这是个演绎论证，推理有效，结论一定可靠。

例2：如果下雨了，那么地就会湿。现在，我们发现地是湿的，所以，很可能下雨了。

分析：在此例中，结论不是严格必然地从前提得来，而是以某一程度的或然性得来的。如果我们假定前提都是真实的，那么基于那个假定，该结论是真的是很有可能的。因此，这属于广义归纳论证，尽管结论是或然性的，但该论证可信。

例3：巴西火蚁目前在美国南部大量滋生。与巴西的火蚁不同，美国的火蚁一巢中有两只蚁后，这种火蚁比一巢中只有一只蚁后的火蚁更有侵略性，它们几乎消灭了其巢穴附近的所有昆虫以独占食物来源，因而火蚁的数量迅速增长。在巴西由于火蚁的天敌能限制火蚁的数量，所以把这些天敌引进美国会阻止美国火蚁数量的增长，全面改善生态环境。

分析：上述前提不能必然地得出结论，因此属于广义归纳论证。其主张是，为消除美国火蚁，美国引进生活在巴西的火蚁天敌。要想使从巴西引进的昆虫能对美国南部地区的环境有益，首先得保证这种昆虫在该地区能够存活，其次是这种昆虫给这个地区的环境带来的益处要大于害处；要想使这种昆虫抑制住火蚁数量的增加，首先就要求是这种昆虫吃掉了火蚁，而不是火蚁吃掉了这种昆虫，其次要求这种昆虫杀死火蚁的比率要超过火蚁数量增加的比率。据此分析可知，要使上述论证成立，必须假设：

第一，在美国引进火蚁的天敌将不会造成比火蚁本身所导致的环境灾难更可怕的后果。

第二，巴西火蚁的天敌能够适应美国的环境并生存下来。

第三，异常凶猛的双蚁后火蚁不至于杀死它们在巴西远亲的天敌。

第四，火蚁本身繁殖的速度不会超过其天敌杀死它们的速度。

4.从推理强度看前提和结论之间的联系

评估一个具体的推理或论证，人们往往考虑以下两方面：

第一，前提是否为真。

这对科学家和实践工作者来说，具有极其重要的作用。

第二，前提在何种程度上支持了结论。

逻辑本身只关注这一点。如果前提都真，由此推出的结论是必然真还是或然真？前提是否为结论提供了强有力而又并非决定性的证据？前提是否为结论提供了证据？综合起来，也就是前提和结论的证据联系的强度如何。

推理具有各种各样的强度，由最强度的演绎推理到可能强度的归纳推理直至前提与结论相矛盾的推理。评判推理前提和结论之间联系的强的标准：

一是演绎的有效性。

演绎推理的有效性是由它的推理形式所保证的，因而它关注的是有效推理形式的判定方法和如何按照一定的规则来构造有效的推理形式系统。

二是归纳的强度。

归纳推理是那种其前提仅仅给予结论某种概率等级的而非必然支持的推理，因而它关注的是归纳或然性和推理的归纳强度的测度与评估，以及构造归纳强的推理的规则。

由此，演绎论证与归纳论证的主要区别概括如下：

项目	演绎论证	广义归纳论证
依据的推理类型	演绎推理	扩展性推理
属性	确定性	可能性
依据结论的可靠程度	必然性推理	或然性推理
衡量标准	有效性	合理性
思维方向	从一般性原理到个别性论断，或者是从一般性原理到另一个一般性原理的推理	从个别性例证到一般性原理的推理，或者是从个别性论断到另外的个别性论断的推理
前提和结论的关系	演绎推理的结论所断定的隐含在前提之中，其结论所断定的没有超出前提所断定的范围	归纳推理的结论超出了前提所断定的范围
推理性质	前提的真足以保证结论的真	前提的真不能保证结论的真，而只对后者提供一定程度的支持

第三节　论证要素

论证由一组（至少两个）陈述组成。其中一个陈述是主张，即欲使他人相信的意见、观点、建议、决定等，另一些是理由，提供支持或者相信的根据。

有些非形式逻辑学家往往用术语"主张"和"理由"分别替代术语"结论"和"前提"。一些传统逻辑学家把"结论"称为"论题"或"论点"，而"前提"称为"论据"或"证据"。因此，一个论证的最基本要素是三个：主张（论题、论点、结论）、理由（前提、论据、证据）和支持（论证方式、推理关系）。

满足这三个要素的就是论证，论证最简单的模式即是由这三个要素组成。一个论证的表达式，可以由横式或竖式来表示。

1.论证的横式表达式

理由（前提）→主张（结论）。

这代表一个论证：理由（前提、论据、证据）、主张（结论、论点），以及支持（即箭头所代表的推理关系）。

论证是一个陈述系列，有两个或更多陈述句，它们构成这样一个结构：其中一个陈述为结论，另一个或更多的陈述是前提，它们之间存在一种支持的关系，即该结论是根据被称为前提的其他陈述而得到断定的。

2. 论证的竖式表达式

论证的逻辑图，常用竖式来表达，具体又可分为两种形式：一种是主张（结论）在上，理由（前提）在下；另一种是主张（结论）在下，理由（前提）在上的顺序。两种形式没有重要差别。

论证的结构是表达主张和理由的逻辑关系的一种架构，一种形式，它表明一个主张是怎样从另一些陈述获得支持的。为了充分认识一个论证的结构，下面从论证的三个基本要素来进行分析。

案例 "爱那西德穆十个论证" 和 "阿格里帕五个论证"

爱那西德穆（约公元前100－前40年）生于克里特岛，曾在亚历山大里亚城教书。他是皮浪主义的追随者，怀疑主义的著名代表人物。关于他的记载中，最为醒目的是他提出了主张怀疑的十大理由，即十个著名的论证。这十个论证比较浅显，同样是比较深刻的。

① 不同种类的动物对同一事物的感受或反应不同。——一只狗和一头驴子对一根肉骨头的感受一定不一样。

② 相同种类事物中的不同个体也有特质差异。——在同一间屋子里，有人感到冷，有的人会感到热。

③ 同一个体的不同感官有不同的构造。——眼睛的功用是看颜色，鼻子的功用是闻气味。

④ 同一个体的身体内部因状态不同而产生差异。——感冒时候对美食的感受同健康时候就不同。

⑤ 不同国家和民族的习俗、法律、观念不同。——你在食人部落宣扬人权是没有用的。

⑥ 事物都是相互混合的，一经混合就发生了变化。——比如紫色，在阳光下、月光和烛光下呈现的色泽有差别。

⑦ 同一事物因距离、位置等的不同而显得不同。——横看成岭侧成峰。

⑧ 事物具有相对性。——体育锻炼能够强体，也能摧残人体。

⑨ 由于事物的罕见或常见，也同样改变对事物的判断。——很多人关注彗星的出现，但是关注金星的人不多。

⑩ 事物都是相互联系的，相对而言的。——福兮祸所伏，祸兮福所倚。

阿格里帕，公元一世纪人，生平不详，我们只知道他是罗马哲学家。他对哲学的主要贡献是继爱那西德穆的怀疑主义十个论证后，又进一步提出了五个论证，而且把目标集中在否定理性认识的可靠性上。

1. 观点分歧

对于同一个现象，无论是普通人还是哲学家，之间都有争论，这些争论都可以找到证据支持，因此这些问题只能是悬而未决，人们各自保留意见。

2. 无穷倒退

支撑每个论点的证据都需要检验，需要论证，每个证明都需要进一步的证明，这样下去直至无穷，我们不可能找到一个论证的起点，因此只好对事物各自保留意见。

3. 相对性

只有在和判断主体极其伴随的知觉相关联中，一个对象才能具有这样或那样的现象，但我们无从得知它的本性。

4. 假设武断

很多独断论者都有一个理论的起源，这个起源都是值得质疑的。说话都要有根据，没有不言自明的公理。公理之说只是武断的结果。

5. 循环论证

应该用来去证明所研究的对象的东西却要求对象来证明。我们没有入口，也就没有出口，不可能找到理由。

点评：爱那西德穆的这十个论证把感觉和认识的主观性和相对性绝对化。这是从否定感性认识的可靠性来论证的怀疑论。

爱那西德穆的十个论证虽然内容广泛，但基本上局限在感觉领域或现象范围，主要是用生活中的经验事实直接反对经验到的东西，集中否定的是感性认识的可靠性，所以还是比较初级和表面的东西，抽象性和思辨性都不很强，因而被塞克斯都·恩披里柯称为"老的论证"。

与之相比较，阿格里帕的五个论证就显得深刻而精致了。但是，我们也不能把这两个人的论证割裂开来。正如阿格里帕自己所说："我提出这些论证的目的，不是要取代前十个论证，而是要通过这五个论证连同那十个论证，更详尽、更完整地暴露独断论者的轻率"。

摘自《不可不知的1000个哲学常识》

一、主张

主张是文章作者或说话人提出的观点，即作者或说话人想要表明的看法是什么。分析主张包括找出论题和找出论点两个方面。

1. 论题

论题，即论证涉及的某个特定话题，也是论辩双方共同谈论的某个话题。尽管双方在这个话题上可能具有完全相反的观点，例如"是否应该禁止安乐死？"就是一个论题，围绕这个论题至少可以形成相互抵触的两种不同的观点，因此，论题往往可以表达成为一个问句。

有时候，论题本身就是论证者要加以证明的观点，即论题本身就可以是论点，例如"论科学技术是第一生产力"。论题出现在标题中常是一个短语，如《想和做》《谈骨气》《说谦虚》等。

很多文章中往往只明确作者的论点，而不会明确指出论题，对于这样隐含的论题，我们要学会从作者的论点中，反推出论题来。

对于论题的要求：首先，论题应当清楚明白，简明扼要。其次，在论证中论题应始终保持统一。当文章作者或演讲者对论题把握不准或缺乏论题意识时，他们可能会游移于论题之外，从而犯了转移论题或偷换论题的逻辑错误。

2. 论点

论点即是主张，是作者对论题的观点。论点是作者要在论证中证明的东西，也是一个论证所要得出的结论。论点是论证的最终目标，一个论证的论点具有唯一性。

某主持人刚进电视台时，老师"啪"地将一盒烟拍到桌子上。问她："这是什么？"她回答："烟。"

老师说：

"我把它放医学家面前，说请您写三千字。他肯定会写尼古丁含量，吸烟的人肺癌发病率是不吸烟人的多少倍……

"我让经济学家写三千字，他肯定会写：烟草是国家税收大户，烟草走私对经济的影响……

"我让搞美术设计的写三千字，那哥们肯定会写：色彩、标识的个性创意……"

然后，老师跷起腿，对她说：

"现在，请你写三千字，你会写什么？"

她一下蒙了，不知从何入手。

老师说："你有自己看待世界的坐标系吗？"

点评：所谓"看待世界的坐标系"就是要有自己看问题的论点和主张。

论点是找出论题的关键线索。论点的标志词即前面所述结论或主张的指示词，主要有"因此（因而、故而）""所以""可见""那么""这就是说""这就表明""总之""可以断言""显然""我们认为""我们可以相信""显然""于是"等。当然，也有很多情况下，论点的出现并没有标志词。论点的提出一般是一个较完整的判断句，比如，文章的标题《减少空气中的二氧化碳会增加大豆的抗虫害能力》，文章中"核武器是目前人类可知的唯一阻止小行星撞击地球的方法"都可以是论点。

论点与论题的区别

项目	论题	论点
定义不同	论题是有待于证明的命题，它仅是议论的问题或对象	论点是作者对所议论的问题所持的见解和主张
要求不同	可以没有作者的观点和主张	观点要明确，赞成或是反对，不能含糊其词，态度要鲜明
位置不同	论题的位置一般在标题或文首	论点的位置灵活，可在标题、文首，也可在文中，还可在结尾

找出主张(论点、观点、结论)是分析一篇文章或语段的关键，在阅读的时

候，我们首先要追问文章作者提出的观点是什么，或者演讲人想要表明的看法是什么。根据主张(论点、观点、结论)在文章中的位置，有以下三种情况：

① 论点后置。即主张出现在一段话或文章结尾的情况也比较多见，此时，主张又被称作结论。论点后置结构是指这样一种结构，这种结构在最后才给出观点、论点或结论，前面是对该观点、论点或结论的论证。

② 论点前置。即主张如果出现在讲话或文章的开头，一般使用论断性的表述。论点前置结构是指这样一种结构，在开头提出观点、论点或结论，后面论证该观点、论点或结论。

③ 论点中置。在实际遇到的材料中，主张有时并不出现在开头或结尾，而是夹杂在一段叙述的中间位置。论点中置结构是指这样一种结构，在题干中间提出观点、论点或结论，题干前面、后面是背景介绍以及论证该观点、论点或结论的理由。

例1：在地球上最先出现生命时没有人存在。因此，任何关于生命起源的陈述都应视为理论的而不是事实的陈述。

分析：这是一个简单的论证，论点在后。

论题：关于生命起源的陈述应视为理论还是事实？

论点：任何关于生命起源的陈述都应视为理论的而不是事实的陈述。

理由：在地球上最先出现生命时没有人存在。

例2：最近的一项研究指出："适量饮酒对妇女的心脏有益。"研究人员对1000名女护士进行调查，发现那些每星期饮酒3～15次的人，其患心脏病的可能性较每星期饮酒少于3次的人为低。因此，研究人员发现了饮酒量与妇女心脏病之间的联系。

分析：上述论证的论点在前。

论题：饮酒量与妇女心脏病之间的联系。

论点：适量饮酒对妇女的心脏有益。

理由：调查发现适量多饮酒的比饮酒过少的女护士患心脏病的可能性低。

例3：面对预算困难，W国政府不得不削减对于科研项目的资助，一大批这样的研究项目转而由私人基金资助。这样，可能产生争议结果的研究项目在整个受资助研究项目中的比例肯定会因此降低，因为私人基金资助者非常关心其公众形象，他们不希望自己资助的项目会导致争议。

分析：上述论证的论点在中间。

论题：有争议项目在整个受资助项目中的比例如何？

论点：有争议项目在整个受资助项目中的比例会降低。

理由：第一，一大批原来由政府资助的项目转由私人基金资助；第二，私人基金资助者较不愿意资助争议项目。

二、理由

理由也叫论据，是一个或一组支持主张的陈述，即作者用来论证论点的根据，相当于推理的前提，具体指的是论证者用来论证其论点的理由、根据。理由是论证的重要因素，断定这些陈述为真的共同构成了支持主张的基石。

1.理由的"公理"

论证的力量来自理由，若需要接受一个主张，至少你要问凭什么接受，即要辨别和考虑主张的观点或意见是否获得了合理或者有充分的支持。而作者或说话者能对自己的主张所做出的解释，即说明其中的原因，那就是他的根据就是理由。

理性人应当具备的优秀品质就是以充分或者合理的理由来支持自己的观点和信念，并用理性的态度对各种意见和说法做出评价与选择。理性精神就是在理解论证时，对待不同的主张要有兼容精神，在没说清理由之前，不要轻易对主张的对错作出判定。

关于理由存在两条"公理"。

第一，理由不能与论点相同。若违反论证的这条规定，就犯了"同语反复"的谬误；

第二，理由不能比论点更可疑。提出理由是为了打消人们对主张的怀疑。由于只有更可接受的理由才能增强主张的可接受性，因此，如果理由比主张更可疑，那么显然就无法增强主张的可接受性。违反这条规定，就犯了"乞题"的谬误。

判断论证是否有效以及强度如何的重要依据是需要区分哪些理由或论据是可靠的，哪些是可以接受的，哪些是无效的。

下列两种理由使得论证不可靠或者不可信：

一是，不正当的理由。论据的真实性是论证有效的一个基本保证，如果在论证中使用了真实性悬而未决或者以假乱真的理由进行论证，这种理由的应用就是不正当的。

二是，不充分的理由。由于缺乏充分的理由支持而使主张不能得到可靠的支撑。

2.理由的类型

合理的理由或论据通常是一些已经被证实为真的论断，即所谓的"摆事实，讲道理"，由此，理由大致可分为两种：

一种是事实理由，即事实性描述，指已被确认的关于事实的判断，包括具体事实、事例与统计数据陈述的统计事实等。

另一种是理论理由，也叫道理理由、原则性论断，指一般性原理、普遍性原理或某个原则性的论断，既包括各门学科的定义、公理、定律、原理、假说等表述科学理论的陈述，也包括法律法规、道德行为准则、价值准则、专家意见、个人意见、恰当的比喻和类比、合乎逻辑的推理判断以及某些经过时间检验的并广为流传的谚语、格言和成语、经验总结等。

显然，对论点有支持作用的理由多多益善。由于人们的怀疑不仅可对主张怀疑，而且可能对支持主张的理由也提出疑问。由于出现疑问就要求解释或理由，因此理由具有层级性，即主张的理由，理由的理由，理由之理由的理由……如果一个理由本身不需要论据再加以支持，它就是"基本前提（理由）"或"基本论据"。

3.理由的识别

通常在文章或口头论述中，表述观点的主张只占很小的篇幅，而绝大部分篇幅都用来论述理由，或对理由做进一步的解释。尽管识别理由并非易事，但总有方法可循，下面提供几种具体方法：

第一，找出所有引导理由的标志词。

引导理由的标志词即前面所述前提或理由的指示词。理由或论据典型的标志词主要有"因为""由于""如果""假设""假如""有鉴于""正如""依据""其理由是""其根据是""举例说来"等，这些词语通常表示随后出现的陈述是论证的理由。

第二，重点关注对主张的证据支持关系。

辨识理由的有效办法是在阅读或聆听的过程中，在抓住主张的基础上，把自己代入到作者或说话者的位置，并追问自己，如果自己持有这一主张，凭什么能使得主张站得住，即需要哪些事实和道理来支撑，如果在话语或文字材料中获得这些对主张有支持关系的事实或理论，那些材料就应该是作者或说话者用来证明自己主张的理由和论据。

例1：2003年8月13日，宜良县九乡张口洞古人类遗址内出土了一枚长度为3厘米的"11万年前的人牙化石"，此发掘一公布立即引起了媒体和专家的广泛关注。不少参与发掘的专家认为，这枚人牙化石的出现，说明张口洞早在11万年前就已有人类活动了，它将改写之前由呈贡县（现为呈贡区）龙潭山古人类遗址所界定的昆明地区人类只有3万年活动历史的结论。

分析：专家得出"张口洞早在11万年前就已有人类活动了"这一观点的依

据和理由是，这枚牙齿化石的发现。

例2：人们经常使用微波炉给食品加热。有人认为，微波炉加热时食物的分子结构发生了改变，产生了人体不能识别的分子。这些奇怪的新分子是人体不能接受的，有些还具有毒性，甚至可能致癌。因此，经常吃微波食品的人或动物，体内会发生严重的生理变化，从而造成严重的健康问题。

分析：上述论证得出"吃微波食品会造成严重的健康问题"的依据和理由是，微波炉加热时食物产生了人体不能接受的新分子。

但这一理由并不可靠，因为事实上，微波只是加热食物中的水分子，食品并未发生化学变化，因此，上述观点难以成立。

4.辨识的步骤

完整辨识一个复杂论证的理由的步骤如下：

第一，在初步识别主张和基本理由的基础上，标出主张和理由。

在这个过程中，要忽略与理由无关的信息。论证中的理由通常与各种论述性材料交织在一起，这些论述性材料包括定义、说明、解释、背景知识介绍等均不是论证的主干，而是构成和理解论证的辅助性内容。

第二，在理由较多的情况下，对理由作简化概括后进行编号排序。

有时存在众多理由都用来支持同一主张，有时一个理由后面又有作为其依据的理由，即出现理由的理由，甚至理由之理由的理由的情况。这些都需要进行编号排序。

第三，若有需要，则画出主张与理由的论证关系结构图。

用箭头等符号标示理由对主张的支持关系，以及理由和理由之间的或并列或支撑的关系。

通过上述方法和步骤对复杂的论证材料进行梳理和解析后，就会对主张及其所述的理由的论证脉络清晰起来，从而就真正理解了一篇阅读文章。

5.理由的审查

主张及对主张的可能怀疑产生对理由的需求。若对一个主张没有疑问，就不必形成对它的论证。虽然主张或论点是形成论证的根本，但理由或论据却是一个论证发挥其功用的关键。一个主张是否成立或可信，往往不是取决于这个主张本身如何，而是取决于支持这个主张的理由如何。因此，要判定一个论证是否是好论证，就要对其理由或论据进行认真的审查。审查理由的批判性问题如下：

第一，这个（或这些）理由的是真的或可接受的吗？

理由的真实性或可接受性，是论证的可靠保证。要确定一个理由的真实性，我们需要进一步追问我们怎样知道它是真的？我们怎样去证明它是真的？我们怎样去检验它的真实性？

第二，这个（或这些）理由和主张相关吗？

真实的理由或准确的证据，如果同主张或论点无关，也起不到论证的作用，因此，需要进一步考察理由与主张的关联性。这就需要以理性的态度和严格的标准来尽可能地收集有关信息，评估和确定其真实性。

第三，这个（或这些）理由对主张的支持程度是充足的吗？

除了理由的真实性和相关性外，高质量的论证还需要理由对主张有充分的支持，因此，还需要审查理由对主张的支持程度。

例1：在一次考古发掘中，考古人员在一座唐代古墓中发现多片先秦时期的夔文（音kui，一种变体的龙文）陶片。对此，专家解释说，由于雨水冲刷等原因，这些先秦时期的陶片后来被冲至唐代的墓穴中。

分析：上述提出的观点的理由是有疑问的，若发现这座唐代古墓保存完好，没有漏水、毁塌迹象。这就意味着，这些先秦时期的陶片不大可能是后来被雨水冲刷至唐代的墓穴中的。

例2：海洋中珊瑚的美丽颜色来自其体内与之共存的藻类生物，其中虫黄藻是最重要的一类单细胞海藻。二者各取所需，相互提供食物。全球气候变暖造成的海水升温导致虫黄藻等藻类大量死亡，进而造成珊瑚本身死亡，引发珊瑚礁白化现象，然而研究发现，珊瑚能通过选择耐热的其他藻类生物等途径，来应对气候变暖带来的挑战。

分析：上述研究的主张是，珊瑚能通过选择除虫黄藻之外的耐热的其他藻类生物等途径，来应对气候变暖带来的挑战。但其论证的理由对主张的支持程度是不充足的，若事实上发现，一些虫黄藻能够比耐热的其他藻类耐受更高的海水温度，这说明其他耐热藻类还不如一些虫黄藻，这就动摇了上述论证。

例3：大自然在不断地调节大气中的碳含量。大气中碳含量的增加会增加大气中的热量，大气中热量的增加会导致海洋中水分的蒸发，这样就会增加降雨量。而降雨又把大气中的碳带入海洋，最终变为海底的一部分。大气中碳含量的减少会导致大气中热量的降低，它又进一步导致海洋水分蒸发的减少，水分蒸发的减少又进一步减少降雨量，那么随雨水冲入海洋中的碳就会减少。因此，一些研究大气污染的专家担心：燃烧矿物燃料会使大气中的碳含量增加到一个危险的水平，那样会对人类生活构成很大的危害。但是，这些专家又宽慰人们说：大自然会不断地调节大气中的碳含量。

分析：上述专家的论证是，大自然会不断地调节大气中的碳含量，因此，不必担心燃烧矿物燃料会使大气中的碳含量增加到一个危险的水平。但该理由是不充足的，因为大自然的调节过程是在几百万年间发生的，它允许在短期内碳含量有很大的波动。这意味着，虽然大自然能够调节，但会是一个漫长的过程，不能迅速解决大气含碳量快速增加的问题，从而大量燃烧矿物燃料确实很可能会对人类生活构成很大的危害。

三、支持

支持也叫论证方式，即主张（论题、论点、结论）和理由（论据、前提）之间的联系方式，一般表现为一个推理系列，具体是指接受理由（论据、前提）有利于接受主张（论题、论点、结论），即那些能够有利于从前提推出结论的前提对结论有支持关系。

1.支持的程度

主张能否成立取决于理由对主张的支持力量或支持力。当然，支持有程度之别——完全充分的支持、较大的支持、微弱的支持等。

例1：葡萄酒中含有白藜芦醇和类黄酮等对心脏有益的抗氧化剂。一项新研究表明，白藜芦醇能防止骨质疏松和肌肉萎缩。由此，有关研究人员推断，那些长时间在国际空间站或宇宙飞船上的宇航员或许可以补充一下白藜芦醇。

以下哪项如果为真，最能支持上述研究的推断？

Ⅰ.研究人员发现由于残疾或者其他因素而很少活动的人会比经常活动的人更容易出现骨质疏松和肌肉萎缩等症状，如果能喝点葡萄酒，则可以获益。

Ⅱ.研究人员模拟失重状态，对老鼠进行试验，一个对照组未接受任何特殊处理，另一组则每天服用白藜芦醇。结果对照的老鼠骨头和肌肉的密度都降低了，而服用白藜芦醇的一组则没有出现这些症状。

Ⅲ.研究人员发现由于残疾或者其他因素而很少活动的人，如果每天服用一定量的白藜芦醇，则可以改善骨质疏松和肌肉萎缩等症状。

分析：上文根据一项研究表明的白藜芦醇能防止骨质疏松和肌肉萎缩，推断出结论：宇航员或许可以补充一下白藜芦醇。Ⅲ项作为一个新的论据，有力地支持了这一研究的推断。

例2：最新研究发现，恐龙腿骨化石都有一定的弯曲度，这意味着恐龙其实并没有人们想象的那么重，以前根据其腿骨为圆柱形的假定计算动物体重时，会使得计算结果比实际体重高出1.42倍。科学家由此认为，过去那种计算方式高估了恐龙腿部所能承受的最大身体重量。

以下哪项如果为真，最能支持上述科学家的观点？

Ⅰ.恐龙身体越重，其腿部骨骼也越粗壮。

Ⅱ.圆柱形腿骨能承受的重量比弯曲的腿骨大。

Ⅲ.与陆地上的恐龙相比，翼龙的腿骨更接近圆柱形。

分析：Ⅱ项最能支持，论证方式如下：

题干前提一：最新研究发现，恐龙腿骨化石都有一定的弯曲度。

题干前提二：以前根据其腿骨为圆柱形的假定计算动物体重，计算结果比实际体重高。

选项Ⅱ：圆柱形腿骨能承受的重量比弯曲的腿骨大。

得出结论：过去那种计算方式高估了恐龙腿部所能承受的最大身体重量。

例3：某研究团队研究了大约4万名中老年人的核磁共振成像数据、自我心理评估等资料。发现经常有孤独感的研究对象和没有孤独感的研究对象在大脑的默认网络区域存在显著差异。默认网络是一组参与内心思考的大脑区域，这些内心思考包括回忆旧事、规划未来、想象等。孤独者大脑的默认网络联结更为紧密，其灰质容积更大。研究人员由此认为，大脑默认网络的结构和功能与孤独感存在正相关。

以下哪项如果为真，最支持上述研究人员的观点？

Ⅰ.人们在回忆过去，假设当下或预想未来时会使用默认网络。

Ⅱ.有孤独感的人更多地使用想象，回忆过去和憧憬未来以克服社交隔离。

Ⅲ.穹隆是把信号从海马体输送到默认网络的神经纤维束，在研究对象的大脑中，这种纤维束得到较好的保护。

分析：研究人员的观点：脑默认网络的结构和功能与孤独感存在正相关。

其依据是：第一，有无孤独感的研究对象在大脑的默认网络区域存在显著差异；第二，默认网络是一组参与内心思考的大脑区域，这些内心思考包括回忆旧事、规划未来、想象等。

Ⅱ项，有孤独感的人更多地使用想象，回忆过去和憧憬未来以克服社交隔离。这作为新的证据，有力地支持了研究人员的观点。

例4：研究人员招募了300名体重超标的男性，将其分成餐前锻炼组和餐后锻炼组，进行每周三次相同强度和相同时段的晨练。餐前锻炼组晨练前摄入零卡路里安慰剂饮料，晨练后摄入200卡路里的奶昔；餐后锻炼组晨练前摄入200卡路里的奶昔，晨练后摄入零卡路里安慰剂饮料。三周后发现，餐前锻炼组燃烧的脂肪比餐后锻炼组多。该研究人员由此推断，肥胖者若持续这样的餐前锻炼，就能在不增加运动强度或时间的情况下改善代谢能力，从而达到减肥效果。

以下哪项如果为真，最能支持该研究人员的上述推断？

Ⅰ．餐前锻炼可以增强肌肉细胞对胰岛素的反应，促使它更有效地消耗体内的糖分和脂肪。

Ⅱ．肌肉参与运动所需要的营养，可能来自最近饮食中进入血液的葡萄糖和脂肪成分，也可能来自体内储存的糖和脂肪。

Ⅲ．有些餐前锻炼组的人知道他们摄入的是安慰剂，但这并不影响他们锻炼的积极性。

分析：若Ⅰ项为真，即餐前锻炼可以增强肌肉细胞对胰岛素的反应，促使它更有效地消耗体内的糖分和脂肪。那么将有力地指出研究人员的推断：餐前锻炼能达到减肥效果。

例5：胃底腺息肉是所有胃息肉中最为常见的一种良性病变，最常见的是散发型胃底腺息肉，它多发于50岁以上人群。研究人员在研究10万人的胃镜检查资料后发现，有胃底腺息肉的患者无人患胃癌，而没有胃底腺息肉的患者中有172人发现有胃癌。他们由此断定，胃底腺息肉与胃癌呈负相关。

以下哪项为真，最支持上述研究人员的断定？

Ⅰ.有胃底腺息肉的患者绝大多数没有家族遗传癌症病史。

Ⅱ.在研究人员研究的10万人中，有胃底腺息肉的人仅占了34%。

Ⅲ.胃内一旦有胃底腺息肉，往往意味着没有感染致癌物"幽门螺杆菌"。

分析：研究人员的断定，胃底腺息肉与胃癌呈负相关。

Ⅲ项，有胃底腺息肉的胃往往没有感染致癌物"幽门螺杆菌"。这作为直接的证据，有力地支持了研究人员的断定。

例6：最近一项科学观测显示，太阳产生的带电粒子流即太阳风，含有数以千计的"滔天巨浪"，其时速会突然暴增，可能导致太阳磁场自行反转，甚至会对地球产生有害影响。但目前我们对太阳风的变化及其如何影响地球知之甚少。据此有专家指出，为了更好保护地球免受太阳风的影响，必须更新现有的研究模式，另辟蹊径研究太阳风。

以下哪项如果为真，最能支持上述专家的观点？

Ⅰ．目前，根据标准太阳模型预测太阳风变化所获得的最新结果与实际观测相比，误差约为10~20倍。

Ⅱ．最新观测结果不仅改变了天文学家对太阳风的看法，而且将改变其预测太空天气事件的能力。

Ⅲ．"高速"太阳风源于太阳南北极的大型日冕洞，而"低速"太阳风则来自太阳赤道上的较小日冕洞。

分析：专家观点是，为了更好保护地球免受太阳风的影响，必须更新现有的研究模式，另辟蹊径研究太阳风。

l项表明，根据标准太阳模型预测太阳风变化所获得的最新结果与实际观测相比误差非常大。显然，这作为一个证据，最强地支持了专家认为的必须更新研究模式的观点。

在一个论证中，主张只有一个，而理由（论据）可以不止一个。由于论证的理由可以是多个，而每一理由对论点的支持关系可能不同，所以，在一个论证中可能有多种推理形式。复杂一些的论证是分层次的，在确定某一主张的真实性过程中，如果引用的理由（第一层论据）本身还不很明显真实时，就要引用理由的理由（第二层论据）对这些论据进行支持。以此类推，还可能有第三层论据、第四层论据等。

支持方式也是论证中所使用的各种推理形式，因此，支持程度的不同也是通过各种推理形式来担保的。演绎推理、归纳推理和合情推理对主张得到的支持力予以不同的担保。演绎是否有效，归纳强度如何，是分析论证质量的重要指标。

2.论证的模式

根据理由或论据产生的思维途径，论证可分为逻辑论证、实践论证以及实验论证。

逻辑论证包括概念、判断以及推理三个环节，首先通过对事物和现象本质特征的提炼形成概念，在此基础上，对事物与事物之间关系做出判定。古希腊的演绎科学以及哲学研究从形式结构上研究论证，认为论证是一种"前提——结论"式的命题序列，即传统逻辑遵从的论证思维是逻辑论证。

实践论证是人文社会科学研究中普遍运用的方法，人文社会科学的概念以及理论体系，均要通过考察社会现象，探究分析社会发展脉络，总结归纳发现社会发展规律，又通过社会实践进行检验修正规律而逐步形成。

实验论证是现代科学赖以产生和发展的基本思维和路径，具体是指在实验室通过人为设置的特殊条件，对自然过程进行干预，观察现象，收集资料，获得数据，从而发现自然界发生发展和变化的规律。

在国际上，CER论证模式普遍用于中小学生的科学教育，CER论证模式包含了3个要素：主张（Claim）、证据（Evidence）、推理（Reasoning）。可以看出，CER分别是3个要素英文单词的首字母缩写而来。其中，"主张"是论证者的断言或断定，是寻求和确立的东西，论证中试图证明和维护的正当结论；"证据"就是站得住脚的事实性知识或数据；"推理"是用已知或是科学界公认的知识对"证据"进行一个解释，通过此环节构建"证据"和"主张"间的联系。

CER论证模式

比如，有学生对否定"用进废退"主张论证的过程如下：

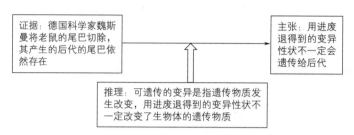

国际上通行的科学素养测试重点关注的是学生的"科学论证"能力。中国教育部也明确提出，将证据推理作为高中学科核心素养之一，该素养要求"具有证据意识，能基于证据对物质组成、结构及其变化提出可能的假设，通过分析推理加以证实或证伪；建立观点、结论和证据之间的逻辑关系。"

阅读 新加坡科学教育中的CER科学论证框架

新加坡科学教育中现行的CER科学论证框架，是基于建构主义教学理论与最近发展区理论提出的，其描述了一种能用于科学现象或事件的论证程序。以CER框架为指导的论证教学指向科学素养培育，强调在科学对话的互动情境中，教师指导学生规范推理过程，使学生养成批判性思维并做出理性决策。

CER框架（claim-evidence-reasoning framework，即基于"主张、证据和推理"的框架）为指导进行论证教学。CER框架实质上是指向科学素养培育的科学论证框架，该框架包括三个要素：主张、证据和推理。

① 主张。主张是一个问题的结论。通常用一句话表达，是基于理解的完整且具体的答案。在化学课堂上，主张可能是实验得到的结论，也可能是学生通过观察得到的暂定性结论。当学生表达主张时，需要清楚地描述不同变量或不同物质之间的关系。虽然课堂上呈现的知识或探究得到的实验结论是既定事实，但从本质上讲，主张并非确凿的客观事实，而是可能掺杂学生主观判断的假设性结论，需要通过有效且充分数据来证实。"用证据进行论证"涉及一个"需要科学家对世界做出合理主张"

的推理过程。学生做出合理主张不是一蹴而就的，他们需要发展识别主张中的弱点和局限性的能力，以便批判性地评估自己的工作，以及其他学生和科学家的工作。

②证据。证据是支持结论的科学数据。在科学领域，证据具有两个关键特征：第一，它是以对自然世界的描述为形式，既有经验的，也有推断的。这可以包括原始数据、解释数据。例如，已经合成或转换的测量、变量中一般模式的描述，以及无法观测的过程和机制的描述。例如，分子在物质的不同状态中移动的方式。其他形式的信息，例如评价性的陈述，则不被视为科学证据。第二，它应该是研究者可以合理确信的准确信息。如果在论证中使用的证据受到质疑，则需要对其进行审查和评估。在科学论证学习的过程中，学生需要收集、挑选和使用数据，利用恰当、可信且足够的证据来支持他们的主张。

③推理。推理是根据科学原理建立的证明过程，呈现证据支持研究者主张的逻辑。推理一般分为归纳推理和演绎推理，这两种方法均是科学家在论证过程中发展知识和学生在科学课堂中进行论证的关键。推理时，学生需要根据不同的问题和证据使用不同的推理方式，在这一过程中，不仅要明确证据是如何联系在一起以证实主张的，还要将这些联系清楚地表达出来。

如果从科学理论成果的角度来看，科学具有严密的逻辑结构，它是系统而严谨的。科学论证过程中，研究者的观点或主张必须通过大量证据来证实，并且当其他人重复实验并得出相同结果时，主张才能真正成立；如果研究者没有充足的证据来完成推理，或者这样的论证不具有再现性，研究者将不得不修正或舍弃该主张，重新探索与论证。在这一过程中，研究者提供的证据越有效，由这些证据支持的观点或主张越具有较高的可信度。

CER框架指向的正是这样一个真实的推理论证过程。在学习过程中，尽管学生在进行实践调查时充满热情，但他们可能会发现要理解数据并利用这些数据进行论证是具有挑战性的。实际上，不同个体在推理过程中使用的证据具有可废止性和不固定性。在他们使用收集到的证据进行推理时，可能会发现其中一些证据无法支持他们的主张，或者不能充分地支持他们的观点，因而他们需要慎重地抛弃一些证据并在审视后增添一些新的证据。当学生使用证据进行推理时，他们的推理过程除了会受到无效证据的影响，也会受到前科学概念、缺乏丰富的专业知识和个体智力水平等内在因素和以学校教育方式为主的外在因素的影响。

摘自《新加坡科学教育中的CER科学论证框架研究——以新加坡中学化学学科为例》（吕琦、代建军）

第四节　论证结构

论证结构是分析论证的重要组成部分，论证结构的展示是理解论证者如何证明他们的观点以及评估该论证所必需的。

一、论证的元素符号化

论证结构存在不同程度的复杂性，分析论证结构就是理解一整套论证系统，本书约定，使用如下符号来表示论证中的各种元素。

元素	符号	英文含义
论题、论点	T	thesis
论据、前提、理由	R 或 p	reason, presupposition
隐含前提	hp	hidden presupposition
结论、主张	C 或 c	conclusion
隐含结论	hc	hidden conclusion
演绎论证	d	deduction
归纳论证	i	induction

这些符号在绘制论证结构图时会经常用到。

例1：指出下列论证的论题、论点和论据。

我们应该大力支持国产操作系统等基础软件的自主开发。计算机的操作系统是信息化最根本的基础平台，一个国家没有自己的操作系统平台，就像在别人的地基上盖房子，带来的风险和制约非常大。目前，我国的操作系统等基础软件完全依赖国外进口，特别是在国防、金融等关键领域大量应用国外软件，将会直接威胁国家安全。国外著名软件公司的产品大都有秘密"后门"，用国外的操作系统，我们就没有隐私可言。

分析：

论题：是否应该大力支持国产操作系统等基础软件的自主开发？

论点：应该大力支持国产操作系统等基础软件的自主开发。

论据：

p1：计算机的操作系统是信息化最根本的基础平台，一个国家没有自己的操作系统平台，就像在别人的地基上盖房子，带来的风险和制约非常大。

p2：目前，我国的操作系统等基础软件完全依赖国外进口，特别是在国防、金融等关键领域大量应用国外软件，将会直接威胁国家安全。

p3：国外著名软件公司的产品大都有秘密"后门"，用国外的操作系统，我们就没有隐私可言。

例2：指出下列论证的论题、论点和论据。

为解决北京的交通拥堵问题，从2008年10月开始，北京实行了尾号轮换的限行措施。从现有掌握的数据看，限行对高峰时段流量的减少和整个城市大气质量的改善是有好处的。市政府的研究表明，从大气质量防治法和交通安全管理的一些法规看，执行这项措施是有依据的。同时，现有的限行措施，总体上也考虑并实现了有车族的需求和无车族的诉求。因此，我们有理由认为这项政策的好处是值得推广的。

分析：

论题：尾号轮换限行措施值得推广吗？

论点：尾号轮换限行措施值得推广实施。

论据：

p1：从现有掌握的数据看，限行对高峰时段流量的减少和整个城市大气质量的改善是有好处的。

p2：市政府的研究表明，从大气质量防治法和交通安全管理的一些法规看，执行这项措施是有依据的。

p3：同时，现有的限行措施，总体上也考虑并实现了有车族的需求和无车族的诉求。

二、论证的核心结构

根据论证三要素，任何一个论证的核心结构是：

主张C是可接受的或真，理由是R……

C可以是一个观点、断言，也可以是一个要求、建议等等。理由R是相应的陈述，正如前面所述，可以是事实理由也可以是理论理由。在数量上，理由R可以不止一个。

这个核心结构反映了一种陈述间的支持关系，即：

这种关系也是任何论证的基本结构和判定语篇包括论证的基础标准。

例1：梦是由产生于记忆的一些不连贯的映像组成的，而记忆中又附加了许多肤浅的或模糊的故事。但是，梦并没有心理学意义；因为梦的产生仅仅是化学作用的结果，这种化学作用是指当大脑对一天的经历进行分类、比较和储存时，唤起大脑对视觉形象回忆的化学作用。

分析：上述论证的主张是"梦没有心理学意义"，理由是"因为"后面的陈述"梦仅是化学作用的结果"。

例2：急性视网膜坏死综合征是由疱疹病毒引起的眼部炎症综合征。急性视网膜坏死综合征患者大多临床表现反复出现，相关的症状体征时有时无，药物治疗效果不佳。这说明，此病是无法治愈的。

分析：上述论证的理由是"急性视网膜坏死综合征患者大多临床表现反复出现，药物治疗效果不佳"，主张是"这说明"后面的论述"此病无法治愈"。

三、论证的基本结构

主张是指主结论，即最终要论证的结论。理由是指除主结论之外的其他所有命题。不依赖于其他命题支持的前提，称为"基本前提"或"基本理由"。而作为主结论的前提但本身的真实性又要其他命题的真实性支持的命题，称为"子结论"或"隐含结论"，亦称为"中间前提"或"中间理由"，相应地，这样的论证叫做"子论证"。

当论证有一个以上前提（或理由）时，它们与结论（或主张）构成的支持关系就可能产生不同的结构，论证或子论证就有不同的性质。无论是主论证还是子论证，可能存在四种支持关系：线性支持、组合式支持、收敛式支持和发散式支持，相应地存在以下四种论证的基本结构。

线性结构	组合式结构	收敛式结构	发散式结构
R1 ↓ R2 ↓ R3 ↓ C	$\underline{R1 + R2 + R3}$ ↓ C	R1　R2　R3 ↓↓↓ C	R ↙↓↘ C1　C2　C3

前面所述，画出一个论证的逻辑图，有结论在下前提在上和结论在上前提在下这两种顺序，不管哪种形式，中介结论都放在中间。用箭头来表示推理。相互依赖的前提，需用加号把它们连接起来。若是独立前提，需单独用另外的箭头来表示。

1.线性论证

论证的线性结构是指至少有一个命题既是前边一个命题的结论，又是后一个命题的前提，换言之，其中的理由之一支持另一个理由。

（1）单一结构

单一的线性结构就是有一个前提和一个结论构成的论证。

例1：参加跆拳道运动的人通常比不参加跆拳道运动的人身体更健康，因此，跆拳道运动有助于增进健康。

这个论证为线性论证，上述论证的结构如下：

p ↓ c	参加跆拳道运动的人通常比不参加跆拳道运动的人身体更健康
	跆拳道运动有助于增进健康

例2：地下蓄水层的污染表现出一个达到灾祸程度的污染问题。来自这些蓄水层的、国家的饮用水的一半，被若干年代倾泻进土壤中的化学废物毒害。

这一论证也为线性论证，上述论证的结构如下：

p ↓ c	来自这些蓄水层的、国家的饮用水的一半，被若干年代倾泻进土壤中的化学废物毒害
	地下蓄水层的污染表现出一个达到灾祸程度的污染问题

（2）链式结构

链式结构是指具有推理链的论证结构，即首先从一个前提推导出一个结论，然后再从这个结论推导出一个新的结论。最开始的前提我们称为"初始前提"；它的结论，因为又是下一步结论的前提，我们可以称之为"中介结论"或"中间结论"，又可以称之为"中介前提"，即它从前面步骤看是结论，从后面步骤看是前提；最后的结论称为"最终结论"。它的最基本的图式为：

p1 ↓ p2 ↓ c	①初始前提
	②中介结论
	③最终结论

例1：精制糖高含量的食物不会引起糖尿病的说法是不对的。因为精制糖高含量的食物会导致人的肥胖；而肥胖是引起糖尿病的一个重要诱因。

这个论证为链式论证，上述论证的结构如下：

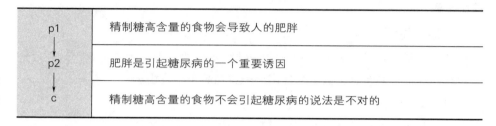

p1	精制糖高含量的食物会导致人的肥胖
p2	肥胖是引起糖尿病的一个重要诱因
c	精制糖高含量的食物不会引起糖尿病的说法是不对的

例2：出售像心、肾和角膜这样的人类器官，应该宣布为非法。容许出售人类器官不可避免地导致只有富人才负担得起器官移植。之所以如此是因为，每当稀缺的东西当作商品买卖，其价格总是上升。这是供求规律决定的。

这一论证也为链式论证，上述论证的结构如下：

p1	这是供求规律决定的
p2	每当稀缺的东西当作商品买卖，其价格总是上升
p3	容许出售人类器官不可避免地导致只有富人才负担得起器官移植
c	出售像心、肾和角膜这样的人类器官，应该宣布为非法

2.组合式论证

组合式论证是指若干互相联系的前提组合起来作为一个整体一起支持结论，即任一前提都不能独立地对结论提供支持，这些前提必须结合在一起，才能推出结论。

相应地，这类论证的结构叫组合结构。由于两个前提结合在一起，推出结论，其结构很像大写英文字母"T"，所以，这类论证也被称作T型结构的论证。在典型三段论推理中，大前提和小前提需要同时存在才能推导出结论，所以它们就是T型结构的论证。

在三段论里面，大前提往往是关于普遍规律的，担负着证据对结论的某种关系的保证，而小前提往往是关于具体事实的，因此，大前提也可称为"保证性前提"，而小前提则可称为"事实性前提"。

例1：所有物理对象都不快于光速，氢原子是物理对象。因此，氢原子都不快于光速。

设，p1：所有物理对象都不快于光速；p2：氢原子是物理对象；c：氢原子都不快于光速。则上述论证的结构如下：

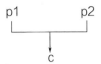

例2：非名校毕业生求职大都受到过歧视，李斯是一名非名校毕业生，李斯曾多次求职未果。李斯求职时可能受到过歧视。

设，p1：非名校毕业生求职大都受到过歧视；p2：李斯是一名非名校毕业生；p3：李斯曾多次求职未果；c：李斯求职时可能受到过歧视。则上述论证的结构如下：

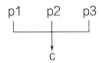

3.收敛式论证

收敛式论证的结构也称为V型结构或扇形结构，是指多个前提分别支持结论。

这类论证的前提之间相互独立，每一个前提都可以单独推导出这个结论，不需要依赖另一个前提。多个前提一起用是为了增强支持的分量。这样如果其中有一个不能成立，其他前提所提供的支持并不会减少。

需要注意的是，组合式论证和收敛式论证都是多前提结构，前者是相互依赖的多前提结构，后者是独立的多前提结构。在分析论证时需要区分这两种情况，如果是"独立的多前提结构"，即收敛式论证，由于每一个前提都可以单独推导出结论，要反驳这样的论证，则需要反驳其每一个前提。而如果是"相互依赖的多前提结构"，即组合式论证，则只需要打击其中一个前提就可以击垮论证。

例1：张山的科研创新能力强，张山有理学博士学位，张山有很多科研成果，所以，张山是科研项目负责人的最佳人选。

设，p1：张山的科研创新能力强；p2：张山有理学博士学位；p3：张山有很多科研成果；c：张山是科研项目负责人的最佳人选。则上述论证的结构如下：

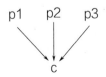

例2：看来，动物能够预感地震。在中国的大地震之前，成群冬眠的蛇突然在雪中冻死；在日本的一场地震前，鱼在河里和湖里乱跳；在中东的一场地震前，牛和马不进畜棚。在美国加利福尼亚的一场地震之前，洪水监报员看到他们的宠物和家畜有异常行为。

设，p1：在中国的大地震之前，成群冬眠的蛇突然在雪中冻死。

p2：在日本的一场地震前，鱼在河里和湖里乱跳。

p3：在中东的一场地震前，牛和马不进畜棚。

p4：在美国加利福尼亚的一场地震之前，洪水监报员看到他们的宠物和家畜有异常行为。

c：动物能够预感地震

则上述论证的结构如下：

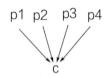

4.发散式论证

发散式论证是指同一前提集支持多个并行的、不同的结论。在结构上，它与收敛式论证刚好相反。

例：吸烟被证明对健康有严重危害，所以，烟草的商业广告应该被禁止，吸烟有害的警示也应该印刷在所有香烟的外包装上。

设，p：吸烟被证明对健康有严重危害；c1：烟草的商业广告应该被禁止；c2：吸烟有害的警示也应该印刷在所有香烟的外包装上。则上述论证的结构如右：

四、论证的扩展结构

最简单的论证，可能只包含一个前提和由此得出的结论。即一个论证的要素是三个：前提（理由或根据）、结论（主张、论题或论点）和支持关系。但是，这些只不过是"原子论证"的要素而已，实际语境中的论证往往比基本模式要复杂得多，大多数情况下，结论是需要多条前提来支撑的。

可见，大多数论证可能不只包含一个推理，复杂的论证往往包含多个相同形式的推理或者几个不同类型的推理。如果考虑到论证的宏观结构，那么需要考虑的论证要素就被大大扩充。因此，需要引入一些术语来标识扩展论证的不同部分。

① 论证链。论证中各个前提与结论构成的整个支持关系。

② 子论证。论证链中的任何单个的推论或论证链中的一个支持关系。

③ 主结论。一个论证链中的最终结论。结论可能出现于语段的开头、结尾或中间。结论可能有不同的范围和确定性。这些不同强度的结论，所需的证据及支持强度不同。提出一个令人信服的论证所需要的证据强度，随所希望达到的结论的范围和确定性而变化。

④ 主论证。由主结论及其直接前提构成的论证。

⑤ 主论据。直接支持主结论的理由。

⑥ 子结论。论证链中除主结论之外的任何一个子论证的结论。

⑦ 基本前提。论证中不再被其他陈述支持的前提。基本前提也可能不是绝对真的，而只是似真的。关键在于它是否受到进一步的挑战。

⑧ 非基本前提。即子结论，论证中被其他陈述支持的前提。

例1：我不能帮你演算练习题(1)，因为我没有学过多少数学(2)，而且我还得完成我的哲学论文(3)，因而今晚得干个通宵(4)。总之，我不能帮你。

分析：上述论证的结构如下：

在这个论证中，(1)是主张，论证链由(2)支持(1)、(4)支持(1)和(3)支持(4)三个子论证组成；主论证是(2)支持(1)和(4)支持(1)；主论据是(2)和(4)；子结论是(4)；基本前提是(2)和(3)；非基本前提是(4)。

例2：网络伦理问题产生的原因是多元的。由于网络社会结构上有缺陷，网络道德规范的运行机制尚不健全。社会转型期道德失范导致的伦理问题也会直接反映在互联网上。经济利益的驱动同样也会导致网络伦理问题。因此，必须从网络技术监控，相关法律法规建设和伦理规范教育等多角度入手，才能规范人们的网络行为，净化网络空间。

分析：设，

c_1：网络伦理问题产生的原因是多元的。

p_1：由于网络社会结构上有缺陷，网络道德规范的运行机制尚不健全。

p_2：社会转型道德失范导致的伦理问题也会直接反映在互联网上。

p_3：经济利益的驱动同样也会导致网络伦理问题。

c：必须从多角度入手，才能规范人们的网络行为，净化网络空间。

则上述论证的结构如左：

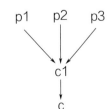

我们在平时阅读中见到的论证大多会是这样的复杂论证。画出论证结构图有助于大家在阅读中迅速把握论证的主题，准确快速地找到前提和结论，尤其是切实厘清前提和结论之间的关系。画出论证结构图的基本步骤如下：

第一，明确论题，找出前提和结论。

第二，对论证中的元素符号化。

第三，根据论证关系绘制论证图示。

例3：

以下是一位房主写给朋友的信：

在我们镇上领先的两家房地产公司"亚当斯房地产"和"菲奇房地产"之中，亚当斯显然更优秀一些。亚当斯有40名房地产经纪人，而菲奇只有25名，且很多仅是兼职人员。而且，亚当斯去年的收入是菲奇的2倍，其平均房价为16.8万美元，而菲奇仅为14.4万美元。此外，亚当斯的住房销售速度：10年前，我把我的一套住房交给菲奇，它用了4个多月才卖出去；去年，我在亚当斯卖了另一处房产，仅用1个月就售出了。因此，如果你想以一个好的价格快速出售你的房子，你应该使用亚当斯房地产公司。

分析：概括出上述论证中包括的命题，并使用符号来表示：

c：要想让你的房产卖得更快、更好，你应该选择亚当斯。

p1：亚当斯有40名房地产经纪人，而菲奇只有25个，且很多仅是兼职人员。

p2：亚当斯去年的收入是菲奇的2倍，其平均房价为16.8万美元，而菲奇仅为14.4万美元。

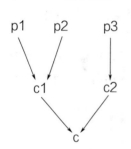

c1：在本市两家主要的房地产经纪公司"亚当斯房地产"和"菲奇房地产"之中，亚当斯显然更优秀一些。

p3：10年前，我把我的房产交给菲奇，它用了4个多月才卖出去；去年，我在亚当斯卖了另一处房产，仅用1个月就售出了。

c2：亚当斯销售的房屋卖得更快。

分析上文的论证结构图解如左：

例4：在门罗市建立爵士乐俱乐部将是一个非常有利可图的产业。目前，最近的爵士俱乐部在65英里以外；因此，我们筹建的门罗市新爵士乐俱乐部C-Note将会拥有当地的全部市场。而且，爵士乐在门罗市非常受欢迎：去年夏天有超过10万人参加了门罗的三年一次的爵士乐节；若干著名爵士音乐家居住在门罗市；门罗市收视率最高的广播节目是每晚7点播出的"爵士乐之夜"。最后，一项全国性研究表明，典型的爵士乐迷每年花在爵士娱乐上的费用接近1000美元。

分析：概括出上述论证中包括的命题，并使用符号来表示：

c：在门罗市建立爵士乐俱乐部将会是非常盈利的产业。

p1：最近的爵士俱乐部在65英里以外。

c1：我们筹建的爵士乐俱乐部 C−Note 将会占有全部的本地市场。

p2：去年夏天有10多万人参加了门罗市的年度爵士音乐节；

p3：若干知名爵士音乐家居住在门罗市；

p4：门罗市获评价最高的广播节目是平时每天播出的＂每晚爵士乐＂。

c2：爵士乐在门罗市非常流行。

p5：一项研究表明典型的爵士爱好者每年花费近1000美元用于爵士娱乐。

分析上文的论证结构图解如右：

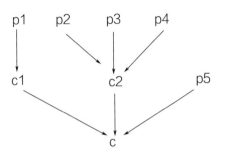

第四章

论证重构

论证重构是指为了清晰地呈现作者的论证，通过调整论证文本的陈述，从而得到标准化的论证形式。论证重构需要两个过程：

首先，良构论证。通常在一个论证中，什么是前提，什么是结论，什么是前提和结论之间的关系不是一目了然的，论证的良构就是要明显地展示得出这个信息的过程。

其次，标准转换。结合良构论证的基本原则，通过有效的转换使得论证标准化，包括要把论证中省略的结论或前提补充进来从而构成一个结构完整的论证。

第一节　良构论证

良构论证是指这样的论证，其重要的逻辑特征得到明确的陈述，从而使得论证将变得易于评价。通过产生一个论证的良构式，人们将视野深入到该论证的逻辑结构。

能够将日常语言中的论证改写成良构论证是一个重要的逻辑技能。日常论证往往以隐藏重要逻辑特征的各种方式得以陈述，为深入分析和评价一个论证，我们需要良构论证，为此，下面讨论将论证改写为良构式的原则。

一、识别前提和结论

论证是从前提到结论的推演，其中，结论是从一定的前提推论得到的结果，前提是支持结论的理由。

1.把整个论证都改为陈述句

论证是由陈述组成的，无论前提还是结论，都必须是陈述。因此，首先要把论证的每一构成部分（前提和结论）都用清楚的陈述句表达，即要把论证文本中包含命令、呼吁、要求、提问、反问等句子改写为陈述句。

① 命令：也叫祈使句，因对象（即主语）是第二人称，所以通常都省略。改写为陈述句时要把主语补上

例1：从事科研工作吧！

改写为陈述句：你应该从事科研工作。

例2：去洗手！

改写为陈述句：你应该去洗手。

② 修辞：往往用反问句来强调。需根据上下文及作者意图将修辞的原义还

原为陈述。

例1：遇到困难，我们怎能退缩呢？

改写为陈述句：遇到困难，我们不能退缩。

例2：你难道可以乱扔垃圾吗？

改写为陈述句：你不可以乱扔垃圾。

2.识别主要结论和前提

论证是前提和结论的关系。论证的本质是使用一些理由作为前提，来使人相信结论的真实性，或者接受它去行动。

（1）主要结论是什么

通常是先识别结论，前面已论述，可通过论证指示词识别主结论。一旦弄清论证者试图证明什么，论证的前提就容易识别了。

（2）前提是什么

前面已论述，可通过论证指示词识别前提。当然，前面也已论述过，推理标志词也并不一定表示前提或结论，关键还是要看支持关系。

（3）将条件陈述变为标准形式

条件陈述有许多变体，当写一个论证的良构形式时，应将任一条件句前提或结论纳入标准形式，即"如果A那么B"。

例1：含水量特别高的蔬菜营养价值都低。

改写为标准式：如果蔬菜的含水量特别高，那么其营养价值就低。

例2：要选修数理逻辑课，必须已修普通逻辑课。

改写为标准式：如果要选修数理逻辑课，那么就必须已修普通逻辑课。

3.写出论证的良构式

构造论证的良构式的步骤如下：

① 把论证的结论列为最后一步，并且用"所以"来标明。

② 在论证的每一步（无论是前提还是结论）前边写一个数字。

③ 前面没有"所以"一词的论证步骤将被理解为前提。前提前面的"因为"这个词可以省略。

例1：我国西北地区沙漠的扩大是必然的。因为长期干旱会导致沙漠化，我国西北许多地区持续干旱。

分析：上述论证的良构式如下：

① 如果持续干旱，土地就会沙漠化。

② 中国西北许多地区持续干旱。

所以，③中国西北地区沙漠的扩大是必然的。

例2：一般将缅甸所产的经过风化或经河水搬运至河谷、河床中的翡翠大砾石，称为"老坑玉"。老坑玉的特点是"水头好"、质坚、透明度高，其上品透明如玻璃，故称"玻璃种"或"冰种"。同为老坑玉，其质量相对也有高低之分，有的透明度高一些，有的透明度稍差些，所以价值也有差别。在其他条件都相同的情况下，透明度高的老坑玉比透明度较低的单位价值高，但是开采的实践告诉人们，没有单位价值最高的老坑玉。

分析：上述论证的良构式如下：

① 在其他条件都相同的情况下，透明度高的老坑玉比透明度较其低的单位价值高；

② 开采的实践告诉人们，没有单位价值最高的老坑玉。

所以，③没有透明度最高的老坑玉。

二、消除多余冗词

如果实际论证中包含语言修饰和无关的成分，那么就需要剔除它们。良构一个论证必须消除多余的冗词，论证中的冗词主要有以下四类：

1.折扣

折扣（discount）是承认一个事实或者可能性，该可能性被认为致使一个论证无效、弱、不可靠或不可信。折扣是修辞的一种，折扣经常通过增加潜在对象来增加论证在心理上的说服力，但折扣并不是前提，因为它不支持结论。所以，当要产生一个论证的良构形式时，需要省略。

我们可通过折扣指示词识别折扣。常用的折扣指示者包括：尽管、然而那样也许是真的、即使、然而我承认、尽管有事实、我认识到……但、尽管事实上、我知道……但等。

例1：尽管特异心理学（包括对传心术、先知和心灵致动等的研究）经常被认为是一种伪科学，但它实际上是一种真正的科学事业，因为它应用诸如对比实验和检验假说的统计学方法等科学方法来研究其所提出的问题。

分析：上述论证中的"特异心理学（包括对传心术、先知和心灵致动等的研究）经常被认为是一种伪科学"是与该论证的结论相违背的陈述，因此，它不是一个前提而是一个折扣。

上述论证的良构式如下：

① 特异心理学应用诸如对比实验和检验假说的统计学方法等科学方法来研究其所提出的问题。

所以，②特异心理学是一种真正的科学事业。

例2：今天的心理学家认为儿童时代是人生一个单独的驿站，并且只能以它自身的方式去理解，他们想知道为什么这么长时间以来西方国家荒谬地把儿童看作是小的、未充分社会化的成年人。然而，大多数的心理学家把那些70岁到90岁的老年人看作是好像刚开始出现白发和有额外的闲暇时间的35岁的人。但是老年人与儿童一样与年轻的成年人和中年人大相径庭，这一事实已被现代社会与经济生活体制所证实。因此，确实应该承认对老年人独特的心理进行认真的研究是必不可少的。

分析：上述论证中的"大多数的心理学家把那些70岁到90岁的老年人看作是好像刚开始出现白发和有额外的闲暇时间的35岁的人"是与该论证的前提相违背的陈述，因此，它不是一个前提而是一个折扣。

上述论证的良构式如下：

① 老年人与儿童一样与年轻的成年人和中年人大相径庭。

所以，②确实应该承认对老年人独特的心理进行认真的研究是必不可少的。

2.重复

重复（repetition）也是一种修辞，是指论证者重述一个前提或结论。重复的作用是有助于理解与记忆，比如对术语做一些稍微改变一下语词，目的是纠正可能的误解或使观点更鲜明。由于重复本身没有增加新的内容，为了集中于论证本质上的逻辑特征，我们在良构一个论证时，应该把它去掉。

例1：婴儿在生命中最初两年或三年里不能形成持久的关于自身经验的表征，即没有相关记忆的存在，因此婴儿无法利用早期记忆。

分析：上述论证中的"没有相关记忆的存在"是前提的重复，上述论证的良构式如下：

① 婴儿在生命中最初两年或三年里不能形成持久的关于自身经验的表征。

所以，②婴儿无法利用早期记忆。

例2：科学研究将增强你的注意力和遇到困难概念时的耐力。换言之，如果你申请自己进入科学主题，你将会发现自己能长时间集中注意力。你也能发现自己能够没有烦躁或挫败感地来处理复杂材料。所以，科学课程是值得努力学习的。

分析：上述论证中的"如果你申请自己进入科学主题，你将会发现自己能长时间集中注意力"是一种重复，上述论证的良构式如下：

① 科学研究将增强你的注意力和遇到困难概念时的耐力。

所以，②科学课程是值得努力学习的。

3.确信

确信（assurance）是指示作者相信前提或结论的陈述、词或词组。确信指示词通常包括：显然、人所共知、无疑、众所周知、人所共知、当然、无人否认、简直、那是不可否认的、明显地、那是一个事实等。确信也是一种修辞，由于确信并不促成论证的有效性、强度、可靠性或可信度，因此，它们一般不出现在一个论证的良构式中。

例1：每年科学家都统计在主要繁殖地聚集的金蟾蜍的数量。在过去的十年中，每年聚集在那里的金蟾蜍的数量从1500只下降到200只。显然，在过去的十年中，金蟾蜍的数量在急剧下降。

分析：上述论证的良构式如下：

① 在过去的十年中，每年聚集在那里的金蟾蜍的数量从1500只下降到200只。

所以，②在过去的十年中，金蟾蜍的数量在急剧下降。

例2：众所周知，西医利用现代科学技术手段可以解决很多中医无法解决的病症，而中医依靠对人体经络和气血的特殊理解也治愈了很多令西医束手无策的难题，据此，针对某些复杂疾病，很多人认为中西医结合的治疗方法是有必要的。

分析：上述论证的良构式如下：

① 西医利用现代科学技术手段可以解决很多中医无法解决的病症，而中医依靠对人体经络和气血的特殊理解也治愈了很多令西医束手无策的难题。

所以，②针对某些复杂疾病，很多人认为中西医结合的治疗方法是有必要的。

4.樊篱

樊篱（hedge）是与确信相反的冗词，是指论证者犹豫于前提或推论的陈述、词或词组。包括：我认为、我相信、似乎、我猜想、也许、我觉得、可合理地、在我看来、这似乎可靠地等。樊篱在修辞上是重要的，没有它们听起来会显得教条和僵硬，但通常不会影响一个论证的有效性、强度、可靠性或可信度，因此，它们一般要从论证的良构式中去掉。

例1：有一则电视广告说，草原绿鸟鸡，饿了吃青草，馋了吃蚂蚱，似乎在暗示该种鸡及其鸡蛋的营养价值与该种鸡所吃的草原食物有关。

分析：上述论证的良构式如下：

① 有一则电视广告说，草原绿鸟鸡，饿了吃青草，馋了吃蚂蚱。

所以，②该广告在暗示该种鸡及其鸡蛋的营养价值与该种鸡所吃的草原食物有关。

例2：1980年以来，缅因州水域的龙虾捕获量下降了20%，这可合理地归因于1972年通过的保护港湾海豹的法案。缅因州港湾海豹的数量目前是开始保护前的两倍，而我们知道这些海豹是以鱼和龙虾为食的。

分析：上述论证的良构式如下：

① 缅因州港湾海豹的数量目前是开始保护前的两倍。

② 这些海豹是以鱼和龙虾为食的。

所以，③1980年以来，缅因州水域的龙虾捕获量下降了20%，归因于1972年通过的保护港湾海豹的法案。

三、使用一致的语言

该原则是指对于保证论证中前提和结论之间的逻辑联系所依赖的词项，应保持其语言风格的一致性。使用一致的语言是为了澄清前提和结论之间的联系，有利于清晰地展示论证的逻辑结构。

① 如果是普遍的、概括化的陈述，用全称的陈述（所有、每一、任何等）；

② 要准确地理解文中的语言，在论证中同一个词代表同样的意思（有时要将不同的词换成同一个词，或者将一个词翻译成不同的词）。

在良构一个论证时，要找出论证中逻辑联系模糊的陈述，改写成清晰且一致的语言，从而帮助我们避免模糊思考。

例1：陕西出土的秦始皇兵马俑，其表面涂有生漆和影绘。这为研究秦代军人的服色提供了重要信息。但兵马俑出土后，表面的生漆会很快发生翘和卷曲，造成整个彩绘层脱落，因此，必须用防护液和单体渗透两套方法进行保护，否则不能供研究使用。而一旦采用这两套方法对兵马俑进行保护，就会破坏研究者可能从中获得的有关秦代彩绘技术的全部信息。因此，一个供研究秦代军人服色的兵马俑，不能成为了解秦代彩绘技术的新信息的来源。

分析：对上述论证中，可用一致的语言来替换：

第一，"兵马俑出土后，表面的生漆会很快发生翘和卷曲，造成整个彩绘层脱落，因此，必须用防护液和单体渗透两套方法进行保护，否则不能供研究使用"。意思就是"一个供研究秦代军人服色的兵马俑，必然用防护液和单体渗透两套方法进行了保护"。

第二，"就会破坏研究者可能从中获得的有关秦代彩绘技术的全部信息"。意思就是"不能成为了解秦代彩绘技术的新信息的来源"。

由此，上述论证的良构式如下：

① 一个供研究秦代军人服色的兵马俑，必然用防护液和单体渗透两套方法进行了保护。

② 兵马俑出土后如果用防护液和单体渗透这两套方法保护，不能成为了解

秦代彩绘技术的新信息的来源。

因此，③一个供研究秦代军人服色的兵马俑，不能成为了解秦代彩绘技术的新信息的来源。

例2：任何结果都不可能凭空出现，他们的背后都是有原因的；任何背后有原因的事物都可以被人认识，而可以被人认识的事物都必然不是毫无规律的。所以，任何结果的出现必然不是毫无规律的。

分析：上述论证的良构式如下：

① 任何结果出现的背后都是有原因的。

② 任何背后有原因的事物都可以被人认识的事物。

③ 可以被人认识的事物都必然不是毫无规律的。

所以，④任何结果的出现必然不是毫无规律的。

四、解释应公平和宽容

在解释一个论证时应遵循公平和宽容原则，这也是良构一个论证时应考虑的问题。

1.公平原则

公平就是要忠实论证的原意，而不能改变原文意义，即不能曲解其含义，不能歪曲其意义。换言之，必须准确表达已陈述的或明确的论证形式，不能加入任何原文中没有的陈述，不能凭自己的想象来改造对方的论证：改写或润色关键的陈述、省略重要的前提、增加原文中未提供的前提等。总之，不要让我们的偏见妨害了提供真实反映论证者意图的良构式的过程。忠实原意，还意味着以下两个意思：

（1）准确表达论证的强度

论证的强度，即论证的确定性。要注意表达语气中的肯定性：是必然的、绝对的，还是可能的、或许的？论证者在什么程度上认为结论真？是可能的、值得推荐，还是不可避免的？

（2）准确表达结论的范围

论证的强度，还从它的结论的范围上体现出来：结论是在全部情况下真，还是在大多数情况下真，还是在有些情况下真？改变结论的适用范围可以根本地改变论证的合理性。

2.宽容原则

宽容就是当原文某些方面模糊时，常常是将论证表达为可能性，即将该论证放入其最好的可能之处，也就是选取一个最好的解释来使论证易于理解，将论证表达为最容易证明的形式。换言之，当一个论证没有被清楚表达之时，应选择一个解释来使该论证更难于反驳。即当面对不同的解释选择时，就应该试图选择一个解释以使得该论证有效、强、可靠或可信，而不是无效、弱、不可靠或不可信。

例1：有人提出通过开采月球上的氦－3来解决地球上的能源危机，在熔合反应堆中氦－3可以用作燃料。这一提议是荒谬的。即使人类能够在月球上开采出氦－3，要建造上述熔合反应堆在技术上至少也是50年以后的事。地球今天面临的能源危机到那个时候再着手解决就太晚了。因此，开采月球上的氦－3不可能解决地球上近期的能源危机。

分析：上述论证的良构式如下：

① 在月球上开采出氦－3，在技术上至少也是50年以后的事。

② 地球今天面临的能源危机到那个时候再着手解决就太晚了。

因此，③开采月球上的氦－3不可能解决地球上近期的能源危机。

例2：莱布尼茨是17世纪伟大的哲学家。他先于牛顿发表了他的微积分研究成果。但是当时牛顿公布了他的私人笔记，说明他至少在莱布尼茨发表其成果的10年前已经运用了微积分的原理。牛顿还说，在莱布尼茨发表其成果的不久前，他在给莱布尼茨的信中谈起过自己关于微积分的思想。但是事后的研究说明，牛顿的这封信中，有关微积分的几行字几乎没有涉及这一理论的任何重要之处。因此，可以得出结论，莱布尼茨和牛顿各自独立地发现了微积分。

分析：上述论证的良构式如下：

① 莱布尼茨先于牛顿发表了他的微积分研究成果。

② 当时牛顿公布的私人笔记说明他至少在莱布尼茨发表其成果的10年前已经运用了微积分的原理。

③ 牛顿还说，在莱布尼茨发表其成果的不久前，他在给莱布尼茨的信中谈起过自己关于微积分的思想。但是事后的研究说明，牛顿的这封信中，有关微积分的几行字几乎没有涉及这一理论的任何重要之处。

因此，④莱布尼茨和牛顿各自独立地发现了微积分。

五、区分主结论和子结论

结论有主结论与子结论之分，在良构论证时，不要混淆子结论与主结论。

主结论也叫总结论，是指一个论证链条或论证网络中的最终结论。而论证链条或网络中除主结论之外的任何一个步骤的结论，都是子结论。

子结论也叫次结论，是指被前提所支持，但它又至少支持一个进一步的陈述，该陈述可以是结论或者是另一个子结论。每个前提本身不应该包含论证，如果包含，应把它拆开表达。

例1：由于含糖饮料的卡路里含量高，容易导致肥胖，因此无糖饮料开始流行。经过一段时期的调查，无糖饮料尽管卡路里含量低，但并不意味它不会导致体重增加，因为无糖饮料可能导致人们对于甜食的高度偏爱，这意味着可能食用更多的含糖类食物。而且无糖饮料几乎没什么营养，喝得过多就限制了其他健康饮品的摄入，比如茶和果汁等。

分析：上述论证的良构式如下：

① 无糖饮料可能导致人们对于甜食的高度偏爱。

因此，②无糖饮料可能导致人们食用更多的含糖类食物。

因此，③无糖饮料并不意味它不会导致体重增加。

（上述②是子结论，③是主结论）

例2：牺牲一条生命换取五条生命并不总是道德的。因为如果牺牲一条生命换取五条生命总是道德的，那么违背一个健康者的意愿而将他的器官移植给五个需要做器官移植的人就是道德的。但从事这种移植并不道德，因为这样做侵犯了健康者的权利。所以，牺牲一条生命去换取五条生命并不总是道德的。

分析：上述论证的良构式如下：

① 如果牺牲一条生命换取五条生命总是道德的，那么违背一个健康者的意愿而将他的器官移植给五个需要做器官移植的人就是道德的。

② 违背一个健康者的意愿而将他的器官移植给五个需要做器官移植的人侵犯了健康者的权利。

因此，③违背一个健康者的意愿而将他的器官移植给五个需要做器官移植的人是不道德的。

因此，④牺牲一条生命去换取五条生命并不总是道德的。

（上述③是子结论，④是主结论）

第二节　标准转换

论证图解方法的应用是以标准论证为对象的，但日常思维中的实际论证大都是非标准的。实际论证由于个人叙述、论证的风格不同，往往缺乏组织性，有时既包括背景信息、重复、插入材料等与论证无实质联系的信息，有时又省略了某些相干的信息。因此，在分析论证结构的时候，或者使用批判性思维技术对之进行评估的时候，就需要对论证进行重构，即必须对论证进行标准化处理。

重构成标准形式的过程是解读、理解论证意思和关系的过程。对论证进行重构，既需要逻辑知识与原理的指导和帮助，又需要包括对论证做出清晰准确的理解的能力。论证的标准化包括准确地识别论证的理由与主张（辨识前提和结论、辨析争议的焦点），搞清推理路线（找出推理的线索和结构，揭示出论证所依赖的假设等，从而使论证变成清楚、完整的陈述）。

为了清晰地分析和评价论证，当实际论证的语句次序不符合"前提→结论"标准顺序时，我们需要把它重新表达成"标准形式"，使前提在前、结论在后；用竖式的办法表示，是前提在上，结论在下。这样论证的语句明确、意义完整、关系清楚。在调整过程中，调整后的句子和原来形式可能有所不同，有可能要重新表达句子，甚至要补充词句，使原来的论证以标准的格式清楚、准确地表达出来。比如，在结论的地方加了"所以"，而省略了原来引导前提的词"因为"，这些调整即为"论证重构"。

重构后的标准化论证的基本格式是：

第一，前提在上，结论在下；

第二，前提和结论之间用横线隔开；

第三，只用"所以"来引导最终结论。

标准化论证需要进行以下四种转换。

一、删除

在分析一个为论证的文本时，需要将那些与主张（或结论）不相干的陈述去掉，即要删除修饰词、重复的信息、交际性的内容、其他话题的插入、无关的枝节、顺便说的话、介绍性的背景材料等，它们均不进入论证结构的描写。

例1：鸡油菌这种野生蘑菇生长在宿主树下，如在道氏杉树的底部生长。道氏杉树为它提供生长所需的糖分。鸡油菌在地下用来汲取糖分的纤维部分为它的宿主提供养料和水。由于它们之间这种互利关系，过量采摘道氏杉树根部的鸡油菌会对道氏杉树的生长不利。

分析：上述文本前面的陈述为背景材料，均予以删除。标准化后的论证为：

鸡油菌为它的宿主道氏杉树提供养料和水。

所以，过量采摘道氏杉树根部的鸡油菌会对道氏杉树的生长不利。

例2：根据碳14检测，卡皮瓦拉山岩画的创作时间最早可追溯到3万年前。在文字尚未出现的时代，岩画是人类沟通交流、传递信息、记录日常生活的方式。于是今天的我们可以在这些岩画中看到：一位母亲将孩子举起嬉戏，一家人在仰望并试图触碰头上的星空……动物是岩画的另一个主角，比如巨型犰狳、马鹿、螃蟹等。在许多画面中，人们手持长矛，追逐着前方的猎物。由此可以推断，此时的人类已经居于食物链的顶端。

分析：上述文本前面的陈述为背景材料，均予以删除。标准化后的论证为：

岩画上人们手持长矛，追逐着前方的猎物。

所以，此时的人类已经居于食物链的顶端。

二、补充

日常论证往往是省略的、不完整的，其大前提、小前提以及结论都可能被省略。而被评估的论证应该是一个结构完整的论证，因此，为了理解论证，我们需要把原文中隐含的论证成分补充进来。

1.补充省略的结论

评估一个论证，需要把隐含的论点明确化，因此，对省略了结论的论证，需要补充论证。

例1：人类中的智力缺陷者，无论经过怎样的培训和教育，也无法达到智力正常者所能达到的智力水平；同时，新生婴儿如果没有外界的刺激，尤其是人类社会的环境刺激，也同样达不到人类的正常智力水平，甚至还会退化为智力缺陷者。

分析：对上述论证进行标准化，并补充结论后，构成如下完整的论证：

人类中的智力缺陷者，无论经过怎样的培训和教育，也无法达到智力正常者所能达到的智力水平；

新生婴儿如果没有外界的刺激，也同样达不到人类的正常智力水平。

（所以，遗传和环境的共同作用决定了人的素质状况的优劣。）

例2：一国丧失过量表土，需进口更多的粮食，这就增加了其他国家土壤的压力；一国大气污染，导致邻国受到酸雨的危害；二氧化碳排放过多，造成全球变暖、海平面上升，几乎可以危及所有的国家和地区。

分析：对上述论证进行标准化，并补充结论后，构成如下完整的论证：

一国丧失过量表土，需进口更多的粮食，这就增加了其他国家土壤的压力；

一国大气污染，导致邻国受到酸雨的危害；

二氧化碳排放过多，造成全球变暖、海平面上升，几乎可以危及所有的国家和地区。

（所以，环境问题已成为区域性、国际性问题，解决环境问题是人类面临的共同任务。）

2.补充隐含的前提

在辨别和分析论证时，需要把作者没有明确表达的"隐含前提"写出来。即在评估论证之前，应使论证未表达出来的预设、假设或省略前提明确化。

寻找论证中的隐含前提，是论证分析中比较困难的部分，为此，我们将在后面"论证假设"这一章进行专门讨论。

例1：达尔文的生物进化学说，揭开了人类进化研究的世纪性的新篇章。然而至今，人类仍然无法找到从猿向人进化的关键性证据。所以，人们只得又在达尔文学说的前面重新加上"假说"这两个字。

分析：对上述论证进行标准化，并补充假设后，构成如下完整的论证：

人类仍然无法找到达尔文的生物进化学说从猿向人进化的关键性证据。

（缺少科学上关键性证据的学说只能称为假说）。

所以，人们只得又在达尔文学说的前面重新加上"假说"这两个字。

例2：由于照片是光线将物体印记在胶片上。因此，在某种意义上，每张照片都是真的。但是，用照片来表现事物总是与事物本身有差别，照片不能表现完全的真实性，在这个意义上，它是假的。所以，仅仅靠一张照片不能最终证实任何东西。

分析：对上述论证进行标准化，并补充假设后，构成如下完整的论证：

照片不能表现完全的真实性。

（任何不能表现完全的真实性的东西都不能构成最终的证据）。

所以，仅靠一张照片不能最终证实任何东西。

三、替换

用清楚、确切的表达方式来替代含糊或者间接的表达方式，同义的所有表达式用唯一的表达式代换。

例1：最近一项调研发现，某国30岁至45岁人群中，去医院治疗冠心病、骨质疏松等病症的人越来越多，而原来患有这些病症的大多是老年人，调研者由此认为，该国年轻人中"老年病"发病率有不断增加的趋势。

分析：对上述文本标准化后的论证为：

该国年轻人去医院治疗冠心病、骨质疏松等大多是老年人所患病症的人越来越多。

所以，该国年轻人中"老年病"发病率有不断增加的趋势。

例2：我可以设身处地地把一些外在符号跟一些内心事件关联起来，比如，将呻吟和脸的扭曲、跟痛的感受关联起来。我从痛的体验中得知，当我有痛感时，往往就会呻吟和脸扭曲。因此一旦我看到他人有相同的外在符号时，我就是理所当然地认为他们也有与我相同的内心活动事件。毕竟我和他人之间，在行为举止和通常的生理功能方面，显然是相类似的，为什么在内心活动方面不也相类似呢？

分析：上述论证的结论是最后一句"为什么在内心活动方面不也相类似呢？"，需用陈述句来替换，即为"在内心活动方面也相类似"，前提是"我和他人之间，在行为举止和通常的生理功能方面"。上述文本前面的陈述为背景材料，均予以删除。标准化后的论证为：

我和他人之间在行为举止和通常的生理功能方面是相类似的。

所以，我和他人之间在内心活动方面也相类似。

四、排列组合

将有支持关系的陈述放在一起，按有利于对论证开展评估的方式排列组合。

例1：肯定有一个外部世界存在，因为如果不是在我之外有某种东西可以发光或反光，将光照射到我眼睛里，使我产生了视觉经验，我就看不到建筑、人群和星星这些东西。并且，不仅有我这样的视觉经验，他人也有这样的视觉经验；书本知识也反复告诉我们，在我们之外有一个外部世界。

分析：对上述文本标准化后的论证为：

我的视觉经验表明，在我之外有某种东西可以发光或反光。

他人也有这样的视觉经验。

书本知识也反复告诉我们，在我们之外有一个外部世界。

所以，肯定有一个外部世界存在。

例2：根据现代科学，宇宙中的一切物质都是由特别小的原子构成。事实上，即使用强的显微镜也无法看到它们，因为它们对视觉神经并不提供足够的刺激，即使是在被放大的情况下。但是，如果宇宙中的一切物质真的是由不可见的原子构成，那就确实可以推出：宇宙中的一切物质都是不可见的。不过，以下事实证明了这一点的显著荒谬性：桌子、椅子和日常物品都是可见的。所以，由此可以推出：现代科学的断言，即一切物体都是由原子构成的，必定是错误的。

分析：对上述文本标准化后的论证为：

如果宇宙中的一切物质真的是由不可见的原子构成，那么，宇宙中的一切物质都是不可见的。

桌子、椅子和日常物品都是可见的。

所以，现代科学的断言，即一切物体都是由原子构成的，必定是错误的。

第三节　论证假设

要分析、评估并全面理解一个论证，应对论证补充隐含前提和假设，即进行论证的重构，以便考察论证的有效性。

一、假设的含义

挖掘论证的隐含假设，对细致地理解论证和深入地评估论证，从而推进认识的深入发展非常重要。要把握论证的结构，不仅要把握论证的表层结构，即解析已经明确表达出的前提和结论，而且要把握论证的深层结构，即发现和陈述论证背后的假设，就是要细致挖掘论证中隐含的意义、假定、前提和背景知识。因此，挖掘论证的隐含假设是分析和评价论证的一个关键步骤。

假设的含义是，假设是使论证成立的一个必要条件。对于一命题而言，假设的真或假是其能否成立的前提条件。如果假设假，则论证不成立，而且也毫无意义。

例1：人类经历了上百万年的自然进化，产生了直觉、多层次、抽象等独特智能。尽管现代计算机已经具备了一定的学习能力，但这种能力还需要人类的指导，完全的自我学习能力还有待进一步发展。因此，计算机要达到甚至超过人类的智能水平是不可能的。

分析：上述论证必须假设，直觉、多层次抽象等这些人类的独特智能无法通过学习获得。否则，如果计算机通过学习可以学会直觉、多层次抽象等独特智能，那么计算机就有可能达到或者超过人类的智能水平。

例2：磁共振造影（MRI）是一种非侵犯性诊断程序，能被用来确认冠状动脉堵塞。与一种经常应用的侵犯性诊断程序血管造影相比，MRI不会对病人造成危害。所以，为了在尝试诊断动脉堵塞时确保病人的安全，MRI应在所有尝试诊断冠状动脉堵塞时取代血管造影。

分析：上述论证必须假设，MRI与血管造影确认动脉堵塞的效果相同。否则，如果MRI没有血管造影确认动脉堵塞的效果好，那么即使MRI无害，也不能说明一定要用MRI代替血管造影。

所有的人类思想和经验都基于假设。假设是我们信念体系中的一部分，即我们想当然的或者预先假定了的事情，我们假设自己的信念是正确的，并利用它们来解释周围的世界。多数人的假设是无意识的，人们将有些事情视作是想当然的，因为不可能事事都被质疑。多数假设是合理的，但有些并不是，人们思想中的错误，多数是由其背后的未经检查的假设所造成的。当我们逐步熟练掌握批判性思维和论证逻辑技能时，我们则应该去询问任何一个假设的合理程度了。我们每天在生活中都会做出很多假设，我们必须能够发现并对它们一一进行质疑、考察和评估。

案例　永记与遗忘

在柯比的《逻辑导论》第一章中，举了这样一个例子：

大数学家哈代论证说：阿基米德将永远被记住，而埃斯库罗斯会被遗忘，因为一种语言会消亡，而数学理念不会消亡。

柯比指出，对该论证的充分分析表明，要合逻辑地得出该论证的结论，至少需要下列前提或推理步骤：

（1）一种语言会消亡。

（2）埃斯库罗斯的伟大剧作使用一种语言。

（3）故埃斯库罗斯的成果终究会消亡。

（4）数学理念不会消亡。

（5）阿基米德的伟大工作使用数学理念。

（6）故阿基米德的成果不会消亡。

所以，阿基米德将被永记，而埃斯库罗斯将被遗忘。

可以看出，在这个论证中，至少有两个隐藏的前提或假设，这就是（2）和（5），或许因其明显性而被省略，但它们的确实性却值得怀疑。

二、假设的类型

论证的假设就是论证的隐含因素，包括假定、条件、信息、观念和知识，是论证所需要但没有表达出来的隐含前提以及预设假设（前面已论述）、背景假设、支撑假设等的统称，它们在论证中没有被明确陈述出来，但支撑着论证的有效性、可靠性或可信度。

1.隐含前提

狭义的假设就是隐含前提,很多情况下,我们把隐含前提和假设看成同义语。隐含前提是指这样的命题或命题集,没有它们,论证是不完整、不相关的。当我们发现了从已表达出的前提向结论的有效过渡还缺乏某些环节时,就应分析论证的隐含前提。

具体而言,隐含前提就是被省略的前提,包含大前提或者小前提。它们是原来的论证所需要的,没有它们,原来的论证中的理由和结论之间没有相关性,推理成为无效。在重建论证的时候,我们需要把省略的前提补上,以便使论证有效。

例1:长期以来,人们认为地球是已知唯一能支持生命存在的星球,不过这一情况开始出现改观。科学家近期指出,在其他恒星周围,可能还存在着更加宜居的行星。他们尝试用崭新的方法开展地外生命搜索,即搜寻放射性元素钍和铀。行星内部含有这些元素越多,其内部温度就会越高,这在一定程度上有助于行星的板块运动,而板块运动有助于维系行星表面的水体,因此板块运动可被视为行星存在宜居环境的标志之一。

分析:上述论证中科学家的隐含前提是,行星如能维系水体,就可能存在生命。

补充进去后,形成如下完整的论证:

前提:板块运动有助于维系行星表面的水体。

假设:行星如能维系水体,就可能存在生命。

结论:板块运动可被视为行星存在宜居环境的标志之一。

例2:人们一直在争论猫与狗谁更聪明。最近,有些科学家不仅研究了动物脑容量的大小,还研究了大脑皮层神经细胞的数量,发现猫平常似乎总摆出一副智力占优的神态,但猫的大脑皮层神经细胞的数量只有普通金毛犬的一半。由此,他们得出结论:狗比猫更聪明。

分析:把上述论证这位科学家得出结论所必需的假设(隐含前提)揭示出来,补充进去后,形成如下完整的论证:

前提:猫的大脑皮层神经细胞的数量只有普通金毛犬的一半。

假设:动物大脑皮层神经细胞的数量与动物的聪明程度呈正相关。

结论:狗比猫更聪明。

例3:有位美国学者做了一个实验,给被试儿童看三幅图画:鸡、牛、青草,然后让儿童将其分为两类。结果大部分中国儿童把牛和青草归为一类,把鸡归为另一类,大部分美国儿童则把牛和鸡归为一类,把青草归为另一类。这位美国学者由此得出:中国儿童习惯于按照事物之间的关系来分类,美国儿童则习惯于把事物按照各自所属的"实体"范畴进行分类。

分析：把上述论证这位学者得出结论所必需的假设(隐含前提)揭示出来，补充进去后，形成如下完整的论证：

前提：实验发现，大部分美国儿童则把牛和鸡归为一类，把青草归为另一类。

假设：美国儿童只要把牛和鸡归为一类，就是习惯于按照各自所属"实体"范畴进行分类。

结论：美国儿童则习惯于把事物按照各自所属的"实体"范畴进行分类。

2. 背景假设

在自然语言中，推理是用来论证和交流思想的，而交流总是在具体的个人之间、具体的语言环境中进行的。交际双方的大脑承载了大量信息，其中许多信息是交际双方所共有的，或至少是其中一方以为另一方知道的，故在交际过程中没有明确说出，推理表现为省略形式：本来是"A和C一起推出B"，由于C属于（或以为属于）共同的背景信息，故被省略。

案例　调查问卷

曾经有一位教授受一家机构委托，让他的学生们帮忙填写一份问卷，问卷一发下来，只有两道题目：

1. 他很爱她。她细长的瓜子脸，弯弯的娥眉，面色白皙，美丽动人。可是有一天，她不幸遇上了车祸，痊愈后，脸上留下几道大大的丑陋疤痕。你觉得，他会一如既往地爱她吗？

　A. 他一定会

　B. 他一定不会

　C. 他可能会

2. 她很爱他。他是商界的精英，儒雅沉稳，敢打敢拼。忽然有一天，他破产了。你觉得，她还会像以前一样爱他吗？

　A. 她一定会

　B. 她一定不会

　C. 她可能会

一会儿，同学们就做好了。问卷收上来，教授一统计，发现：

第一题有10%的同学选A，10%的同学选B，80%的同学选C。

第二题呢，30%的同学选了A，30%的同学选B，40%的同学选C。

教授笑了，"做这两题时，潜意识里，你们是不是把他和她当成了恋人关系？"

"是啊。"同学们答得很整齐。

教授似有深意地看着大家，"现在，我们来假设一下，如果，第一题中的'他'是'她'的父亲，第二题中的'她'是'他'的母亲。

让你把这两道题重新做一遍，你还会坚持原来的选择吗？"

教室里忽然变得非常宁静，一张张年轻的面庞变得凝重而深沉。

几分钟后，教授再一统计，两道题，同学们都100%地选了A。

教授的语调深沉而动情："这个世界上，有一种爱，亘古绵长，无私无求；不因季节更替，不因名利浮沉，这就是父母的爱啊！"

背景假设是被论证者认为是理所当然的观念或理念与推论规则集，这些论证者预先假定的东西并不在论证中出现，但对论证的成功不可或缺。背景假设往往涉及价值观或价值偏好。

例1：太阳能不像传统的煤、气能源和原子能那样，它不会产生污染，无需运输，没有辐射的危险，不受制于电力公司，所以，应该鼓励人们使用太阳能。

分析：在这个论证中，至少隐藏着论证者如下的背景假设即价值偏好：安全、环保与健康的能源很重要。

例2：一盎司不同的人工增甜剂的混合物和一盎司单一的人工增甜剂的增甜强度是一样的。当用来使食物变甜时，混合物极大地降低了消费者摄入过量的单一增甜剂的可能性。因此，应该使用混合的而不是单一的人工增甜剂，因为混合物明显的是更健康的而且有同样的增甜效果。

分析：在这个论证中，至少隐藏着论证者如下的背景假设即价值偏好：健康很重要。另外，该论证还至少包含着如下的隐含前提：第一，自然糖不健康；第二，当混合物中的不同人工增甜剂一起被消化时，不会产生交叉作用以至于对健康有害。

3.支撑假设

重构论证的关键是首先要挖掘论证的隐含前提或假设，其次，还要进一步深入理解前提下面的支撑性假设，从而得到论证的"立体"图像，这样才能深入理解并完整评判一个思想和论证。

隐含假设是多层次的。支持上面一层的前提的假设还需由下一层次的假设支持。论证是多层次的立体，最上面的隐含假设是所谓隐含前提，然后是下面的支撑假设。支撑假设不是那种为了论证形式完整而必需的前提，而是前提下面的观念和事实基础，是前提的前提。

支撑假设本身也可能需要证明，当有具体、必要的理由来怀疑它的根据时，那么再挖更深一层次的支撑假设，即需要找支撑假设的隐含支撑假设。当然，如果无限追问每一个前提后面的基础，基础的基础，这将是一个无限追究的过程。当然，在挖掘前提之下的逐层次的支撑假设，挖到一定时候，大家都几乎无疑义时，那就可以停止挖掘其更进一步的支撑。

例：堕胎是谋杀，因为这是杀死一个胎儿。

分析：上述论证的隐含前提是：如果堕胎是杀死一个胎儿，则堕胎是谋杀。

其论证过程如下：

堕胎是杀死一个胎儿。

如果堕胎是杀死一个胎儿，则堕胎是谋杀。

所以，堕胎是谋杀。

虽然这个推理的形式有效，但其支撑假设是"胎儿也是人"。

补充支撑假设后的完整论证如下：

前提：堕胎是杀死一个胎儿。

假设1：胎儿也是人。

假设2：故意地没有正当理由地杀死另一个人是谋杀。

假设3：堕胎是故意地没有正当理由地杀死胎儿。

结论：堕胎是谋杀。

因此，上述论证的争议焦点在于其支撑假设"胎儿也是人"是否成立。

在科学研究的逻辑中，支撑假设又被称为观察和试验后面的预设条件和初始假设，或者辅助假设。还有的是观察和实验的操作和解释的理论，有时被称为观察理论。科学革命的特征，往往是深入到支撑假设的层次，即使是当时认为最可信的知识基础和世界观，当有具体的怀疑证据和理由时，对支撑假设的重新审查往往会带来对过去根深蒂固的观念的改变。

案例　绝对时间真的存在吗？

爱因斯坦之前有两次大统一，第一次是牛顿用万有引力这样一个方程式，同时解释了天上和地上的运动定律。第二个人是麦克斯韦，他提出一组极其简单的方程统一计算电和磁，并且指出光也是一种电磁波，给了光速一个常数。

1. 打破隐含假设：牛顿和麦克斯韦矛盾了

爱因斯坦的所有工作，都起始于他发现，在解释光速这个现象的时候，牛顿和麦克斯韦出现了重大的逻辑失洽。这个矛盾让爱因斯坦精神紧张、坐卧不安，他一定要解决这个问题。（备注：麦克斯韦方程揭示了光速是一个常数，常数是固定的，不需要参考系，这与牛顿理论体系中一切物体的运动速度都取决于参考系产生了不可调和的矛盾）

2. 重建基石假设：光速不变

破界创新的第二步，是重建基石假设。狭义相对论建立在两条基石假设之上，充分运用了公理化思维：

① 第一条基石假设是对称性定律，这是物理学中定律的定律。

爱因斯坦把伽利略的对称性定律拓展，提出相对性原理——所有自然定律，包括引力、电力、磁、光在一切匀速参照系当中，都保持不变。一切自然定律，包括引力、电力、磁、光在内，在一切匀速参考系下都保持不变，这一条叫相对性原理。

② 第二条假设，叫作光速不变原理。光速不变，在任何匀速参考系下都不变。

光速恒定假设之于爱因斯坦，犹如惯性假设之于牛顿，是人类精神最伟大的成就。因为在牛顿经典力学里边，速度是时间的函数，不管运动速度快慢，时间都是不变的。但爱因斯坦说，如果光速是绝对的参考系，那光速就不能用时间来衡量。反过来说，时间应该由光速来计算。运动速度越快，时间就越慢。他从麦克斯韦方程和相对性原理出发，得出光速是绝对的。如果光速是绝对的，时间就是相对的。这是爱因斯坦狭义相对论最重要的内涵。

摘自《真正的高手，相信逻辑而不是现实》（李善友）

三、假设的特点

隐含假设和论证的前提一样都是陈述。包括两类，一类是关于事实的陈述；另一类是关于理论的陈述，即概括性、普遍性的断言，科学中可以是科学原理、假说、定律、公式、因果关系等，在法律中，可以是原则、规则、条款、许可等。为了方便起见，本书在一些地方会沿用习惯，笼统地用隐含假设来指上面各种类型的假设。

隐含假设具有如下特点：

第一，隐含假设具有隐含性。

隐含假设是隐藏的，即作为论证前提的陈述没有被明确陈述出来。

第二，隐含假设是论证者视为理所当然或先行承认的。

隐含假设是被论证者认为真，或者当作真，以便论证。在大多数语境中，论证基于双方具有共同的知识背景，而在陈述中省略了对某些信息的表达。当然，不能排除某些论证者为了掩盖他所使用的前提的可疑性而有意不明确陈述该前提。

第三，隐含假设是得出结论的必要条件。

隐含假设影响论证的结构与论点的确立。如果隐含前提为假，或拟真度不高，整个论证的效力就降低，结论的可接受性也受到影响。

第四，隐含假设本身可能为假。

隐含假设它可能具有可争辩性，也可能有潜在的欺骗性；摧毁论证往往要揭露隐含前提并予以批判。大量事实表明，论证的问题可能就出在深层次的隐含假设上，一旦发现了这样的问题，人们的认知水平就得到了提高。

例1：不仅人上了年纪会难以集中注意力，就连蜘蛛也有类似的情况。年轻蜘蛛结的网整齐均匀，角度完美；年老蜘蛛结的网可能出现缺口，形状怪异。蜘蛛越老，结的网就越没有章法。科学家由此认为，随着时间的流逝，这种动物的大脑也会像人脑一样退化。

分析：上述论证根据，老蜘蛛结网没有年轻蜘蛛结得好，得出结论，老蜘蛛大脑退化。为了使这个论证有说服力，还必须假设这样一点：蜘蛛结网受大脑控制。但这一假设可以受到质疑，因为蜘蛛结网有可能只是一种本能的行为，并不受大脑控制。

例2：一块石头被石匠修整后，暴露于自然环境中时，一层泥土和其他的矿物便逐渐地开始在刚修整过的石头的表面聚集。这层泥土和矿物被称作岩石覆盖层。在安迪斯纪念碑的一块石头的覆盖层下面，发现了被埋藏一千多年的有机物质。因为那些有机物质肯定是在石头被修理后不久就生长到它上面的，也就是说，那个纪念碑是在1492年欧洲人到达美洲之前很早建造的。

分析：上述论证根据，安迪斯纪念碑石头是一千多年前修整的，得出结论，那个纪念碑是在1492年欧洲人到达美洲之前很早建造的。为了使这个论证有说服力，还必须假设这样一点：用于建造安迪斯纪念碑的石头是在修建纪念碑时修整出来的。但这一假设可以受到质疑，因为事实上，1492年前后重新使用古人修理过的石头的现象在安迪斯非常普遍。这意味着用于建造安迪斯纪念碑的石头不一定是在修建纪念碑时修整的。

四、补充假设的步骤

要对论证进行评估，就需要对隐含在论证中的假设进行揭示和分析。寻找隐含假设就是指那些需要填补在前提和结论之间的鸿沟（缺少的关联或步骤）的隐含前提。补充隐含假设并没有一种固定的方法，往往需要用的想象、直觉和试错调整，因此，可以说这是带有创造性的思维活动。不过，根据补充隐含前提的目的，还是存在一些寻找的线索。补充假设的常规步骤如下。

1.描述已被表达的论证

即提炼出论证的前提与结论。要正确地揭示论证的假设，需要深入分析说话或写作的场合、对象、语气、省略等，以便形成一个完整的图景，从而掌握论证的全部内容。如何发现论证的隐含假设？首先在弄清论证的前提和结论的基础上，仔细考察理由和结论之间的"缝隙"或差距，然后寻找填补这一缝隙的前提或信念。

2.寻找连接前提和结论的关系

确定论证中前提和结论之间的"缺口"，寻找线索，发现或者建造连接这样的关系的保证。假定已表述的前提为真，然后查看要使其结论成立，至少还需要得到什么样的隐含前提的支持，这样的隐含前提就是该论证的假设。

3.符合逻辑

若是演绎论证，则确定使其有效所需要的前提。补充隐含假设的首要目的是使论证有效，通过补充论证省略的部分，来使之成为标准的演绎形式。

若是归纳论证，其中的全部证据必须被论证者陈述，要确定需补充哪些信息才能使归纳论证符合归纳的合理性。

4.再进一步寻找论证的支撑假设

论证是一个立体的过程，所有的前提，包括隐含前提，都建立在背景知识和假设上，因此，对每一个前提都要评价它的支撑假设。

支撑假设决定这个隐含前提的稳固性，影响对整个论证的评价。一个推理要得到支持，逻辑上它有无数的隐含假设。首先需要找的是前提和结论之间直接的支撑假设，即从最接近论证的层面、最直接相关、最可能有问题的假设开始。

5.检验重构的论证

在语境清晰时，进一步弄清未表达前提是可能的。在做了这些工作之后，那么这个论证可被重新构建出来。再来对论证者的推理进行评价，看被省略的前提是否真实，看看论证过程是否正确，是否符合原意。

例1：众所周知，高的血液胆固醇水平会增加由血液凝结而引起的中风的危险性。但是，最近的一篇报告指出，血液胆固醇水平低使人患其他致命类型的中风（即脑出血，由大脑的动脉血管破裂而引起）的危险性在增大。报告建议，因为血液胆固醇在维持细胞膜的韧性方面起着非常重要的作用，所以低的血液胆固醇会削弱动脉血管壁的强度，从而使它们易于破裂。由此，上述结论证实了日本研究者长期争论的问题，即西方饮食比非西方饮食能更好地防止脑出血。

上述论述基于下面哪条假设？

Ⅰ.西方饮食比非西方饮食更有益于健康。

Ⅱ.与非西方饮食相比，西方饮食易使人产生较高的血液胆固醇。

Ⅲ.高的血液胆固醇水平能消除动脉血管的衰弱。

分析：上述论证的假设为Ⅱ项，补充进去后，形成完整的论证。

前提：高的血液胆固醇水平能防止中风脑出血。

假设：与非西方饮食相比，西方饮食易使人产生较高的血液胆固醇。

结论：西方饮食比非西方饮食能更好地防止脑出血。

Ⅱ项表达了这一省略前提，因此为题干论述所基于的假设。

例2：某些精神失常患者可以通过心理疗法而痊愈，例如，癔症和心因性反应等。然而，某些精神失常是因为大脑神经递质化学物质不平衡，例如精神分裂症和重症抑郁，这类患者只能通过药物进行治疗。

上述论述是基于以下哪项假设？

Ⅰ.心理疗法对大脑神经递质化学物质的不平衡所导致的精神失常无效。

Ⅱ.对精神失常患者，药物治疗往往比心理疗法见效快。

Ⅲ.大多数精神失常都不是由脑神经递质化学物质的不平衡导致的。

分析：上述论证的假设为Ⅰ项，补充进去后，形成完整的论证。

前提：某些精神失常是因为大脑神经递质化学物质不平衡。

假设：心理疗法对大脑神经递质化学物质的不平衡所导致的精神失常无效。

结论：这类患者不能用心理疗法，也即只能通过药物进行治疗。

例3：宇宙中的大多数物质都被假设是暗的，即见不到的。研究已经表明如果很多星系群中的星系组成物质是可见的恒星，由于根据质量可估计运行速度，那么，这些星系相对于其他星系的移动速度就会快得多。这一研究表明星系在相当大量的不可见物质的引力作用下运动。

以下哪个是上文依据的假设？

Ⅰ.运动星系速度的测量是极不可靠的。

Ⅱ.重力的作用形式没有被特别好地理解。

Ⅲ.对于上述星系中可见恒星的总的质量的估计是有一定的把握的。

分析：上述论证的假设为Ⅲ项，补充进去后符合论证的合理性。

为使题干论证成立，C项是必须假设的，否则，如果对于上述星系中可见恒星的总的质量的估计是没有把握的，那么用可见恒星的质量来估计速度就不会准，这样题干推理不就可靠了。

例4：有学校提出，将效仿免费师范生制度，提供减免学费等优惠条件以吸引成绩优秀的调剂生，提高医学人才培养质量。有专家对此提出反对意见：医生是既崇高又辛苦的职业，要有足够的爱心和兴趣才能做好，因此，宁可招不满，也不要招收调剂生。

以下哪项最可能是上述专家论断的假设？

Ⅰ.没有奉献精神，就无法学好医学。

Ⅱ.如果缺乏爱心，就不能从事医生这一崇高的职业。

Ⅲ.调剂生往往对医学缺乏兴趣。

分析：专家的论断是，医生要有足够的爱心和兴趣才能做好，因此，不要招收调剂生。

显然，Ⅲ项是专家的假设，补充进去后形成完整的论证。

前提：医生要有足够的爱心和兴趣才能做好；

假设：调剂生往往对医学缺乏兴趣。

结论：调剂生难以成为好医生，所以，不要招收调剂生。

例5：有专家指出，人们可以通过健身长跑增进健康。因为健身长跑过程中，有节奏的深长呼吸能使人体吸入大量氧气，这可以改善心肌供氧状态，加快心肌代谢，提高心脏的工作能力。

以下哪项最可能是上述专家论断的假设？

Ⅰ.心脏是循环系统的中心，而健身长跑在提高人的呼吸系统机能的同时，可以改善心脏循环系统的机能。

Ⅱ.人体的健康与呼吸系统机能的提高和心脏循环系统机能的改善密切相关。

Ⅲ.体育以身体活动为基本手段，不仅能强身健体，还能培养人的各种心理品质。

分析：专家论断是，人们可以通过健身长跑增进健康。

Ⅱ项是专家论断所必需的假设，否则，如果人体的健康与呼吸系统机能的提高和心脏循环系统机能的改善不相关，那么，即使健身长跑过程中有节奏的深长呼吸能使人体吸入大量氧气，从而加快心肌代谢，也得不出人们可以通过健身长跑增进健康这一结论。

例6：今天的教育质量将决定明天的经济实力。PISA是经济合作与发展组织每隔三年对15岁学生的阅读、数学和科学能力进行的一项测试。根据2019年最新测试结果，中国学生的总体表现远超其他国家学生。有专家认为，该结果意味着中国有一支优秀的后备力量以保障未来经济的发展。

以下哪项如果为真，最能支持上述专家的论证？

Ⅰ.这次PISA测试的评估重点是阅读能力，能很好地反映学生的受教育质量。

Ⅱ.在其他国际智力测试中，亚洲学生总体成绩最好，而中国学生又是亚洲最好的。

Ⅲ.未来经济发展的核心驱动力是创新，中国教育非常重视学生创新能力的培养。

分析：题干论证过程如下：

题干前提1：据2019年最新PISA测试结果，中国学生的总体表现远超其他国家学生。

补充Ⅰ项：这次PISA测试的评估重点是阅读能力，能很好地反映学生的受教育质量。

得出结论1：今天中国的教育质量非常好。

题干前提2：今天的教育质量将决定明天的经济实力。

题干最终结论：该结果意味着中国有一支优秀的后备力量以保障未来经济的发展。

五、补充假设的原则

为了正确、完整地理解并评价论证，就需要揭示论证的隐含前提或假设。补充的隐含假设应与论证的条件一致，而且必须是论证者接受的或承诺的。补充合适的隐含假设有如下三个基本的判断原则。

1.公平原则

公平原则也叫忠实原意原则，即根据作者原意来补充隐含假设。重构论证的目的，是表达论证者在文章中表达出来的意思，就是要把论证重构成符合原意的形式，帮论证者把话说明白。首先要站在为论证者着想的角度考虑，怎样才能使论证中已表述的前提成为支持其结论的强有力的理由？要根据理解和判断，知道论证者含有这个意思，把省略的前提补上，然后考察它是否能使论证完善或者合理。注意不能曲解论证者的意思，即不能加上原文并不隐含的成分，更不要加上论证者不能接受的成分。

重构论证的第一准则是忠实原意，不管它是否合理。通过这种方式补充的隐含前提后发现论证还是不行，我们才可以认为，论证者的论证是不完善的或者不合理的。

例1：人类没有外星人来访地球的文字记录，所以外星人没有来访过地球。

分析：上述论证的隐含前提是，如果外星人来访过地球，则人类会有外星人来访地球的文字记录。补充这一假设后形成如下完整的论证：

前提：人类没有外星人来访地球的文字记录。

假设：如果外星人来访过地球，则人类会有外星人来访地球的文字记录。

结论：外星人没有来访过地球。

例2：20世纪50年代以来，人类丢弃了多达10亿吨塑料，这种垃圾可能存在数百年甚至数千年。近日，一个科研小组在亚马孙雨林中发现一种名为内生菌的真菌，它能降解普遍的聚氨酯塑料。科研人员认为利用这种真菌的特性，将有希望助人类消除塑料垃圾所带来的威胁。

分析：上述科研人员的判定是基于一个隐含前提的，补充这一假设后形成如下完整的论证：

前提：内生菌能够降解普通的聚氨酯塑料。

假设：目前绝大多数塑料垃圾都属于普遍的聚氨酯塑料。

结论：利用内生菌将有望帮助人类消除塑料垃圾所带来的威胁。

2. 慈善原则

慈善原则也叫宽容原则，其核心是应尽可能对被分析的论证作出有利于支持结论的解释，即对别人的论证进行解释时，要"慈悲为怀"：当其他因素，如语境、逻辑模式、明言的意图等同样允许几个不同前提作为候选者时，应该选取产生最强论证的那个前提作为省略前提补充到论证中。

具体指对别人的论证进行解释时，我们要考虑怎样才能使论证中已表述的前提成为支持其结论的强有力的理由？在做补充隐含假设时，往往存在多种不同的选择，慈善原则要求我们应该站在论证者的立场上尽量寻找有利于论证者、有利于论证成立的假设。这包含两个意思：

第一，加上的隐含前提与论证者原意一致，即是论证者需要加上的，或者至少可接受的。在找到不止一个可能的隐含前提时，符合论证者原意是选择隐含前提的首要考虑因素。

第二，在原意不清楚的情况下，或者找到的隐含前提不止一个，同时又不清楚论证者要用哪一个时，我们应该采用那些对作者有利的前提和解释，将原作者的论证表达为最合理的形态，即应该选用将原来的论证重建得更可信、更合理的前提，而不是有意加上过分、容易有问题的隐含前提来使得它显得不合理。

论证的目的是得到深入的认识，即使是要反驳一个论证，也要反驳它的最合理形态，如果加上必要的隐含前提使得论证达到最合理的形态之后，这个论证还是可以证明是错的，那么才算真正地反驳了论证。从论证本身的角度看，如果使用别的隐含前提，论证是不是可以成为完善的或者合理的。如果怎么修改隐含前提也不能挽救论证，那原论证就不可能是好论证。

例1：某科研机构对市民所反映的一种奇异现象进行研究，该现象无法用已有的科学理论进行解释。助理研究员小王由此断言，该现象是错觉。

分析：小王根据此该奇异现象无法用已有的科学理论进行解释，进而断言，该现象是错觉。其隐含的假设显然是，无法用已有的科学理论进行解释的现象都是错觉。

但如果事实上，错觉都可以用已有的科学理论进行解释。那么，小王的假设就不成立，即小王的论证是不合理的。

例2：如果尽可能多的包装都用垃圾场里可生物降解的材料来制造的话，这将对环境更加有益。因此，用在垃圾场不可生物降解的塑料制造的包装来取代用纸或纸板制造的包装，总是一个更糟的变化。

分析：上述论证，用生物可降解的材料来制造的包装对环境有益，所以用不可生物降解的塑料包装代替纸包装将是一个更糟的变化。该论证成立依赖的假设是：纸包装是可生物降解的。

但如果事实上，通常用于包装的纸和纸板在垃圾场里是不能生物降解的，那上述论证就不合理了。

3.逻辑原则

除了根据作者的原意补充隐含前提之外，还可以纯粹根据逻辑有效性的要求来补充隐含前提。即纯粹从如何使论证完善或者合理的角度出发，来寻找和补充隐含假设。也就是不对作者只对论证本身，考察不管论证原来是什么意思，只看论证本身是否可以被补救成为好论证。重构论证可以分为两个阶段。

第一阶段，我们根据论证者原意来重构论证，将它标准化，再看看论证者的论证是否完整、完善（这其实也是评价它）。

第二阶段，如果我们发现这个论证不完满，那么我们可以把论证者撇开，再根据逻辑的需要来重构它。这时，我们可以自由考虑加上各种看来合理的前提、假设、条件。这样做是为了要决定：如果加上这些条件，这个论证是否完善，以及这个论证是否可以在补充一些条件之后变得完善。

补充隐含前提后，这个论证即可被重新构建出来，再来对论证推理进行评价，看被省略的前提是否真实？什么样的隐含前提可以使论证有效、完善？论证过程是否正确？论证是否可以被可信的隐含前提修补得完善或者合理？这是补充隐含假设的指导原则。

例1：并非所有的教授都没有博士学位，因此，有些具有博士学位的人享有很高的学术声望。

分析：并非所有的教授都没有博士学位 = 有的教授有博士学位。

上文论证需要补充的隐含前提是，所有教授都享有很高的学术声望。补充这一假设后形成如下完整的论证：

前提：有的教授有博士学位；

假设：所有教授都享有很高的学术声望；

结论：有些具有博士学位的人享有很高的学术声望。

其余可能成为隐含前提的陈述，比如"所有享有很高学术声望的人都是教授"，"有些教授享有很高的学术声望"等，补充进上述论证后，从逻辑上都得不到完善的论证，因此，都不是假设。

例2：人们大都认为，科学家的思维都是凭借严格的逻辑推理，而不是凭借类比、直觉、顿悟等形象思维手段，但研究表明，诺贝尔奖获得者比一般科学家更多地利用这些形象思维手段，因此，形象思维手段有助于取得重大的科学突破。

分析：上文论证需要补充的隐含前提是，诺贝尔奖获得者取得了重大的科学突破。补充这一假设后形成如下完整的论证：

前提：诺贝尔奖获得者比一般科学家更多地利用这些形象思维手段。

假设：诺贝尔奖获得者取得了重大的科学突破。

结论：形象思维手段有助于取得重大的科学突破。

其余可能成为隐含前提的陈述，比如"诺贝尔奖获得者有能力凭借类比、直觉、顿悟来进行创造性思维"，"诺贝尔奖获得者比一般科学家更为聪明和勤奋"等，都经不起逻辑检验。

六、隐含假设的评估

隐含假设的评估标准具体可以从以下五个方面进行考量：

第一，是否有关？

第二，是否有内容？

第三，是否可信、可独立检验？

第四，是否足够使论证演绎有效或者归纳合理？

第五，是否程度合适？有别的更可信的前提或假设？

最终的标准是，这个可信的隐含假设是否能修补该论证成为完善的或者合理的？

1.相关性

相关性的要求是补充的隐含假设是与论证的前提和结论相关的。

相关性需要根据论证的具体情况和语境来考量。一般而言，假设的相关性是指该假设必须与前提相关，更与结论相关，并填补了前提与结论之间的推理缺口。

要补充那些能够增强论证的陈述，避免补充与论证不相干的假设。

例1：水产品的脂肪含量相对较低，而且含有较多不饱和脂肪酸，对预防血脂异常和心血管疾病有一定作用；禽肉的脂肪含量也比较低，脂肪酸组成优于畜肉；畜肉中的瘦肉脂肪含量低于肥肉，瘦肉优于肥肉。因此，在肉类选择上，应该优先选择水产品，其次是禽肉，这样对身体更健康。

分析：上文论证需要补充的隐含假设是，肉类脂肪含量越低对人体越健康。补充这一假设后形成如下完整的论证：

前提：水产品的脂肪含量相对较低，禽肉的脂肪含量也比较低。

假设：肉类脂肪含量越低对人体越健康。

结论：在肉类选择上，应该优先选择水产品，其次是禽肉，这样对身体更健康。

例2：有些科学家认为，基因调整技术能大幅延长人类寿命。他们在实验室中调整了一种小型土壤线虫的两组基因序列，成功将这种生物的寿命延长了5倍，他们据此认为，如果将延长线虫寿命的科学方法应用于人类，人活到500岁就会成为可能。

分析：科学家根据调整土壤线虫的基因序列使得其寿命延长了5倍，从而认为：如果将延长线虫寿命的科学方法应用于人类，人活到500岁就会成为可能。

其隐含假设是人和土壤线虫是完全类似的。

若事实上发现，人类寿命的提升幅度不会像线虫那样简单倍增，就否定了科学家的隐含假设，从而有力地质疑了科学家的观点。

2.保存性

保存性的要求是补充的隐含假设必须保持原来的前提的作用，即应该尽力保存论证已陈述前提的角色。

补充的隐含假设不等于原来已有的、已经表述出来的前提。如果这样，增加的隐含假设等于让原来已有的前提变为多余，或者代替了原来的前提。因此，隐含假设不能只重复了原来前提说的事实，不应该只包括原来前提已经包括的内容。

例1：在植物试验中，植物学家利用植物标本间的差别把长叶草分为9类。但是这种划分是错误的，因为在用来区分的样本中，有6类标本都同时取自同一区域。

分析：上文论证补充隐含假设后形成如下完整的论证：

前提：在用来区分的样本中有6类标本都同时取自同一区域；

假设：没有一个区域同时会有超过4种以上的植物种类；

结论：这种划分是错误的。

例2：婴儿通过碰触物体、四处玩耍和观察成人的行为等方式来学习，但机器人通常只能按照编订的程序进行学习。于是，有些科学家试图研制学习方式更接近于婴儿的机器人。他们认为，既然婴儿是地球上最有效率的学习者，为什么不设计出能像婴儿那样不费力气就能学习的机器人呢？

分析：上文论证补充隐含假设后形成如下完整的论证：

前提：婴儿通过碰触物体、四处玩耍和观察成人的行为等方式来学习。

假设：通过碰触、玩耍和观察等方式来学是地球上最有效的学习方式。

结论：婴儿是地球上最有效率的学习者。所以应该设计出能像婴儿那样不费力气就能学习的机器人。

3.可信性

可信性的要求是补充的隐含假设是可独立检验的。

不管是根据论证者原意还是根据逻辑标准来补充隐含前提，它都需要评价，这都会落到关于它们的可信性和可接受性的问题上。检查隐含前提的可信性需要检查它是否可以检验，它的支撑假设是否真。即使隐含前提有内容可以检验，它还应该至少没有被否证，或者至少可以接受，是可信的。只有这样，论证不仅可能变为有效，还可以变为完善。

一旦补充了原作者的隐含前提，使论证变成有效的，接着就该看隐含前提自身是否可接受或可信，以及看好的论证是否完善。使一个论证有效的前提可以不止一个，但并不是都合适。如果有一个论证的前提是P，结论是C，若纯粹从逻辑出发，只要简单地加上"如果P，则C"这样的附加前提，就成为一个肯定前项的充分条件假言推理，就可以保证使这个论证有效。这个附加的前提只是原来论证中的前提和结论的重复与连接而成为充分条件句，被称为"重申前提"。这样的"重申前提"有时候是合适的，可能是作者的原意；但是，多数情况下，重申前提并不是合适的假设。补充重申前提虽然从形式上可以使论证有效，但重申前提往往要么是荒谬的，要么就是空洞的，没有把真正的原因表达出来。"重申前提"的问题就在于它没有新的内容，不能产生新的可观察陈述来检验。模糊空洞的陈述不能被检验，不够资格成为论证的依据，这是一个基本的论证规则。因此，我们要尽量避免补充仅仅使已陈述的论证具体化的重申前提。

例：老王喝了几十年的酒，他会患肝癌去世。

分析：上述论证的重申前提是"如果老王喝了几十年的酒，他就会患肝癌去世"，这个重申前提目前没有办法来检查真伪。另外"喝酒多的人就会患肝癌"则断定太强，虽然可以检验，但不能证明为真，没有可信性，也不是合适的隐含假设。只有"喝酒多的人有较大可能患肝癌"的隐含前提兼有内容和可信性。它断定在广泛的情况下有这个统计规律，比如有长期的调查统计数据可以支持它。即它可以被独立检验，具有可信性。

4.充足性

充足性的要求是补充的隐含假设必须能有力地加强论证，能使前提更好地支持结论。

隐含假设本身是论证的前提，所以也要满足论证对于前提的要求。补充隐含假设的充足性标准是至少满足以下两个要求之一：

（1）首先，要看能否使演绎有效，也就是使得论证在演绎推理上具有有效性。

演绎推理的有效性在于没有例外：如果前提真，那么结论必然只有一个真，反例是不可能的。如果一个论证可以构造出反例，那么它就不是有效的。根据这个道理，一个找隐含前提的途径就是想象反例，并对此构造解释性或者限定性的隐含前提，或者加强现有的前提，将反例一个个地排除，一直到你不能再想象或者找出反例，从而达到推理的有效性和完善。如果所有可能想到的隐含前提都不能使论证有效，就应该下结论说它不是演绎有效的论证。

（2）其次，如果不能使演绎有效，再看看能否有助于加强归纳的可能性，即归纳有力。

归纳推理的强度在于使得论证能否达到归纳推理上的高概率并且合理。如果一个隐含前提不能提高论证的归纳的可能性，它就是无关、无用的。

如果所有可能想到的可信的隐含前提都不能使这个论证变好，那么就可判定这是个坏论证。

例1：黄土高原以前植被丰富，长满大树，而现在千沟万壑，不见树木，这是植被遭破坏后水流冲刷大地造成的惨痛结果。有专家进一步分析认为，现在黄土高原不长植物是因为这里的黄土其实都是生土。

以下哪项最可能是上述专家推断的假设？

Ⅰ.因缺少应有的投入，生土无人愿意耕种，无人耕种的土地瘠薄。

Ⅱ.生土是水土流失造成的恶果，缺乏植物生长所需要的营养成分。

Ⅲ.东北的黑土地中含有较厚的腐殖层，这种腐殖层适合植物的生长。

分析：专家推断，现在黄土高原不长植物是因为这里的黄土其实都是生土。

Ⅱ项显然是专家推断的假设，补充到专家的论证后，形成如下完整的论证。

前提：这里的黄土其实都是生土。

假设：生土是水土流失造成的恶果，缺乏植物生长所需要的营养成分。

结论：现在黄土高原不长植物。

例2：艺术活动是人类标志性的创造性劳动。在艺术家的心灵世界里，审美需求和情感表达是创造性劳动不可或缺的重要引擎；而人工智能没有自我意识，人工智能艺术作品的本质是模仿。因此，人工智能永远不能取代艺术家的创造性劳动。

以下选项最可能是以上论述的假设？

Ⅰ.没有艺术家的创作，就不可能有人工智能艺术品。

Ⅱ.大多数人工智能作品缺乏创造性。

Ⅲ.只有具备自我意识，才能具有审美需求和情感表达。

分析：上述论证过程如下：

题干前提1：人工智能没有自我意识。

补充Ⅲ项：只有具备自我意识，才能具有审美需求和情感表达。

得出结论1：人工智能不具有审美需求和情感表达。

题干前提2：审美需求和情感表达是创造性劳动不可或缺的。

最终结论：人工智能永远不能取代艺术家的创造性劳动。

5.似真性

似真性的要求是在多个可接受的隐含前提之间进行选择时，要选择补充更似真的隐含前提。更似真的隐含前提必须是程度合适的，即隐含假设应该强弱合适。

逻辑上的强和弱的概念，是指适用范围的大小和确定性的高低。比如：

① 所有的S都是P。

② 大多数S都是P。

③ 有些S是P。

明显它们概括的范围大小不同，①强于②，更强于③。如果接受①，就必须接受②和③；但反过来，如果同意③，他并非一定也就得同意②，更不一定要接受①。

强和弱的区别就在于，概括范围越小的越弱，越弱的越容易真，因为概括范围越小，产生反例的可能性越小，它就越不容易被反驳。反之，概括范围越人的越强，越强的越难成真，越容易被驳倒。

首先，隐含假设不能过强。

强的隐含前提虽然能使结论成立，但这样的隐含前提本身更容易受到反驳，而且，过强的隐含前提使论证显得不合理，更容易被驳倒，原来的论证者自然不会接受这是他的原意。所以，在补充隐含假设时，在其他标准相同的情况下，只要达到使论证有效的目的，我们应该选择相对更弱的隐含前提，也就是断言的普遍性、绝对性、必然性越少越好，因为这样它更容易真。

其次，隐含假设也不能过弱。

虽然添加的隐含前提太强容易引起问题，但是添加的隐含前提也不是越弱越好。一方面，如果一个隐含前提太弱，就不能使原论证有效，这自然就违反上述的充足性原则，不能接受。另一方面，即使一个隐含前提能使论证有效，它的弱也不一定是绝对就好。因为人们认识的目标是内容和可靠性的综合，虽然弱比较容易真，但是以牺牲内容为代价，甚至走向模糊或空洞，这就失去了论证的作用。比如，上面说的"重申前提"就比其他任何可能的隐含前提选择都弱、都真，虽然能使论证有效，但它就是原来前提的内容，没有提供任何新信息，这样的废话往往无意义，所以不能成为隐含假设。

总之，最好的假设是范围最贴近的，过窄或过宽都不好，程度过强或过弱都不合适。具体而言，如果有多个可选择的隐含前提，选择的原则是：

第一，如果最强的那个隐含前提没有反对的理由，考虑内容的要求，那么应该选择最强（更多内容）的。

第二，如果多个隐含前提都能使得论证合理，应该选更弱的。

第三，若结论带"可能"等类似限定词的话，补充的前提要减弱。但无论如何，应该首先保证补充的隐含假设是真的或可接受的。

例1：张山是个赶时髦的人，李斯不喜欢他。

分析：上述论证合理的假设是：李斯不喜欢赶时髦的人。

根据假设的要求，以下几种情况不能成为上述论证的假设：

（1）张山和李斯工作习惯不一样。

这不符合相关性要求，不是合适的假设。

（2）张山喜欢追潮流，总是紧跟流行的风尚。

这一陈述只是重复了原论证的前提，不符合保存性要求，不是合适的假设。

（3）如果张山是个赶时髦的人，那么李斯不喜欢他。

这是个"重申前提"，不符合可信性要求，不是合适的假设。

（4）李斯不喜欢某些赶时髦的人。

这一陈述不符合充足性要求，不能使演绎有效，不是合适的假设。

（5）李斯不喜欢任何人。

这虽然能使上述论证演绎有效，但假设过强，不符合似真性要求，不是合适的假设。

例2：小赵是清华的学生，所以，小赵的围棋很可能下得好。

分析：上述论证合理的假设是：多数清华的学生围棋都下得好。

根据假设的要求，以下几种情况不能成为上述论证的假设：

（1）小赵喜欢下象棋。

这不符合相关性要求，不是合适的假设。

（2）小赵是去年他老家的高考状元，一举考上了清华大学。

这一陈述只是重复了原论证的前提，不符合保存性要求，不是合适的假设。

（3）如果小赵是清华的学生，那么小赵的围棋可能下得好。

这是个"重申前提"，不符合可信性要求，不是合适的假设。

（4）有些清华的学生围棋下得好。

这一陈述不符合充足性要求，不能使演绎有效或归纳有力，不是合适的假设。

（5）所有清华的学生围棋都下得好。

这虽然能使上述论证演绎有效，但假设过强，不符合似真性要求，不是合适的假设。

第四节　结构分析

论证结构分析是论证分析的重要步骤，因为分析一个论证首先要对其结构进行透彻的解析。论证结构意味着，论证者的主张及其支持的理由是什么，该论证需要什么样的潜在假设，前提是怎样支持结论的，支持的强度如何，是否存在论证的谬误等。

论证结构分析的技法常有两种：一种是论证解析法，也叫解析法，即用清晰的语言和逻辑顺序表明论证中的命题；另一种是论证图解法，也叫图解法，即用图示方法展现论证的结构。

一、论证解析法

要全面深入地理解和评估论证，需要对论证进行深入的分析。实际论证有的相对简单，但许多文本中的论证是相当复杂的，为此需要对论证进行解析。具体就是要分析论证的一个或多个前提对结论提供的支持方式，判断该论证是否为有效论证，分析上述的前提是否都有说服力，构作一个论证来分析预设和未陈述的前提。

论证解析法也叫释义分析法，是指借助对文本的语境和语言的理解，经过一定的语义分析，从而整理出该论证的前提和结论，找出其论证结构的基本方法。解析法是理性分析能力的直观应用，是从命题间的支持关系，从论证的特征及分类来识别论证，这样一个识别的过程本身就是一个分析的过程。在识别一个论证的结构时，主要考虑以下几个方面：

第一，确定论证的论点。

分析一个论证，首先要找出论证者所明确主张的观点。

第二，确定论证的结论。

结论之前经常会有一些标志词，往往是确定结论的重要线索，当然，结论的最终判别是作者要在论证中所要证明的内容。

第三，确定论证的论据（前提）。

前提之前往往也有一些标志词，通过它们便可以确定论证的前提，当然，前提的最终判别是指对结论有支持关系的材料。

第四，确定论证所隐含的前提和假设。

隐含的前提和假设是完整的论证的构成要素。把在论证中被假定但没有充分明晰地陈述的假设揭示出来，能帮助我们更好地理解论证。当一个论证含有未明确陈述出来的隐含前提或假设时，解析法可以直接把它们列出。

第五，明确主结论和子结论，全面展示论证的复杂结构。

论证并不总是简单或直接的，一段长论证往往包含一连串更短的论证，这时重要的是要区别论证的主结论和导致主结论的各个子结论。即复杂的论证是通过建立子结论来进行的，该子结论反过来作为前提支持论证的主结论。

与子结论和主结论的区分相关的，是主论证和子论证的区分。子论证就是由子结论与其支持前提构成的论证，它们是论证链条或网络上的步骤；主论证是由主结论及其支持前提构成的论证，是一个论证的主干部分。

一个较为复杂的论证的各个论据（前提）与论点（结论）构成的整个支持关系，构成一个论证链条或者网状结构。这个论证链条或者论证网络中的任何一个单个的支持关系，都是这个复杂论证中的步骤。

例1：由微小硅片构成的电脑芯片通常包含数百万的电子开关，电子开关是如此小以至它无法抵抗辐射，微力学有望开发一种芯片，它可以免受辐射损害。因为它仅使用精微机械开关，但这种开关比电子开关的开关速度慢，而且一个芯片只包含12000个开关。基于上述关于微力学芯片的优势，人们预测未来会有一个较大的这种芯片的市场。

分析：通过解析澄清该论证，即利用清楚简明的语言列出其前提、假设及结论，从而重构出其完整的论证。

（1）结论

未来微力学芯片会有一个较大的市场。

（2）前提

① 微力学芯片比普通芯片的电子开关少而且开关速度慢。

② 微力学芯片具有可以免受辐射损害的优势。

（3）假设

① 有些情况下使用电脑芯片，电子开关快慢不是关键。

② 在仅包含的12000个开关的电子芯片中，这些开关比微力学芯片中的开关更易受辐射损害。

③ 有些场合需使用计算机芯片，而且要芯片一定能经受住强烈辐射。

④ 有些使用计算机芯片的装置含有其他元件，元件暴露于辐射后仍可正常工作等。

（4）重构论证

① 微力学芯片比普通芯片的电子开关少而且开关速度慢。

② 微力学芯片具有可以免受辐射损害的优势。

③ 有些情况下使用电脑芯片，电子开关快慢不是关键。

④ 在仅包含的12000个开关的电子芯片中，这些开关比微力学芯片中的开关更易受辐射损害。

⑤ 有些场合需使用计算机芯片，而且要芯片一定能经受住强烈辐射。

⑥ 有些使用计算机芯片的装置含有其他元件，元件暴露于辐射后仍可正常工作。

所以，未来微力学芯片会有一个较大的市场。

例2：喜热蝙蝠是一种罕见的杂食蝙蝠种类，仅见于高温环境。由于动物园里的食物通常主要由水果与浆果构成，生活在那儿的喜热蝙蝠大多数都内分泌失调。所以，喂养这种蝙蝠的最健康方法是，主要供给坚果、幼虫、蔬菜和极少量的水果与浆果。

分析：通过解析澄清该论证，即利用清楚简明的语言列出其前提、假设及结论，从而重构出其完整的论证。

（1）结论

喂养喜热蝙蝠的最健康方法是，主要供给坚果、幼虫、蔬菜和极少量的水果与浆果。

（2）前提

① 动物园里的食物通常主要由水果与浆果构成。

② 生活在动物园里的喜热蝙蝠大多数都内分泌失调。

（3）假设

① 那些在动物园里照顾喜热蝙蝠的人不应给它们喂养导致内分泌失调的食物。

② 动物园里的喜热蝙蝠不会因食物包含极少量的水果与浆果而营养不良。

③ 动物园里的喜热蝙蝠通过主要由坚果、幼虫与蔬菜构的食物可以获取充分的营养。

④ 对动物园里的喜热蝙蝠来说，因食物主要由坚果、幼虫与蔬菜构成而导致的任何健康问题都不会比由内分泌失调引起的健康问题更严重等。

（4）重构论证

① 动物园里的食物通常主要由水果与浆果构成。

② 生活在动物园里的喜热蝙蝠大多数都内分泌失调。

③ 那些在动物园里照顾喜热蝙蝠的人不应给它们喂养导致内分泌失调的食物。

④ 动物园里的喜热蝙蝠不会因食物包含极少量的水果与浆果而营养不良。

⑤ 动物园里的喜热蝙蝠通过主要由坚果、幼虫与蔬菜构的食物可以获取充分的营养。

⑥ 对动物园里的喜热蝙蝠来说，因食物主要由坚果、幼虫与蔬菜构成而导致的任何健康问题都不会比由内分泌失调引起的健康问题更严重。

所以，喂养喜热蝙蝠的最健康方法是，主要供给坚果、幼虫、蔬菜和极少量的水果与浆果。

例3：请分析下列论证的主张、理由和假设。

心脏的搏动引起血液循环。对同一个人，心率越快，单位时间进入循环的血液量越多。血液中的红细胞运输氧气。一般地说，一个人单位时间通过血液循环获得的氧气越多，他的体能及其发挥就越佳。因此，为了提高运动员在体育比赛中的竞技水平，应该加强他们在高海拔地区的训练，因为在高海拔地区，人体内每单位体积血液中含有的红细胞数量要高于在低海拔地区。

分析：先识别出上述论证的主张（结论）和理由（前提），再提炼出其推理过程，找出假设（隐含前提），最后，重构出其完整的论证。

（1）主张

为了提高运动员在体育比赛中的竞技水平，应该加强他们在高海拔地区的训练。

（2）理由

① 在高海拔地区，人体内每单位体积血液中含有的红细胞数量要高于低海拔地区。

② 血液中的红细胞运输氧气。

③ 一个人单位时间内通过血液循环获得的氧气越多，他的体能及其发挥就越佳。

④ 心率越快，单位时间内进入血液循环的血液量越多。（即："单位时间内进入血液循环的血液量"取决于"心率"）

（3）推理过程

竞技水平取决于体能，体能取决于血液含氧量，而在同样的环境下，血液含氧量取决于"每单位体积血液中的含氧量"和"单位时间内进入血液循环的血液量"。"单位时间内进入血液循环的血液量"取决于"心率"。"每单位体积血液中的含氧量"又取决于"每单位体积血液中含有的红细胞数量"和"平均每个红细胞的含氧量"。而"每单位体积血液中含有的红细胞数量"与"海拔高度"有关。

（4）假设

① 运动员在高海拔地区的心率不低于低海拔地区。

② 人体在高海拔地区的"平均每个红细胞的含氧量"不低于低海拔地区。

③ 竞技水平取决于体能。

（5）重构论证

第一步推理：

假设①：运动员在高海拔地区的心率不低于低海拔地区。

理由④："单位时间内进入血液循环的血液量"取决于"心率"。

中间结论①：运动员在高海拔地区的单位时间内进入血液循环的血液量不低于低海拔地区。

第二步推理：

理由①：在高海拔地区，人体内每单位体积血液中含有的红细胞数量要高于低海拔地区。

理由②：血液中的红细胞运输氧气。

假设②：人体在高海拔地区的"平均每个红细胞的含氧量"不低于低海拔地区。

中间结论②：在高海拔地区，人体内每单位体积血液中的含氧量要高于低海拔地区。

第三步推理：

中间结论①：运动员在高海拔地区的单位时间内进入血液循环的血液量不低于低海拔地区。

中间结论②：在高海拔地区，人体内每单位体积血液中的含氧量要高于低海拔地区。

中间结论③：在高海拔地区，单位时间内进入血液循环的含氧量要高于低海拔地区。

第四步推理：

中间结论③：在高海拔地区，单位时间内进入血液循环的含氧量要高于低海拔地区。

理由③：一个人单位时间内通过血液循环获得的氧气越多，他的体能及其发挥就越佳。

中间结论④：在高海拔地区训练后，运动员的体能要高于低海拔地区。

第五步推理：

中间结论④：在高海拔地区训练后，运动员的体能要高于低海拔地区。

假设③：竞技水平取决于体能。

主张：在高海拔地区训练后，运动员的竞技水平要高于低海拔地区。

二、论证图解法

论证图解也叫图解法、图示法，是分析论证文本结构的逻辑技术，也是一种把握论证结构的有效方法。论证解析法往往是分析论证的第一步，目的是识别出论证的结构。但仅依靠解析法，还不能够简洁形象地展示论证的逻辑结构，这时就需要用图解法。

1.论证图是什么

当一个论证是简单直接的，则可以不需要借助图解法去理解它。而当论证不直接或者相对复杂时，而图解法能够在平面图上直观地显示论证的结构，因而是非常有用的。与解析法相比，图示法更易于展现论证的前提支持结论的方式。

图解法是这样的方法，用数字编号来表示前提或者结论所陈述的命题，用箭头来说明命题和命题之间的支持关系，用树状图来展示论证的结构。

鉴于论证图提供了代表逻辑关系的速记法，而且又点明了逻辑结构类型中某种重要差异，因此，图解法具有简洁、直观、有趣的特点，是探索论证的逻辑结构的有效工具。

论证图的图示有时把主结论放在最下面，有时把主结论放在最上面。

例1： 有一论证（相关语句用序号表示）如下：

① 今天，我们仍然要提倡勤俭节约。

② 节约可以增加社会保障资源。

③ 我国尚有不少地区的人民生活贫困，亟须更多社会保障资源，但也有一些人浪费严重。

④ 节约可以减少资源消耗。

⑤ 因为被浪费的任何粮食或者物品都是消耗一定的资源得来的。

分析： 这是个收敛式论证，由②④两个前提分别支持结论。其中：

②③都提到了社会保障资源，而且是后者支持前者。

④⑤都提高了资源消耗，而且也是后者支持前者。

综合分析后，论证结构图解如下：

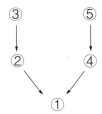

例2： 有一论证（相关语句用序号表示）如下：

① 天行有常，不为尧存，不为桀亡。

② 应之以治则吉，应之以乱则凶。

③ 强本而节用，则天不能贫；养备而动时，则天不能病；循道而不忒，则天不能祸。

④ 故水旱不能使之饥，寒暑不能使之疾，妖怪不能使之凶。

⑤ 本荒而用侈，则天不能使之富；养略而动罕，则天不能使之全；倍道而妄行，则天不能使之吉。

⑥ 故水旱未至而饥，寒暑未薄而疾，祅怪未至而凶。

如果用"甲→乙"表示"甲支持（或证明）乙"，则以下哪项对上述论证基本结构的表示最为准确？

分析： 上述论述选自《荀子》中的《天论》，意思是：

① 大自然运行变化有一定的常规，不会因为尧统治天下就存在，也不会因为桀统治天下就消亡。

② 用正确的治理措施适应大自然的规律，事情就办得好；用错误的治理措

施对待大自然的规律，事情就会办糟。

③ 加强农业生产而又节约开支，那么天不可能使人贫穷；生活资料充足而又能适应天时变化进行生产活动，那么天也不可能使人生病；遵循规律而又不出差错，那么天也不可能使人遭祸。

④ 所以水旱灾害不可能使人受饥挨饿，寒暑变化不可能使人生病，自然界反常的现象不可能使人遭难。

⑤ 农业生产荒废而又开支浪费，那么天就不可能使人富裕；生活资料不足而又不勤于生产活动，那么天就不可能使人健康；违背事物规律而胡乱行动，那么天就不可能使人得到好结果。

⑥ 所以水旱灾害没有到来就发生饥荒，严寒酷暑没有迫近就发生疫病，自然界反常现象没有出现就发生祸害。

上述论证的基本结构如下：

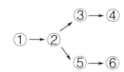

（上述"→"表示"支持"）

2. 图解法的作用

图解法简化了我们对论证的描述，也一目了然地表现了一个论证中的各个命题之间的关系，是一个形象而且有效的方法。图解法的作用包括：

① 论证图解法有助于产生清晰的论证。当论证有更复杂的结构时，比如当一段话包含两个或更多论证和若干相互关联并不明显的命题时，借助图解法可以很容易地展示出原本难以说清楚的内容。

② 论证图解法有助于推理的评估。论证图解使得推理的结构完全清楚，并因此帮人们了解其论证的力量以及洞察其隐藏的弱点。

③ 论证图解法有助于沟通。读者或听者往往会形成与论证者的意图所不同的解释，不同的受众也经常会有不同的感受。使用论证图解可以用清晰和无歧义的形式表达论证，分享推理结构的共同理解，并揭示理解上的不一致，帮助人们理性地解决意见分歧。

④ 论证图解法有助于作出更好的决策。当人们打算就复杂的甚至有点混乱的问题作出决策时，使用论证图解可帮助人们制订出清晰和富有洞察力的论证，从而作出合理的决策。

⑤ 论证图解法有助培养批判性思维技能。鉴于图解法具有趣味性，有些人工智能学者和非形式逻辑学者合作，将论证标准图解和计算机辅助方法结

合起来，创立了计算机辅助论证图解，从而广泛地用于培养学生的逻辑分析技能。

例：图解以下对话形式的论证

甲：洋葱降低胆固醇。

乙：你怎知道？

甲：王大夫说的。他是专家。

乙：专家也可能是错的。

甲：是的。但是，他们往往是对的，因为他们有某个领域的知识。

分析：首先概括出对话中包括的命题：

(1) 洋葱降低胆固醇。

(2) 王大夫说洋葱降低胆固醇。

(3) 王大夫是专家。

(4) 专家可能出错。

(5) 专家往往是对的。

(6) 专家有某个领域的知识。

在这个对话中，甲提出了一个诉诸权威的论证，即用(2)、(3)、(5)、(6)支持(1)。其中，(2)、(3)、(5)直接支持(1)，而(6)支持(5)。(6)支持(5)的时候，有隐含前提hp："在某个领域有专业知识的消息来源往往是对的"。

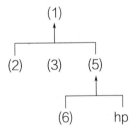

3.图解法的步骤

图解法的关键是要给论证中出现的每一个命题逐次赋予数字编号，然后在数字编号间使用箭头符号展示其中前提与结论的逻辑关联。

论证图解法的步骤如下：

（1）确定将要处理的文本中确实包含论证。

包含论证的语段总是试图提出一个或一些理由支持某个主张。

（2）通过论证指示词识别主结论。

正如前面所述，结论标志词往往是确定结论的重要线索，但结论的最终判别是论证中所要证明的内容。

（3）将文本中支持主结论的那些理由识别出来。

理由的标志词往往是确定理由的重要线索，但理由的判别标准是指对结论有支持关系的内容。

（4）剔除背景材料。

忽略实际论证中包含语言修饰性的陈述，包括前面所述的重复的信息、其他话题的插入、介绍性的背景材料、导言或编者按等。

（5）整理和归并材料。

包括忽略那些早已分析过的材料，并且要剔除在论证中不起实质作用的主张（或结论）不相干的陈述。

（6）压缩、编辑或概括。

对较长的论证语段或文本，比如对话式论证，要进行必要的压缩、编辑或概括。

（7）给每一前提和结论编号。

用数字依次对所有的前提和结论逐一进行编号。

（8）核查每一前提和结论都是自身完整的陈述。

所有的前提和结论都必须是自身完整的陈述。比如要用具体名称替代"这""他"等代词。同时，把用问句、命令或感叹句形式表达的前提和结论，都要更改成陈述句形式。

（9）检查论证是否已经标准化。

核查已标准化的论证是否遗漏了实质性的内容，是否混进了原本不包括的内容。

（10）用图示来表示论证。

第一，要用箭头表示支持关系；第二，可用数字编号或结合用英文字母来表示前提、隐含前提、结论和中间结论等。

例：分析识别如下论证的结构。

泥盆纪直虾是现代昆虫的祖先，抚仙湖虫化石与直虾类化石类似，这间接表明了抚仙湖虫是昆虫的远祖。研究者还发现，抚仙湖虫的消化道充满泥沙，这表明它是食泥动物。

首先概括出上述论证中包括的命题：

(1) 抚仙湖虫是昆虫的远祖。

(2) 抚仙湖虫化石与直虾类化石类似。

(3) 泥盆纪直虾是现代昆虫的祖先。

(4) 抚仙湖虫的消化道充满泥沙。

在这个论证中，即用(2)、(3)支持(1)。(4)支持(1)的时候，有隐含前提hp：

"昆虫的祖先是食泥动物"。

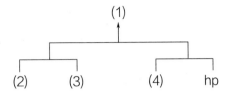

4.画论证图的通用规则

① 明确前提和结论。通常要注意的是前提和结论的指示词。

② 要认识到由语词"并且"或"但是"联结的陈述，通常需要分隔成不同的部分，而且，论证图必须指出哪一个前提独立地或相互依赖地起作用。

③ 注意条件句（"如果－那么"陈述句）和析取（"或者－或者"陈述句）不能分为两个或几个部分，必须将其作为一个整体来处理，即在论证图中只能给予一个数字编号。

有时仅用数字编号，有时论证元素符号（比如，前面所述的c代表结论，p代表前提，hc代表子结论或中间结论，hp代表隐含前提）和数字相结合来表示。

例1：王武拥有一家大型科技公司，王武的家庭很和睦。所以，王武是个幸福的人。

分析：设，

p1：王武拥有一家大型科技公司。

hp：王武事业很成功。

p2：王武的家庭很和睦。

c：王武是个幸福的人。

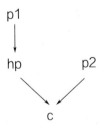

这是一个复合结构的论证。p1与c之间是线性推理的关系，hp是从p1推出的未陈述的中间结论。hp作为c的一个前提和p3构成一个收敛式论证。

例2：以下文字出自威法公司总裁的一份备忘录，该公司是一家生产医疗器械的高科技公司。

为了减少公司成本，我们应该关闭我们的一些小装配厂并建立一家大型的中心装配厂。太京将是建立这个新工厂的理想地点。首先，在我们所考虑的新工厂的建设地点中，太京拥有最多的成年人口，这样我们的新工厂就可以快速而简便地雇佣员工。其次，由于太京地区工人的平均工资比其他建设地点的工资低，我们应该能够保持低的生产成本。最后，为了吸引我们在太京建造工厂，该市的市政府答应给予我们前3年经营减免地方税收的优厚待遇。

分析：概括出上述论证中包括的命题，并使用符号来表示。

c 太京将是建立这个新工厂的理想地点。

p1 为了减少公司成本。

c1 我们应该关闭我们的一些小装配厂并建立一家大型的中心装配厂。

p2 太京拥有最多的成年人口。

c2 这样我们的新工厂就可以快速而简便地雇佣员工。

p3 由于太京地区工人的平均工资比其他建设地点的工资低。

c3 我们应该能够保持低的生产成本。

p4 市政府答应给予我们前3年经营减免地方税收的优厚待遇。

分析上文的论证结构图解如下：

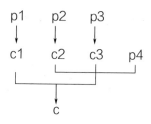

例3：人体在晚上分泌的镇痛荷尔蒙比白天多，因此，在晚上进行手术的外科病人需要较少的麻醉剂。既然较大量的麻醉剂对病人的风险更大，那么，如果经常在晚上做手术，手术的风险也就可以降低了。

分析：概括出上述论证中包括的命题，补充隐含前提，并使用符号来表示。

c：如果经常在晚上做手术，手术的风险也就可以降低了。

p1：人体在晚上分泌的镇痛荷尔蒙比白天多。

p2：在晚上进行手术的外科病人需要较少的麻醉剂。

p3：较大量的麻醉剂对病人的风险更大。

隐含前提hp：在晚上做手术不会增加其他的手术风险。（比如在晚上做手术，医生和护士的手的灵巧和脑的警觉度不比白天低）

补充隐含前提后，使用符号来表示上述论证的结构如下：

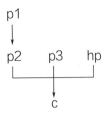

例4：下文摘录于某投资公司的一份商业计划。

"研究显示，一般人随着年龄的增长，用于运动锻炼的时间逐渐减少，而用于看电视的时间逐渐增多。在今后的20年中，城市人口中老年人的比例将有明显的增长。因此，本公司应当及时地售出足量的'达达运动鞋'公司的股份，并增加在'全球电视'公司中的投资。"

分析：上文的论证图解如下。

前提p1：人随着年龄的增长，用于运动锻炼的时间逐渐减少，而用于看电视的时间逐渐增多。

前提p2：今后20年中，城市人口中老年人的比例将有明显的增长。

中间结论hc1：城市人口运动锻炼的时间逐渐减少，而用于看电视的时间逐渐增多。

隐含前提hp1：运动时间减少会降低对运动鞋的需求；看电视时间增多会增加对电视机的需求。

中间结论hc2：中间结论："达达运动鞋"的利润会降低；"全球电视"的利润会增加。

结论c：本公司应当及时地售出足量的"达达运动鞋"公司的股份，并增加在"全球电视"公司中的投资。

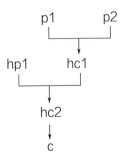

例5：某报评论：H市的空气质量本来应该已经得到改善。五年来，市政府在环境保护方面花了气力，包括耗资600多亿元将一些污染最严重的工厂迁走，但是，H市仍难摆脱空气污染的困扰，因为解决空气污染问题面临着许多不利

条件，其中，一个是机动车辆的增加，另一个是由于全球石油价格的上升，在国际市场上一些价位偏低的劣质高硫石油进入H市。

分析：首先概括出上述论证中包括的命题。

(1) H市仍难摆脱空气污染的困扰。

(2) 机动车辆增加。

(3) 全球石油价格上升。

(4) 在国际市场上一些价位偏低的劣质高硫石油进入H市。

它的结构是：

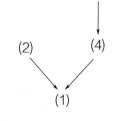

上例中，论证链由(2)支持(1)、(4)支持(1)和(3)支持(4)三个子论证组成；主结论是(1)；主论证是(2)支持(1)和(4)支持(1)；主论据是(2)和(4)；子结论是(4)；基本前提是(2)和(3)；非基本前提是(4)。

用(2)支持(1)的时候，有隐含前提hp1："机动车辆增加导致尾气排放增加"。

用(4)支持(1)的时候，有隐含前提hp2："劣质高硫石油导致尾气排放增加"。

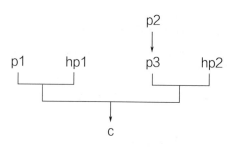

补充隐含前提后，使用符号来表示上述论证的结构如左：

结论c：H市仍难摆脱空气污染的困扰。

p1：机动车辆增加。

p2：全球石油价格上升。

p3：在国际市场上一些价位偏低的劣质高硫石油进入H市。

例6：为了提升高速公路的安全性，普朗蒂县去年将所有高速公路的限速从每小时55英里降低到45英里。但这项努力失败了：事故数量并没有减少。根据公路巡警的报告，许多司机超速行驶。所以，普朗蒂县应该采用巴特勒县5年前相同的道路改善项目：增加车道宽度，重新铺设崎岖不平的路面，以及改善危险交叉路口的能见度。如今，巴特勒县的主要道路仍然是55英里每小时的限速，但巴特勒县去年报告的事故比五年前减少了25%。

分析：概括出上述论证中包括的命题，并使用符号来表示。

c：普朗蒂县应该采用巴特勒县5年前相同的道路改善项目。

p1：普朗蒂县去年将所有高速公路的限速从每小时55英里降低到45英里。

p2：事故数量并没有减少。

p3：根据公路巡警的报告，许多司机超速行驶。

c1：普朗蒂县为了提升高速公路的安全性的这项努力失败了。

p4：巴特勒县的主要道路仍然是55英里每小时的限速。

p5：巴特勒县去年报告的事故比五年前减少了25%。

p6：巴特勒县5年前采取了增加车道宽度，重新铺设崎岖不平的路面，以及改善危险交叉路口的能见度。

hc：巴特勒县5年前改善道路的努力成功了。

分析上文的论证结构图解如右：

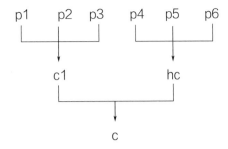

科学论证
逻辑与科学评价方法（第二版）

Scientific Argumentation
Logic and Scientific Evaluation Method

第五章

演绎论证

演绎论证是依据有效的推理形式，从已经接受为真的命题（作为前提）出发，得出某个或某些新的真命题（作为结论）的论证。

本章关注的是从论证角度介绍演绎逻辑，而对演绎逻辑知识与推理方法只作概括性的简要介绍。有关演绎逻辑的详细内容，可以参看本套"科学逻辑"丛书的《科学分析：逻辑与科学演绎方法》一书。

第一节　演绎方法

演绎法是人们以一定的反映客观规律的理论认识为依据，从服从该认识的已知部分推知事物的未知部分的思维方法。

案例　惯性原理

自从亚里士多德时代以来，人们一直以为力是运动的原因，没有力的作用物体的运动都会静止。直到伽利略提出了下面这一个家喻户晓的思想实验，人们才知道了惯性原理——一个不受任何外力（或者合外力为0）的物体将保持静止或匀速直线运动。

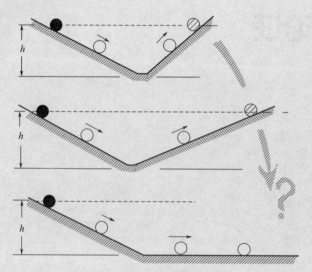

设想一个竖直放置的V字形光滑导轨，一个小球可以在上面无摩擦的滚动。让小球从左端往下滚动，小球将滚到右边的同样高度。如果降低右侧导轨的斜率，小球仍然将滚动到同样高度，此时小球在水平方向上将滚得更远。斜率越小，则小球为了滚到相同高度就必须滚得越远。此时再设想右侧导轨斜率不断降低以至于降为水平，则根据前面的经验，如果无摩擦力阻碍，小球将会一直滚动下去，保持匀速直线运动。

点评：在任何实际的实验当中，因为摩擦力总是无法忽略，所以任何真实的实验都无法严格地证明惯性原理，这也正是古人没有得出惯性原理的原因。然而运用演绎推理的思想实验就可以做到，仅仅通过日常经验的延伸就可以让任何一个理性的人相信惯性原理的正确性，这一最简单的思想实验足以体现出演绎推理的锋芒！

（摘自《物理学上十个著名的思想实验》）

一、词项逻辑

词项在逻辑学中是构成命题的基本要素。所谓词项，就是表示事物名称和事物性质的名词类语词。如果要研究命题内部结构的简单命题的推理，就必须把命题分解为词项。

词项逻辑的内容包括概念与定义、直言命题及直言三段论等。

1.概念

科学概念是指组织起来的、系统的科学知识。

概念有两个基本的逻辑特征：内涵和外延。概念的内涵是指反映在概念中的思维对象的特性或本质。外延是指具有概念的内涵所反映的那些特性或本质的具体思维对象。任何概念都有内涵和外延，概念的内涵规定了概念的外延，概念的外延也影响着概念的内涵。

概念间的关系按其性质来说，可以分为相容关系和不相容关系两大类。

（1）概念的相容关系

① 同一关系，是指外延完全重合的两个概念之间的关系。

② 从属关系，是指一个概念的外延包含着另一个概念的全部外延这样两个概念之间的关系。

③ 交叉关系，是指外延有且只有一部分重合的这样两个概念之间的关系。

（2）概念间的不相容关系

① 矛盾关系，是指这样两个概念之间的关系，即两个概念的外延是互相排斥的，而且这两个概念的外延之和穷尽了它们属概念的全部外延。

② 反对关系，是指这样两个概念之间的关系，即两个概念的外延是互相排斥的，而且这两个概念的外延之和没有穷尽它们属概念的全部外延。

例1：概念A和概念B之间有交叉关系，当且仅当，（1）存在对象x，x既属于A又属于B；（2）存在对象y，y属于A但是不属于B；（3）存在对象z，z属于B但是不属于A。

根据上述定义，以下哪项中加点的两个概念之间有交叉关系？

Ⅰ.国画按题材分主要有人物画、花鸟画、山水画等；按技法分主要有工笔画和写意画等。

Ⅱ.《盗梦空间》除了是最佳影片的有力争夺者外，它在技术类奖项的争夺中也将有所斩获。

Ⅲ.洛邑小学30岁的食堂总经理为了改善伙食，在食堂放了几个意见本，征求学生们的意见。

分析：Ⅰ中"人物画"和"工笔画"这两个概念符合题干所定义的交叉关系：（1）存在画作，既是人物画，又是工笔画；（2）存在画作，是人物画，但不是工笔画；（3）存在画作，是工笔画，但不是人物画。

例2：某大学顾老师在回答有关招生问题时强调："我们学校招收一部分免费师范生，也招收一部分一般师范生。一般师范生不同于免费师范生。没有免费师范生毕业时可以留在大城市工作，而一般师范生毕业时都可以选择留在大城市工作，任何非免费师范生毕业时都需要自谋职业，没有免费师范生毕业时需要自谋职业。"

根据顾老师的陈述，可以得出以下哪项？

Ⅰ.不是一般师范生的该校大学生都是免费师范生。

Ⅱ.该校需要自谋职业的大学生都是一般师范生。

Ⅲ.该校所有一般师范生都需要自谋职业。

分析：根据题意，对该校学生的分类如下表：

该校所有学生	师范生	免费师范生	免费师范生	
		一般师范生	非免费师范生	自谋职业
	非师范生			

题干前提一：非免费师范生毕业时都需要自谋职业。

题干前提二：一般师范生不同于免费师范生（即，一般师范生属于非免费师范生）。

得出结论：该校所有一般师范生都需要自谋职业。即Ⅲ项正确。

Ⅰ和Ⅱ项不能必然得出，因为题干没有提到该校只招非免费师范生和一般师范生这两类学生，也许还有非师范生。

2.定义

保证一个概念或者语词的清晰性，是逻辑学定义理论的任务。定义就是以简短的形式揭示语词、概念、命题的内涵和外延，从而明确这个概念所反映的对象的特点和本质。

定义的一般结构是：被定义项X具有与定义项Y相同的意义。

属加种差定义是最常见的内涵定义形式，其定义的方式如下：

被定义的概念＝种差＋邻近的属

例1：笔是书写的工具。（这里"书写"是种差，"工具"是属概念）

例2：工作倦怠指工作本身对个人的能力、精力以及资源过度要求而导致工作者感到情绪枯竭、精疲力尽的现象。

例3：低碳经济是指在可持续发展理念指导下，通过技术创新、制度创新、产业转型、新能源开发等多种手段，尽可能地减少煤炭、石油等高碳能源消耗，减少温室气体排放，达到社会经济发展与生态环境保护双赢的一种经济发展形态。

3.直言命题及其推理

直言命题也叫性质命题或直言判断，是断定对象具有或不具有某种性质的简单命题。

直言命题从质分，有肯定和否定两种；从量分，有全称、特称和单称三种。因此，直言命题可分为六种基本类型：

直言命题六种基本类型	逻辑形式	写为	简称
①全称肯定判断	所有S都是P	SAP	"A"判断
②全称否定判断	所有S都不是P	SEP	"E"判断
③特称肯定判断	有S是P	SIP	"I"判断
④特称否定判断	有S不是P	SOP	"O"判断
⑤单称肯定判断	某个S是P	SaP	"a"判断
⑥单称否定判断	某个S不是P	SeP	"e"判断

（1）直言命题的对当关系

对当关系就是具有同一素材的A、E、I、O四种判断之间的真假关系。逻辑学把单称命题作为一种特殊的全称命题处理。根据对当关系，我们可以从一个判断的真假，推断出同一素材的其他判断的真假。

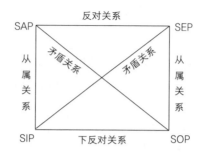

直言命题的对当关系可归纳为以下几种。

① 矛盾关系。这是A和O、E和I之间存在的不能同真、不能同假的关系。

② 从属关系（又称差等关系）。这是A和I、E和O之间的关系。

如果全称判断真，则特称判断真；如果特称判断假，则全称判断假；

如果全称判断假，则特称判断真假不定；如果特称判断真，则全称判断真假不定。

③ 反对关系。这是A和E之间不能同真，可以同假的关系。

④ 下反对关系。这是I和O之间可以同真但不能同假的关系。

（2）直言命题负命题等值推理

直言命题的负命题实质上即为对当关系中的相应矛盾命题。

① SAP的负命题是SOP。

② SOP的负命题是SAP。

③ SEP的负命题是SIP。

④ SIP的负命题是SEP。

（3）直言命题的直接推理

由直言命题的对当关系，具体的推理关系可归纳如下。

① 如果A真，那么，E假、I真、O假。

② 如果A假，那么，O真，E、I真假不定。

③ 如果E真，那么，A假、I假、O真。

④ 如果E假，那么，I真，A、O真假不定。

⑤ 如果I真，那么，E假，A、O真假不定。

⑥ 如果I假，那么，A假、E真、O真。

⑦ 如果O真，那么，A假，E、I真假不定。

⑧ 如果O假，那么，A真、E假、I真。

例1：有人说："哺乳动物都是胎生的。"

以下哪项最能驳斥以上判断？

Ⅰ.也许有的非哺乳动物是胎生的。

Ⅱ.可能有的哺乳动物不是胎生的。

Ⅲ.鸭嘴兽是哺乳动物，但不是胎生的。

分析："哺乳动物都是胎生的"是个A判断。Ⅲ项所举的鸭嘴兽是题干所做判断的一个事实上的反例，能有力地削弱题干。

例2：近期国际金融危机对毕业生的就业影响非常大，某高校就业中心的陈老师希望广大同学能够调整自己的心态和预期。他在一次就业指导会上提到，有些同学对自己的职业定位还不够准确。

如果陈老师的陈述为真，则以下哪项一定为真？

Ⅰ.不是所有人对自己的职业定位都准确。

Ⅱ.不是所有人对自己的职业定位都不够准确。

Ⅲ.有些人对自己的职业定位准确。

Ⅳ.所有人对自己的职业定位都不够准确。

分析：陈老师陈述，有些同学对自己的职业定位还不够准确。可见，陈老师的意思就是，不是所有人对自己的职业定位都准确。即1项一定真。其余选项都不确定真假。

即陈老师是O判断，为真。则：

Ⅰ项：¬A=O。必然真

Ⅱ项：¬E=I。不确定

Ⅲ项：I。不确定

Ⅳ项：E。不确定

4.直言三段论

直言三段论是由包含一个共同的项的两个直言命题推出一个新的直言命题的推理。

（1）三段论的公理

三段论的基础是类的包含关系的传递性。三段论的公理内容是，对一类事物的全部有所断定（肯定或否定），则对该类事物的部分也就有所断定（肯定或否定）。三段论的公理用图表示如下：

在图1中，M类全部包含在P类中（所有M是P），S类是M类的一部分（所有S是M），可见，S类的全部必然包含在P类中的。

在图2中，M类全部与P类相排斥（所有M不是P），S类是M类的一部分（所有S是M），可见，S类的全部必然与P类相排斥。

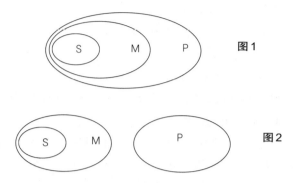

图1

图2

（2）写出三段论形式结构的步骤

给出一个三段论，要能准确地分析出它的标准形式结构。方法步骤是：

① 确定S、P。先确定结论，然后确定S、P；结论的主项为S，谓项为P。

② 确定M。剩下的两句话为大、小前提，其共有的项即为中项M。

③ 最后分别确定大前提、小前提和结论的AEIO判断类型，并写出它们的标准形式。

（3）直言三段论的推理规则

① 在一个三段论中，必须有而且只能有三个不同的概念。

② 中项在前提中至少必须周延一次。

③ 大项或小项如果在前提中不周延，那么在结论中也不得周延。

④ 两个否定前提不能推出结论。

⑤ 前提之一是否定的，结论也应当是否定的；结论是否定的，前提之一必须是否定的。

⑥ 两个特称前提不能得出结论。

⑦ 前提之一是特称的，结论必然是特称的。

（4）省略前提三段论

省略直言三段论是省去一个前提或结论的直言三段论。恢复省略前提三段论的方法如下：

① 查看省略三段论省略的是前提还是结论，若确定该省略三段论省略的是前提，那就确定结论，从而确定了大项和小项。

② 进一步确定省略的是大前提还是小前提：当大项没有在省略式中的前提中出现，表明省略的是大前提。当小项在省略式中的前提中没有出现，说明省略的是小前提。

如果省略的是大前提，把结论的谓项（大项）与中项相连接，得到大前提；

如果省略的是小前提，则把结论的主项（小项）与中项相连接，得到小前提。

③ 最后，把省略的部分补充进去，并作适当的整理，就得到了省略三段论的完整形式。

在做了所有这些工作之后，来看被省略的前提是否真实，推理过程是否正确。

（5）作图分析法

直言命题的对当关系以及直言三段论的推理，其本质上都涉及概念间的关系分析。分析步骤如下：

① 先判定每两个概念的外延关系。

② 在此基础上画出能从整体上反映这几个概念彼此之间外延关系的综合图形。

其中，画图步骤为：

① 先用实线画固定的部分；

② 再用虚线画不固定的部分；

③ 在每个圆圈的适当位置上标注。

由于欧拉图示法有时不具有唯一性，不能表示所有的情况。所以，画图法只是分析的辅助手段，而不是全部。画图后在分析过程中要注意以下两点：

① 实线是否有重合的可能，即概念是否有同一关系的可能；

② 虚线可能出现的位置。有时适合要求的情形不止一种，此时可用虚线表示，但要考虑到虚线可出现的多个位置的可能性。

总之，若不用专门的逻辑学术语和规则，用作图法并结合理性思考都可以对概念关系问题进行有效分析。

例1：所有向日葵都是向阳的，这棵植物是向阴的，所以这棵植物不是向日葵。

上述推理的形式结构与以下哪项最为类似？

Ⅰ.所有纳税人都有存款，这位姑娘有存款，所以这位姑娘是纳税人。

Ⅱ.所有铅笔的外壳都是木头做的，这支笔是铝做的，所以这支笔不是铅笔。

Ⅲ.所有的偶蹄目动物都是脊椎动物，牛是偶蹄目动物；所以牛是脊椎动物。

分析：题干推理形式是，所有P都是M，S不是M；所以，S不是P。

诸选项中只有Ⅱ项推理形式与此类似。

例2：倪教授认为，我国工程技术领域可以考虑与国外先进技术合作，但任何涉及核心技术的项目决不能受制于人；我国许多网络安全建设项目涉及信息核心技术，如果全盘引进国外先进技术而不努力自主创新，我国的网络安全将会受到严重威胁。

根据倪教授的陈述，可以得出以下哪项？

Ⅰ.我国有些网络安全建设项目不能受制于人。

Ⅱ.我国工程技术领域的所有项目都不能受制于人。

Ⅲ.如果能做到自主创新，我国的网络安全就不会受到严重威胁。

分析：题干中倪教授陈述：

第一，任何涉及核心技术的项目决不能受制于人；

第二，我国许多网络安全建设项目涉及信息核心技术。

由此必然可以推出：我国有些网络安全建设项目不能受制于人。即Ⅰ项正确。

其余选项都不能从倪教授的陈述中必然被推出。

例3：有些低碳经济是绿色经济，因此低碳经济都是高技术经济。

以下哪项如果为真，最能反驳上述论证？

Ⅰ.绿色经济有些是高技术经济。

Ⅱ.绿色经济都不是高技术经济。

Ⅲ.有些低碳经济不是绿色经济。

分析：题干为一个省略的三段论，注意本题是要反驳论证。负命题最能反驳，题干结论"低碳经济都是高技术经济"的负命题是"有些低碳经济不是高技术经济"。补充省略前提后的论证过程如下：

题干前提：有些低碳经济是绿色经济，

补充Ⅱ项：绿色经济都不是高技术经济；

得出结论：有些低碳经济不是高技术经济。

因此就否定了题干所述的"低碳经济都是高技术经济"这一结论。

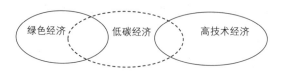

二、命题逻辑

命题逻辑是研究由命题和命题连接词构成的复合命题以及研究命题连接词的逻辑性质和推理规律。

1.基本复合命题及其推理

复合命题是包含了其他命题的一种命题，是由若干个支命题通过一定的逻辑联结词组合而成的。连接词体现了支命题相互之间以及支命题与复合命题之间的逻辑关系，复合命题的逻辑性质是由其连接词决定的。以复合命题为前提或结论的推理是复合推理。

（1）联言命题及其推理

联言命题是断定事物的若干种情况同时存在的命题。

联言命题的形式可表示为：P而且Q。

逻辑上则表示为：P∧Q（读作P合取Q）。

一个联言命题只有当其每个支命题都真时，这个联言命题才是真的；只要其中有一个支命题是假的，整个命题就是假的。

（2）选言命题及其推理

选言命题是断定事物若干种可能情况的命题。包含在选言命题里的支命题称为选言支。

① 相容选言命题及其推理

相容的选言命题是断定事物若干种可能情况中至少有一种情况存在的命题。

相容选言命题的标准形式："P或者Q"

逻辑上表示为：P∨Q（读作"P析取Q"）。

由于相容选言命题的选言肢所断定的情况是可以并存的，因此，在相容选言判断中，可以不只有一个选言支是真的。但是，只有至少有一个选言支是真的，该选言命题才是真的，否则，就是假的。

相容的选言推理的规则有两条：

Ⅰ.否定一部分选言支，就要肯定另一部分选言支。

Ⅱ.肯定一部分选言支，不能否定另一部分选言支。

② 不相容选言命题及其推理

不相容的选言命题是断定事物若干可能情况中有而且只有一种情况存在的命题。

不相容选言命题的标准形式：要么P，要么Q，二者必居其一。

逻辑上表示为：P∨̇Q（读作"P强析取Q"）。

由于不相容的选言命题断定了事物若干可能情况中，有而且只有一种情况存在，这样，一个不相容的选言命题为真，当且仅当恰好有一个选言支为真。当所有的选言支都为假或不止一个选言支为真时，整个不相容的选言命题便为假。

不相容选言推理有两条规则：

Ⅰ.否定一个选言支以外的选言支，就要肯定未被否定的那个选言支。

Ⅱ.肯定一个选言支，就要否定其余的选言支。

（3）假言命题及其推理

假言命题是断定事物情况之间条件关系的命题，所以又称条件命题。假言命题中，表示条件的支命题称为假言命题的前件，表示依赖该条件而成立的命题称为假言命题的后件。假言命题因其所包含的连接词的不同而具有不同的逻辑性质。

① 充分条件假言命题及其推理

充分条件的假言命题是指前件是后件的充分条件的假言命题。所谓前件是后件的充分条件是指：只要存在前件所断定的事物情况，就一定会出现后件所断定的事物情况，即前件所断定的事物情况的存在，对于后件所断定的事物情况的存在来说是充分的。

充分条件假言命题的一般形式："如果P，那么Q"（其中，P表示前件，Q表示后件）

逻辑上表示为：$P \rightarrow Q$（读作"P蕴含Q"）

一个充分条件的假言命题，只有当它的前件真，后件假时，该假言命题才是假的。在其他情况下，充分条件假言命题都是真的。

充分条件假言推理有如下两条规则：

Ⅰ.肯定前件就要肯定后件，否定后件就要否定前件。

第一，正确的充分条件假言推理肯定前件式：$(P \rightarrow Q) \wedge P \rightarrow Q$

第二，正确的充分条件假言推理否定后件式：$(P \rightarrow Q) \wedge \neg Q \rightarrow \neg P$

Ⅱ.否定前件不能否定后件，肯定后件不能肯定前件。

第一，错误的充分条件假言推理否定前件式：$(P \rightarrow Q) \wedge \neg P \rightarrow \neg Q$

第二，错误的充分条件假言推理肯定后件式：$(P \rightarrow Q) \wedge Q \rightarrow P$

② 必要条件假言命题及其推理

必要条件的假言命题是指前件是后件的必要条件的假言命题。所谓前件是后件的必要条件是指：如果不存在前件所断定的情况，就不会有后件所断定的事物情况，即前件所断定的事物情况的存在，对于后件所断定的事物情况的存在来说是必不可少的。

必要条件假言命题的一般形式："只有P，才Q"（其中，P表示前件，Q表示后件）。

逻辑表示为：P←Q（读作"P反蕴含Q""P逆蕴含Q"）

一个必要条件的假言命题，只有当它的前件假，后件真时，该假言命题才是假的。在其他情况下，必要条件假言命题都是真的。

必要条件假言推理也相应有两条规则：

Ⅰ.否定前件就要否定后件，肯定后件就要肯定前件。

第一，正确的必要条件假言推理否定前件式：（P←Q）∧ ¬P→¬Q

第二，正确的必要条件假言推理肯定后件式：（P←Q）∧ Q → P

Ⅱ.肯定前件不能肯定后件，否定后件不能否定前件。

第一，错误的必要条件假言推理肯定前件式：（P←Q）∧ P→Q

第二，错误的必要条件假言推理否定后件式：（P←Q）∧ ¬Q → ¬P

③ 充要条件假言命题及其推理

充要条件的假言命题是指前件是后件的充要条件的假言命题。所谓前件是后件的充要条件是指：只要存在前件所断定的事物情况，就一定会出现后件所断定的事物情况；同时，如果不存在前件所断定的情况，就不会有后件所断定的事物情况。

充要条件假言命题的一般形式：当且仅当P，则Q（其中，P表示前件，Q表示后件）。

逻辑上则表示为 P↔Q（读作"P等值于Q"）

充要条件假言推理有两条规则：

Ⅰ.肯定前件就要肯定后件，肯定后件也要肯定前件。

Ⅱ.否定前件就要否定后件，否定后件也要否定前件。

2.复合命题的负命题及其推理

各种复合命题都有其负命题，并还可以得到这些负命题的等值推理。否定一个命题，也就是肯定了一个与被否定命题相矛盾的命题。所以，总是可以从一个负命题推得一个与它等值的新命题，这就是等值推理。

（1）联言命题的负命题

¬（P∧Q）↔ ¬P∨¬Q

"并非：P并且Q"等值于"非P或者非Q"。

（2）相容选言命题的负命题

¬（P∨Q）↔ ¬P∧¬Q

"并非：P或者Q"等值于"非P并且非Q"。

（3）不相容选言命题的负命题

¬（P∨̇Q）↔（P∧Q）∨（¬P∧¬Q）

"并非：要么P，要么Q"等值于"P并且Q，或者，非P并且非Q"。

（4）充分条件假言命题的负命题

¬（P→Q）↔ P∧¬Q

"并非：如果P，那么Q"等值于"P并且非Q"。

（5）必要条件假言命题的负命题

¬（P←Q）↔ ¬P∧Q

"并非：只有P，才Q"等值于"非P并且Q"。

（6）充要条件假言命题的负命题

¬（P↔Q）↔（P∧¬Q）∨（¬P∧Q）

"并非：当且仅当P，才Q"等值于"P并且非Q，或者，非P并且非Q"。

例1：所有的结果都有原因，但是有的原因没有结果。

以下哪项如果为真，能驳倒上述结论？

Ⅰ.有的结果没有原因。

Ⅱ.有的原因有结果。

Ⅲ.有的结果没有原因，或者有的原因有结果。

分析：上文存在两个直言命题的联言推理。

题干结论：①所有的结果都有原因∧②有的原因没有结果

可符号化为：SAP∧POS

Ⅰ可符号化为SOP，这与①为矛盾关系。故该项能驳倒上述结论。

Ⅱ可符号化为PIS，这与②为下反对关系。故该项不能必然驳倒上述结论。

Ⅲ可符号化为SOP∨PIS，这显然不是题干结论的矛盾命题（SOP∨PAS）。故该项不能必然驳倒上述结论。

例2：在潮湿的气候中仙人掌很难成活；在寒冷的气候中柑橘很难生长。在某省的大部分地区，仙人掌和柑橘至少有一种不难成活生长。

如果上述断定为真，则以下哪项一定为假？

Ⅰ.该省的一半地区，既潮湿又寒冷。

Ⅱ.该省的大部分地区炎热。

Ⅲ.该省的大部分地区潮湿。

分析：上文断定：

（1）潮湿的气候→仙人掌很难成活；

（2）在寒冷的气候中→柑橘很难生长；

（3）在某省的大部分地区：仙人掌不难成活∨柑橘不难生长。

从而显然可推出：在某省的大部分地区，不潮湿或者不寒冷。

进一步可推出：在该省的少部分地区，既潮湿又寒冷。

因此，不可能"该省的一半地区，既潮湿又寒冷"，即Ⅰ项一定为假。

例3：正是因为有了充足的奶制品作为食物来源，生活在呼伦贝尔大草原的牧民才能摄入足够的钙质。很明显，这种足够的钙质，对于呼伦贝尔大草原的牧民拥有健壮的体魄是必不可少的。

以下哪种情况如果存在，最能削弱以上的断定？

Ⅰ.有的呼伦贝尔大草原的牧民不具有健壮的体魄，但从食物中摄入的钙质并不缺少。

Ⅱ.有的呼伦贝尔大草原的牧民有健壮的体魄，但没有充足的奶制品作为食物来源。

Ⅲ.有的呼伦贝尔大草原的牧民不具有健壮的体魄，他们从食物中不能摄入足够的钙质。

分析：上文的推理关系为：

充足的奶制品（P）←足够的钙（R）←健壮的体魄（Q）

要削弱这个断定：只有充足的奶制品作为食物来源，呼伦贝尔大草原的牧民才能拥有健壮的体魄。那么就需要寻找一个反例，即找它的负命题：$\neg P \wedge Q$

Ⅱ项就表达了这一点："有的呼伦贝尔大草原的牧民有健壮的体魄，但却没有充足的奶制品作为食物来源"；这就是最强的削弱。

Ⅰ项为"$R \wedge \neg Q$"，与题干推理关系也并不矛盾。

Ⅲ项为"$\neg R \wedge \neg Q$"，符合题干意思，能起支持作用。

3.多重复合推理

复合命题的混合推理涉及对假言、联言和选言及负命题推理的综合运用。涉及多重复合命题的推理叫多重复合推理。分析步骤如下

（1）写出原命题

根据内容陈述写出原命题的条件关系式，即将自然语言形式化。有连接词的，根据连接词写出条件关系式；没有连接词的，就根据题意以及条件理解写出关系式。

（2）写出逆否命题

原命题与逆否命题为等价命题，如果一个命题正确，那么它的逆否命题也一定正确。

有了条件关系式，就可以写出其等价的逆否命题，比如：

P →Q等价于¬P←¬Q

P←Q等价于¬P→¬Q

P→Q1 ∨ Q2 的逆否命题为¬Q1 ∧ ¬Q2→¬P

P→Q1 ∧ Q2 的逆否命题为¬Q1 ∨ ¬Q2→¬P

Q1 ∨ Q2→P的逆否命题为¬P→¬Q1 ∧ ¬Q2

Q1 ∧ Q2→P的逆否命题为¬P→¬Q1 ∨ ¬Q2

（3）演绎推导

然后按蕴涵方向进行推理。若只有一个条件关系，往往只要结合原命题与逆否命题的理解即可推出结果。若有多个条件关系，则需要进行一定的逻辑命题演算，往往要串联多个条件关系式，从而推出结果。

注意，要熟练运用基本等价式并善于命题转换，比如：

P ∨ Q = ¬P→Q

¬P ∨ ¬ Q=P→¬Q

P→Q = ¬P ∨ Q

P←Q = P ∨ ¬Q

总之，在演绎分析时，针对原文的文字叙述，要找出其中隐含的逻辑条件关系，所以，首先必须对自然语言进行符号化，写出条件关系式，然后按照演绎规则进行逻辑推导，并结合意义理解去分析。

例1：某中药配方有如下要求：（1）如果有甲药材，那么也要有乙药材；（2）如果没有丙药材，那么必须有丁药材；（3）人参和天麻不能都有；（4）如果没有甲药材而有丙药材，则需要有人参。

如果含有天麻，则关于该配方的断定哪项为真？

Ⅰ.没有丙药材。

Ⅱ.没有乙药材和丁药材。

Ⅲ.含有乙药材或丁药材。

分析：根据上文条件，列出以下关系式：

① 甲→乙

② ¬丙→丁

③ 参→¬天

④ ¬甲∧丙→参

如果含有天麻，由条件③知，没有人参；

再由条件④知，有甲或没丙；

再由①②可推出：有乙或有丁。

因此，Ⅲ项正确。

例2：近日，某集团高层领导研究了发展方向问题。王总经理认为：既要发展纳米技术，也要发展生物医药技术；赵副总经理认为：只有发展智能技术，才能发展生物医药技术；李副总经理认为：如果发展纳米技术和生物医药技术，那么也要发展智能技术。最后经过董事会研究，只有其中一位的意见被采纳。

根据以上陈述，以下哪项符合董事会的研究决定？

Ⅰ.发展纳米技术和智能技术，但是不发展生物医药技术。

Ⅱ.发展生物医药技术和纳米技术，但是不发展智能技术。

Ⅲ.发展智能技术和生物医药技术，但是不发展纳米技术。

分析：根据上文断定，可以把条件关系整理如下：

王：纳∧生；

赵：智←生；

李：纳∧生→智

可见，如果赵的意见被采纳，那么，李的意见也成立，这不符合题干只有一位意见被采纳的断定。因此，赵的意见没被采纳。可表达如下：

¬（智←生）=¬智∧生

也即得出：不发展智能技术，且发展生物医药技术。

这样，符合条件的选项只有Ⅱ项。

例3：当且仅当苹果是绿色的，辣椒是红色时，浆果不是蓝色的；当且仅当浆果是蓝色时，樱桃是不成熟的；当且仅当樱桃不成熟时，草是褐色的，或叶子是小的，或两者都出现。

如果草是褐色的，下面哪项一定正确？

Ⅰ.苹果不是绿色的，或者辣椒不是红色的。

Ⅱ.浆果不是蓝色的。

Ⅲ.辣椒是红色的。

分析：上文断定：

① 苹果是绿色∧辣椒是红色↔浆果不是蓝色；

② 浆果是蓝色↔樱桃是不成熟的；

③ 樱桃不成熟↔草是褐色∨叶子是小的。

草是褐色的，由③推出，樱桃不成熟；

结合②推出，浆果是蓝色的；

再由①推出，苹果不是绿色的，或者辣椒不是红色的。即Ⅰ项正确。

第二节　演绎谬误

演绎谬误也叫形式谬误，这种谬误只在具有可识别其形式的演绎论证中才能发现。演绎论证的评价标准是其有效性，如果一个论证的前提与结论的支持关系是一种演绎支持关系，但其论证形式却不是演绎有效的，那么这个论证就犯了演绎谬误。（本节的举例均为犯了相应的谬误。）

一、词项逻辑谬误

词项逻辑中的形式谬误指的是违背词项逻辑的推理有效性规则而犯的形式谬误，包括违背直言命题及其直接与间接推理、直言三段论推理等规则所犯的逻辑谬误。

1.直言推理中的形式谬误

直言推理中的形式谬误是指无效的直言推理，即违反直言命题的对当关系的推理规则所犯的谬误。比如，从"有些S是P"推不出"有些S不是P"，同样，从"有些S不是P"推不出"有些S是P"。

例：所有喜欢数学的学生都喜欢哲学，所以，有些学生喜欢数学但是不喜欢哲学。

分析："所有喜欢数学的学生都喜欢哲学"与"有些学生喜欢数学但是不喜欢哲学"矛盾，因此，上述推理错误。

2.直言三段论中的形式谬误

直言三段论中的形式谬误是指无效的直言三段论推理，即违反直言三段论的推理规则所犯的谬误。

直言三段论的推理规则可以概括为七条，违背其中任何一条三段论的推理规则，都要犯相应的三段论谬误。现把违背这些规则所犯的逻辑谬误分述如下。

（1）四概念错误

三段论的推理规则1：在一个三段论中，必须有而且只能有三个不同的概念。

违背这条推理规则，就要犯"四概念错误"。

例1：中国人勤劳勇敢，我是中国人，所以我勤劳勇敢。

例2：鲁迅的著作不是一天能读完的，《龙须沟》是鲁迅的著作，所以《龙须沟》不是一天能读完的。

（2）中项不周延

三段论的推理规则2：中项在前提中至少必须周延一次。

违背这条推理规则，就要犯"中项不周延"谬误。

例1：有些政客是骗子，有些骗子是窃贼，所以，有些政客是窃贼。

例2：中国人是黄皮肤的，他是黄皮肤的，所以，他是中国人。

（3）大项周延不当/小项周延不当

三段论的推理规则3：大项或小项如果在前提中不周延，那么在结论中也不得周延。

违背这条推理规则，就要犯"大项周延不当"或"小项周延不当"谬误。

"大项周延不当"谬误举例如下。

例1：老虎是食肉动物，狮子不是老虎，所以，狮子不是食肉动物。

例2：黄马是马，白马不是黄马；所以，白马不是马。

"小项周延不当"谬误举例如下。

例1：黄金是金属，黄金是货币。所以，金属都是货币。

例2：所有新纳粹分子都是激进主义者，所有激进主义者都是恐怖分子，所以，所有恐怖分子都是新纳粹分子。

（4）两个否定前提

三段论的推理规则4：两个否定前提不能推出结论。

违背这条推理规则，就要犯"两个否定前提"谬误。

例1：没有诗人是会计，有些艺术家不是诗人，所以，有些会计不是艺术家。

例2：没有种族主义者是公正的，有些种族主义者不是警察，所以，有些警察不是公正的。

（5）**不正确的肯定或否定**

三段论的推理规则5：前提之一是否定的，结论也应当是否定的；结论是否定的，前提之一必须是否定的。

违背这条推理规则，就要犯"不正确的肯定或否定"谬误。

例1：所有说谎者都是骗人者，有些说谎者不是成年人，所以，有些成年人是骗人者。

例2：所有吸血鬼都是怪物，所有怪物都是上帝的造物，所以，有些上帝的造物不是吸血鬼。

例3：凡有效的经济合同必须采取书面形式，这份经济合同没有采取书面形式，这份经济合同是有效的。

（6）两个特称前提

三段论的推理规则6：两个特称前提不能得出结论。

违背这条推理规则，就要犯"两个特称前提"谬误。

例1：有的同学是运动员，有的运动员是影星，所以，有的同学是影星。

例2：有的钓鱼爱好者是球迷，有的钓鱼爱好者是影迷，所以，有的球迷是影迷。

（7）不正确的特称或全称

三段论的推理规则7：前提之一是特称的，结论必然是特称的。结论是特称的，前提之一必须是特称的。

违背这条推理规则，就要犯"不正确的特称或全称"谬误。

例1：所有大学生都是青年，有的职工是大学生，所以，所有职工是青年。

例2：所有常绿植物都生长在寒带地区，有些阔叶树是常绿植物，因此，所有阔叶树都生长在寒带地区。

二、命题逻辑谬误

命题逻辑中的形式谬误指的是违背命题逻辑的推理有效性规则而产生的形式谬误。

1.不正确的选言三段论

相容选言推理的肯定否定式：或者p或者q；p，所以，非q。

例1：李白或者是大诗人或者是唐朝人，李白是举世皆知的大诗人，所以，李白不是唐朝人。

例2：老王或者喜欢喝红茶或者喜欢喝绿茶，老王喜欢喝红茶，所以，老王不喜欢喝绿茶。

2.充分条件假言推理的否定前件谬误

否定前件谬误（denying the antecedent）指的是充分条件假言推理的否定前件式：如果p则q；非p，所以，非q。

例1：如果天下雨，那么，我就不去；天没下雨，因此，我一定会去。

分析：天没下雨，我可能去也可能不去。

例2：如果李鬼谋杀了他的老板，则他就是一个恶人，李鬼没有谋杀他的老板，所以，李鬼不是一个恶人。

分析：谋杀行为固然足以使某个人成为恶人，但恶人并不局限于谋杀者，还有许多其他的作恶形式。因此，从"李鬼没有谋杀某个人"不能推出"李鬼不是恶人"，此推理无效。

例3：扁鹊见蔡桓公时，蔡桓公作了一个错误的推理：若体痛，则有疾；寡人未觉体痛；故寡人无疾。

3.充分条件假言推理的肯定后件谬误

肯定后件谬误（affirming the consequent）指的是充分条件假言推理的肯定后件式：如果p则q；q，所以，p。

例1：如果王猛是网络发烧友，那么他会长时间上网；王猛确实长时间上网，所以，王猛肯定是一位网络发烧友。

例2：某人无疑是罪犯。因为，如果是罪犯，就一定去过作案现场；而此人去过作案现场。

例3：如果他在中环，他一定在港岛。因此，如果他现在在港岛，他一定在中环。

分析：在港岛不一定要在中环，可以在金钟、湾仔、铜锣湾等。因为港岛包含了以上各项。

4.必要条件假言推理的肯定前件式谬误

肯定前件式谬误（affirming the antecedent）指的是必要条件假言推理的肯定前件式：只有p，才q；p，所以，q。

例1：所有从事科研工作的都要学习数理化基础知识，老陈是学习了数理化基础知识，所以，老陈是从事科研工作的。

例2：某一新的行为模式只有在一定数量的动物群内成为固定的模式，才可以推断出发生了基因突变。限制发现了一新的行为模式在一定数量的动物群内已成为固定的模式，那么，肯定发生了基因突变。

5.必要条件假言推理的否定后件式谬误

否定后件式谬误（denying the consequent）指的是必要条件假言推理的否定后件式：只有p，才q；非q，所以，非p。

例1：只有存在光，才能发生光合作用；某地方没有光合作用，因此，该地方就没有光。

例2：没有适合市场需要的产品，企业不可能有良好的经济效益。某企业没有良好的经济效益，因此，该企业一定没有适合市场需要的产品。

6.互换条件谬误

如果p则q，所以，如果q则p。

只有 p 才 q，所以，如果 p 则 q。

例 1：如果 x 是正偶数，则 x 是自然数，所以，如果 x 是自然数，则 x 是正偶数。

分析：上述论证显然犯了互换条件的谬误。

例 2：如果警察的待遇不好，就不可能有一个良好的法律体系。所以，如果警察的待遇好，就会有一个良好的法律体系。

分析：上述论证中的推理是不成立的，因为它没有证明结论所断定的：警察的待遇好是保证有良好法律体系的充分条件。

7.不正确的逆否式

如果 p 则 q，所以，如果非 p 则非 q。

例 1：如果中东各国解除武装，就会给该地区带来和平。所以，如果中东各国没有解除武装，该地区就不会出现和平。

分析：上述论证显然犯了"不正确的逆否式"谬误。

例 2：小张约小李第二天去商场，小李说："如果明天不下雨，我去爬山。"第二天，下起了毛毛细雨，小张以为小李不会去爬山了，就去小李的宿舍找他，谁知小李仍然去爬山了。待两人又见面时，小张责怪小李食言，既然天下雨了，为什么还去爬山。小李却说，他并没有食言，是小张的推论不合逻辑。

分析：小李只是说自己不下雨就去爬山，并没有说下雨就一定不去（即下雨的话，去不去爬山都是可以的），所以小张的指责是没有道理的，是不合逻辑的。

第三节　演绎评估

对于演绎论证的前提与结论之间的关系，可以有两个方面的考察：一是该推理是否保真，即假定该演绎推理的前提为真（不管事实上如何），是否能保证其结论一定为真？二是该演绎推理的前提事实上是否为真？这两个方面实质上就涉及演绎推理的有效性与演绎论证的可靠性问题。

一、演绎有效

演绎推理的"有效性"是推理形式的特性，而不是推理的前提和结论的内容联系。推理形式的有效性亦称"保真性"，指一个正确的推理必须确保从真前提只会得到真结论，不能得到假结论。只有这样，才能保证使用这种推理工具的安全性。

1.关于演绎推理

演绎推理的前提对结论的支持度都为最高的支持度，演绎逻辑研究的是前提和结论之间具有最强支持的关系，即前提的真保证了结论的真。

演绎推理能否产生新知识？关键在于从哪个意义上来看待"新知识"。

第一层意义，逻辑上的"新知识"，即前提中所没有直接或潜在地包含的知识。由于演绎推理的结论都是隐含在前提中的，演绎推理所能揭示的东西永远不会多于前提中所蕴涵的东西，那么，从这个角度看，演绎推理不能提供新知识。

第二层意义，认识上的"新知识"，即指原来不知道的知识。由于演绎推理是从A通过一个严密的推理链条推出B，而B原来是人们不知道的，那么，从这个意义上，演绎推理能够提供新知识。比如，数学包括几何学本质上属于演绎系统，集中了演绎推理的精华，演绎推理在揭示和说明前提中蕴涵的内容方面是极有价值的推理模式，数学里的很多推理和证明所作出的新发现，也可以认为是一种认识上的新知识。

演绎推理作为从一般性前提到特殊性结论的推理，它的结论实质上已经包含在前提中，因此，它也是一种所谓的封闭性推理。

例1：某电路中有S、T、W、X、Y、Z六个开关，使用这些开关必须满足下面的条件：

（1）如果W接通，则X也要接通。

（2）只有断开S，才能断开T。

（3）T和X不能同时接通，也不能同时断开。

（4）如果Y和Z同时接通，则W也必须接通。

如果现在同时接通S和Z，则可以推出其他开关的状态？

分析：根据上文断定，列出以下推理关系：

① $W \rightarrow X$

② $\neg S \leftarrow \neg T$

③ $T \leftrightarrow \neg X$

④ $Y 且 Z \rightarrow W$

联立以上条件，可得 $S \rightarrow T \rightarrow \neg X \rightarrow \neg W \rightarrow \neg Y$ 或 $\neg Z$。

即如果S接通，那么Y和Z至少要断开一个；而现在S和Z都接通，那么就一定要断开Y。

因此，T是接通状态，并且W、X、Y是断开状态。

例2：在语言系统中，精确和模糊是两个相互矛盾的特征，然而，它们却对人们交流的有效性和可靠性起着重要的作用。只有一种语言是完全精确的，它才是完全有效的。如果一种语言是完全精确的，那么其基本音节的每一种可能的组合都将成为一个有独立意义的词。但是，如果人类的听觉器官接收声音信号的功能不完美的话，那么，一种语言基本音节的每一种可能的组合就不可能是一个有独立意义的词。

如果以上的论述为真，以下哪一项不可能假？

Ⅰ．无论精确，还是模糊都不可能在一种语言系统中完全实现。

Ⅱ．如果人类的听觉器官接收声音信号的功能不完美的话，那么语言就不可能达到完全地有效。

Ⅲ．如果人类的听觉器官接收声音信号的功能完美的话，那么这种语言是完全精确的。

分析：根据上文断定，列出以下推理关系：

（1）只有一种语言是完全精确的，它才是完全有效的。

（2）如果一种语言是完全精确的，那么其基本音节的每一种可能的组合都将成为一个有独立意义的词。

（3）如果人类的听觉器官接收声音信号的功能不完美的话，那么，一种语言基本音节的每一种可能的组合就不可能是一个有独立意义的词。

联立（3）（2）推得：如果人类的听觉器官接收声音信号的功能不完美的话，那么，这种语言是不完全精确的。再联立（1）得到：如果人类的听觉器官接收声音信号的功能不完美的话，语言就不可能达到完全地有效。因此，Ⅱ项不可能假。

例3：域控制器储存了域内的账户、密码和属于这个域的计算机三项信息。当计算机接入网络时，域控制器首先要鉴别这台计算机是否属于这个域，用户使用的登录账号是否存在，密码是否正确。如果三项信息均正确，则允许登录；如果以上信息有一项不正确，那么域控制器就会拒绝这个用户从这台计算机登录。小张的登录账号是正确的，但是域控制器拒绝小张的计算机登录。经核实，小张的复读机属于这个域。

基于以上陈述能得出什么结论？

分析：根据上文所述，可作出如下有效的推理：

如果域归属正确，并且账号正确、密码正确，则允许登录。

既然小张的登录账号是正确的，但是域控制器拒绝小张的计算机登录。

这就可推出：小张的复读机不属于这个域，或者，他输入的密码是错误的。

而经核实，小张的复读机属于这个域。

从而可进一步推出：那么小张输入的密码是错误的。

例4：在某一个发展成熟的旅游区，旅馆老板只能通过建造更多的客房或者改善已有的客房来提高他们的利润。该旅游区的土地使用法禁止建造新旅馆或者以任何其他的方式扩大旅馆的客容量。由于该旅游区的旅馆已经改善到最豪华的水平，达到了富有的主顾能承受的极限，因此，旅馆老板不能再提高他们的利润。

分析：这是一则可靠的演绎论证，分析如下：

（1）如果R（旅馆老板要能够提高利润），那么，P（建造更多的客房）或者Q（改善已有的客房）；

（2）¬ P（禁止建造新旅馆或扩大旅馆的客容量，即不能建造更多的客房）；

（3）¬ Q（旅馆已经改善到主顾能承受的极限，即不能再改善已有的客房）；

得出结论：¬ R（旅馆老板不能提高利润）。

2.演绎推理的有效性

一个推理是演绎有效的，当且仅当，不可能结论为假而前提都真。

演绎推理的有效性可以根据前提与结论之间的逻辑关系做出完全的判定。如果一个推理的证据支持度是100%，即前提真而结论不可能假，那么，这种证据支持关系就称为演绎的关系。

（1）演绎逻辑可视为是关于检验有效性和无效性的逻辑分支

演绎推理的正确与否是用有效性来评价的，对演绎推理的评价要么是有效的，要么是无效的。从这个意义上，演绎推理可以定义为关于评价推理有效性和无效性的方法的逻辑分支。

① 一个有效推理本质特征是：如果前提必然真，那么结论真。

首先，需要注意的是"必然"一词。在一个有效推理中，前提和结论之间存在必然联系。即，一个有效推理具有这样的特征：不可能前提真而结论假。

其次，需要注意的是定义中的条件（如果……则……）。它并不是说，一个有效推理的前提和结论在事实上是真的。而是，该定义断定了，如果前提必然真则结论真。换句话说，如果一个推理是有效的，则假设其前提真时，其结论也必定真。

② 一个无效推理的本质特征是：当其前提都真时，结论不必然真。

换句话说，即使假设前提真时结论仍然可能是假的。

（2）前提、结论与演绎有效性的关系

在有效的和无效的推理中，真的和假的前提与结论之间有许多可能的组合。其对应的真实性和有效性之间的关系如下：

	真结论	假结论
真前提	有效推理/无效推理	无效推理
假前提	有效推理/无效推理	有效推理/无效推理

当我们得出假结论时，就面临至少有两种可能：可能是前提本身出了错，也可能是推理过程出了错。如果推理形式是有效的，而推理得出了假结论，那么，由结论为假我们可以逆推出至少一个前提为假的。

例：所有的牛都是哺乳动物。蜗牛是牛。所以，蜗牛都是哺乳动物。

上述推理的小前提和结论都假，但推理形式有效。

如果一个推理形式是无效的，那么，各种情况都可能发生：从真前提可能推出真结论，但也可能推出假结论；从假前提可能推出真结论，也可能推出假结论。

因此，考察一个推理形式是否有效，不是看它是否碰巧得出了真结论，而是看它是否能够保证得出真结论。

3.有效性的评价

演绎推理的有效性，指的是推理形式的有效性，它与前提或结论本身的真假是无关的：只要保证假定前提真，结论就一定真，则该推理有效；至于前提如果为假，则结论的真假就无法保证了。

（1）准确理解有效性

检查一个演绎推理的主要任务是看它是否有效，即：这个推理的方式有没有可能从真前提中推导出错误的结论？如果回答是否定的，这个推理就是有效的。

如果把逻辑有效的推理形式比喻为一个完全可靠的计算机，若输入正确的数据，它必然输出正确的结论。若输入错误的数据，那么这个可靠的计算机就不能保证会输出什么样的结论：可以是错的，也可以是对的。

（2）判定推理有效性的步骤

第一步，识别推理中的支陈述，并用大写字母标明。

第二步，抽象出推理形式，运用字母代替语言陈述。

第三步，识别任何出现的典型形式，并评价有效性。

最终的判别标准是，如果我们在推理过程中严格地遵循了演绎推理所要求的推理规则，这个演绎推理就是有效的；如果没有满足这个条件，这个推理就是无效的。

（3）推理有效性的检查：寻找反例

检查有效性不能靠有限次数的真前提和真结论来检验，它是检查真前提是否导致假结论的"可能性"。

如果我们能证明，一个演绎推理即使在前提真的情况下，也有可能得到不止一个结果，那么，这就等于证明了这个演绎推理是无效的。

所有爬行动物都是脊椎动物。

所有鳄鱼都是脊椎动物。

所以，所有鳄鱼是爬行动物。

这里前提和结论都是真的，但是，按照这样的"推理形式"，我们只要有真的前提，就会有真的结论出来吗？人们可以构造同样的推理模式产生的反例：

所有爬行动物都是脊椎动物。

所有鸟类都是脊椎动物。

所以，所有鸟类是爬行动物。

我们构造的推理和原来的推理是具有相同的推理形式，但是一个推出真结论，一个推出假结论。这表明，这个推理不能保证前提真结论就真，因此它是无效的。

可见，反驳一个无效推理的方法之一就是进行归谬：构造一个类似的推理，有真的前提，却有假的结论，由此证明它不是一个有效推理。

4.演绎论证的各种可能情况

演绎论证分为有效论证和无效论证，结合其前提与结论的真假组合具有以下7种情况：

（1）有效论证的三种可能情况

有效的论证		
	真结论	假结论
真前提	①	
假前提	②	③

那个空格位置显示了非常重要的一点：如果一个论证是有效的并且其前提都是真的，我们就可以断定其结论也是真的。换句话说：如果一个论证是有效的并且其结论是假的，那么其前提不会都是真的。有些完全有效的论证确有假结论—但是任一这样的论证必定至少有一个假前提。

① 包含真前提和真结论的有效论证。

例如：

凡金属都是导电的，

铜是金属，

所以，铜是导电的。

② 包含假前提和真结论的有效论证。

例如：

所有蕨类植物都是种子植物，

所有向日葵都是蕨类植物，

所以，所有向日葵是种子植物。

③ 包含假前提和假结论的有效论证。

例如：

所有软体动物都有脊椎，

所有蜜蜂都是软体动物，

所以，所有蜜蜂都有脊椎。

这个论证是有效的，因为如果其前提是真的，其结论也一定是真的——即使我们知道这个论证的前提和结论实际上都是假的。

案例　拉普拉斯妖

　　牛顿之后的时代，经典力学在描述世界上产生了巨大的成功，人们逐渐相信世界是可以用物理定律机械地描述的。比较极端地，拉普拉斯就相信机械决定论，认为世间万物（包括人类、社会）都逃不过确定的物理定律的掌控。

　　拉普拉斯认为，我们可以把宇宙现在的状态视为其过去果以及未来的因。如果一个智能知道某一刻所有自然运动的力和所有自然构成的物件的位置，假如他也能够对这些数据进行分析，那宇宙里最大的物体到最小的粒子的运动都会包含在一条简单公式中。对于这智者来说没有事物会是含糊的，而未来只会像过去般出现在他面前。

　　拉普拉斯提到的"智能"，便是后人所称的"拉普拉斯妖"。倘若拉普拉斯妖是存在的，那这个世界也太可怕了：你我的行为全部都可以通过计算得出，我们的命运也全都被物理定律+初始条件严格的定出了，没有什么会是计算之外的，那生活还有什么乐趣可言！

　　点评：拉普拉斯所假设的前提是不成立的，虽然演绎有效，结论也是不成立的。

　　混沌理论和量子力学的发展，让拉普拉斯妖永远也不可能存在了。量子力学告诉我们，物理量都是有不确定性的，不可能无误差地精确测量。而混沌理论则表明，只要涉及3个及更多的物体，初始条件的极其微小的差别将导致最后结果的千差万别。从另一个角度来说，拉普拉斯妖是基于经典力学可逆过程的，然而真实的系统确实满足热力学第二定律（熵增原理）的不可逆过程。因此世界仍是充满不确定性、充满了惊喜的，人也可以凭借自己的主观努力去改变自己的命运。

（2）无效论证的四种可能情况

在无效论证中，其前提与结论的真假组合具有以下四种情况：

无效的论证		
	真结论	假结论
真前提	④	⑤
假前提	⑥	⑦

④ 包含真前提和真结论的无效论证。

例如：

所有鸟类是脊椎动物，

所有鸽子是脊椎动物，

所以，所有鸽子是鸟类。

⑤ 包含真前提和假结论的无效论证。

例如：

所有鸽子是脊椎动物，

所有爬行动物是脊椎动物，

所以，所有鸽子是爬行动物。

⑥ 包含假前提和真结论的无效论证。

例如：

所有节肢动物都有脊椎，

所有蜈蚣都有脊椎，

所以，所有蜈蚣都是节肢动物。

⑦ 包含假前提和假结论的无效论证。

例如：

所有节肢动物都有脊椎，

所有田螺都有脊椎，

所以，所有田螺都是节肢动物。

从上述七个例子清楚地表明，一个论证的结论的真或假自身并不决定那个论证的有效性或无效性。此外，一个论证有效不能保证其结论的真实性。

二、论证可靠

正确的演绎论证要求大前提、小前提必须真实、正确、一致，同时要求推论是合乎逻辑的，否则就会出现逻辑缺陷。

1.可靠的论证（sound argument）

若一个论证有效，并且其所有前提都为真，就称之为"可靠的"论证。即演绎论证的可靠性则不仅要求推理形式有效，而且要求推理的前提本身事实上必须真，相应地也要求结论一定真。

一个可靠论证有两个本质特征：一是推理有效，二是前提都是真实的。

可表示为：可靠的论证 = 有效的论证 + 全部真前提。

很显然，一个可靠论证的结论一定是真的，也即不能有假结论，并且只有可靠论证才能确立其结论的真实性。以下两例均为可靠的论证：

例1：所有被子植物都是种子植物，所有玉米是被子植物，因此，所有玉米是种子植物。

例2：所有哺乳动物都是脊椎动物，所有家兔是哺乳动物，因此，所有家兔是脊椎动物。

2.不可靠的论证（unsound argument）

不可靠的论证是非有效的、有一个或更多的假前提或者两者兼而有之的演绎论证。即如果一个演绎论证不是可靠的，那么，这个论证不是有效的，或者前提并非都是真的。一个不可靠的论证即使其结论事实上是真的，其结论的真实性在论证中也得不到确立。

一个不可靠论证的本质特征是：或者推理无效，或者有至少一个假前提。

可表示为：不可靠的论证 = 无效的论证 ∨ 存在假前提。

有下列三种情况：

（1）论证有效但存在假前提

比如：所有被子植物是种子植物。油松是被子植物。所以，油松是种子植物。

该论证是不可靠的，因为尽管该论证有效，但它有一个假前提，即第二个前提是假的（油松不是被子植物，而是裸子植物）。

（2）前提都真但论证无效

例1：所有鱼是动物。所有鸟是动物。所以，所有鸟是鱼。

例2：所有的生物都需要水。玫瑰需要水。因此，玫瑰是生物。

上述两个论证是不可靠的，因为尽管该论证的前提都是真的，但却是无效的推理。

（3）论证无效而且存在假前提

比如：所有向日葵都是动物。所有螃蟹都是动物。所以，所有螃蟹都是向日葵。

该论证是不可靠的，因为该论证是无效的并且至少有一个假前提。

3.如何对待前提的真实性

检验前提的真实性或虚假性是一般科学的任务，而不是逻辑学最关心的。

逻辑学本身的研究重点不在于命题的真实性或虚假性，而在于命题之间的逻辑关系，即指的是决定其所出现于其中的论证的（形式）正确性或不正确性的命题之间的那些关系。

决定推理或论证的正确性或不正确性的任务属于逻辑学研究的领域。在科学研究中，我们通过推断出可检验的结果来检验理论，但是我们不能预先知道哪个理论是真的。同样，在日常生活中，人们往往要对可供选择的两个或多个行动方向之间做出选择，推断每个行动方向的后果。为了避免选错，我们必须对可供选择的两个选项做出正确的推理，将每个选择作为一个前提。此时，我们往往不知道哪个前提是真的，但我们可通过推理出的结果来检验哪个选择是合理的。

第六章

归纳论证

由于演绎推理所产生的知识不会超过前提，对提高人类发现和认识世界的作用有限，因此，需要运用另一种推理形式，这就是扩展性推理，也叫广义归纳推理。从这种推理形式中得出的结论所包含的信息超过了前提中所包含的信息。

按照论证所使用的推理方式不同，可以把论证分为演绎论证和广义归纳论证。演绎论证中各命题之间的关系是必然性的，其论证结构的严谨性是所有论证中最高的。广义归纳论证是根据一些特殊论断或常理得出结论的论证方式，其结论具有或然性，其前提真实不必然保证其结论真实。在人们的实际论证中，归纳论证是更为普遍的。

本章关注的是从论证角度介绍归纳逻辑，而对归纳逻辑知识与推理方法只作概括性的简要介绍。有关归纳逻辑的详细内容，可以参考本套"科学逻辑"丛书的《科学推理：逻辑与科学思维方法》一书。

第一节　归纳方法

人们认识事物的方法有两种逻辑形式，一种是演绎法，另一种是归纳法。我们日常中使用更多的是归纳法，人类的绝大部分知识和认知都来自归纳法，只有少量的知识认知来自演绎法。人们对于事物的认知主要来源于归纳法，归纳法很多是来自于感性经验的分类。

从逻辑上讲，归纳推理是根据一类事物的部分对象具有某种性质，推出这类事物的所有对象都具有这种性质的推理。归纳推理（这里指"不完全归纳推理"）的结论所断定的知识范围超出了前提所断定的知识范围，因此，归纳推理的前提与结论之间的联系不是必然性的，而是或然性的。广义归纳推理的范围很广，典型的包括概括推理、统计推理、因果推理和类比推理等。

案例　退伍的海军陆战队军曹

华生和福尔摩斯正站在楼上的窗前。华生看到街对面有一个人正在挨门挨户看门牌号码，便随口问福尔摩斯："你知道那个人在干什么吗？"福尔摩斯反问道："你说的是那个退伍的海军陆战队军曹吗？"华生觉得这很不可思议！但是他想，反正他俩都不认识那个人，因此福尔摩斯随便说，他也没有办法。但是没有想到，那个人突然穿过街道，走到他们的楼下，按响了门铃，并且上楼来给福尔摩斯送信。华生觉得终于有一个机会教训福尔摩斯了，因此等那个人送交信件之后，华生特意问他："你以前服过兵役吗？"送信人回答："是，我是退伍的海军陆战队军曹。"

福尔摩斯跟华生解释，说他对这位送信人身份的猜测是基于以下的理由：那是一位中年男子、留着络腮胡子、有军人气概、手臂上刺有"锚"、有发号施令的神态。根据这些特征，他自然而然地在脑海中浮现出退伍的海军陆战队军曹的形象。

分析：福尔摩斯在进行这个推理的时候，推理的前提是通过归纳得出来的。见过的很多海军陆战队军曹的手臂上刺有"锚"、留着络腮胡子还有发号施令的神态，于是就得出所有的海军陆战队军曹都有这些特征。这是归纳法。

归纳法是人类最基础、最常见的思维方式，通过借助感觉和经验来积累知识，自人类诞生以来，人们一直使用这个归纳推理来积累经验知识。但归纳法只能得出概率性趋势，只能是或然的，而不是必然性知识。所以，你自认为正确的认知，很有可能是错误的，因为绝大部分知识都是来自归纳法。

归纳论证是基于归纳推理的论证。根据归纳推理的特征，归纳论证是由特殊到一般的论证方法。其中包含的推理可以是完全归纳推理，这时候这个论证是一定成立的。如果用的是不完全归纳推理中的简单枚举法，那么这个论证是有可能不成立的，也就是有或然性，这时候的论证力度并没有完全归纳推理和科学归纳法那么强。

一、概括推理

归纳论证不同于演绎论证的一个特征就是，它们把有关某一特定种类的某些事情的命题，推广到有关该类的所有事情的命题，从而超出了前提所蕴涵的内容。

从事实中所作的归纳并非都是可靠的，那么，在什么情况下才可能合理地断言某个科学定律已经从有限的某组观察证据或实验证据中"推导"出来了呢？一般而言，如果一个从可观察事实到定律的归纳推理被认为是合理的，那么必须满足以下三个条件。

第一，构成归纳基础的观察数量必须很大。

当然，其问题是对大量观察的要求，"大量"是个模糊的概念，很难用具体精确的数字来界定。

第二，观察结果必须在许多不同的条件下可以重复。

比如，要合理地归纳出"所有金属受热时都会膨胀"，就应当对不同种类的金属加热，还应对它们在高压和低压下加热，在高温和低温下加热，等等。唯有在许多不同的条件下对膨胀进行观察时，都出现膨胀时，通过归纳得出普遍定律才是合理的。但问题是，需要在多少种不同的条件下重复才算合理？我们不可能验证所有条件，而只能把一些可能的条件排除出去，相关的理由只能是利用我们的知识背景。

第三，任何观察命题都不应当与已被公认推导出的定律有冲突。

对以上论述可以用以下这个关于归纳原理的命题来加以概括：

如果在很多不同的条件下，已经观察到大量的 A，而且如果所有这些被观察到的 A 无一例外都具有属性 B，那么所有 A 都具有属性 B。

典型的归纳推理是一种由特殊到一般的论证方法。它通过许多个别的事例或分论点，然后归纳出它们所共有的特性，从而得出一个一般性的结论。

概括推理也叫枚举归纳推理，是根据对某类事物部分对象的考察，发现它们具有某种性质，因而得出结论说，该类事物都具有这种性质。

评估概括推理的批判性问题有（批判性问题的英文名为 Critical Question，以下统一简称为"CQ"）：

CQ1. 前提是否真实？

CQ2. 前提和结论是否相关？

CQ3. 结论是什么？结论的范围是否受到适当限制？

CQ4. 有没有发现反例？

CQ5. 所举的例子的数量是否足够大？或样本容量是否足够大？

CQ6. 所举的例子是否多样化？样本的个体之间差异是否足够大？

CQ7. 所举的例子或样本是否具有代表性？观察到的事物和属性有什么关系？

作为一种不完全归纳推理，概括推理得出的结论虽然并非必然但要相对合理。

例1：电视纪录片不只是表现了那些来自遥远的东非的人们对保护野生动物的虔诚，而且还向我们展示了在一个缺少食品的国度，大象是一种有害的动物，而且是一种聪明的有害动物。目前好像还没有办法保护非洲东部的农田免受晚上出来寻找食物的狼吞虎咽的象群的破坏。

上述这个例子表明了以下哪个论述？

Ⅰ.保护野生动物可能会危害人类的安康。

Ⅱ.现在应将大象从濒临灭绝的动物名单中除去。

Ⅲ.电视纪录片除了重复那些被接受的虔诚外不应再记录别的事。

分析：上述例子是，在东非缺少食品的国度，保护大象就不能避免大象破坏农田。

从中可以合理地推出：保护野生动物可能会危害人类的安康。因此，Ⅰ项为正确。

例2：一项时间跨度为半个世纪的专项调查研究得出肯定结论：饮用常规量的咖啡对人的心脏无害。因此，咖啡的饮用者完全可以放心的享用，只要不过量。

以下哪项最为恰当地指出了上述论证的漏洞？

Ⅰ.咖啡的常规饮用量可能因人而异。

Ⅱ.心脏健康不等同于身体健康。·

Ⅲ.咖啡饮用者可能在喝咖啡时吃对心脏有害的食物。

分析：上文根据对心脏无害推出对身体无害，Ⅱ项指出，心脏健康不等同于身体健康，即使饮用常规量的咖啡对心脏无害，也不等于对人体健康无害，因此，还不一定能放心的享用。

二、统计推理

统计推理也叫统计推断，是从总体中抽取部分样本，通过对抽取部分所得到的带有随机性的数据进行合理的分析，进而对总体作出合理的判断，它是伴随着一定概率的推测。

统计推理也属于不完全归纳推理，其结论所断定的范围超出了前提所断定的范围，前提与结论之间的联系不是必然的，因而，它的结论是或然的，其推理的可靠性需要进行必要的评估。

评估统计推理的批判性问题有：

CQ1.明确结论问题：结论是什么？

CQ2.数据意义问题：统计数据有何含义？

CQ3.数据可信度问题：统计数据从何而来？

CQ4.样本代表性问题：样本是否能真正代表总体？

CQ5.反案例问题：有无不具有原样本属性的其他样本？

CQ6.数据应用问题：统计数据应用是否合理？

统计学研究数据，发现数据背后的规律，并用来描述事物客观现象。统计思维认为，客观世界存在着一些普遍性的规律，这些规律是所有群体表现出来的特征，即总体特征。由于总体特征不能直接得到，那只能看整体的一部分，即样本。样本和总体有一定的相似性，只要局部群体的特征具有代表性，那么局部可以反映总体。

统计概括是从关于选取样本的知识推到某个关于整群事物的主张的论证。由于样本的成员有某种特性，就推断那群事物的所有成员都有相同的特性。在进行统计推理和概括时，要尽量做到抽样要科学、数据应用要合理、概括出的结论要恰当。

例1：在对6岁儿童所做的小学入学前综合能力测试中，全天上甲学前班达9个月的儿童平均得分58分，只在上午上甲学前班达9个月的平均得分52分，只在下午上甲学前班达9个月的平均得分51分；全天上乙学前班达9个月的儿童平均得分54分；而那些来自低收入家庭且没有上过学前班的6岁儿童，在同样的小学入学综合能力测试中平均得分32。在统计学上，32分与上述其他分数之间的差距有重要的意义。

从上面给定数据，可以最合理地得出下面哪个假设性结论？

Ⅰ.要做出一个合情理的假设，还需要做更多的测试。

Ⅱ.应该给6岁以下儿童上学前班提供更多的经费支持。

Ⅲ.是否上过学前班与小学入学前综合能力之间有相关性。

分析：从上学前班的情况与小学入学前综合能力测试得分的数据，可合理地得出结论：是否上过学前班与小学入学前综合能力之间有相关性。即Ⅲ项正确。

例2：南京某医院整形美容中心对接受整形手术者的统计调查表明，对自己的孩子选择做割双眼皮、垫鼻梁等整形手术，绝对支持的家长高达85%，经过子女做思想工作同意孩子整形的占10%，家长对子女整形的总支持率达到了95%，比两年前50%的支持率高出了近一倍。

以下哪一项陈述最适合作为从上面的论述中推出的结论？

Ⅰ.坚决不同意自己的孩子做整形手术的家长不超过5%。

Ⅱ.10%做整形手术的孩子给家长做了思想工作。

Ⅲ.95%做整形手术的孩子得到了家长的同意。

分析：在接受整形手术的孩子的家长里面，绝对支持孩子整形的家长占85%，经做思想工作同意孩子整形的家长占10%。可见，95%做整形手术的孩子得到了家长的同意。因此，Ⅲ项正确。

上文的调查结果只针对接受整形手术者的家长和孩子，不代表社会上所有家长。Ⅰ项涉及了所有的家长和孩子，包括根本没有想要做整形手术的孩子，显然，不能从上文推出。

虽然有10%做整形手术的孩子是经过给家长做思想工作后得到家长同意的，但是，不能排除有些做整形手术的孩子做了思想工作而家长仍然不同意，因此，给家长做思想工作的孩子可能超过10%。因此，Ⅱ项也推不出。

例3：政府每年都公布对某海域鳕鱼储量的估计数值，这个数值是综合两个独立的调查数据得出的：一个是研究考察船每年一次的抽样捕捞量；另一个是以上一年商用渔船单位捕捞量（在一公里长的范围撒网停留一小时所捕捞的鳕鱼量）的平均吨位数。在过去的几十年中，这两项调查所得到的数据是非常近似的。而在最近10年中，基于商用渔船单位捕捞量的调查数据明显上升，而基于研究考察船抽样捕捞量的调查数据却明显下降。

以下哪项如果为真，最有助于解释两项调查数据差异的不断扩大？

Ⅰ.商用渔船通常超额捕鱼，并且少报数量。

Ⅱ.现在每年动用的研究考察船要多于10年前的。

Ⅲ.过去的10年中，技术的进步使商用渔船能准确地发现大鱼群的位置。

分析：上文需要解释的是，基于商用渔船单位捕捞量的调查数据明显上升，而基于研究考察船抽样捕捞量的调查数据却明显下降。Ⅲ项表明，技术的进步使商用渔船能准确地发现大鱼群的位置，从而有效地解释了基于商用渔船单位捕捞量的调查数据明显上升。

三、因果推理

因果推理的前提或结论涉及对因果关系的认识，包括从因到果、从果到因、从相关到因果以及用求同法、求异法、共变法等探究因果联系的推理。

1.从因到果的推理

从因到果的推理是指从关于一个原因的知识推到关于一个结果的主张：预见一个事件将出现，因为其原因已经出现。

论证形式如下：

一般情况下，因为事件A（因）发生，所以产生事件B（果）。

事件A已经发生了；所以，事件B将要发生。

评估从因到果的批判性问题：

CQ1.说明原因问题：先行事件在某一情况下确实发生了吗？

CQ2.因果联系问题：前提中反映某因果联系的命题是否为真？

CQ3.干扰因素问题：存在干预或抵销在此情形中产生那个结果的其他因素吗？

例1：研究发现，年龄在15~30岁的女性是购买冰激凌最多的人群，她们购买冰激凌的量是所有其他年龄段人加起来的总和。显然，相对于其他年龄段的人，年龄在15~30岁的女性一定吃了最多的冰激凌。

下列哪项正确，可以削弱上述论证？

Ⅰ.售卖冰激凌的地方对于15~30岁的女性有买赠活动，而且赠送的冰激凌经常比她们买的还多。

Ⅱ.15~30岁的女性经常买冰激凌给她们的孩子或者家人吃。

Ⅲ.30~45岁的女性也十分喜爱吃冰激凌，只不过受限于年龄，不好意思明目张胆地吃罢了。

分析： 上文是一则从因到果的推理，其论证结构如下。

一般规则：购买冰激凌的人群也是吃冰激凌的人群。

因：年龄在15~30岁的女性是购买冰激凌的最多的人群。

果：年龄在15~30岁的女性是吃冰激凌的最多的人群。

评估这一论证可以考虑：

第一，年龄在15~30岁的女性是否真的是购买冰激凌的最多的人群。

第二，购买冰激凌的人群是否也是吃冰激凌的人群。（本题答案方向）

Ⅱ项给出了15~30岁的女性经常买冰激凌给她们的孩子或者家人吃。即虽然她们买得多，并不代表她们吃得多，有力地削弱了题干论证。

例2： 海拔越高，空气越稀薄。因为西宁的海拔高于西安，因此，西宁的空气比西安稀薄。

以下哪项中的推理与题干的最为类似？

Ⅰ.一个人的年龄越大，他就变得越成熟。老张的年龄比他的儿子大，因此，老张比他的儿子成熟。

Ⅱ.一棵树的年头越长，它的年轮就越多，老张院子中槐树的年头比老李家的槐树年头长，因此，老张家的槐树比老李家的年轮多。

Ⅲ.今年马拉松冠军的成绩比前年好，张华是今年的马拉松冠军，因此，他今年的马拉松成绩比他前年的好。

分析： 上文是个从因到果的推理：因为海拔高，所以空气稀薄；西宁的海拔高于西安，因此，西宁的空气比西安稀薄。

Ⅱ项和题干推理结构类似："一棵树的年头越长，它的年轮就越多"就泛指"年头越长的树年轮就越多"。

Ⅰ项是个干扰项，"一个人的年龄越大，他就变得越成熟"，注意，这里一个人的年龄的成熟是和自己比，这里并没有说"年龄大的人总比年龄小的人成熟"，因此，从"老张的年龄比他的儿子大"，推不出"老张比他的儿子成熟"。

Ⅲ项也是个错误的推理："今年马拉松冠军的成绩比前年好，张华是今年的马拉松冠军"，只能推出，"张华比前年的马拉松冠军的成绩好"，推不出"张华今年的马拉松成绩比他前年的好"。

2.从果到因的推理

从果到因也叫溯因推理，就是从关于一个结果的知识推到关于一个原因的主张，即从已知事实结果出发，根据一般的规律性知识，推测出事件发生的原因的推理方法。

论证形式如下：

一般情况下，因为事件A（因）发生，所以产生事件B（果）。

在某一具体情况下，B发生了；

所以，在某一具体情况下A可能发生了。

评估从果到因的批判性问题：

CQ1.说明结果问题：结果在某一情况下确实发生了吗？

CQ2.因果联系问题：前提中反映某因果联系的命题是否为真？

CQ3.其他原因问题：是否排除了其他原因的可能性？

例1：巴西赤道雨林的面积每年以惊人的比例减少，引起了全球的关注。但是，卫星照片的数据显示，去年巴西雨林面积的缩小比例明显低于往年。去年，巴西政府支出数百万美元用以制止乱砍滥伐和防止森林火灾。巴西政府宣称，上述卫星照片的数据说明巴西政府保护赤道雨林的努力取得了显著成效。

以下哪种如果为真，最能削弱巴西政府的结论？

Ⅰ.去年巴西用以保护赤道雨林的财政投入明显低于往年。

Ⅱ.与巴西毗邻的阿根廷国的赤道雨林的面积并未缩小。

Ⅲ.去年巴西的旱季出现了异乎寻常的大面积持续降雨。

分析：去年巴西雨林面积的缩小比例明显低于往年。对这一结果的原因，巴西政府的解释是本国政府保护赤道雨林的努力取得了显著成效。

而Ⅲ项指出，去年巴西的旱季出现了异乎寻常的大面积持续降雨，这就有利于雨林的生长，是雨林面积的缩小比例降低的另一个解释，有效地削弱了巴西政府的结论。

选项Ⅱ不能削弱。因为阿根廷和巴西是两个国家，该项并没有断定二者具有可比性。

例2：最近，一些儿科医生声称，狗最倾向于咬13岁以下的儿童。他们的论据是：被狗咬伤而前来就医的大多是13岁以下的儿童。他们还发现，咬伤患儿的狗大多是雄性德国牧羊犬。

如果以下陈述为真，哪一项最严重地削弱了儿科医生的结论？

Ⅰ.被狗咬伤并致死的大多数人，其年龄都在65岁以上。

Ⅱ.被狗咬伤的13岁以上的人大多数不去医院就医。

Ⅲ.许多被狗严重咬伤的13岁以下儿童是被雄性德国牧羊犬咬伤的。

分析：儿科医生的推理是个从果到因的推理。

其结论是：狗最倾向于咬13岁以下的儿童。

其论据是：被狗咬伤而前来就医的大多是13岁以下的儿童。

若被狗咬伤的13岁以上的人大多数不去医院就医，那么从题干的论据就不能得出题干的结论。因此，Ⅱ项有力地削弱了题干的结论。

其余选项均不能削弱题干结论。要削弱医生的结论，必须表明：狗咬得最多的其实是13岁以上的人。比如Ⅰ项不能严重质疑该结论，因为假如狗咬了100名儿童但只有1名致死，同时咬了3名老人却有2名致死，这样Ⅰ真而题干结论仍然为真。

阅读 溯因推理(abductive reasoning)

实用主义者查尔斯·桑德斯·皮尔士(Charles Sanders Peirce)提出了溯因推理，即尝试对貌似有道理的假设进行推理，以得出目前最好的解释。

考虑以下这个病例：

Smith，一个70岁患者，突然死亡。你一直在治疗他的高血压和高血脂，去年他的负荷试验测试阴性，不幸的是，他又开始吸烟了。Smith倒在家里，当急诊医生见到他的时候，他正发生室颤，复苏并没有成功。

我们使用溯因推理提出关于Smith死因的假设。皮尔士认为，溯因推理更像是演绎推理和归纳推理的某种结合。归纳推理得出Smith的死因可能是急性心梗。演绎推理支持这一猜想，因为动脉粥样硬化斑块破裂会导致心肌坏死和致死的室性心律失常。我们提出一个假设，如果它是合理的，应该能解释这些奇怪的现象。

3.从相关到因果的推理

从相关到因果的推理就是根据两个事件之间存在一定的相关性，进而推断出它们之间存在着因果关系。

论证形式如下：

相关性前提：A和B之间存在正相关；

结论：A引起B。

评估从相关到因果的批判性问题：

CQ1.相关性存在问题：在A和B之间真的存在相关性吗？

CQ2.因果方向问题：是否存在证据可以表明A是B的原因，而不是B是A的原因？

CQ3.独立第三因素问题：A和B之间的相关性有没有可能是由第三个因素造成的？

CQ4.因果间接性问题：是否存在能够表明A和B之间的因果关系是间接的干涉变量（A和B之间的因果关系是其他原因起中介作用）引起的？

CQ5.相关性范围问题：假如A和B之间的相关性在特定的范围之外不成立，那么，能否清楚地指明该限制范围？

例1：患有行为紊乱症的动物的大脑组织中，含有大量的铝元素。由于一种硅基化合物可以固定这些铝元素，并阻止其影响大脑组织，所以，这种化合物可以用来治疗动物的行为紊乱症。

上述论证基于以下哪项未陈述的前提？

Ⅰ.将这些硅基化合物引入大脑后不会有任何副作用。

Ⅱ.这些铝元素是行为紊乱症的病因，而不是结果。

Ⅲ.不同种类的动物需要不同量的硅基化合物来治疗。

分析：为使题干的论证有说服力，Ⅱ项是必须假设的，否则，如果这些铝元素是行为紊乱症的结果，而不是病因，那么，意味着铝元素不是病因，即使固定了铝元素也不能治疗病症，题干推理就不成立。其余两项均不是题干推理成立所必须假设的。

例2：一项调查统计显示，肥胖者参加体育锻炼的月平均量，只占正常体重者的不到一半，而肥胖者的食物摄入的月平均量，基本和正常体重者持平。专家由此得出结论，导致肥胖的主要原因是缺乏锻炼，而不是摄入过多的热量。

以下哪项如果为真，将严重削弱上述论证？

Ⅰ.肥胖者的食物摄入平均量总体上和正常体重者基本持平，但肥胖者中有人是在节食。

Ⅱ.肥胖者由于体重的负担，比正常体重者较为不乐意参加体育锻炼。

Ⅲ.某些肥胖者体育锻炼的平均量，要大于正常体重者。

分析：上文结论是：缺乏锻炼导致了肥胖。

如果Ⅱ项为真，则有助于说明，对于肥胖者来说，是由于肥胖导致较少锻炼，而不是缺乏锻炼导致了肥胖。这就有力地削弱了题干的论证。

相关关系和因果关系既有相似又有不同，而在经济学研究中，我们更加关注的是变量间因果关系的识别，而非统计上相关关系的判断。因此，清楚地辨析统计上的相关关系或者真实的因果关系，是进一步研究分析的前提。

举例来看，假设通过观察，我们发现，中国股市近20年来的大盘走势与非洲儿童平均身高的变化趋势有着高度一致性，通过对二者进行回归，并利用统计推断中的假设检验原理，或许可以真的发现二者间的回归系数具有高度的统计显著性。然而，这是否真的能够说明中国股市的发展状况与非洲儿童的平均身高确实存在着真实的因果关系呢？答案必然是否定的。

大量使用回归分析等统计推断方法来探究各变量间因果关系的文献，忽略了一个重要前提。即在进行统计推断前，我们首先要通过模型推导或文献推演来辨析变量间的内在逻辑关系。只有在满足上述前提的情况下，我们才可以利用统计推断方法进行参数估计，进而识别两者的因果效应。因此，单纯的统计推断并不能帮助我们直接识别因果关系。所以，在探究中国股市大盘走势与非洲儿童平均身高关系时，即使两者在走势上有着高度的相关性，但并没有经济理论或内在逻辑可以证明其因果性，那么二者间的关系便只能代表简单的统计上的相关关系，而非真实的因果关系。在这种情况下，其利用统计推断的方法来识别二者间的因果关系自然是没有意义的。

进一步深入分析，假设在进行统计推断前，我们可以获取足够多的经济理论支撑，现在我们考虑如何使用统计推断的方法来探究大学教育和个人收入间的因果关系？通常，大多文献会使用虚拟变量方法，即将接受大学教育的个体定义为1，而未接受大学教育定义0，然后进行回归分析，估计参数，进而识别因果关系。那么在确保变量间拥有内在逻辑的前提下，上述统计推断的方法一定可以帮助我们识别最为准确的因果关系吗？答案同样是否定的。

仔细分析可以发现，即使我们可以通过虚拟变量方法来刻画个体是否参加大学教育这一活动，但是由于个体间巨大的差异性，其还存在着众多影响个体收入且难以观测的变量，如性格、遗传等因素。然而上述难以观测的遗漏变量不可避免地会引发模型解释变量与随机误差项相关等内生性问题，从而影响统计结果估计的一致性，进而影响因果关系的识别。

另外，即使在我们所有遗漏的变量都得到控制的情况下，也有可能会出现由于变量测量误差或样本选择偏差而产生的内生性问题，从而影响因果关系识别的准确性。对于上述研究而言，在探究接受大学教育和不接受大学教育这一活动对于个体收入的影响时，只有通过探究同一个体接受大学教育和不接受大学教育两种情况下收入的差距，才能准确识别出大学教育对个人收入影响的因果关系。但是，正如人不能同时踏进同一条河流一样，一个人同时既接受大学教育也不接受大学教育的反事实现象无法观测。因此，为克服上述传统统计推断中的内生性弊端及反事实的不可观测性问题，巧妙利用反事实理论框架和随机化实验思想的因果推断研究范式开始兴起。

　　相关关系和因果关系是一对十分相似的概念，但它们之间却又有着巨大的不同。总的来说，有相关关系却不一定有因果关系，但有因果关系就必定存在相关关系。相关关系指的是二者在变化趋势上存在着某种程度的一致性，而因果关系强调的则是一种前和后的关系，是因为某个变量发生变化而导致了另外一个变量随之发生改变，其强调的是二者之间存在某种理论逻辑上的关联，需要去确定二者间具体的依存关系。具体来说，对于A导致B发生变化的因果关系的确立，其必须满足以下三个条件。

　　（1）A和B相关；

　　（2）A必须发生在B之前；

　　（3）所有其他的因素C都已经被排除。

　　只有同时满足上述三个条件，才可以说A和B之间确实存在着某种程度上的因果关系。

　　尽管从定义上可以把二者的区别说得十分清楚，但是当面对具体问题时，区分相关关系和因果关系并没有那么简单，非常容易掉入相关陷阱中，那些看似合情合理的例子，却并不存在因果关系。

　　例如：每年溺水儿童数量和雪糕销量呈明显的正相关关系，但是二者间却不存在因果关系。是由于溺水儿童数量的增加，才导致的雪糕销量的提升吗？或者是因为雪糕销量增加了，从而导致溺水儿童数量增加？其实都不是，两者之间呈现正相关可能是由其共同原因——天气导致的。由于天气炎热，人们渴望用雪糕消暑，雪糕销量会增加；同样地，在炎热的天气中，选择游泳的人增多，溺水儿童也相应增多。溺水儿童数量和雪糕销量并没有因果关系，只是共同受天气因素影响，从而表现出简单的统计正相关而已。

类似的例子：携带打火机与肺癌发病率之间可能有相关关系，但二者间的因果关系也不成立。并不是因为携带打火机才导致肺癌发病率上升的，而是使用打火机抽烟，烟草中的有害物质导致了肺癌发病率上升。携带打火机和肺癌发病率相关是因为有着共同的原因就是抽烟，因为抽烟，所以携带打火机，同样因为抽烟，所以肺癌发病率上升。导致肺癌发病率上升的原因并不是因为携带了打火机，所以两者之间并不是因果关系，只是因为有共同原因而体现出的统计上的相关关系而已。

一个更加模糊且看起来合情合理的因果关系，但却也有可能只是相关关系的例子是：某案例表明，阅读科学博客越多的人，其科学素养水平就越高，那么二者间是否具有因果关系？这是一个看似合乎情理的例子，所以许多人可能就会误认为二者间一定存在因果关系，但实际上二者间可能仅存在着某些双向因果关系。我们无法区分是阅读科学博客越多的人，其科学素养水平就越高，还是科学素养高的人本来就喜欢读博客。那么在此模棱两可的情况下，二者间因果关系的判断可能并不稳健。因此，从上述分析中可以看到，因果关系与相关关系，这两种情况是很容易被混淆的，一旦混淆，就会影响我们的判断，从而做出错误的决策。所以，搞清楚因果关系和统计相关是非常有必要的。

社会科学研究强调的是因果关系的识别，而非统计上相关关系的判断，我们希望借助计量、统计等技术工具帮助我们对于因果关系进行有效识别。然而，在没有任何理论假设的前提下，统计学是不可能帮助我们识别出因果关系的，借助统计学等工具做出的回归分析结果仅仅代表了变量背后的相关关系，所谓的OLS只不过是一种系数估计方法罢了，而因果关系的识别则需要理论和技术两方面的严谨论证。所以说，单纯的回归分析得到的参数估计结果充其量只能称之为二者间的相关关系，而非真实的因果关系。想要对于因果关系进行有效识别，就要求我们在回归之前需要用经济理论去建立模型，真正地分析两个变量间的内在逻辑关系，或者即使无法建立数学上的理论模型，也需要我们用文献来推演出想要研究的变量间到底存在何种内在逻辑，进而提出研究假设。

只有先进行上述理论分析，再带着目标去做回归来验证我们的逻辑推演正确与否，接着利用得到的回归结果去识别其因果关系才是有意义的。当进行完理论分析之后，我们可以借助统计学模型，利用样本信息去对总体进行参数估计，进而依靠假设检验以判断估计结果统计显著性，进而去识别所谓的因果关系。

4.基于求同法的推理

求同法又称契合法，是指被研究现象发生变化的若干场合中，如果只有一个情况是在这些场合中共有的，那么这个唯一的共同情况就是被研究现象的原因（结果）。

求同法可以用下面的形式来表示：

场合　先行情况　被研究现象

(1)　A、B、C　　　a

(2)　A、D、E　　　a

(3)　A、F、G　　　a

……　　……　　　……

所以，A是a的原因（或结果）

针对运用求同法推出的因果主张，所提出的批判性问题：

CQ1：考察的场合是否足够多？是否有反例存在？

CQ2：不同场合中所具有的相同因素是不是唯一的？在所比较的两种现象之间是否存在其他相同的因素？

CQ3：表面相同是否有实质不同？表面不同是否实质相同？

CQ4：相同点是导致某一现象产生的部分原因，还是全部的或唯一的原因。

例1：现代社会中有很多人发胖，长有啤酒肚，体重严重超标，因为他们常常喝啤酒。

对以下各项问题的回答都可能质疑上述论证，除了

Ⅰ.如果人们每天只喝啤酒，吃很少的其他食物，特别是肉食品，他们还会发胖吗？

Ⅱ.很多发胖的人也同时抽烟，能够说"抽烟导致发胖"吗？

Ⅲ.发胖的人除常喝啤酒外，是否经常进行体育锻炼？

分析：上文根据很多胖人常喝啤酒，得出结论，常喝啤酒导致了发胖。

Ⅰ项，如果只喝啤酒，吃很少的其他食物，就不会发胖，有因无果，那就削弱了题干论证。

Ⅱ项，意味着不能根据事实相关就得出因果相关，削弱了题干论证。

Ⅲ项，如果发胖的人除常喝啤酒外还经常进行体育锻炼，由于体育锻炼能减肥是常识，意味喝啤酒确实会发胖，支持了题干。如果发胖的人除常喝啤酒外不经常进行体育锻炼，意味着可能不经常锻炼也是发胖的一个因素，也似乎有削弱题干的意思。但综合来看，Ⅲ项是最不能削弱题干论证的，因此为正确选项。

例2：对6位患罕见癌症的病人的研究表明，虽然他们生活在该县不同地

方，有很不相同的病史、饮食爱好和个人习惯——其中2人抽烟，2人饮酒——但他们都是一家生产除草剂和杀虫剂的工厂的员工。由此可得出结论：接触该工厂生产的化学品很可能是他们患癌症的原因。

以下哪一项最准确地概括了题干中的推理方法？

Ⅰ.通过找出事物之间的差异而得出一个一般性结论。

Ⅱ.消除不相干因素，找出一个共同特征，由此断定该特征与所研究事件有因果联系。

Ⅲ.所提供的信息允许把一般性断言应用于一个特例。

分析：上文根据研究发现，6位患罕见癌症的病人生活的地域、病史、饮食爱好、个人习惯等都不相同，但有一个因素相同，即他们都是一家生产除草剂和杀虫剂的工厂的员工。从而得出结论：接触该工厂生产的化学品很可能是他们患癌症的原因。

可见，题干推理用的是求同法，即消除不相干因素，找出一个共同特征，由此断定该特征与所研究事件有因果联系。因此，Ⅱ项准确地概括了题干中的推理方法，为正确答案。

5.基于求异法的推理

求异法也叫差异法，是指这样的一种方法：如果某一现象在一种场合下出现，而另一场合下不出现，但在这两种场合里，其他条件都相同，只有一个条件不同（在某现象出现的场合里有这个条件，而在某现象不出现的那一场合里则没有这个条件），那么，这唯一不同的条件，就是某现象产生的原因。

求异法可用下述公式来表示：

场合　先行情况　被研究现象

(1)　　A、B、C　　a

(2)　　－、B、C　　－

所以，A是a的原因(或结果)

针对运用求异法推出的因果主张，所提出的批判性问题：

CQ1：有没有考察别的场合？是否有反例存在？

CQ2：不同场合中所具有的差异因素是不是唯一的？在所比较的两种现象之间是否存在其他差异的因素？

CQ3：背景是否一样？即其他条件是否都相同？

CQ4：两个不同场合中所具有的差异因素是部分原因，还是全部原因？

CQ5：是否还有隐藏着的其他原因。表面相同是否有实质不同？表面不同是否实质相同？

例1：某项研究以高中三年级理科生288人为对象，分两组进行测试，在数学考试前，一组学生需咀嚼10分钟的口香糖，而另一组无需咀嚼口香糖，测试结果显示，总体上咀嚼口香糖的考生比没有咀嚼口香糖的考生其焦虑感低20%，特别是对于低焦虑状态的学生群体，咀嚼组比未咀嚼组的焦虑感低36%，而对中焦虑状态的考生，咀嚼口香糖比不咀嚼口香糖的焦虑感低16%。

从以上实验数据，最能得出以下哪项？

Ⅰ.咀嚼口香糖对于高焦虑状态的考生没有效果。

Ⅱ.对于高焦虑状态的考生群体，咀嚼组比未咀嚼组的焦虑感低8%。

Ⅲ.咀嚼口香糖能够缓解低、中程度焦虑状态的学生的考试焦虑。

分析：从上文论述，按照求异法的推理，显然可以合理地得出Ⅲ项。

其余选项均超出题干论述的范围。

例2：莫河大坝建成20年后，莫河土产的8种鱼中没有一种仍能在大坝的下游充分繁殖。由于该坝将大坝下游的河水温度每年的变化范围由50度降到了6度，科学家提出一个假想，认为河水温度在提示土产鱼开始繁殖方面起了一定的作用。

以下哪一项论述，如果正确，将最有力加强科学家的假想？

Ⅰ.土产的8种鱼仍能但只能在大坝下游的支流中繁殖，在那里每年温度的变化范围保持在大约50度。

Ⅱ.在大坝修建以前，莫河每年都要漫出河岸，从而产生出土产鱼类最主要繁殖区域的回流水。

Ⅲ.在大坝修建以前，莫河有记录的最低温度是34度，而大坝建成之后的有记录的最低温度是43度。

分析：科学家的假想是，河水温度与鱼的繁殖有关。

理由是：大坝建成后鱼不能在大坝的下游充分繁殖，那里河水温度的变化范围由50度降到了6度。

Ⅰ项表明，这些鱼可在大坝下游的支流中繁殖，那里温度的变化范围保持在50度。这有利于说明河水温度与鱼的繁殖之间是有因果关系的，从而有力地加强科学家的假想，所以为正确答案。

Ⅱ项指出另一个影响鱼类繁殖的条件被大坝改变，另有他因，削弱了科学家推测。Ⅲ项描述水温绝对值的变化，没有涉及变化范围。

例3：在两个试验大棚内种上相同数量的茄子苗，只给第一个大棚施加肥料甲，但不给第二个大棚施加。第一个大棚产出1200公斤茄子，第二个大棚产出900公斤茄子。除了水以外，没有向这两个大棚施加任何其他东西，故必定是肥料甲导致了第一个大棚有较高的茄子产量。

如果以下陈述为真，哪一项最严重地削弱了上面的论证？

Ⅰ.少量的肥料甲从第一个大棚渗入第二个大棚。

Ⅱ.在两个大棚中种植了相同品种的茄子苗。

Ⅲ.两个大棚的土质和日照量有所不同。

分析：要得出肥料甲和茄子产量高之间存在必然的因果关系，必须排除其他可能导致结果的原因。即要保证对照实验中的这两块地除了是否施了肥料甲外，其他背景因素都应该相同。

Ⅲ项表明，两个大棚的土质和日照量有所不同。这就说明了存在其他因素影响了论证，能有效地削弱题干结论。

例4：研究人员报告说，一项超过1万名70岁以上老人参与的调查显示，每天睡眠时间超过9小时或少于5小时的人，他们的平均认知水平低于每天睡眠时间为7小时左右的人。研究人员据此认为，要改善老年人的认知能力，必须使用相关工具检测他们的睡眠时间，并对睡眠进行干预，使其保持适当的睡眠时间。

以下哪项如果为真，最能质疑上述研究人员的观点？

Ⅰ.尚没有专业的医疗器具可以检测人的睡眠时间。

Ⅱ.每天睡眠时间为7小时左右的都是70岁以上的老人。

Ⅲ.每天睡眠时间超过9小时或少于5小时的都是80岁以上的老人。

分析：题干研究人员根据对70岁以上老人的调查发现，每天睡眠时间不适当（超过9小时或少于5小时），则平均认知水平低。从而得出结论：要改善老年人的认知能力，必须使其保持适当的睡眠时间。

若Ⅲ项成立，即每天睡眠时间超过9小时或少于5小时的都是80岁以上的老人。这意味着，造成认知水平低的原因不是睡眠时间不适当，而很可能是年龄老化。这就有力地质疑了题干的观点。

6.基于共变法的推理

共变法是指在其他条件不变的情况下，如果一个现象发生变化，另一个现象就随之发生变化，那么，前一现象就是后一现象的原因或部分原因。

共变法可用下述公式来表示：

场合	先行情况	被研究现象
(1)	A1、B、C、D	a1
(2)	A2、B、C、D	a2
(3)	A3、B、C、D	a3
…	……	…

所以，A是a的原因

针对运用共变法推出的因果主张，所提出的批判性问题：

CQ1：考察的场合是否足够多？是否有反例存在？

CQ2：被研究现象发生共变的情况是否是唯一的？是否还存在其他共变因素？

CQ3：在考察两个现象之间的共变关系时，背景是否一样？即其他条件是否保持不变？

CQ4：两种现象的共变是否具有相关性？是否有因果关系。

CQ5：共变情况在什么样的限制范围？

CQ6：两种因果共变的现象是正的共变，还是逆的共变？

因果论证是基于因果推理的论证，它揭示论据和论点之间的因果关系。因果论证其实是一种直接找原因的论证方法，论点是结果，论据就是原因。但由于确认因果关系是一个复杂的过程，一定要谨慎使用因果论证。

例1：一项有关国家气象服务局的风暴检测雷达系统的测试表明，1957年的雷达系统比新的雷达计算机系统可靠十倍。因此，用于新雷达系统的技术一定没有用于1957年的雷达系统中的技术复杂精密。

以上的结论依赖以下哪项有疑问的假设？

Ⅰ.检测风暴的雷达系统的可靠性是由其故障的频率决定的。

Ⅱ.检测风暴的雷达系统所使用的技术的复杂精密程度可以由该系统的可靠性来决定。

Ⅲ.检测风暴的雷达系统的可靠性是由它们预测天气形势的准确性决定的。

分析：题干结论是，检测风暴的雷达系统的可靠性越强，其复杂精密程度就越高。

Ⅱ项是题干推理必需的假设，否则，如果检测风暴的雷达系统所使用的技术的复杂精密程度不能由该系统的可靠性来决定，则题干论证就不成立。

例2：儿童心理失调是由婴儿在分娩过程中受到的压力而导致的。这一点已得到了证实，人们发现母亲分娩持续的时间和婴儿出生后第一个月中啼哭的时间有正比的关系。

下面哪个如果正确，最不能破坏作者的宣称？

Ⅰ.啼哭的时间和心理失调之间毫无关系。

Ⅱ.婴儿心理失调的行为迹象到其长到三个月大时才会显现出来。

Ⅲ.分娩时间的估算依据于产科医生对分娩前阵痛时间的估算。

分析：题干论证，因为母亲分娩持续的时间与孩子在出生第一个月哭泣的时间成正比关系，所以儿童的心理失调是由出生过程的压力造成的。

Ⅲ项只表明，母亲分娩时间的计算依据于产科医师的估计，这与题干论证无关，因此不能破坏作者的宣称。

其余两项均能起到削弱题干的作用，其中，Ⅰ项否定了儿童哭泣时间与心理失调的关系。Ⅱ项否定了心理失调与儿童出生后第一个月里哭泣时间之间的关系。

四、类比推理

类比推理是根据两个或两类对象在某些属性上相同，推断出它们在另外的属性上（这一属性已为类比的一个对象所具有，而在另一个类比的对象那里尚未发现）也相同的一种推理。

类比推理的型式：

案例 A 有属性 a、b、c、d

案例 B 有属性 a、b、c

所以，案例 B 有属性 d

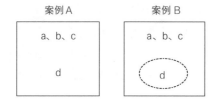

针对运用类比推理得出的因果主张，所提出的批判性问题：

CQ1.相似性问题：A 和 B 真的相似吗？

CQ2.相关性问题：相似属性 a、b、c 与推出属性 d 是否具有相关性？

CQ3.不相似问题：A 和 B 之间是否存在某些重要的差异？

CQ4.反案例问题：是否存在另一案例 C 也相似于 A，但是其中的 d 是不存在的？

CQ5.可类推问题：是否忽视了时间因素对样本属性的影响？

类比论证是基于类比推理的论证，其优点在于生动形象、容易理解。在类比论证中，有一类比较特殊的是比喻论证。但根据类比推理的性质，这种方法也是或然的，因此，类比论证不一定成立。

例 1： 持续的室内人造光照对患有先天性心脏病的小白鼠的健康很有好处。将连续接受室内人造光照的一组心脏病小白鼠与另一组交替接受室内人造光照和黑暗环境的类似的心脏病小白鼠进行对比试验，前者比后者的存活期平均要长 25%。

上面所描述的这种研究方法提醒我们可以在以下哪种问题中也进行尝试？

Ⅰ.深海鱼是否能在完全黑暗的环境中生存?

Ⅱ.小白鼠得的是什么样的先天性的疾病?

Ⅲ.是否医院里可以用持续的人造光来改善对病人的治疗?

分析:上文论述的对比试验表明,持续的人造光能改善心脏病小白鼠的治疗。

由此类推,是否医院里可以用持续的人造光来改善对病人的治疗? 因此,Ⅲ项正确。

例2:没有一个植物学家的寿命长到足以研究一棵长白山红松的完整生命过程。但是,通过观察处于不同生长阶段的许多棵树,植物学家就能拼凑出一棵树的生长过程。这一原则完全适用于目前天文学对星团发展过程的研究。这些由几十万个恒星聚集在一起的星团,大都有100亿年以上的历史。

以下哪项最可能是上文所做的假设?

Ⅰ.在科学研究中,适用于某个领域的研究方法,原则上都适用于其他领域,即使这些领域的对象完全不同。

Ⅱ.天文学的发展已具备对恒星聚集体的不同发展阶段进行研究的条件。

Ⅲ.在科学研究中,完整地研究某一个体的发展过程是没有价值的,有时也是不可能的。

分析:上文论述,人活不了红松整个生命周期那么长的时间,但可观察处于不同生长阶段的许多棵红松来研究其整个生命周期。这同样可用来研究恒星聚集在一起的星团的发展过程。

为使上文的议论成立,Ⅱ项是必须假设的,否则,如果事实上天文学的发展并不具备对恒星聚集体的不同发展阶段进行研究的条件,那么,就不可能基于对星团不同发展阶段的研究,对其总体的发展过程进行有效研究,上文的论述就难以成立。

其余各项不是必须假设的。例如,上文假设,植物学的研究方法,可用于天文学研究,但上文的议论不必假设:适用于某个领域的研究方法,原则上都适用于其他领域。Ⅰ项的断定过强了,不是上文的议论必须假设的。

例3:毫无疑问,未成年人吸烟应该加以禁止。但是,我们不能为了防止给未成年人吸烟以可乘之机,就明令禁止自动售烟机的使用,马路上不是到处有避孕套自动销售机吗? 为什么不担心有人从中买了避孕套去嫖娼呢?

以下哪项如果为真,最能削弱题干的论证?

Ⅰ.嫖娼是触犯法律的,但未成年人吸烟并不触犯法律。

Ⅱ.公众场合是否适合置放避孕套自动销售机,一直是一个有争议的问题。

Ⅲ.人工售烟营业点明令禁止向未成年人售烟。

分析：上文将自动安全套售货机与自动售烟机类比，得出结论：不能为了防止未成年人吸烟就禁止自动售烟机的使用。

如果Ⅲ项为真，说明上文进行类比的两类现象中，存在一个实质性的区别，即自动售烟机是未成年人取得香烟的几乎唯一的渠道，而避孕套自动销售机对于嫖娼者来说，是可有可无的。这就有力地削弱了上文的论证。即如果C项为真，则由于人工售烟营业点明令禁止向未成年人售烟，因此，禁止自动售烟机的使用，可有力地阻止非成年人吸烟。但由于避孕套可公开销售甚至免费提供，因此，禁止避孕套自动销售机的使用，对于杜绝嫖娼几乎没有什么作用。这就有力地削弱了上文的论证，正确。

阅读　高血压的治疗

有些人爱吃油腻的食物，时间长了，血管里面就会堆积很多的垃圾，这些垃圾脂肪就会影响到人体血液的正常流动。

为了保持血液的正常供给，人体就本能地升高血压来促进血液流动。这就好像是给水加大压力，让水跑得更快一样，这样就产生了高血压。

对于高血压患者，西医给出的处方就是降压药。可患者一旦吃上了降压药，后果却是不得不终身服药。虽然降压药将血压降下来了，但同时也把人体正常的生理调节功能破坏掉了！

与此同时，得病的根源——血管里面的垃圾脂肪却仍然没有排掉。

西医也承认降压药用久了，会导致一个人的肾脏和心脏衰竭。我们来看看为什么？

血管里充满垃圾，导致血流不畅，身体本有的智慧（与大脑思维无关），就发出一条指令，命令提高血压，让血跑得快一点，以维持人体血液的正常循环。

而降压药的作用是把血压降了下来，血又流慢了，流慢以后血管里的垃圾冲不走，就会在肾脏里面形成尿毒症，最终形成肾脏的衰竭。这与河流流速慢就会导致泥沙沉淀道理是一样的。

服了降压药后血又流慢了，还会导致一个很坏的副作用。我们身体的各个器官与组织，是依靠血液循环提供的养分才能正常运转，供血不足的话，这些器官就会损伤。

这时身体的智慧被逼无奈，只得又发出一条指令，命令心脏跳得快一点，心脏跳得快了，泵出心房的血液就会多一些，以保证正常水平的血液供给。可这样时间久了，心脏也就衰竭了。

这与打气的道理是一样的，气管子漏气，你就不得不加快打气的频率，才能将气打进轮胎，结果呢？很快胳膊肌肉就充血并酸痛起来。

我们以前举过一个例子：一辆汽车发生了故障，发动机在响、底盘在响、离合器响，各方面都显得不正常，看似毛病很多很严重，其实有可能只是某颗螺丝钉松了而已。没有找到这个原因，一会拆了发动机，一会去修离合器，汽车拆了一大半，修了一大堆，结果越修毛病越多，越修也越修不好。

这就是从现象上去治病的谬误之处啊！其实高血压只是一个结果，而它的原因是错误的饮食习惯，吃了太多的油腻食物把血管给堵住了。因此，只要改变饮食习惯，让肠胃清洁，血液干净，把血里面多余的脂肪排出去，血液就能够正常流动，血压就会自动降下来。

第二节　归纳谬误

归纳谬误（inductive fallacies）属于非形式谬误，在广义归纳推理中出现的此类谬误，其前提和结论一般是具有相干性的，只是相干性没有充分到足以推出结论的程度。（本节的举例均为犯了相应的谬误。）

一、概括谬误

概括谬误也叫归纳不当，是指在运用简单枚举归纳法时，在没有积累到足以进行概括的材料的情况下，只根据少数的、粗略的事实，就草率地推出普遍性的结论，这样的结论往往是不可靠的。

1.特例概括

特例概括，也叫举例不当，是指所举的例子无法代表总体，即仅由不具有代表性的例证（unrepresentative sample）就草率地对这个特例情形进行概括，得出包含该个体的群体具有的普遍性的结论，这种谬误以概括所依据事例的非典型性和偶然性为主要特征。特例概括的谬误特点是，由缺乏典型性的事例不恰当地引申出一般规律。

例1：当许新与辩论队一起上台时，王教授安慰她说：缺一堂课没有关系，充分发挥才智，好好辩论。所以我说，王教授根本不在乎我们这些人是否去听他的课。

例2：我爷爷是个50年的老烟枪，现在90多岁身体还很健康，因此，吸烟对身体无害。

分析：这是轶事证据的谬误，属于特例概括，即用个人经验或者单独事例来取代逻辑论述或者有力的证据。比起复杂而确凿的证据来说，轶事证据更容易获得，但是却要粗浅很多。在绝大多数情况下，量化衡量的科学数据/确凿证据比个人经验/轶事要更加可信。

2.轻率概括

轻率概括（hasty generalization）也叫样本太小，是一种常见的归纳不当，以少数的事例就轻率地归纳出普遍性的事例。这种谬误通常是由于归纳总体的样本太小，不能满足在样本容量方面的要求，而使样本缺乏代表性，不足以概括出代表总体特征的结论。

需要注意的是，样本可能太小这一事实不一定意味着样本就是不典型的。反之，样本大不一定能保证样本就是典型的。如果较小的样本在一个很大的总体中具有典型性，这样的概括不是谬误。只有对样本容量太小而且不典型的样本进行概括，才犯了轻率概括的谬误。

例1：他父母的话不听，朋友的话不听，所以，什么人的话他都不听。

例2：我问了十个人，有九个人说反对民主党。结论：原来九成选民反对民主党。

例3：临床试验显示，对偶尔食用一定量的牛肉干的人而言，大多数品牌牛肉干的添加剂并不会导致动脉硬化。因此，人们可以放心食用牛肉干而无需担心对健康的影响。

分析：上述论证的问题在于，动脉健康不等同于身体健康，即使食用牛肉干不会导致动脉硬化，也不等于不会影响人体健康，因此，还不一定能放心食用。

总之，概括谬误的实质是严重忽视了与样本属性相反的事例存在，即没有充分地考虑到例外。下面举两个文本案例来分析其论证在概念、论证方法、论据及结论等方面的主要缺陷。

案例 分析下面的论证在概念、论证方法、论据及结论等方面的主要缺陷

令人十分不解和诧异的是，身为诺奖得主的日本人益川敏英竟然能够不懂英语，甚至还到了一窍不通的地步。这在国人看来是多么地不可

思议呀。和益川敏英一样对英语一窍不通的诺奖得主或许并不多见，然而管中可以窥豹，当不懂英语的人获得诺奖成为现实的时候，我们理应从中发掘出一些东西并加以反思。

众所周知，我国不光逐年加大了科研投入，使得我国摆脱了科研穷国的地位，而且还日益拓宽科研的国际化视野，使自己融入科研的国际化浪潮当中，首当其冲就是在大学里推广英语教学，大学毕业须过英语四级，研究生、博士生入学前须过英语关，在一些高校要想评聘为教授、博导甚至都要以英语水平作为主要依据等等。

此类举措虽然在一定程度上有助于提高大学生和科研人员运用英语的能力，有利于他们直接从英文科研成果中吸取养分，然而事与愿违，对于大多数人而言，英语非但没有达到为虎添翼的效果，相反，英语砝码的过度运用还成了他们进行专业学习和研究的负担。我们常常可以看到，一些极具科研潜质的学生或教师往往由于英语不过关而与继续深造或晋升职称失之交臂。另一方面，也一定存在一些英语水平与专业素质都很突出的学生或教授，虽然对英语的熟练掌握有时候能够帮他们的忙，但对英语这门工具的学习毋庸置疑占用了他们的许多时间，从而在一定程度上阻碍了学习和科研的正常进行，因而在总体上还是弊大于利。

总之，我们只有充分认识到英语的工具本义，而不是使之神化，我们对英语的学习才算真正步入正轨。如果做到了这些，将是我国教育和科研领域的一大进步。

参考分析：

上文从日裔诺奖得主益川敏英不懂英语，推出国人对英语的学习成了阻碍教育发展和科技进步的障碍物之一。这一论证做依据事例具有非典型性和偶然性，因此其推理存在严重的缺陷。

首先，益川敏英不是因为不会英语而有助于他获得诺贝尔物理学奖，充其量只是不懂英语没有影响他获得科研突破。事实上，诺奖得主中不懂英语的估计是极个别的。不懂英语的益川敏英获得诺奖这一事例充其量只具有启发意义，而不具有充分的论证意义。

其次，作者认为我国不该过分强调英语教学，不该畸形强调英语标准，这一观点当然是有道理的。但作者认为，"对于大多数人而言，英语非但没有达到为虎添翼的效果，相反，英语砝码的过度运用还成了他们进行专业学习和研究的负担"，这一论述明显是武断的。因为一方面，在英语作为最通用最常用学术交流语言的当今社会，读懂英语文献资料是一个基本的科研能力。另一方面，过度运用英语成为专业学习和研究的负担，可能对某些不擅长语言学习的科研人员是有影响的，但能流利阅读英文学术材料，在国际刊物上发表英文学术论文，往往是优秀学者的重要标志之一，应该说，对多数优秀的学者来说，熟练地运用英语反而有助于专业学习和研究。

再次，尽管作者看到我国的英语教学和人才标准对英语的要求上一刀切的做法存在问题，但从这些论据，不能过度地推出，不需要强化英语学习和使用，更不能推出，不学英语，少学英语，像益川敏英一样不懂英语，就一定会多出成果，快出人才。学英语耽误了时间是某些学习者的学习能力和学习方法问题，这与需不需要强化英语学习和使用是两回事，作者在这一点上存在混淆论题之嫌。

总之，作者的论证有失偏颇，使其观点不具有说服力。

二、统计谬误

在现实生活中，人们常通过调查对象的统计性质来分析研究各种问题。在论证中，用统计数据作论据具有很强的证据支持效力。而一旦在所使用的统计数据方面产生谬误，就会动摇论证的基础。

统计谬误指的是在使用统计数据作论据时所产生的错误，即运用统计推理时未能满足特定的相关条件而导致结论的可信度降低的谬误。常见的统计谬误有错误抽样、样本太少、数据不可比、数字和结论不相关、平均数谬误、大小数字的陷阱、百分比谬误、赌徒谬误等。

统计三段论的谬误（fallacies involving statistical syllogisms）是从一个普遍性到关于一个个体的结论的过程。其论证过程如下：

1.前提：比例为Q的总体P有性质A。

2.前提：个体I是P的成员。

3.结论：个体I有性质A的概率相当于Q。

1.以偏概全

统计论证的关键在于样本的代表性，影响样本代表性的三个因素有，样本的大小、范围和抽样的随机性。错误抽样的谬误是指在做出归纳概括过程中抽样不合理（如抽样片面、样本不具有代表性等）而产生的谬误。

以偏概全就是统计中的特例概括、轻率概括，是指根据部分样本具有的属性概括了整体的属性而导致的谬误，这种谬误是由于忽视样本属性的异质性，或者是根据有偏颇的样本所做出的概括。这种谬误主要有以下两种表现形式。

一种是小众统计或统计不全，是指以少数样本为根据，即只统计个别或少数数据，就引申出一般结论的错误论证。小的样本不足以反映总体的特性。仅根据几个具体事例就得出普遍的结论，这样的推论是极不可靠的。由于概括出一般结论所依据的样本太少，则发现反例的机会甚大，样本不足以支持一般性的结论。

另一种是样本偏颇，是由于抽样不当而导致的样本偏颇的谬误。影响统计推理结论的可靠性的不仅仅是调查对象的数量，调查对象的范围也很重要。就统计对象的整体而言，虽然在某个局部范围内的统计样本是有代表性的，但如果忽视了对其它部分的调查统计，则从统计对象的总体上看就是样本偏颇或不具有代表性。

例1：调查结果显示，某村78%的人对乡政府的工作表示满意。由此可知，这个乡政府是值得信赖的。

分析：某村的情况不能代表全乡的情况，这个论证犯了以偏概全的错误。

例2：北京某报以"15%的爸爸替别人养孩子"为题，发布了北京某司法物证鉴定中心的统计数据：在一年时间内北京进行亲子鉴定的近600人中，有15%的检测结果排除了亲子关系。

下面哪一项没有质疑该统计推断的可靠性？

Ⅰ.当进行亲子鉴定时，就已经对其亲子关系有所怀疑。

Ⅱ.现代科学技术真的能准确地鉴定亲子关系吗？

Ⅲ.进行亲子鉴定的费用太高了。

分析：上文根据一年内进行亲子鉴定的近600人中有15%的检测结果排除了亲子关系，而得出一个普遍性的结论：15%的爸爸替别人养孩子。

这个推理显然是以偏概全的，结论是值得怀疑的。

Ⅰ项以另有他因的方式，说明了进行亲子鉴定的这600人本来就对其亲子关系有所怀疑，所以测出的结果应该是高于社会上的政策情况，也就是样本不具有代表性，因此统计推理的结论不可靠；

Ⅱ项怀疑了进行亲子鉴定的技术是否可靠，因此，同样质疑了该统计推断的可靠性；

Ⅲ项所说的费用高，则与统计推断的可靠性无关，是不能削弱题的正确答案。

2.数字陷阱

统计数字包括平均数、百分比、相对数量与绝对数量、比率和概率等各类数据。在当代社会，各种数字、数据、报表可以说铺天盖地，频频出现在大众传媒之中，我们常常会想这些数字、数据准确、可靠吗？人们是如何得到这些数字和数据的？获得这些数字、数据的方法和途径是什么？这些方法和途径可靠吗？这些数字、数据的可信度高吗？这些数字、数据到底能说明什么问题？由于统计推理的结论性质具有或然性，因此，在统计推理的过程中应注意数字陷阱的问题。对这些"精确"数字保持必要的怀疑，是一种明智的、理性的态度。

（1）平均数谬误

平均数谬误是指误用平均数，即将平均数的性质机械地分配给总体中的个体，从而基于平均数假象而引出一般性结论的谬误。"平均数"的三种不同含义：算术平均数、众数和中位数。算术平均数是指一组数值的总和除以这组数值的个数所得到的数。众数是指调查对象中出现次数最多的数。中位数是指将所有数据从高到低排列起来，居于数列中间位置的那个数。

其中，算术平均数的谬误是最常见的平均数谬误，是指不恰当地使用算术平均数，以算术平均数的假象为根据，引申出一般结论的错误论证。算术平均数的特点是拉长补短，以大补小，以最终求得的结果代表对象总体的某种一般水平。算术平均数掩盖了实际上的不平均，通过算术平均数设计的数字陷阱主要是利用了算术平均数的这一特点。

例1：某村负责人向上级汇报工作：在上级领导的正确领导下，我村的经济有了飞速的发展，人民的生活水平有了大幅度提高。与前年相比，全村人均收入增加了一万元。

分析：类似地，一个一千人的社区，如果要把人均收入从3000元提高10%，只需要向社区引进一个年收入30万元的小老板落户即可。虽然提高人均收入的"政绩工程"效果显著，但社区群众的收入水平并未发生明显变化。极端值可以将平均数向上拉，也可以将它向下拉。有首打油诗能说明上述谬误。"张村有个张千万，隔壁九个穷光蛋，平均起来算一算，人人都是张百万"，这首打油诗里的"张村"绝大部分是穷光蛋，但有一个张千万就把大家的收入平均上去了，而整个村子的实际状况其实很差。

例2：我国的平均人口密度只有每平方公里100多人，这比许多其他国家少多了。所以我们应该大力提倡生育。

分析：平均人口密度是总人口与国土面积的比值，上述论证显然忽视了我国有大量国土不适合人居住的实情。

（2）数据的相对性谬误

数据的相对性主要指的是百分比、基数与绝对量三者之间的相对关系，数据的相对性谬误就是指忽视三者之间的相对变化而导致对数据的滥用。

百分比可以使人们了解某一类对象在全体对象中所占的比例。使用百分比的优点是，可以使人们了解某一类对象在全体对象中所占的比例，统计结果简单明了，一目了然。使用百分比的缺点是，无法反映一种非常重要的信息，即得出百分比所依据的绝对数字。百分比高不意味着绝对量大，还要看基数。误用百分比是指利用百分比眩人耳目，论证中使用了确切的百分比，却疏漏了一件重要的信息——百分比之所凭依的绝对数字。

百分比只是一个相对数字，它不能反映对象的绝对总量。如果在统计推理中遇到百分比，我们务必要问问自己，是否需要知道这些相对数字所依据的绝对总量。

有关百分比的批判性思维问题如下。

CQ1：该百分比所依据的基础数据是什么？

CQ2：该百分比所表示的绝对总量是多大？

使用百分比的陷阱类型：

① 使用小的分母（小的基数）加大百分比，可使人们相信夸大了的事实。

例：在过去20年中，美国国会议员中黑人的数量增加了100%。照这样的速度发展下去，美国国会中黑人议员的数量会很快超过白人。

分析：事实上到目前为止，白人议员的数量仍是黑人议员数量的很多倍，即使按这样的速度发展下去，美国国会中黑人议员的数量在短时间内也不可能超过白人。

② 使用大的分母（基数）缩小百分比，可以使人相信某种现象并不重要或不值得重视，没有必要大惊小怪。

例1：我国绝大多数人都能自觉抵制毒品的诱惑。吸毒并不会给我国带来严重后果，目前我国吸毒的人数还不到总人口的1‰。

例2：限制工业废气的排放量并没有人们想象的那么重要，过去20年大气中的二氧化碳含量仅仅增加了2%。

③ 在不该使用百分比的情况下使用了百分比，对不同的百分数进行错误的比较，从而误导对方。

例1：我们在小型机械的销售方面增加了50%，而我们的竞争对手只增加了25%。

例2：A房地产公司的销售经理说：我们公司今年售出的房屋面积比去年增加了50%，而B公司只增加了25%。

例3：本市的治安形势急剧恶化，今年的恶性刑事案件较去年增加了100%。

（3）概率误解

概率，又称或然率、机会率或几率，是表示随机事件发生可能性大小的量，是事件本身所固有的，不随人的主观意愿而改变的一种属性。如果一件事情发生的概率是1/n，不是指n次事件里必有一次发生该事件，而是指该事件发生的频率接近于1/n这个数值。

赌徒谬误是一种常见的概率误解，是指根据一个事件在最近的过去不如期望的那样经常出现，推断最近的将来它出现的概率将会增加的统计推理谬误。该谬误产生的根源在于人们误认为博彩游戏中相互独立的事件之间存在因果关联，由于赌徒们经常犯这种错误，故以此命名。赌徒们的错误在于误解了"大数定律"或"平均定律"。但是，大数定律和平均定律的原理告诉我们，一种情况随机发生的频率有其稳定性。在大量重复进行同一试验时，这种情况发生的频率总是接近于某个常数。这个常数就被称为该情况随机发生的概率。当试验次数足够多时，随机情况发生的频率与它们的概率无限接近。

例：根据概率论，抛出一枚均匀的硬币，其正面朝上和反面朝上的概率几乎相等。我与人打赌，若抛出硬币正面朝上，我赢；若反面朝上，我输。我抛出硬币6次，结果都是反面朝上，已经连输6次。因此，我后面的几次抛出肯定是正面朝上，一定会赢回来。

下面哪一个选项是对"我"的推理的恰当评价？

Ⅰ.有道理，因为上帝是公平的，机会是均等的，他不会总倒霉。

Ⅱ.没道理。因为每一次抛出都是独立事件，与前面的结果没有关系。

Ⅲ.后面几次抛出果然大多正面朝上，这表明概率论是正确的。

分析：上文中的"我"实际上犯了"赌徒的谬误"，这是误用大数定律所产生的一种谬误。当试验的次数足够多时，随机事件发生的频率与它们的概率可以无限接近。然而，就某一次随机事件而言，它都是独立的，上一次发生的事件既不会增加，也不会减少下一次事件发生的可能性。Ⅱ项是对题干推理的恰当评价。

阅读 理解这些谬误就能劝退不少赌徒

即使知道概率是不可战胜的，在赌局中赌徒依然会掉进自己乐观的陷阱里。

比如你在玩一个极其简单的掷硬币的游戏，前几次掷出的均为正面。那么在下一把时，你总会觉得掷出反面的概率大于50%。

但事实上，无论你前面是连续掷出了100个正面，对后面第101次投掷也是没有影响的。这就是相互独立事件。

而错把独立事件当成相互关联事件，就极容易掉进了"赌徒谬误"（也称蒙地卡罗谬误）的坑里。

当然，也有的人擅长逆向思维。他们认为既然前5次都是正面，那么凭着我的"运气"第6把同样是正面的概率更大。这也被称为"热手谬误"，属赌徒谬论的另一个版本。反正乐观的赌徒，总是有办法让自己相信自己能赢。但无一例外，这些都是赌徒们一厢情愿的错觉罢了。

赌局是没有记忆的，不会因为你曾经输了就给你更多胜出的机会。而赌场利用这种心态，能把一个个赌徒带到倾家荡产的地步。

其实赌徒谬误的产生，有部分原因是对"大数定律"的误解。所谓大数定律，指的是随机事件的大量重复出现中，往往呈现出必然的规律。

也就是说，在实验条件不变的情况下，重复实验越多，随机事件出现的频率就越近似于它的概率。当随机事件发生的次数足够多时，发生的频率便趋近于预期的概率。

然而人们常常错误地理解为，随机就意味着均匀。如果过去一段时间内发生的事件不均匀，大家就会以为未来的事情会尽量往"抹平"的方向走。也就是如果连输几把的话，下一把赢面就会更大。

在现实生活中，大数定律的工作机制，可不是为了和过去已发生的事情搞平衡与对抗。这里就有不少关于这方面的笑话。曾经有人提出只要你在乘坐飞机时带着一枚炸弹，那么你就基本不会遇上恐怖分子炸飞机了。他给出的理由是，同一架飞机上有两枚炸弹的可能性是极小的。

此外，赌徒们对大数定律的误解，还体现在对"多次重复"的理解上。事实上，没人知道具体得多少次重复试验才算"足够多"，能使得大数定律适用于个人对赌上。

对于该问题，概率论早就给出了答案——无穷大。然而现实的赌局里，在远未达到"足够多"次试验时，赌徒就已经输了个精光了。

那么问题就来了，既然说好的概率是随机的，我有机会输光全副身家，不也有机会大杀四方吗？这个不假，但概率的天平却总是偏向那些资本积累更多的一方，例如你的对手——赌场。

早在18世纪初，那群热爱赌博的概率论数学家们，就提出了那个让赌徒们闻风丧胆的"赌徒破产定理"（Gambler's ruin）。所谓赌徒破产定理，指的是在"公平"的赌博中，任何一个拥有有限赌本的赌徒，只要长期赌下去，必然有一天会输个精光。

虽然赌场庄家的钱也不是无限的，但只要庄家资金比你多，它的赢面就永远比你高。试想一下，一位赌徒只能拿出10元，而庄家摆在台面上的是10000元。那么在这位赌徒的单车还未变摩托前，他就极易先输个精光了。而就在赌本没了的那一刻，这种无限对赌就已经结束，胜负已分。所以即使是50%的随机概率，但因赌本的不同这个赌局从一开始就不是公平的。

更何况现实中的大多数赌场里，概率设置在公平的50%是少之又少的，而庄家还会从中抽水，想赢真的太难了。毕竟一个赌场想要快速来钱，其赌局必然会以有利于赌场设计。

试问那些资本处于劣势，又头脑不清醒的赌徒拿什么跟这些大资本家长期对赌。所以，去赌场赌博无异于直接送钱给赌场老板。

就算是广泛流传于民间赌徒所谓的"必胜法则"，也无法避开这样的陷阱。

什么是必胜法则？比如是玩猜大小的赌局，玩家下注后，结果只有两种要么大要么小。如果猜错了，则失去赌注，如果猜对了便获得赌注一倍的利润。

这种必胜法则的操作如下：第一把下注100押大，输了；第二把下注200押大，输了；第三把下注400押大，输了；第四把下注800押大……

这样下去，总会有一把是赢的，这样做不但能把前若干把亏损的钱赚回来，还能获得100利润。

理论上连续多把开小的几率是极小的，由此看来，加倍赌注法似乎就是那个必然能赢钱的策略，玩的就是心跳。

然而理想很丰满，现实却很骨感。其实这种所谓的必胜法则，也叫加倍赌注法（martingale），早在18世纪就流行过了，是别人玩剩的东西。

但就算流传了好几个世纪，我们却仍未见过用此法笑到最后的赌徒。或许细心的人早已发现，加倍赌注法看上去能让你稳赚。但随着下注的把数越大，风险也会激增。

而越赌到后面，即使你的赌注已高达上亿，能赢回来的也只有最初赌本等值的收益，与承受的风险完全不成比例。而以指数形式增长的赌金，最终会导致财产有限的赌徒面临破产的无底洞。

在这些赌局中，只要连输若干把，呈指数增长的赌注就能让你开始怀疑人生。

网上的各种时时彩，就喜欢用这种"倍投法"，连哄带骗地引赌徒入坑。他们一般会建立一个群，然后在群里的"托"就会引诱赌徒用"倍投法"来实现"稳赚不亏"的下注。

为了增加所谓的赢面，这些骗局的倍投法不仅限于"双倍投"，还推出了各种"倍投"策略。但无一例外，只要挂一次就很容易被打入18层地狱永不翻身。

事实上，有些赌徒也不蠢，道理他们都懂。但他们就是控制不住侥幸心理，觉得那个倾家荡产的人不会是自己。

赌博，赌的从来不只是数学，赌的更是人性的贪婪。

3.数据误用

数据误用是指因忽视统计数据的相关性、可比性而导致的谬误。在考察统计论证或运用统计数据推出结论时，应注意以下几个问题：

第一，说话人或作者是从何种途径知道这些统计数据的？

第二，说话人或作者是如何使用这些统计数据的？说话人或作者运用这些统计数据是如何得出结论的？

第三，说话人或作者运用这些统计数据得出的结论是否恰当？有没有对这些统计数据做出引申，引申的适当程度如何？

你可以尝试利用这些统计数据建构你自己的结论，若其与作者的结论不符，你或许便找到了某种不实之处。

（1）数据不相关

数据与结论不相关的谬误是指把不相关的统计数据误认为密切相关而做出的错误的统计论证。

在归纳论证中，归纳强度取决于样本与总体的相关性。统计概括的结论不但描述统计对象的性质，也描述统计对象之间的因果关系，人们在论证中时常依靠统计相关来确认统计对象之间因果联系。当我们依靠统计数据来解释或者确认一种因果关系时，必须考虑其前提所选取的样本属性与结论所描述的总体属性是否相关，在很多情况下，统计推理的前提与其结论之间貌似相关，而实际上却不相关。

因此，在遇到一个统计论证时，我们应先将推理中出现的统计数字放到一边，考虑一下，这些统计数据和结论是否相关？什么样的统计数据可以证明推理的结论？然后，把证明结论所需要的数字与推理中所给出的数字比较一下。如果二者并不相关，就可由此发现论证的错误。

例：研究表明，严重失眠者中的90%爱喝浓茶。老张爱喝浓茶，因此，他很可能严重失眠。

分析：上述论证依赖的论据并不涉及爱喝浓茶的人中严重失眠者的比例。合理的论证应该是：爱喝浓茶者中的90%严重失眠，老张爱喝浓茶，因此，他很可能严重失眠。

（2）数据不可比

数据不可比的谬误指的是由于忽视统计对象和样本的实质差别而将两个数据机械进行比较而导致的错误。

比较或者对比是确定事物之间相同点和相异点的思维方法，它为客观全面地认识事物提供了一条重要途径。对比可以是两个对象之间的比较，也可以是同一对象自身前后不同阶段之间的比较，前者称为横向比较，后者称为纵向比较。

数据不可比谬误的主要表现：

① "对比不当" 的谬误

"对比不当" 的谬误是指在不同的基础上进行比较，或者把本来不可比的对象、数据拿来强行做比较。削弱统计论证常用的方式是通过指出比较的根据或基础不正确，来说明某一组数据不能说明问题或两组数据不可比。

一是，比较的对象不恰当。

遇到统计数字时需要追问：说话人为什么要使用这些数字，他用百分比是不是更能说明这个问题？说话人是否有意地用令人印象深刻的大、小数从而隐瞒某些重要信息？

二是两个样本有实质性差别。

由于忽视统计对象和样本的实质差别，而将两组数据机械进行比较而导致的错误。即表面上这两组数据在进行比较，而实际上这两组数据根本就没有可比性。

例：A省出了1个世界冠军，B省出了3个世界冠军。可见，B省的体育普及工作和训练水平比A省好得多。

② "独立数据" 的谬误

独立数据是脱离比较基础的数据。在统计论证中，独立数据在论证中的证据效力是不能令人信服的。

一是没有设定供比较的对象。

如果没有供比较的对象，那么这组数据表面上在进行比较，而实际上根本没有比较。

例："本品牌的手机便宜500元"。就后一句而言，比谁便宜？是与该手机去年的价格相比？还是与同类型手机中质量最好因而价格最贵的相比？或者是与同类手机中最便宜的相比？不提供这样的背景信息，上述表面上的比较就毫无意义。

二是没有与相关的数据进行比较。

若要使所列的数据成为有说服力的证据，就必须与相关的数据进行比较。比如，某人提出一个特殊群体具有某种行为的比例，因此，这种行为与这个群体的特殊情况有因果联系。为了证明题干的这种因果联系是否成立，我们就需要找出用于对比的另一个群体中具有该种行为的比例，并把这两个可对比的群体中具有该种行为的比例进行比较。

例1：美国有些州的法官是通过选举产生的。选举通常需要得到利益集团的资金支持，这有可能直接或间接地影响司法公正。一项研究表明，在涉案一方是自己的竞选资助人的案件中，路易斯安那州最高法院的法官有65%的判决支持了竞选资助人。这说明，给予法官的竞选资助与有利于资助人的判决之间存在相关性。

分析：上述论证仅凭65%的判决支持了竞选资助人就得出结论，给予法官的竞选资助与有利于资助人的判决之间存在相关性。这一论证的隐含假设是支持竞选资助人的案件数量高于事实上应该支持的数量，而该论证并没有给出竞选资助人在所有涉案当事人中所占的比例，所以题干论证的假设是存在疑问的。

例2：一项调查结果显示，78%的儿童中耳炎患者均来自二手烟家庭，研究人员表示，二手烟环境会增加空气中的不健康颗粒，其中包括尼古丁和其他有毒物质。与居住在无烟环境的孩子相比，居住于二手烟环境的孩子患中耳炎概率更大，因此医学专家表示，父母等家人吸烟，是造成儿童患中耳炎的重要原因。

下列哪项如果为真，最能削弱上述论证？

Ⅰ.门诊数据显示，儿童中耳炎就诊人数下降了4.6%。

Ⅱ.在这次调查的人群中，只有20%的儿童来自无烟家庭。

Ⅲ.政府官方网站指出，二手烟是室内PM2.5的重要来源。

分析：上文认为，78%的儿童中耳炎患者来自二手烟家庭，因此家人吸烟是导致儿童患中耳炎的重要原因。

脱离比较基础的独立数据，在论证中的证据效力是不能令人信服的。若使所列的数据成为有说服力的证据，就必须与相关的数据进行比较。Ⅱ项表明，本次调查中，80%儿童本就来自吸烟家庭，因此题干的论据就不能证明论点，有效地削弱了上述论证。

研究表明，随着年龄增长（从10岁到60岁），咖啡饮用者的平均咖啡消费量会逐渐增长。即便到60岁后，咖啡消费量仍然会居高不下。但是可乐的平均饮用量则会随着年龄增长而下降。过去40年间，这两种趋势都保持不变。由于在未来20年内老龄人口会有较大增长，所以，这一时期内咖啡需求量将增加，而可乐需求量则下降。因此我们应该考虑将我们对"乐可"可乐的投资转向"报更鸟"咖啡。

　　参考分析：

　　上文基于可乐和咖啡消费变化趋势而推论出投资转向的建议，由于论证存在诸多逻辑缺陷，导致其结论的可信度不高，现分析如下。

　　首先，作者论述，咖啡的平均消费量随年龄增加而增长，可乐的平均饮用量则会随着年龄增长而下降，这一趋势40年不变。这作为建议投资转向的一个理由并不可靠，因为过去这个趋势不变不等于今后就一定不变，如果消费者的消费偏好转变了，那么今后就有可能会导致咖啡和可乐的消费趋势逆转。

　　其次，"未来20年内老龄人口会有较大增长"，这句断言的概念不明确，是老龄人比例增长，还是绝对数量增长，作者没有论述清楚。即使这一断言确实表明了未来老龄人口与现在相比，绝对数量有较大增长，这并不能否定未来年轻人的绝对数量也可能有较大增长，在这种情况下，可乐需求反而有可能大幅增长了。这样，投资转向的建议也就不一定可靠了。

　　再次，即使趋势如上文所说，而且结果也像作者预期那样，即未来20年，咖啡需求量将增加，而可乐需求量则下降。由这种整体趋势，也不能轻率地推出某个品牌的可乐或咖啡的需求变化，即无法确定未来"乐可"可乐和"报更鸟"咖啡的需求量的变化。完全有可能"乐可"在可乐市场的竞争力远高于"报更鸟"在咖啡市场的竞争力，而使得未来"乐可"的投资回报率仍高于"报更鸟"。

　　总之，上文的投资转向建议是建立在不充分的理由之上的，且存在严重的逻辑漏洞，若根据该建议就盲目地进行投资转向，很可能会面临失败的风险。

三、因果谬误

事物的发生、发展都有它内在的因果关系。在自然界和社会中，各种现象之间是普遍联系、互相依赖、互相制约的。因果联系是普遍的和必然的联系，如果一个现象的出现必然引起另一个现象的出现，那么，这两个现象之间就有着因果联系。引起另一现象出现的现象叫原因，被引起的现象叫结果。原因与结果具有时间上的先后关系，但具有时间先后关系的现象并非都是因果关系；除了时间上的先后关系之外，因果关系还必须具备一个条件，即结果是由于原因的作用所引起的。

因果谬误（causal fallacies）也叫假性因果，是指在探究因果联系的过程中，由于忽视或错认了某些相关条件和相互关系而导致的谬误。其谬误在于不具有因果联系的两个现象之间断定了一种因果关系，具体地说，就是前提与结论的联结依靠的是某些想象到的因果关系，而实际上可能不存在这些因果关系。假性因果有许多表现形式，如"轻断因果""强加因果""因果倒置"和"错为因果"等。

阅读　因果谬误

为什么孩子写作业拖拉磨蹭不专注？为什么孩子学习自主性低？为什么学习成绩不理想？为什么孩子和父母之间的争执不断？……弄清楚现象之间的因果关系，才能对症下药解决问题。

但因果关系可不是那么容易弄清的，家长们经常会在证据不充分的情况下做出轻率的判定，陷入因果谬误。

有这样最常见的两类。

1. 错误归因

很多家长会跟着班里的"学霸"报补习班，背后的逻辑是：因为上了某个补习班，所以"学霸"的成绩这么好。

这个论证有没有道理呢？我们需要分析：

有充分的证据说明："学霸"是因为报班，所以成绩名列前茅吗？两件事先后或同时发生，并不说明这两件事情之间有因果关系，可能这两件事有共同的起因——报班和成绩好都是因为孩子勤奋，或者因为孩子学习自主性强，方法也得当，即使不报班，学习成绩也会很好。

退一步说，即使这个孩子真的是因为报班才成绩好的，可以推出报班就适合所有的孩子吗？这时候容易犯的错误是以偏概全，即用孤立的例子取代严谨的论证。比如这个孩子可能对这个学科兴趣强，需要有挑战的学习内容，但你的孩子可能需要先提高兴趣，打好基础。

在分析因果关系时，一个经常同时产生的认知偏差是：确认偏误。即在大量的数据/证据中挑选对自己有利的证据，而忽略对自己不利的。也就是说，只看见自己想看的。

比如，当你有了先入为主的必须"鸡娃"的想法后，对不"鸡娃"的家长的选择更可能视而不见，看到了也会找各种理由来证明他们家和自己家情况不一样，比如"他家不鸡娃是因为他家更有钱"，但那个家庭选择不鸡娃，很可能因为那是他们的教育理念，和他们的经济水平并没有关系。带着这种先入为主的观念，当看到一些比自己经济条件更差的家庭也选择了不"鸡娃"，你可能又会找出别的借口，比如，他们不鸡娃是因为他家孩子有天赋。

这个过程中，"鸡娃"的家长们并没有真正去了解那些做出不同选择的家长行为背后的原因。

2. 忽略因果关系

"鸡娃"带来的好处可能是立竿见影的，多做几套题，孩子下一次测验的成绩可能就上去了；但"鸡娃"的弊端却不会立刻显现，很多时候可能要到高中甚至长大之后才能看得出来，但这些弊端可能非常严重。

在故事FM对一名海淀重点中学的高二老师的采访中，该老师就谈到："感觉整个年级的孩子，都处于一种很紧张很焦虑的状态。"有的孩子是从小听话乖巧，但到初高中就叛逆、学习动力不足；有的孩子是虽然有学习积极性，但焦虑过度——有的需要用药；脱发变得非常普遍，"随便一摸头，一把头发就下来"。

紧张、焦虑、抑郁、学习动力不足，这些都是"鸡娃"很可能带来的风险，很多研究都证明了这一点。但当问题显现，家长却不能或不愿将这些问题与当初"鸡娃"的选择联系起来。

在社会科学领域，研究现象之间的因果关系不是容易的事，这需要做统计归纳，科学抽样，设计研究方法，选择对照组做比较，审慎得出结论，对结论做出合理解释，还要能回应反驳意见。

因果主张的解释如下.

若A与B时间相关或者统计相关，其因果主张的解释存在以下几种情况。

解释1：A与B时间相关或者统计相关，因为A导致B。

解释2：A与B时间相关或者统计相关，因为B导致A。

解释3：A与B时间相关或者统计相关，因为A与B互为因果。

解释4：A与B时间相关或者统计相关，纯属偶然的巧合，A与B并没有因果关系。

解释5：A与B可能时间相关或者统计相关，因为C导致了A和B。

解释6：A与B时间相关或者统计相关，因为A与C相结合导致了B，即A是导致B的部分原因。或者，因为B与C导致了A，也就是说，B是导致A的部分原因。

1.强加因果

强加因果也叫嫁接因果、无关因果等，当人们把根本不是某些事物产生的原因当成这些事物产生的原因时，就会犯这种错误，具体是指论据与结论之间毫无因果关系，却被陈述者生拉硬拽在一起，即在明显不具有因果联系的现象之间强加或嫁接因果联系。

（1）轻断因果

轻断因果也叫巧合谬误（coincidental correlation）、后此谬误、事后归因、以时间先后为因果等，是指以时间关联为因果关系，把先后关系误认为因果关系的谬误。

轻断因果的论证模式是：仅仅因为A事件与B事件同时发生或先后发生，就断定A事件与B事件具有因果关系。

在因果关系中，"原因在先而结果在后"这是必要条件。但这并不意味着"在先事件"就一定是"在后事件"的原因。显然，只凭因果关系在时间上具有的特征来确认一种因果关系，这是不充分的，有时时间上似乎相互关联的两件事，实质上并不存在因果关系。换言之，时间关联并不等于存在因果关系。如果只根据时间先后这一表面特征就断定两个现象之间有因果关系，便易于产生"轻断因果"的错误。

尽管原因总是在结果之先发生，但先发生的现象不一定就是原因，最多只能列为可能的原因，究竟是不是真正的原因，还要做许多的调查研究工作。

例1：因为天气不好，所以心情不好。

例2：张大爷昨天夜里没了。我说怪不得前几天附近树林里总是有猫头鹰的叫声呢！

例3：在张三来我这里之后，我的某件贵重物品就找不到了。肯定是被他偷走了！

（2）错断因果

错断因果，也叫错为因果，是指仅以表面具有的统计关联便断定两个现象之间存在因果关系的谬误。其谬误根源在于两类事件就某些统计数字上看好像是密切相关的，其实两者之间并不存在真正的因果关系。

例1：玩象棋的人中男性比女性多，所以男性棋艺也比女性高。

分析：男性棋艺也比女性高的原因很可能是男性更喜欢理性思维，而不应该是玩象棋的人中男性比女性多。

例2：过去几个世纪全球海盗数量减少，全球温度在升高，所以，海盗的数量的减少造成了气候变化，海盗能够降低全球温度。

分析：海盗数量减少、全球温度升高这两个事物虽然同时发生，但根本没有因果关系，它们共存只是巧合。

2.因果倒置

因果倒置（wrong direction）是指认因为果或认果为因的谬误。

因果关系具有共存性。原因和结果在时空上是相互接近的，并且总是共同变化的，原因的变化会引起结果的相应变化，结果的改变总是由原因的改变所引起的。但因果之间的共存性也容易引起人们颠倒事件的因果关系，包括倒因为果（错把原因当结果），或倒果为因（错把结果当原因）。

例1：古代希伯来人观察到健康的人身上有虱子，而有病发烧的人身上没有虱子，便认为：虱子能使人身体健康。

例2：调查结果表明，工资高的销售人员工作业绩也比较好，反之，工资低的销售人员工作业绩就比较差。可见，提高销售人员的工资可以提高他们的工作效率。

例3：在19世纪的英国，勤劳的农民至少有两头牛，而好吃懒做的人通常没有牛。于是某改革者主张给没有牛的农民两头牛，以使他们勤劳起来。这是倒果为因。实际上是因为勤劳才有了两头牛，并不是因为有了两头牛才勤劳起来。

3.混淆原因

因果论证是对因果关系的运用或确定，推理的前提或结论涉及对因果关系的认识。如果对原因的类型认识错误，就会犯"混淆原因"的谬误，具体包括以下几种情况。

（1）将导致某一结果产生的某一个原因或者部分原因当作导致这一结果产生的全部原因（即充分原因）。

（2）将导致某一结果产生的一个必要原因当作导致这一结果产生的充分原因。

（3）将导致某一结果产生的必要原因或充分原因当作导致这一结果产生的

唯一原因（即充要原因）。

例1：癌症患者只要接受化疗，就会承受很强的副作用，而化疗的副作用会导致癌症患者抵抗力下降，因此，抵抗力下降的人容易患癌症。

分析：上述论证混淆了原因，从前提应该得出的结论是癌症会导致抵抗力下降，而不应该得出"抵抗力下降的人容易患癌症"这一错误的结论。

例2：如果巴拉克上场，德国队就一定会赢，德国队如果赢了，就能够获得高额奖金，所以当德国队获得高额奖金时，巴拉克一定上场了。

分析：上述论证混淆了原因，从前提应该得出的结论是，巴拉克上场，德国队一定获得高额奖金时，而不应该得出"当德国队获得高额奖金时，巴拉克一定上场了"这一错误的结论。

4.复合原因

复合原因（complex cause）谬误也叫一果多因，是指当一个特定的结果是由多种原因引起的时候，论证者只选择其中的一个原因作为对该结果产生原因的解释。

复合原因谬误包括单因谬误、遗漏主因等，其实各种因果谬误，本质上都忽略了他因，即没有考虑到其他可能原因的存在。

（1）单因谬误

单因谬误产生于论证过程中只认定某个结果是由某一个单一原因引起的，即将导致结果产生的多种因素简单地归结为其中的某一个因素。

在自然和社会生活中，很多事情是由很多因素共同造成的，在没有办法将其他因素一一排除的前提下，不能断然决定是某一个因素导致了结果的产生。如果只指出多个原因中的其中一个为事件主因，或使人看起来好像是导致该结果产生的唯一原因，就犯了单因谬误。

例1：我在学校很受人欢迎，因为我每天穿得都很漂亮。

分析：穿得漂亮和受人欢迎并没有必然的联系，不能成为单一的因果关系。

例2：张明很胖，他一定很少做运动。

分析：张明的胖是多种原因一起构成的，不能断定仅仅是很少运动造成的。

例3：你一天到晚都只是玩游戏机而不温习，难怪你考试成绩那么差。

分析：除了玩游戏机而不温习外，还有其他原因，如考试期间一时大意或者试题太难，但它们和玩游戏机一样，不一定是主因。

（2）遗漏主因

遗漏主因也叫无足轻重谬误（genuine but insignificant cause），是指举出无足轻重的次要原因进行论证，而遗漏了真正的主因。

主要原因指的是导致结果最关键的原因。某种现象往往是由多种原因引起的，这时就必须分析和抓住其中的主要原因，提示引起结果的最本质的、最核心的因素。如果误把次要原因当成主要原因，就会导致遗漏主因的谬误。

例：有人认为，股市长期低迷的原因是大小非套现。其实大小非套现是股市低迷的次要原因，而主要原因是经济下行，股市整体估值偏高等。

5.复合结果

复合结果（joint effect）谬误也叫共同原因、一因多果，是指根据现象A和现象B存在时间相关或者统计相关，就误认为现象A和现象B具有因果关系，而事实是有一个共同原因C导致了现象A和现象B两个结果同时出现。

例：记者报道离乡背井的战争难民中的一家人："他们因为房子被毁而逃到这里。"

分析：战争的炮火导致这家人的房子被毁及离乡逃难，房子被毁并不是导致这家人离开原居住地的真正原因。

6.错否因果

错否因果的谬误往往涉及间接原因或间接因果，指的是对表面上不相干或关系不紧密的两个现象，就断定这两个现象之间不存在因果关系而事实上其存在因果关系的谬误。在自然和社会生活中，对表面上不相干或关系不紧密的两个现象，如果用联系的眼光看问题，深入分析下去，有时候会发现在它们的背后存在着间接的因果关系，排除了表面现象的迷惑，就更加接近事物的本质。

下面列出几种常见的"错否因果"谬误。

（1）A是B的原因，所以，A不是C的原因

而事实是：B导致了C，从而A→B→C形成因果链条，所以，A是C的间接原因。

（2）A是C的原因，所以，B不是C的原因

而事实是：B导致了A，从而B→A→C形成因果链条，所以，B是C的间接原因。

（3）A和B貌似不相关，所以，A不是B的原因

而事实是：A导致了C，而C导致了B。从而A→C→B形成因果链条，所以，A是B的间接原因。

例1：公共教育遭受到一种被诊断为过分控制的弊病。这种弊病否认了父母亲对其孩子所接受教育的控制，曾经被父母亲拥有的权力移到了专职的教育者身上。由于学校的越来越集中和官僚化，这种弊病被加重了。

分析：上述论证认为，P（父母亲）对R（对孩子的控制）的影响转移到了Q（专职的教育者）对R（对孩子的控制）的影响。而事实上是，由于社会压力的影响，越来越多的学校管理员遵循父母的建议。这就表明，P（父母亲）影响了Q（专职的教育者），这表明P（父母亲）还是对R（对孩子的控制）起主导作用的原因。

例2：尽管在中星县森林周围的人口增加了，但是森林的总量并没有减少。因此，县里燕雀的减少不能归因于人口的增加。

分析：上述论证断定，县里燕雀的减少不能归因于人口的增加。而事实是，人口增加导致更多垃圾罐的存在，使更多浣熊得以生存，而浣熊无论在何时，都要捕食燕雀蛋。可见，县里燕雀的减少还是由于人口增加间接导致的。

7.滑坡谬误

滑坡谬误（slippery slope）也叫诉诸远因，是假性因果谬误的一种，是指忽视其他因素在原因长链中的影响而诉诸遥远的单一因素。

因果关系并不是一定能传递的，即A是B的原因，并且B是C的原因，却不一定能得出A是C的原因。即结果的原因的原因，不一定是结果的原因。若因果链条不包含实质性的因果传递关系而断定其具有因果关系，那就会犯"诉诸远因"或"滑坡论证"的谬误。

在滑坡论证中，结论的得出依靠的是靠不住的连锁反应链，没有充足的理由认为这种连锁反应将会在实际中发生。滑坡之"滑"在于，用一连串弱关系、微相关的"或然"，在连环的推理中，推出一个不可靠的结论。滑坡论证总是从论证者接受的一个前提开始，通过一系列的步骤，形成一个论证链，逐渐地推理出不可信的结论。显然，这种论证，随着一步步推进，其确证性却一步步下降，最后，前提和结论的联系往往变得十分微弱，甚至毫无关系。以下几例均犯了滑坡谬误。

例1：如果我们容许医生帮助安乐死，那么到最后，政府会控制我们如何死。

例2：如果我们允许同性恋结婚，那么就会有人想要和桌子、椅子结婚。

例3：如果你偷懒，就会令公司蒙受损失，公司赚不到钱，就要解雇员工，遭解雇而导致失业的人因为失业而没有收入，就会打劫，如果打劫时遇到反抗，就会杀人。所以，如果你偷懒，你就是杀人犯。

例4：如果你买日本货，日本公司就会盈利；如果日本公司盈利，那么日本公司就会发展壮大；如果日本公司发展壮大，那日本国力就会成为世界第一；如果日本国力成为世界第一，那么日本就会侵略中国。所以如果你买日本货，你就是在帮助日本侵略中国。

四、类比谬误

类比论证是根据两个对象在某些属性上的相同或相似，推论两者在其他属性上也有相同或相似。类比论证属于或然性推理，是一种从特殊到特殊、从个别到个别的推理方式，其结论不一定为真，只有一定程度上的可靠性。

1.类比不当

类比不当（weak analogy）的谬误，也叫谬比、假类比、弱类比、诉诸类比、虚假类比、机械类比、荒唐类比、类比失当的谬误，是指A与B不具有或者是缺少可比性，却被论述者简单地放在一起加以比较。具体是指把所论证的事物和一个表面与其相似、本质却不同的事物进行比较论证，从而得出荒谬的结论。

类比不当就是貌似运用类比推理，但实际上却缺乏实质性相关的类比推理。使用类比推理所做出的论证，其结论依靠的是两种事物或情况之间可比的或相似的属性的存在。当论证中的类比推理不足以支持其结论时，就会出现此类谬误。

例1：他对朋友这么好，对女朋友一定很好呢。

分析：以两件不相似的事物作类比。

例2："狗和人都是哺乳动物，吃人肉是违背道德的，所以吃狗肉是违背道德的。"

分析：人与狗的共性是在生物学上，而非人类道德上。

例3：剪刀和手枪都是金属做的，而且都能伤人。但是，手枪被禁止，而剪刀却不被禁止。显然手枪被禁止是错误的。

例4：熊猫和棕熊是近亲，他们都具有相似的牙齿和肠道结构，适应于肉食，所以，熊猫日常的食物是肉类。

2.类推不当

除了两个物体之间的类比，还有同一个物体或不同物体在不同时间的类比，在大部分情况下这种类比都是有问题的，因为当时间发生了变化，物体所处的环境也可能会发生变化，而且不能排除偶然性。预测也是一种类推，是从我们关于过去的知识推到关于未来的主张的论证。

例1：在过去观察到一定的气象学现象就会在数小时内发生暴风雨，现在由于已经观察到一定的气象学现象在特定区域上发展，一场暴风雨将在6小时内在那里发生。

例2：在过去的50年间，波兰人的生活水平是相当低的。所以，在未来的

50 年中，波兰人的生活水平可能会非常低。

分析：这个论证忽视了以下事实，在过去50 年间的大部分时间里，波兰是苏维埃的一部分。这个事实能对如此低的生活水平给出解释。不过，随着苏联的解体，波兰成了一个独立的国家，这个国家的经济在未来的50 年可能会得到持续的改善。

可见，"类推不当"的谬误是指由于忽视时间因素对样本属性的影响，机械地以样本属性为根据，对一类事物的现在或未来做出的概括或类推。其谬误在于忽视已经发生的重要事件可能会随着时间的推移而发生变化，使得基于这类事件所归纳出来的结论变得不大可能。

总之，类比论证是依赖于两件事物或事态之间存在着类比或相似性的论证。由于这种类比的存在，影响比较熟知的事物或情境的一定情况就被归结为影响相似的较不熟知的事物或情境。伴随这样的推理的确实性显然充其量是或然的。

下面举两个文本案例来分析其论证在概念、论证方法、论据及结论等方面的主要缺陷。

案例

这是一篇摘录于"洛杉食品有限公司"给全体股东的年度报告。

"洛杉食品有限公司"主要经营肉类食品加工。"加工业的成本会随着它经营时间的增加而逐渐下降，这是因为企业能运用不断积累的经验来改进工艺，提高效率。以彩照冲印为例，1990 年冲印一张普通彩照成本为1 元，到2000 年下降为0.2 元。食品加工的情况也一样。我公司马上要迎来30 年庆典，这么长的从业经历，无疑可以使我们建立信心：本公司可以实现成本最小化和利润最大化。"

参考分析：

上文通过类比推论出，洛杉食品有限公司经历30 年运作后，可以实现成本最小化和利润最大化。由于其推理方法存在严重缺陷，使其结论不具有说服力。现分析如下：

首先，"加工业的成本会随着它经营时间的增加而逐渐下降，这是因为企业能运用不断积累的经验来改进工艺，提高效率"。这一推理值得怀疑，因为加工业的成本影响因素很多，包括人工成本、原料成本等等，这些成本随着经营时间的增加不一定能下降。

其次，关键问题是，肉食加工和彩照冲印的行业差距很大，不具有可比性，企业技术成熟度、技术基础都大不相同，不可以机械类比。肉食加工是一个相对成熟的行业，而彩照冲印成本10年间迅速下降的原因也许是该行业具有独特性。而且，彩照冲印是否属于加工业也是值得讨论。

再次，即使整体加工业的成本会随着经营时间的增加而逐渐下降，也不能简单推定个别加工企业的成本会下降。洛杉食品有限公司的从业经历长，并不见得就可以实现成本最小化。而且，即使实现了成本最小化也不一定能实现利润最大化。因为利润的影响因素除了成本外，还包括销售量、销售价格以及与之相关的市场需求、同业竞争等因素。

由于上文存在逻辑漏洞，因此，我们无法通过作者的论证，使我们赞同作者的信心。

第三节　归纳评估

和演绎论证相对应的是扩展性论证（也叫广义归纳论证），如果一个论证不是演绎的推理方式，那么这个论证的推理方式就是扩展性推理（也叫广义归纳推理），其前提和结论之间的关系是或然的，结论所包含的东西超过了前提所包含的东西，广泛地运用于科学、社会、人文和实际生活领域。扩展性推理的正确与否是用合理性来评价的。

归纳论证是其结论的内容原本在某方面"超越"前提的内容的，我们不要求它们的前提必然地支持结论，其前提或然性地支持结论。因而归纳论证不能根据有效或无效来判断。对归纳论证进行评估是科学评价最主要的任务之一。

一、归纳强的

归纳推理（泛指广义归纳推理）是一种扩展性的推理，相应地，归纳论证的前提总是关于某相对熟悉的主题的，而结论则超越这个达到一个比较不熟悉的或者知之甚少的主题。

1.归纳与演绎

归纳推理是"可能性"的推理，即归纳具有或然性，并非单单依赖于前提或结论，而是依赖于前提和结论之间的关系。好的归纳是结论可能性很高的推理，但不能达到像演绎推理那样完全的确定性。演绎推理是"确定性"的推理，好的演绎推理是在前提真的情况下结论也肯定真。

广义归纳论证即扩展性论证又可以分为归纳论证和合情论证两类，其中，一类是归纳论证，是由直接经验获知的前提推出未知结论，把描述观察的特殊事件作为前提，以此推测或者预言未来或者追溯过去的特殊事件的结论。这类推理都能够产生新知识，形成对人类知识的扩展，常用于自然科学之中，因此也可以称为科学的论证类型。另一类是合情论证，常常在实际生活中应用。

论证类型		定义	说明
演绎论证		根据演绎推理而作出的论证，即指前提真必然推出结论也真的论证	演绎论证是一种其结论被断言为从其前提绝对必然地推出的论证。如果一个演绎论证是有效的，就没有附加的前提可以增强这个论证的有效性
扩展性论证（广义归纳论证）	归纳论证	运用归纳概括、统计推理、因果推理、类比推理等作出的论证，是从有限数量的事件推论到普遍的规律，从过去发生的事件推论未来的发生规律，或者从已知推论未知	广义归纳论证是一种其结论被断言为仅仅或然性地从其前提推出的论证，附加的信息就有可能强化或弱化这种或然性。这种或然性是一个程度问题，其程度受可能出现的其他事物情况的影响
	合情论证	根据某些不完全的信息做出推断或决策时经常运用到的论证	

2. 强论证和弱论证

一个论证的强弱是指该论证中的结论是真或者是假的可能性程度。

（1）强论证（strong argument）的本质特征：强的论证是指一个论证的结论为真的可能性高于假的可能性，即该论证不大可能是如果前提真而结论假。

（2）弱论证（weak argument）的本质特征：弱的论证是指一个论证的结论为假的可能性高于真的可能性，即该论证不大可能是如果前提真而结论真。

演绎论证要么是有效的，要么是非有效的，在有效的范围内并没有程度之分，一个有效性的论证在其前提为真的条件下是最强的。

归纳论证的强弱是有程度的，从某种意义上，归纳逻辑是关于评价论证强弱的方法的逻辑分支，是研究前提和结论之间的联系是强有力而非必然的证据关系。

归纳推理的强度依赖于前提对结论的支持作用（又称支持度），也就是前提和结论之间的证据关系。当然，知识是内容和可靠性的结合，但归纳推理中的内容与可靠性存在反比关系，一方面，科学的目的在于追求真理，就是追求使结论获得高可靠性、高概率；另一方面，科学的目的也包含知识的增长。因此，科学研究需要综合两方面的平衡，如果认识的目的仅仅是最高的可靠性，那么给出的结论、假说的内容越少、越空洞、越模糊、越保守，可靠性就越高，结论一点都不超出前提，最高的程度就是同义反复，但这就没有任何意义。科学发展的途径就是根据一定证据，提出更广泛、更精确、更有预见力的假说，然后检验它，这样才能不断增长人类的知识边界。

3. 归纳强弱的判断

归纳论证（扩展性论证）的前提为结论提供某种支持，前提授予结论的可能性程度越高，论证的价值也就越大。判定归纳强度，除了依靠前提与结论之间的逻辑关系外，还要判定前提与结论之间联系的"紧密程度"，这就需要对推理所涉及的背景知识有所了解。脱离具体的语言环境和相关的背景知识，归纳推理的强度往往是不好确定的。

对论证的强弱和好坏的判断与我们对论证的评价相关，虽然论证的强弱临界点难以确定一个定数，即对一个论证的强弱评价难以做精确的描述，但人的理性直觉对论证的强弱可以提供一定区分，一般可以用归纳事例、类比性质和统计数字的多少为依据。当若干个命题作为对一个命题的支持或者削弱构成一个论证的时候，我们就有一种理性直觉来为这些命题支持或者削弱的程度做出判断，下面提供一些评价的一般经验。

序号	判定标准	支持程度评价经验	削弱程度评价经验
1	结论强于理由	支持结论的力度大于支持原因或论据	削弱结论的力度大于削弱前提（论据、原因）
2	内部强于外部	针对逻辑主线的支持强于非逻辑主线的支持	内部削弱的力度大于外部削弱
3	必然强于或然	必然的支持力度大于或然的支持	必然性削弱力度大于或然性削弱
4	明确强于模糊	含有确定性数字的支持大于模糊概念的支持	含有确定性数字的削弱大于模糊概念的削弱
5	量大强于量小	量大的支持力度大于量小的支持	量大的削弱力度大于量小的削弱
6	直接强于间接	直接支持的力度大于间接支持	直接削弱的力度大于间接削弱
7	整体强于部分	综合因素的支持力度要大于单一因素的支持力度	针对整体的削弱力度要大于针对部分的削弱

序号	判定标准	支持程度评价经验	削弱程度评价经验
8	逻辑强于非逻辑	逻辑支持（形式化支持）的力度大于非逻辑支持	逻辑削弱的力度大于非逻辑削弱
9	质强于量	针对样本质的支持力度大于对样本量的支持	针对样本质的削弱力度大于对样本量的削弱

例1：爱尔兰有大片泥煤蕴藏量丰富的湿地。环境保护主义者一直反对在湿地区域采煤。他们的理由是开采泥煤会破坏爱尔兰湿地的生态平衡，其直接严重后果是会污染水源。然而，这一担心是站不住脚的。据近50年的相关统计，从未发生过因采煤而污染水源的报告。

以下哪项如果为真，最能加强题干的论证？

Ⅰ.在爱尔兰，采煤湿地的生态环境和未开采前没有实质性的不同。

Ⅱ.在爱尔兰，采煤湿地的生态环境和未采煤湿地没有实质性的不同。

Ⅲ.在爱尔兰的湿地采煤已有200年的历史，其间从未因此造成水源污染。

分析：上述论证的结论是，环境保护主义者关于采煤会破坏爱尔兰湿地的生态平衡的担心是站不住脚的。在各选项中，只有Ⅰ项如果为真，才能得出结论：在湿地采煤并没有破坏生态环境。

其余两项都能加强题干的论证，但支持程度不足。例如，Ⅱ项如果为真，并不能保证在湿地采煤不改变生态环境，因为无法排除这种可能性：采煤湿地的生态环境虽然和未采煤湿地没有实质性的不同，但却和自身未开采前的生态环境有实质性的不同。Ⅲ项如果为真，只能加强题干的论据，但却不能保证得出题干的结论。

例2：科学研究中使用的形式语言和日常生活中的自然语言有很大的不同，形式语言看起来像天书，远离大众，只有一些专业人士才能理解和运用。但其实这是一种误解，自然语言和形式语言的关系就像肉眼与显微镜的关系，肉眼的视域广阔，可以从整体上把握事物的信息；显微镜可以帮助人们看到事物的细节和精微之处，尽管用它看到的范围小。所以形式语言和自然语言都是人们交流和理解信息的重要工具，把它们结合起来使用，具有强大的力量。

以下哪项如果为真，最能支持上述结论？

Ⅰ.通过显微镜看到的内容可能成为暂时的"风暴"，说明形式语言可以丰富自然语言的表达，我们应重视形式语言。

Ⅱ.正如显微镜下显示的信息最终还是要通过肉眼观察一样，形式语言表达的内容最终也要通过自然语言来实现，说明自然语言更基础。

Ⅲ.科学理论如果仅用形式语言表达，很难被普通民众理解；同样，如果仅用自然语言表达，有可能变得冗长且很难表达准确。

分析：上述论证的结论是，形式语言和自然语言都是人们交流和理解信息的重要工具，应把它们结合起来使用。

Ⅲ项表明了如果仅用形式语言或仅用自然语言都不可行，表明形式语言与自然语言两者不可偏废，有力地支持了要把它们结合起来使用的结论。

Ⅰ、Ⅱ项分别只从单个方面表明了形式语言与自然语言的重要性，支持力度不如Ⅲ项。

例3：一种外表类似苹果的水果被培育出来，我们称它为皮果。皮果皮里面会包含少量杀虫剂的残余物。然而，专家建议我们吃皮果之前不应该剥皮，因为这种皮果的果皮里面含有一种特殊的维生素，这种维生素在其他水果里面含量很少，对人体健康很有益处，弃之可惜。

以下哪项，如果为真，最能对专家的上述建议构成质疑？

Ⅰ.皮果皮上的杀虫剂残余物不能被洗掉。

Ⅱ.皮果皮中的那种维生素不能被人体充分消化吸收。

Ⅲ.吸收皮果皮上的杀虫剂残余物对人体的危害超过了吸收皮果皮中的维生素对人体的益处。

分析：上述专家的建议是，吃皮果之前不应该剥皮。

如果Ⅲ项为真，则由于吸收皮果皮上的杀虫剂残余物对人体的危害超过了吸收皮果皮中的维生素对人体的益处，因此，没有理由因为皮果皮中的维生素对人体有益而食用它，这有力地质疑了专家的建议。

Ⅰ和Ⅱ项也能对专家的建议构成质疑，是单一因素的削弱，但力度不如Ⅲ项。Ⅰ项说的是坏处存在；Ⅱ说的是维生素不能被人体充分消化吸收，但也可以部分吸收，削弱力度不足。

例4：根据现有的物理学定律。任何物质的运动速度都不能超过光速，但是最近一次天文观测结果向这条定律发起了挑战。距离地球遥远的IC310星系拥有一个活跃的黑洞，掉入黑洞的物质产生了伽马射线冲击波。有些天文学家发现，这束伽马射线的速度超过了光速，因为它只用了4.8分钟就穿越了黑洞边界，而且光要25分钟才能走完这段距离。由此，这些天文学家提出，光速不变定律需要修改了。

以下哪项如果为真，最能质疑天文学家所作的结论？

Ⅰ.天文观测数据可能存在偏差，毕竟IC310星系离地球很远。

Ⅱ.要么天文学家的观测有误，要么有人篡改了天文观测数据。

Ⅲ.光速不变定律已经历经多次实践检验，没有出现反例。

分析：上述论证可简化为：天文学家观测到这束伽马射线的速度超过了光速，由此提出，光速不变定律需要修改了。

Ⅱ项表明，观测结果不可信，有力地质疑了天文学家的结论。

其余选项不妥，其中，Ⅰ项有质疑作用，但"可能"的质疑力度较弱。Ⅲ项"没有出现反例"不代表反例不存在，质疑力度较弱。

二、论证可信

说一个论证是强的，并不是说其前提事实上是真的（就像说一个论证是有效的，并不是说其前提事实上是真的）。在逻辑中，用可信论证一词来指称任一既强又仅有真前提的论证（就像用可靠论证一词来指称任一既有效又仅有真前提的论证一样）。

1. 可信的论证（cogent argument）

一个可信论证有两个本质特征：强并且所有前提都真。

可表示为：可信的论证＝强的论证＋全部真前提

可信论证也叫恰当的论证是强的而且前提全都真的归纳论证；如果缺少其中任何一个条件，该论证就是不恰当的。由于恰当的论证的结论真正得到真前提支持，可推断每一恰当的论证的结论都或然地是真的。

例1：所有被我们尝过的柠檬都是酸的。因此，几乎所有柠檬都是酸的。

分析：该论证不是有效的，因为结论还包括那些还未被尝过的柠檬。然而，如果前提真而结论真是很可能的，而且前提是真的。因此，论证是可信的。

例2：研究人员使用脑电图技术研究了母亲给婴儿唱童谣时两人的大脑活动，发现当母亲与婴儿对视时，双方的脑电波趋于同步，此时婴儿也会发出更多的声音尝试与母亲沟通。科学研究发现，脑电波趋于同步可优化双方对话状态，使交流更加默契，增进彼此了解。因此，母亲与婴儿对视有助于婴儿的学习与交流。

分析：上述论证前提都是真的，而且强的论证，因此，该论证是可信的。

2. 不可信的论证（uncogent argument）

一个不可信论证是或者弱，或者强但有至少一个假前提。

不可信论证也叫不恰当的论证，是弱的或者有一个或更多的假前提的归纳论证。

例1：清华大学的教师中多数具有高级职称，小张是清华大学的教师，因此，小张具有高级职称。

分析：尽管上述论证有真前提，但前提对结论的支持是弱的。

例2：水星、金星、地球、木星、天王星、海王星、冥王星等行星上都有智能生物。因此，火星上也有智能生物。

分析：虽然上述论证前提对结论的支持是强的，但就目前所知，上述论证的前提为假，并且结论也为假。因此，该论证强却不可信。

需要注意的是，可信论证和可靠论证的一个重要区别在于：一个可靠论证不能有假结论，因为它是有效的；而一个可信论证可以有假结论，因为其前提并不绝对确保结论的真。

第七章

证据评估

证据（evidence）是论证的原始材料，包括事实、观点和其他进行证明的物件。在司法领域，证据具体是指依照诉讼规则认定案件事实的依据。

第一节　事实认知

证据也可以认为是根据、依据或事实（资料），是论证的出发点。论证自己的观点，首先要真实，要符合事实，要凭证据说话。

一、事实类型

事实（fact）是指客观世界所直面的情况，包括事物、事件、事态，具体指外部世界中直接或间接可观察的"事态"（事物情况）、"现象""情形"或"情景"。

要明确事实真相，首先要区分客观事实和主观事实。哲学家约翰·洛克对事实进行第一性质和第二性质的区分，第一性质是客观事实，第二性质是主观事实。

从本体论视角来看，"事实"是"外部世界中已经发生的事态"，是"使得依据或命题为真或为假"的"使真者"。本体论的事实是一种自然事实，是客观的"自在事实"，它不依赖于人的认识而存在。当我们为了特定的目的陈述一个事件或一件事情之时，实际上都是在用事实说话。本体论上的事实，强调的是客观性。

从认识论视角来看，这种自然事实如若进入人类世界，则必须为人类所感知。人类去认知事实，又源于我们相信"客观事实"的存在。事实之所以是事实，就在于它是人们对某事物存在某种性质或某种关系的一种基于感性经验的断定和把握。作为某种特殊的经验陈述或判断，认识论上的事实，具有一定主观性。由于人类在认识活动中的主体地位，真正有意义的是认识论意义上的事实。

阅读　主观事实与客观事实

客观事实可以通过科学的测量手段去检验真假。它绝对存在，并不因人而异。物体的体积、密度、质量、运动状态、形状、数量等，是第一性质，属于客观事实。

主观事实则凭借当事人的报告，很难检验真假。它相对存在，且因人而异。颜色、声音、气味、温度等，都是第二性质，属于主观事实。

美与丑是主观事实。热与冷是主观事实。好吃与难吃是主观事实。那么，一个人是善人还是恶人，这是主观事实还是客观事实？一个人是违法还是没有违法，这是主观事实还是客观事实？某条法规是恶法还是良法，这是主观事实还是客观事实？如果你觉得某条法规是恶法还是良法，算是客观事实，那只要读一读法律条文在不同历史时期的改变，就能明白，真相远没那么简单。

在古希腊时期，我要是放走别人家的奴隶，那就是十足的恶人，损坏他人财物。在今天，我要是放走别人家的奴隶，那就是社会英雄。

你可能会有点惊讶，原来有这么多曾经被认为是客观事实的东西，其实都是主观事实。那么，究竟有什么绝对坚实的客观事实呢？

1+1=2，这是绝对的。平面三角形的内角和是180度，这也是绝对的。如果A或B，并非B，那么A，这个析取三段论，也是绝对正确的。数学和逻辑学中的知识，在大多数人眼中，都是绝对客观事实的范例。接下来就是物理学、化学以及生物学中的知识，它们或多或少也被看作客观事实。

在我们眼中，真理并不由人类的主观因素决定。真理是更偏向于客观，它值得人类依靠经验研究的方式，苦苦追寻。

我们必须一边追寻真理，一边思考如何追寻真理。我们不可能等全都想清楚之后，再去追寻真理。也可以把真理比喻为失踪少女，而我们则是侦探，时间紧迫，必须在路上一边找，一边思考如何找到这位失踪少女，而不是在办公室里想清楚后再出发。

这位侦探的名字叫科学。发现事实真相，说起来简单，做起来难。只有经受过专业逻辑学、统计学以及科学研究方法论训练的人，才有本事发现事实真相。

假设你眼前有一瓶饮料，你喝了一口之后，觉得它特别酸，于是你说："这瓶橙汁特别酸"，你觉得这句话就已经是事实真相了。

这句话远远称不上事实真相。我们最多可以说："桌上有一瓶500毫升且反射光波的波长在600纳米左右的液体，一个中国人喝下了其中约50毫升后，用汉语说出了'这瓶橙色的橙汁特别酸'这个句子"。

这些以第三人称视角记录下来的信息，可以算是事实。但第一人称的报告，并不是事实。颜色不是客观事实，味道也不是客观事实。这瓶液体究竟是不是橙汁，至少目前掌握的证据还不足以断定。它可能只是看起来很像橙汁的别的饮料。

在日常生活中，我们所知的事实非常稀少。大部分情况下，我们在做一种猜测性的推论。我猜测这瓶饮料是橙汁，我猜测你也会觉得它看起来是橙色，我猜测你也会觉得它特别酸。这种猜测可能是正确的，也可能不是正确的，还需要更多证据才能下判断。

罗素曾说，这个世界的问题在于聪明人充满疑惑，而傻子们坚信不疑。用我们刚刚这个例子来说，这个世界的问题在于，聪明人知道自己在做猜测，而傻子们总以为自己知道事实。

主观事实比想象的要多，客观事实比想象得要少。稀少的客观事实，也只有经过专业训练的人，才有可能查明。而且，还不一定次次都能查明，科学家和侦探也会犯错。因此，要在心态上做好独立思考的准备。

二、事实形式

事实的客观存在有两种基本形式，一个是事物，另一个是事件。

事物是指客观存在的实体，具体就是物理性存在的客观物质。事物是物质的存在形式，是人们可以看见，可以感触的东西，如房子、草木、鸟兽等。要确认事物的存在，我们可以实地去考察、亲身体验。

事件是指发生的现象或事情，具有现场性和短暂性。事件是由事物组成的，或者是由事物的表现形式组成的，如哥白尼创立日心说、苏联解体、海湾战争等。对于事件的确认，如果是历史事件，只能求助于一些可以作为间接证据的事物，比如，官方记录、当时的报纸、照片、回忆录、日记等，在这些史料的基础上获得确认；如果新近发生的事件，除非你本人在现场，也必须通过图片、文字等间接证据来确认事件的真实。

人的认知主要由三部分组成，一是客观存在的事实，二是事实在大脑中的反应，三是人为其创造的语言。人们所看到的，首先是事物，然后产生观念，最后出现语言。

我们确认事实的时候，先是对关于现实的观念在大脑中确立起来，大脑中的观念其实是主观的范畴，而我们所关注并予以确认的事实，是客观的范畴。

人之所以和动物不同，在于人类进化出了语言和思维，语言让我们可以交流，思维让我们可以想象和建立虚构的世界。所谓公司、国家、天堂、货币，都是人类基于想象虚构出来的，重要的前提条件是全人类都基于信任和相信。

　　人类因为相信虚构出来的货币，从早期的贝壳、白银、黄金，到纸币、到虚拟货币，事实上一张10美元如果只是一张纸的话，价值当然远远低于10美元。数字货币和虚拟货币更成为一个数字，连成实物都不需要了。货币的本质是信用，由于人们相信这种虚构出来的信用，所以，这张10美元的纸币才有相应的交换价值。

案例　罗伯斯山洞实验

　　美国俄克拉何马大学的研究者社会心理学家穆扎费尔·谢里夫做了一次前无古人、后无来者的心理学实验。

　　谢里夫的研究团队精心挑选了22名当地的男孩。这些男孩都是11岁，都是白人，都信仰基督教，智商都在平均水平。谢里夫团队还特别留意，这些孩子里没有人戴眼镜，没有长得特别胖的，没有闯过祸的，没有口音跟大家不一样的，没有来自外地的。研究人员告诉这些孩子，他们要到俄克拉何马州的罗伯斯山洞（Robbers Cave）国家公园，过三个星期的夏令营生活。孩子们被分为两组，但是每一组孩子事先都不知道还有另外一组。大巴车把孩子们送到罗伯斯山洞国家公园的男孩童子军营地。他们的生活和一般的夏令营生活没啥两样，但不同的是，他们的辅导员其实是研究人员，他们悄悄地记录这些孩子的言行。

　　第一周，孩子们的主要任务是安营扎寨。先到的孩子住在一间宿舍里，宿舍边上有球场、礼堂和饭堂。第二天，第二组的孩子也到了，他们住在另一间宿舍里。每一组孩子都以为在营地里只有他们自己。同一组的孩子们很快就混熟了，他们创造出了自己的"部落文化"。有一组男孩把自己的小队叫作"响尾蛇"，另一组男孩则称自己是"老鹰"。他们在帽子和T恤衫上都印上了自己的"部落图腾"。有个老鹰队的男孩光着身子跳进河里游泳，于是，这成了老鹰队的"传统"。响尾蛇队的一个男孩扭伤了脚趾头，但忍着不吭声，于是，坚忍成了响尾蛇队的核心价值观。不愿意融入集体的孩子会被冷落的。响尾蛇队的一个男孩起初不愿意穿印了蛇形图案的T恤衫，别的孩子就说，你要不穿，就别跟我们一起打球。穿还是不穿？当然是穿了。

　　第二周，研究人员有意地让孩子们知道，营地里还有另外一组孩子。

跟一般的夏令营活动一样，研究人员组织孩子们一起做游戏、打棒球，赢的一方有奖励。你来猜猜这些孩子会怎么反应？每一组孩子都把对方视为竞争对手，对对方充满了敌意。他们第一次到了棒球场上，就开始互相骂架。在球赛开始之前，响尾蛇队把自己的队旗挂在棒球场上，认为球场是他们的。响尾蛇队赢了第一场比赛，到吃中午饭的时候，老鹰队的男孩就说，我们不要跟他们坐在一起吃饭，看到他们就烦。第二天是拔河比赛，响尾蛇队又赢了，老鹰队不干了，他们把响尾蛇队的队旗扯下来烧了。

又过了一天，老鹰队终于赢了一场比赛，但是，当他们吃完晚饭回到营地，却发现营地被响尾蛇队偷袭了。响尾蛇队把老鹰队的床掀翻了，撕破了他们的蚊帐，还抢了一些东西，他们把抢来的一条牛仔裤做了一面新的旗帜。老鹰队气坏了，他们后来也偷袭了响尾蛇队的营地。男孩之间的战争不断升级，两边的孩子都开始积极备战。

到了第三周，研究人员设计了新的场景。他们堵住了营地水管的阀门，跟孩子们说，有外边的人搞破坏，要求孩子们齐心协力，检查所有的水管。当然，有些孩子对此并不积极，他们溜掉去逮蜥蜴了。研究人员发现，两个组里都有溜掉的孩子，但这些溜掉的孩子之间并没有发生冲突。饭桌上的吵嘴逐渐消失了，两队之间达成了停战协定。研究人员又带上所有的孩子去60英里之外的一个湖泊露营。半路上，研究人员谎称汽车抛锚了，让所有的孩子都下来推车。等到了湖边，孩子们已经融为一体了。他们在水里高兴地打水仗，晚上一起烤棉花糖。到第二天回程的路上，响尾蛇队花了五美元，买了一堆麦芽糖，他们不仅分给自己的队员，也很慷慨地分给了老鹰队的队员。

如果我们只看第一周，你会感到，孩子们真友爱啊，特别有集体荣誉感。

如果我们看到第二周，你可能会直摇头，人性说到底还是黑暗的啊，这不就是戈尔丁早就预言过的吗！

如果我们看到第三周，你可能会陷入沉思，为什么这些孩子从互相争斗，突然又变得和好了呢？

从中我们能够悟到：

第一，人们本能地会区分我们和他们；

第二，人们强烈地相信，我们和他们是不一样的。

可是，我们和他们之间的差异，并不像人们想象中的那么大。我们和他们之间的界线，都是人为的、模糊的。其实人们是犯一个基本归因谬误。

人，唯有理性和科学的思维，才有可能正确认识自我、认知他人、认知世界。

人，也只有思维进化和认知迭代，才能突破边界，全新感知世界。

（摘自：思维核武《你对事实的认知可能是错的甚至是虚构的》）

第二节　证据分析

证据是论证的基石。在论证中，证据决定了决策的依据。在现实生活中，提交恰当的证据是解决争议的最佳方法。

一、证据概述

证据是所有论证的必要组成部分，没有证据，人们就不能做出明智的决策。按照美国辩论教材《论证与辩论》所论述的内容，证据的来源和类型概述如下。

1.证据的来源

（1）公共知识

公共知识（Common Knowledge）是指各种众所周知的，人们可以合理地认为任何有见地的人士都应当知晓的，仅仅通过提及这些公共知识就可以作为证据被采纳，而无需额外举证。

（2）公共档案

公共档案（Public Records）是常见的证据来源，是指由政府机构编辑或经政府机构的允许而编辑的任何文献，包括会议纪要、法令书籍、政策规定等。

（3）公开出版物

公开出版物（Public Writings）是包括一般公众可能利用的、公共档案以外公开出版的一切文字资料。

（4）个人著述

个人著述（Private Writings）包括为个人所用而非公共所用的一切图文材料。个人著述可能是认真准备的文献，也可能是不完整的和个人臆断的文字材料，所以人们应该小心地判断个人著述的编撰者和编撰背景。个人著述一旦被包括在官方的记录中来，就可能成为公共档案；一旦可让公众能使用它，就可能成为公开出版物。

（5）证人证言

证人证言（Testimony of Witnesses）是指在法庭上或政府机构面前，证人通常要宣誓所提供的证词。由于作伪证或藐视法庭都将受到惩罚，因此证人证言可作为一个重要的证据来源。而法庭外的证词一般都是非正式的，因为它不受法律的约束。

（6）个人观察

个人观察（Personal Observations）通常可提供有价值的证据来源，但不可轻易信赖，因为通过个人观察提供的证据，是由支持某一特定论点的个人认真挑选和整理过的，因此，决策者必须对它进行严格的检验。

在司法审判中，证据是据以认定案件情况的事实，包括"证物"和"证言"，前者是物理对象，后者是命题或陈述。根据中国《刑事诉讼法》规定：可以用于证明案件事实的材料，都是证据。证据包括：（一）物证；（二）书证；（三）证人证言；（四）被害人陈述；（五）犯罪嫌疑人、被告人供述和辩解；（六）鉴定意见；（七）勘验、检查、辨认、侦查实验等笔录；（八）视听数据、电子数据。证据必须经过查证属实，才能作为定案的根据。

阅读　从证据性事实到构成要件

在法庭上，我们能直接感知就是证据，证据所能提供的信息就是证据事实（evidentiary fact，EF）。在法律适用过程中，证据信息所要连接的就是请求权基础的构成要件（essential element，EE），这是由拟适用的实体法规定的。要件事实（fact of consequence，FOC）则是由当事人提供的证据事实所要证明而最终由法庭认定的事实。

1. 直接证据的推理

直接证据：以直接方式与案件主要事实相关联，能够直接证明案件主要事实的证据。比如，原告向法庭提供的具有被告人亲笔签名的借条，借条可以直接、单独地证明原被告之间的借贷协议。常见的直接证据主要有：当事人的陈述，能够证明案件主要事实的证人证言、书证、视听资料等。

在直接证据的场合，证据事实只经过可信性推理一个环节就可以得出要素性事实，推理结构如下。

证据事实（EF）→要件事实（FOC）→构成要件（EE）

比如记录了一起伤害案件的视频

证据事实：视频记录被告打伤了原告

要件事实：被告打伤了原告

构成要件：被告造成了原告人身伤害

2. 间接证据的推理

间接证据：以间接方式与案件主要事实相关联，必须与其他证据连接起来才能证明案件主要事实的证据。比如，原告为了证明借贷关系的存在向法庭出示了3份证据：一是原告在借款当日去银行取款的存折；二是证人证言，证人看见在原告提款的当时，被告在银行门前等原告，原告出门后将报纸包着的东西交给了被告；三是被告的邻居证明被告曾表明靠借来的钱盖了楼房。这三个证据都不能单独、直接地证明借贷关系的存在，必须与其他证据相结合才能起到证明作用。

在间接证据的场合，证据事实需要经过可信性推理之外的其他推理步骤才能和要素性事实连接起来，其他推理步骤得出的事实就是推断事实（inferred fact，IF），推理结构如下：

证据事实（EF）→推断事实（IF）→要件事实（FOC）→构成要件（EE）

在一起小区停放车辆剐蹭案件中：

证据事实（EF）：原告按规定位置停放车辆，原告车身的刮痕、与被告车身颜色相同的车漆，被告车身的刮痕等。

推断事实（IF）：被告的车辆剐蹭了原告的汽车。

要件事实（FOC）：被告的汽车剐蹭了原告的汽车。

构成要件（EE）：被告造成了原告财产损害。

要件事实（FOC）和构成要件（EE）之间的连接属于法律解释的范畴。

从证据事实到要件事实需要经过论证。论证由证据、主张和概括组成，概括用以证明证据与主张之间联系的正当性。

（摘自段清泉《让证据说出事实》）

2.证据的类型

（1）直接证据和间接证据

证据可分为直接证据（direct）或间接证据（indirect）。直接证据往往通过证明某一事实存在就足以回答问题，而无需引入其他事实。间接证据，又称推定证据（presumptive）、佐证证据（circumstantial evidence），这种证据往往不能直接表明需论证的事实存在。面对待证明的问题，间接证据往往通过证明其他相关事实，来使人们推断足以使问题获得解答的事实存在。

一般来说，直接证据与案件事实的联系明显，可以直接反映出案件的事实。比如，证人陈述他目睹被告人行窃，只要这一陈述本身被证明真实可靠，就可以证明被告人实施了盗窃这样的案件事实。间接证据则不同，它同案件事实之间的联系不那么明显，而且每个间接证据还只能反映出案件事实的某个片段、某个侧面，不可能反映出案件事实的全貌。因此，要运用间接证据证明案件事实，就必须借助于逻辑推理。只有通过逻辑推理，才能把握证据同证据、证据同案件事实之间的联系，才能联结案件事实的各个片段，以认识案件的主要事实。因此，司法人员要特别善于思索，要有科学的思维方法。

（2）司法证据和非司法证据

证据通常划分为司法证据（judicial evidence）和非司法证据（extrajudicial evidence）两种。司法证据是可被法庭接受的证据，它不仅要符合常规强度的证据检验，而且要符合司法证据的各种技术性规则。非司法证据用来证明除诉讼以外的其他情况下需要证据的事实，只需经受常规强度的证据检验。非司法证据意味着法庭上不可接受，但并不排斥在法庭之外。

（3）一手证据和二手证据

一手证据是原始的或第一手的证据，某些情境下被承认的最佳证据，它为所论证问题提供了最大程度的确证性。二手证据是指转引的证据，本质上它只能暗示论证的问题存在较好的证据，其可信度依赖于转引者的能力和诚实度。一手证据比二手证据更有力，因为它更少可能出错，因此，应尽可能使用一手证据。

（4）书面证据和非书面证据

书面证据是由各种著述所提供的证据，既包括报纸杂志和各类书籍，还包括其他不常用的著述类型，比如，刻在建筑物上的文字等。非书面证据包括口头证词和用于个人检视的物件。书面证据的效力一般大于非书面证据，因为书面证据的证实或证伪要相对容易。

（5）物证和人证

物证（real evidence）是通过摆在眼前的或接受检验的物件来提供的证据。比如，在法庭上，物证可能包括指纹印、伤疤或作案工具等。如果要对物证进行正确的判断，就需要对这个证据本身和物证的提供者进行严格的检验。而人证是指由人提供的证据，有书面证言和非书面证言两种形式，人证的可信度在很大程度上依赖于人们对证词提供者的能力和诚实与否的判断。

（6）专家证据和外行证据

专家证据（expert evidence）是指在所需论证的事件方面受过特殊训练，具有这方面的知识或经验的人所提供的证据。在法庭上，只有在需要日常经验以外的知识才能做出推断的情况下，才允许使用专家证据。但是要很好地区分见识广博的外行人和专家经常是很难的。专家仅在某些领域里是专家，而在其他领域里则是外行人。

（7）预先安排的证据和偶然证据

预先安排的证据（prearranged evidence）是为了将来可能的参考这一特定的目的而记录下来的某些信息。比如，许多公共档案和公开出版物都属此类。普通人也都有相当数量的预先安排的证据，比如，出生证、驾驶证、结婚证、社保卡、保险单、收据、盖章支票、合同、学历、学位证书等。预先安排的证据一方面是很有价值，另一方面，因为这种证据是被人为安排的，所以它会受到安排者的个人影响。

偶然证据（casual evidence）的产生没有作为将来的参考记录这样的目的来刻意安排，其产生是偶然的。比如，偶然拍摄的照片等。偶然证据是有价值的，因为当事者没有对此证据的出现做任何手脚，其具有很强的真实性。

（8）否定性证据

否定性证据（negative evidence）是指找不到某种证据被作为证明某种主张成立的证据来进行使用。例如，如果某人的名字在某大学的正式毕业生名单中找不到，这一证据的缺少就是他不是某大学的毕业生这一事实的否定性证据。

（9）旁证

旁证（evidence aliunde）是用来澄清解释或其他证据的证据。当证据本身不能表明证据的意思或重要性时，该证据就必须通过提出其他证据而得到解释。

阅读　事实与证据

"事实"是认知主体带着特定的意图和目标，利用特定的认知手段，对外部世界中的状况和事情所做的有意识地剪裁、提取和搜集，因而是主观性和客观性的混合物。

之所以需要"事实"概念，至少是基于如下四个理由。

第一，"事实"被用来说明、刻画或定义语句、命题、判断、思想、信念或理论的"真"或"假"。

按照基于事实的符合论，存在一类特殊的实体即事实，与事实相符合的命题为真，不符合的命题为假。于是，便有了如下断言：

命题甲是真的，当且仅当甲符合某个事实。

命题甲是假的，当且仅当甲不符合某个事实。

第二，在科学研究中，"事实"被作为出发点、过程中的校正器和最终的检验点。

科学研究常把"事实"表述为某种经验性命题，它们陈述了先已发现或新近发现的某些现象，后者是现有科学理论所不能解释的，甚至与其抵触或矛盾，揭示了现有科学理论的问题和困境，从而构成新研究的出发点。

在科学认识论中，事实性陈述常被作为"证据"（evidence），对某个信念、命题甚至理论提供"证成"（justification）。按其字面意思，乙"证成"甲，意味着乙为甲提供某种程度的正面支持，使得甲能够成立，或者使得接受或相信甲是有充分理据的。

第三，在证明和反驳过程中，"事实"常被作为重要论据支持所要论证的结论。

为了寻求真理和反驳谬误，也为了传播某种思想观念，说服他人甚至包括说服自己去接受它们，人们需要进行论证，其中包括"证明"和"反驳"。证明是从真实的前提出发，通过有效的逻辑推导，得出自己所主张的论断为真。反驳是从真实的或者至少是对话双方认为是真实的前提出发，通过有效的逻辑推导，得出对方所主张的论断为假。在这个过程中，人们都必须"摆事实，讲道理"，并且通常认为"事实胜于雄辩"。

第四，在法律诉讼中，经过法庭辩论而认定的事实被用作裁判相关案件的"证据"。

诉讼证据不同于科学研究或日常生活中的证据之处在于，前者属于国家诉讼活动范围，并受国家诉讼法所调整和制约。

（1）从内容和实质看，证据必须是与案件事实有关的事实；

（2）从形式和来源看，证据必须具备法定的形式和来源；

（3）从证明关系看，证据必须具有证明案件事实的作用。

因此，诉讼证据可以定义为，在诉讼中具有法定形式的能够证明案件事实的一切材料。

对"事实"和"证据"及其相互关系，有必要做进一步厘清。"证据"是一个相对概念，仅当用乙去说明、解释、确证命题或假说丙时，乙才是丙的证据。离开这种关系，任何东西都不能单独称作"证据"。而"事实"概念却可脱离上述关系而单独出现。

在司法审判中，核心"事实"都需要借助"证据"且经过法定程序加以认定，经过认定的"事实"又可以用作确证其他事实的"证据"；常常需要由这样的"事实"构成的"证据链"去支持某个审判结论。

在司法实践中，必须区分有关案件的"自然事实"和"法律事实"。所谓"自然事实"，相当于本体论意义上的"事实"，是指相关案件的起因、过程、结果的整体事实，即相关案件发生的实际情形或客观真相。人们的司法认知和审判活动力图无限接近有关案件的自然事实，却永远不能真正做到，总有一些案件细节超出于人们的认知需要和认知能力之外，它们在人们的认知范围之外"静默无声"地存在着。所谓"法律事实"，相当于认识论意义上的"事实"，被实体法和程序法所规范，至少具有如下特点：（1）必须经过相应法律程序，例如取证、举证和质证的检验，特别是最后要被法庭认定和采纳（认证）；（2）在最后要被法官作为"证据"用于对案件中争议事项的裁决，从而引起相应法律关系的产生、改变或消灭。这种意义上的法律事实带有明显的主观成分和人为色彩，不能与有关案件的自然事实画等号。美国学者吉尔兹（C. Geertz，1926—2006）指出："法律事实并不是自然生成的，而是人为造成的，一如人类学家所言，它们是根据证据法规则、法庭规则、判例汇编传统、辩护技巧、法庭雄辩能力和法律教育等诸如此类的事物而构设出来的，总之是社会的产物。"

通过对司法审判特征的上述分析，可以得出如下推论：司法审判受到诸多限制，相当于"戴着镣铐跳舞"，不宜以"追求客观真相、追求实质公平和正义"为直接目标，因为它无法确保达到该目标；相反，在司法实践中应更多地考虑"程序正义"，让控方和辩方出于自身利益，在法庭上按照一定的程序和规则相互纠问，相互抗辩，法官则以这种法庭对抗的组织者、监护者、裁判者的身份出现。在理想的情况下，假如控辩双方有相互匹配的诉讼资源和诉讼能力，通过此途径，就足以排除不相关、虚假和可疑的"证据"，让"客观真相"和"实质正义"作为该套程序的结果最终"呈现"出来。

（摘自陈波《"以事实为依据"还是"以证据为依据"？
——科学研究和司法审判中的哲学考量》）

二、证明标准

证据可能仅部分地证实需论证的事物，证据也可能非常有力地向决策者证明某主张。为了得出结论必须有一个标准，然而人们往往很难在选用什么标准上达成一致证据的证明力，可分为以下标准。

1.部分证明

部分证明（partial proof）用于证明所需论证问题的一系列事实中的某一个孤立事实。

单一的部分证实论点的证据本身价值不大，然而，当把数个部分证据结合使用可以产生强大的力量，多个部分证据结合运用可能会导致结论性证据。

2.追加证明

追加证明（additional proof）是指对支持同一事实或论题的具有不同特性的、可以加强和巩固论证的证据进行组合使用。

3.必要证明

必要证明是指缺乏某种必不可少的证据就无法成功的证明。例如，在一起谋杀案件审判中，原告及其律师必须拿出证据来证明被害人已死亡。

4.结论性证明

结论性证明是由无可辩驳的证据构成的证明。它之所以是无可辩驳的，是因为法律不允许否认这种证据，这种证据既可靠且具有说服力，它能够压倒一切相反证据，并毫无疑问地证明主张。

每个证据的价值可能相差很大，所以，当我们对呈现在面前用于决策的诸多证据作评价时，我们必须接受正确的证据，摒弃有缺陷的证据。同样，当我们寻求别人的决策时，我们必须严谨地评价证据，以便我们可以在自身决策时使用正确的证据；而且，我们必须能够评价对方的证据，以便我们可以揭露其证据缺陷。

例1：披毛犀化石大都分布在欧亚陆路北部，我国东北平原、华北平原、西藏等地也偶有发现。披毛犀有一个独特的构造——鼻中隔，简单地说就是鼻子中间的骨头。研究发现，西藏披毛犀化石的鼻中隔只是一块不完全的硬骨，早先在亚洲北部、西伯利亚等地发现的披毛犀化石的鼻中隔要比西藏披毛犀的"完全"，这说明西藏披毛犀具有更原始的形态。

以下哪项如果为真，最能支持以上论述？

Ⅰ．一个物种不可能有两个起源地。

Ⅱ．西藏皮毛犀化石是目前已知最早的披毛犀化石。

Ⅲ．在冰雪环境中生存，披毛犀的鼻中隔经历了由软到硬的进化过程，并最终形成一块完整的骨头。

分析：题干论述：亚洲北部、西伯利亚等地发现的披毛犀化石中的鼻中隔比西藏披毛犀化石中的鼻中隔更加完全，从而得出结论，西藏披毛犀具有更原始的形态。

Ⅲ项所提供的论据表明，披毛犀的进化程度越高其鼻中隔越完全，有力地支持题干论述。

例2：有科学家进行了对比实验，在一些花坛中种金盏草，而在另外一些花坛中未种植金盏草。他们发现种了金盏草的花坛，玫瑰长得很繁茂，而未种金盏草的花坛，玫瑰却呈现病态，很快就枯萎了。

以下哪项如果为真，最能解释上述现象？

Ⅰ．金盏草的根系深度不同于玫瑰，不会与其争夺营养，却可保持土壤湿度。

Ⅱ．金盏草的根部可分泌出一种杀死土壤中害虫的物质，使玫瑰免受其侵害。

Ⅲ．玫瑰花花坛中的金盏草常被认为是一种杂草，但它对玫瑰的生长具有奇特的作用。

分析：实验现象：种了金盏草的花坛，玫瑰长得很繁茂；而未种金盏草的花坛，玫瑰却呈现病态，很快就枯萎了。

Ⅱ项表明，金盏草的根部分泌出的一种物质能杀死土壤中的害虫，使玫瑰免受其侵害。这作为一个证据，有力地解释了上述现象。

例3：王研究员：吃早餐对身体有害。因为吃早餐会导致皮质醇峰值更高，进而导致体内胰岛素异常，这可能引发2型糖尿病。

李教授：事实并非如此。因为上午皮质醇水平高只是人体生理节律的表现，而不吃早餐不仅会增加患2型糖尿病的风险，还会增加患其他疾病的风险。

以下如果哪项为真，最能支持李教授的观点？

Ⅰ．一日之计在于晨，吃早餐可以补充人体消耗，同时为一天工作准备能量。

Ⅱ．糖尿病患者若在9点至15点之间摄入一天所需的卡路里，血糖水平就能保持基本稳定。

Ⅲ．经常不吃早餐，上午工作处于饥饿状态，不利于血糖调节，容易患上胃溃疡、胆结石等疾病。

分析：李教授的观点：不吃早餐不仅会增加患2型糖尿病的风险，还会增加患其他疾病的风险。

Ⅲ项表明，经常不吃早餐，不利于血糖调节，容易患上胃溃疡、胆结石等疾病。作为新的论据，直接支持了李教授的观点。

例4：酸奶作为一种健康食品，既营养丰富又美味可口，深受人们的喜爱，很多人饭后都不忘来杯酸奶。他们觉得，饭后喝杯酸奶能够解油腻、助消化。但近日有专家指出，饭后喝酸奶其实并不能帮助消化。

以下哪项如果为真，最能支持上述专家的观点？

Ⅰ.人体消化需要消化酶和有规律的肠胃运动，酸奶中没有消化酶，饮用酸奶也不能纠正无规律的肠胃运动。

Ⅱ.酸奶含有一定的糖分，吃饱了饭再喝酸奶会加重肠胃负担，同时也使身体增加额外的营养，容易导致肥胖。

Ⅲ.酸奶可以促进胃酸分泌，抑制有害菌在肠道内繁殖，有助于维持消化系统健康，对于食物消化能起到间接帮助作用。

分析：专家观点：饭后喝酸奶其实并不能帮助消化。

Ⅰ项，人体消化需要消化酶和有规律的肠胃运动，酸奶中没有消化酶，饮用酸奶也不能纠正无规律的肠胃运动。这显然作为直接证据，最有力地支持专家的观点。

例5：气象台的实测气温与人实际的冷暖感受常常存在一定的差异。在同样的低温条件下，如果是阴雨天，人会感到特别冷，即通常说的"阴冷"；如果同时赶上刮大风，人会感到寒风刺骨。

以下哪项如果为真，最能解释上述现象？

Ⅰ.人的体感温度除了受气温的影响外，还受风速与空气湿度的影响。

Ⅱ.低温情况下，如果风力不大、阳光充足，人不会感到特别寒冷。

Ⅲ.即使天气寒冷，若进行适当锻炼，人也不会感到太冷。

分析：需要解释的现象是，实测气温与人实际的冷暖感受常常存在一定的差异。

题干进一步陈述，在同样的低温条件下，阴雨天和刮大风，人会感到特别冷。

Ⅰ项表明，人的体感温度除了受气温的影响外，还受风速与空气湿度的影响。这作为一个理由，显然有力地解释了上述现象。

 阅读 证据的证明标准

证据的采纳标准和采信标准是指司法人员对证据进行审查判断的根据和尺度，在司法领域，证明标准可分为不同的级别。

美国有学者把证明标准分为7个级别：

第一个也是最低的级别是"无意义证明"，即没有事实依据的猜疑，适用于不限制人身自由的侦查活动；

第二个级别是"合理根据"，即嫌疑人确有实施犯罪的可能性，适用于临时性限制人身自由的措施，如在街头"阻留排查"嫌疑人；

第三个级别是"盖然性理由"，即嫌疑人具有实施犯罪的实质可能性，适用于逮捕罪犯的决定；

第四个级别是"优势证据"，即基于全部已知证据，嫌疑人实施犯罪的可能性大于其没有实施犯罪的可能性，适用于交付预审等决定；

第五个级别是"表见证据"，即仅根据公诉方的证据可以排除合理怀疑地相信被告人有罪，适用于提起公诉的决定；

第六个级别是"排除合理怀疑的证明"，即根据所有证据可以排除合理怀疑地相信被告人有罪，适用于有罪判决的决定；

第七个也是最高级别是"绝对有罪证明"，即可以排除包括无理怀疑在内的一切怀疑的证明，这是刑事诉讼一般不用达到的证明标准，也有人认为在判处死刑的案件中应该达到该标准。

在我国，刑诉法关于证明标准问题规定较为抽象，有学者建议把刑事诉讼中的证明标准规定为四个级别：

立案侦查的证明标准是"合理犯罪嫌疑"；

逮捕的证明标准是"优势概率的证明"；

侦查终结移送起诉和提起公诉的证明标准都是"明确证据的证明"（考虑到我国侦查机关与检察机关的关系，侦查终结和提起公诉采用相同的证明标准比较合适）；

有罪判决的证明标准是"排除合理怀疑的证明"。

（改编自何家弘《刑事证据的采纳标准和采信标准》）

第三节　证据推理

证据推理是基于证据进行的科学推理，需要多方收集证据、利用证据进行推理，从而获得结论。具体而言，"证据推理"是建立在"证据"基础上的"推理"，是指从问题情境及已有知识经验中识别、转换形成观点，然后通过收集证据、筛选证据、分析推理、得出结论等科学探究的过程，从而解决问题。

一、科学证据推理

任何站得住脚的科学结论，都需要具备两个条件：一条是事实可靠，一条是合乎逻辑。

推理是思维过程，证据是前提条件，证据推理不仅是证实的过程，也可能是证伪的过程。证据推理，包括具有证据意识，能基于证据对物质的组成、结构及其变化提出可能的假设，通过分析推理加以证实或证伪；建立观点、结论和证据之间的逻辑关系。

案例　大地的形状

大地是什么形状的？这难道不是一个尽人皆知的简单问题么？可是，如果我们把时钟拨回到2500年前，它就当之无愧地成了一个令人类困惑不解、争论不休的未解之谜了。

受到活动范围和观测能力的限制，古代的人们普遍直观地认为大地是方的，或者是个半球形。数学家毕达哥拉斯是第一个提出大地是圆形的人，他的出发点是，时尚完美的事物都是圆形的，大地如此完美，那么大地就应该是圆形的。

非同寻常的主张，需要非同寻常的证据。毕达哥拉斯无法提出令人信服的证据，因此，也没有什么人相信他提出的理论。

毕达哥拉斯死后又过了100多年，又一位科学家站出来，声称地球是圆的，他就是大名鼎鼎的亚里士多德。亚里士多德经过长期认真的观察和思考，这一次，他给出了三个坚实的证据。

一是，当你在海边看帆船远去时，总是船身先消失，船帆后消失，而不是一起缩成一个小点。

二是，月食是地球挡住了太阳照到月亮上的光。这个黑影的边缘是弧形的，所以地球也应该是圆形的。

三是，晚上，如果我们朝着北极星的方向一直走，身后就会有一些星星逐渐消失，而在前方的地平线上，又会有新的星星慢慢升起。

尽管亚里士多德的证据非常具有说服力，但仍然有人提出了一个他无法回答的问题。如果地球是圆形的，那为什么人们不会走着走着就头朝下，掉下去了呢？

这个问题的最终解决，还要归功于伟大的牛顿和他发现的万有引力定律。

　　再伟大的科学发现，都离不开前人的长期积累。非同寻常的主张，需要非同寻常的证据。一手证据越多，可信度越高。

　　　　　　　　　　　　　　　（摘自《科学讲究证据》，原创　香橙　）

　　推理具有重要的认识作用，是从已知推出未知，是人们在认识客观事物的思维工具。科学上重要的发现、发明，都离不开推理的运用。

　　人的关键认知能力主要表现为证据推理能力、科学探究能力、应用科学知识解决实际问题的能力和批判创新的思维能力这四个方面。关键认知能力各要素之间是相互促进、相互补益的关系，其核心是证据推理能力。

案例　开胃酒效应

　　最近，美国印第安纳大学进行的一项研究，为此提供了一个新的解释：酒精使食物的气味更好闻。根据这项研究，接触酒精会使大脑对于食物的香味更加敏感，使我们更享受食物的美味，当然，这样也会导致摄入的热量大大增加，从而提高发胖的概率。

　　这项发表在"Obesity"杂志上的研究结果，有助于解释什么是所谓的"开胃酒效应"：即酒精促使人们多吃的现象。虽然已经有许多理论来解释这种现象，但这项最新研究是第一次具体研究大脑在控制热量摄入量方面的角色。当然，这取决于你喝多少杯酒，似乎在喝到一定程度后，大脑会从"控制"模式切换到"放行"模式。

　　在实验中，35名女性志愿者在一次就餐前通过输液注入酒精溶液。作为对照，同样一批志愿者在另一次就餐前只输入生理盐水。研究人员除了观察她们的饮食行为，也通过功能磁共振成像（fMRI）扫描手段测定她们的大脑对食品和非食品香味的反应。实验结果显示，当有酒精进入静脉时，这些志愿者的确吃的比只滴注生理盐水的时候多。但更有趣的是，脑部的fMRI扫描表明丘脑在酒精输液后对食物香味的反应更加敏感。

　　由于大多数酒精类饮料已经包含了高能量的物质，大量饮酒无疑会给在乎腰围的饮酒者带来双重打击。"我们的研究发现，酒精可以增加大脑对食物香味的灵敏度，并导致吃的更多，"该研究的主要作者William Eiler说。"许多酒精饮料已经包括了热量，而当你把这些热量与开胃作用结合，它可以导致能量失衡，并可能使体重增加。"

证据与推理相结合才能建立观点、结论和证据之间的逻辑关系，只有这样才能得出站得住脚的科学结论。所以，证据与推理在整个科学探索过程中相互联系，是相互渗透和相互依赖的两个面。

证据推理是涵盖收集、提取、保存、审查、整合和运用证据的过程，包含两个方面的含义：一是具有证据意识，能基于证据对科学现象提出可能的假设，通过分析推理加以证实或证伪；二是建立观点、结论和证据之间的逻辑关系，运用证据进行推理得出科学的结论。

案例　科学家怎么知道地球里有地核和地幔？

地球内部最核心的部分叫作地核，地核中分为固态的内核与液态外核；而地核外面包裹着地幔，地幔再往上是地壳，我们人类就生活在地壳上。这在今天基本是一个科学常识。

地球的半径厚度为6300多千米，相对于地球来说，地壳很薄，厚度大概是5到70千米。但是要知道，截至目前，人类钻探的最深处，例如一些油气勘探的钻井，也就是14千米左右，而且并没有钻透地壳。而人类亲身到达的地壳最深处，是南非的姆波尼格金矿，大约只有4300多米。

既然人类从来没能够深入到地球核心，甚至连钻透地壳都做不到，那么我们是怎么知道地球内部结构的呢？

这个问题曾经困扰了人们很久，最开始有人认为地球是空心的，例如发现了哈雷彗星的著名科学家哈雷，他就认为地球是一个有着三个壳的星球。大数学家欧拉则认为地球内部没有多个壳，而是有一个直径600英里的小太阳，来为地内文明照明。

但是猜想归猜想，没有人能给出有关地球内部结构的科学证据。就在人们还在为地球空心说的话题热烈讨论的时候，著名的气象学家、地震学家莫霍洛维奇却通过对"地震波"的研究，间接地发现了地下的秘密。

地震波在不同介质中有不同的传播速度，它和光波传播一样，在经过不同介质时，会发生折射和反射，这样的介质界面，被称为"波速不连续面"。简单来说，在经过不同的波速不连续面时，地震波的速度会有所不同。而科学家可以通过仪器记录到地震波，当地震波经过波速较快的介质时，它被地震仪所记录到的时间也比较早；反之，它被记录的时间就比较晚。由此，我们可以根据这种时间上的不同，来反推地下介质的结构。

1911年，莫霍洛维奇任职的萨格勒布气象观测台记录到巴尔干半岛库勒巴山谷的一次破坏性地震，他注意到某些地震波到达观测站的时间比预计得要早，经过研究他发现，地震波在传播到地下50千米左右时，时速发生了明显的变化，纵波的速度，从每秒7.0千米左右突然增加到了每秒8.1千米左右，横波的速度从每秒4.2千米突然增加到了每秒4.4千米。于是莫霍洛维奇就认为，在地球内部50千米处，存在一个间断面。

到目前为止，我们通过地震波识别出了地球内部存在两个主要的一级波速不连续面，它们分别是莫霍洛维奇界面（简称莫霍面）和古登堡界面，在莫霍面以上的部分，我们称之为地壳，古登堡面和莫霍面之间，称为地幔，古登堡面到地心之间被称为地核。

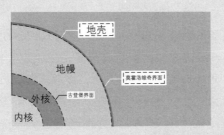

而空心论为什么大概率是错误的呢？因为地震波在空气中基本上是没有速度的，但是，截至到目前，科学家们还没有发现地下存在大面积的、地震波速度极低的空间，而且由于地下的高温高压环境，也很难找到一种物质，能够在地下支撑起一个巨大的空洞，《地心游记》一类的地心探险故事只能存在于科幻小说里了。

要知道，地心的温度有6000多摄氏度，而压力能够达到36万兆帕斯卡，人类根本没办法在这样的条件下生存，所以对目前的人类来说，入地比上天难多了。

（摘自公众号"科普中国"，来源：央视科教）

科学经验传递理论认为，教育过程实际上是将人类获得的科学经验传递给学生，并在学生头脑中形成科学经验结构的过程。通过分析、归纳、比较、探究来培养学生的高阶思维。

"证据推理"是学科核心素养之一，而学科核心素养是学科育人价值的集中体现，是学生通过学科学习而逐步形成的正确价值观念、必备品格和关键能力。

在人工智能领域，证据推理（evidential reasoning），又称登姆普斯特－谢弗推理（Dempster-Shafer reasoning）方法，简称D-S推理。D-S理论将假设视作一个集合，引入信任函数、似信度函数、类概率函数等概念描述命题的精确信任程度、信任程度和估计信任程度，对命题的不确定性作多角度的描述。随着互联网信息技术的发展，依据大数据和领域专家的经验证据进行决策的应用越来越广。

二、司法证据推理

司法人员办案必须遵循的基本原则是"以事实为根据，以法律为准绳"。在司法活动中就要运用证据来确定案件的客观真实性，这是一个复杂的逻辑推理和论证过程。运用证据证明案件事实，首先必须掌握证据，其次证据还必须客观、确实、充分。运用证据证明案件事实的过程，是不断收集证据，审查判断证据，进而认定案件事实的过程。

收集证据的过程是一个艰苦细致、不断分析和认识的过程。首先，必须在大致了解案情的基础上，经过初步的分析和思考，以确定收集证据的方向、范围；在此基础上，采取合理的步骤和科学的方法，接触、发现、认识和掌握证据。

收集证据之后就必须对证据进行审查判断，既要审查判断证据本身的确实性、可靠性，又要判定证据的充分性，亦即判定证据与证据之间，证据与案件事实之间有无联系，能不能用以证明案件事实。

在法律上，证据推理是运用证据推理案情的诉讼活动，重在获取案件的法律依据，还原事实真相，说服法官或者陪审团认定被告有罪或者无罪的法律事实。

案例　施暴者究竟是谁

丈夫艾哈迈德·格兰纳特是黑人，妻子玛利亚·维尔斯曼是白人，夫妻二人吸毒成瘾。家中有一个18个月大的女儿玛哈尔，是玛利亚与艾哈迈德的哥哥所生。某晚三口之家驾车长途出行，途中数次停车吸毒。后来他们到达一个停车场，艾哈迈德下车去卫生间。之后夫妻二人的事实陈述各不相同。艾哈迈德说10分钟后他回到车上，发现玛利亚怀抱着已经死去的玛哈尔。但玛利亚说，艾哈迈德下车时带走了女儿，20分钟后他回来时抱着死去的女儿。尸检结果表明，玛哈尔的头部和腹部受伤严重，最后死于内脏出血。这对夫妻之中必然有一人对玛哈尔施暴，但究竟是谁？

这对夫妻被逮捕了，但玛利亚很快被释放，艾哈迈德则因为玛利亚的指证被控谋杀。对指控艾哈迈德的证据，只有尸检报告和玛利亚的证言。但玛利亚的证言是值得怀疑的，因为她若不指证艾哈迈德，那么她自己就成了唯一的犯罪嫌疑人。另外，如果艾哈迈德因此获罪，那么反过来可以推断：他指证玛利亚的证言，再加上尸检报告，也同样能给玛利亚定罪。换言之，即便既有证据从法律上来说是充分确凿的，但在逻辑上不足以给任何一方定罪。但只有50%概率嫌疑的艾哈迈德最终还是被定罪了，警方、控方和法院都将艾哈迈德视为嫌疑人，而将玛利亚视为证人，然而这么做的依据是什么？理由不外乎是人们相信一位母亲——即便因为刚吸过毒而精神异常——不可能杀死自己的孩子，相信男人比女人更暴力，相信黑人比白人更暴力，相信一位失去孩子的母亲是当然的受害者等。换言之，人们的道德情感和日常经验（包括成见）罗织成了一种信念，在黑人男子艾哈迈德和施暴者之间建立了强的意向性联系。这既是证据推理中常见的"概率跃迁"和"启发式推断"，也是法官经常使用的一种"权宜之计"。因为尽管信念和结论之间并不存在逻辑关系，却和结论的可接受性存在正相关关系，而可接受性又经常被视同为正当性。这也说明事实发现不是一个简单的认识过程，而是心理、文化等因素共同作用的结果。

（摘自《证据推理中的价值判断》作者：陈林林）

揭示某个事件发生的证据被称为肯定性证据；揭示事件不发生的证据称为否定性证据。在一个特定论证中，一个特定证据会以不止一种方式使用，即人们可能以不同方式使用该项证据。而论证建构是属于论证者自己的创造活动，因此，证据在使用中，都会有主观因素的影响。作为证据的资格，相关性和可信性也并非固定的。在一项推论性任务中被判定为具有相关性的证据，在另一个推论性任务中也许并不被如此判定。同样，证据的可信性时常与特定背景和问题情境发生联系而变化，比如，关于证人可信性的信念，可以伴随这个证人可能作证的不同背景而改变。因此，在论证中，需要关注怎样把证据的相关性、可信性与论证目的结合起来。

逻辑为事实认定提供思维基础，事实认定是依据证据进行推论的过程。推论链条展现证据与事实之间的证明关系，"链接"证据与事实。完整的推论链条是从证据性事实到推断性事实再到要件事实，最后推出实体法要件的过程，完整的推论链条离不开逻辑方法的参与。

阅读 证据链

在刑事案件以及民事案件中，法院判案主要的依据是诉讼双方是否掌握足够的证据，要看这些证据之间能否形成完整可用的证据链。

证据链是指在证据与被证事实之间建立连接关系，相互间依次传递相关的联系的若干证据的组合。证据链的证明力为各个证据的总和，证据链的构成至少包括以下三个要求：

一是有适合的证据；

二是证据能够证明案件的证明对象；

三是证据之间能够相互印证，对案件事实排除了合理怀疑。

审判人员对案件的全部证据，应当从各证据与案件事实的关联程度、各证据之间的联系等方面进行综合审查判断。下面就以侵占罪为例，看具体怎样形成证据链。

首先要知道侵占罪的概念，侵占罪是指以非法占有为目的，将他人交给自己保管的财物、遗忘物或者埋藏物非法占为己有，数额较大，拒不交还的行为。

其次，想要证明侵占罪，必须先收集对方侵占的犯罪证据。需要搜集的证据是行为人保管财物或者拾到遗忘物或者发现埋藏物的证据。当这个事实可以证明的时候，还需要证明有人向行为人主张权利，也就是说，让行为人把占有的财产返还。

最后要证明行为人拒绝返还。同时侵占罪是数额犯，还需要对被侵占对财产进行估价，看是不是足以达到侵占罪的立案标准。

当这些证据都足够的时候，是可以形成完整的证据链来证明案件事实的。

第八章

论证评价

论证评价是论证逻辑的核心，其基本问题是一个主张或结论是否应该被接受。科学理性是对事物的本质的认识，关键需要的是思辨和推理能力，在接受一个主张或信念的时候，就要为其提供合理的证据或者依据。

第一节　评价概述

论证评价的关键在于建立论证好坏和强弱的标准。评价论证的质量高低，就是要看前提和结论之间的关系如何，前提自身是否妥当，结论是否可靠，恰当程度如何等一系列问题。

一、论证质量

一个好论证，必须满足两个条件：一是前提相关且可接受，二是从前提能够合乎逻辑地推出结论。反之，论证就有可能是一个坏论证：一种情形是前提不相关或不可接受，另一种情形是从前提推不出结论，即前提和结论之间没有足够的支持关系。

1.论证的基本要求

每个论证都提出两个基本要求，每个论证的评价集中在这两个要求的评价上。

首先是推理要求。要求所说的证据或理由支持某事（或者某事可从所说的证据或理由得出）。如果其前提无法支持结论，那么一个论证就是无价值的。因此，首先要考察推理要求，而且只有前提确实支持结论，我们才将考察事实要求。

其次是事实要求。要求证据或理由存在。就是说，要求前提呈现真正的证据，或者是真的。前提首先是一种解释，即对我们为什么要相信某个特定结论的解释。只有恰当的前提才能保证论证的恰当性，才能作出合理的推理，使我们因此相信其推出的结论。

正当理由可以简单地理解为一个命题的证据，这个证据对命题的支持关系和命题一起构成一个论证，证据强度表示的就是这个论证的可信程度。

论证的可信程度通常可以分为三级：演绎的、扩展的和谬误的。演绎论证可信程度的评价标准是其有效性。扩展性论证是论证的主体，其可信程度取决于论证强度。认定一个论证为谬误，那就表明它是不可信的。就可信程度而言，有效是最高标准，谬误是可信程度最低的一种论证。

2.好论证与坏论证

从某种意义上，逻辑学可认为是研究好论证（好推理）和坏论证（坏推理）之区分的规范性学科。好论证与坏论证的根本区别在于，前提确实支持结论的论证就是好论证，前提不能很好地支持结论的论证就是坏论证。

例：请分析下述两个论证是否为好论证。

第一个论证：

有的外科医生是协和医科大学8年制的博士毕业生；

所有的外科医生都具有精湛的医术；

所以，有些协和8年制的博士毕业生有着精湛的医术。

第二个论证：

有的外科医生是协和医科大学8年制的博士毕业生；

有的外科医生具有精湛的医术；

所以，有些协和8年制的博士毕业生有着精湛的医术。

分析：在第一个论证中前提确实支持结论，故而此论证是个好论证。

在第二个论证中，前提还是不足以支持结论，故而此论证不是一个好论证。

3.论证好坏与论证强弱

论证好坏的评价是一个综合性的评价。一个论证的强弱，我们主要看这个论证使用了什么推理模式，演绎的、扩展的或者混合使用的；一个论证的好坏，除了其推理模式外，还要考虑论证的其他相关因素。

论证好坏和论证强弱之间的关系，可以描述为：

① 每一个好论证都是有效的或者是强的。

② 不是每一个有效的论证或者强的论证都是好论证。

③ 每一个弱论证肯定是坏论证。

下表列出论证好坏与论证强弱的关系。

好论证	坏论证
强论证（包括有效论证）	弱论证

可见，有效性论证或者强的论证不一定是好的论证，但好的论证一定是有效的或者强的。同时，一个好的论证，它还应该给我们清晰并有可能得到证实的结论。

例：请看下述两个论证。

① 所有的长尾鹦鹉都没有2英尺高。因此，在当地超市中出售的长尾鹦鹉都没有2英尺高。

② 在这个班，任何一个看到过、听说过长尾鹦鹉，或者读过有关长尾鹦鹉书籍的人，他们所知道的长尾鹦鹉都没有 2 英尺高。所以，在当地超市中出售的长尾鹦鹉都没有 2 英尺高。

分析：论证①是一个有效的论证，但它不一定是一个好的论证，因为其前提我们没有办法得到证实，由这样的前提推出的结论固然有效，但前提的可靠性没有保障，这个结论就是值得怀疑的，所以，它是一个有效性论证，却不是一个好论证。

论证②不是一个有效的论证，但它是一个强的论证，其前提和结论之间有很强的支持关系，前提的真实性也是很容易得到保证的，完全可以通过经验观察而得到其前提。因为这个前提具有十分清晰的真实性，这个论证就给了我们一个好的理由去相信，由这个前提推出的结论是真实的。

因此论证①不是一个好论证，虽然论证有效，但我们仍然可以说这是一个坏论证。论证②是一个强的论证，而且其前提清晰的真实性保证，因此，可认为它是一个好论证。

4.好论证是合理的论证

什么样的论证是好论证，这是理性思考的核心问题。好论证可以看作是合理的论证，或者说是科学的论证，这样的论证给人们正确的认识，是对人们行为的正确指引，是让人们接受真理，强化我们的理性思维能力。

论证是理性探讨的开始，从理性的角度，接受目前最好的论证就是合理的。无论是一个知识是否真，信念是否正确，或者一个解决问题或者行动的方案是否合适，这都归结到关于它们的论证是否好的问题上。所以，对信念和行动的合理性的检验，就是对相关论证的检验。

好论证（sound argument）可被翻译为真切、健全、可靠或完满的论证。"好论证"的实际意义是"最好论证"，它在逻辑适用的地方（比如演绎推理）指完满论证，但它并不要求论证都具有推理的绝对有效性，它只是在现有阶段和条件下能达到的最好论证，即在所有竞争的论证中，也就是相对于其他的论证是最好的，这就包含着与不同观点和论证竞争、综合的要求。这是论证的全面性的要求。而且，这也意味着它不是认识的终结，它是可以发展的，这是论证的开放性的含义。

5.坏论证是不合理的论证

坏论证属于不合理的论证，也就是谬误式论证，这类论证或者是企图对人们进行误导，或者是用看似合理的方式让人们接受一些不合理的结论。关于谬误，后面还要做详尽的论述。

就演绎论证而言，坏论证就是非有效性的论证。就非演绎论证而言，我们面对的绝大多数论证都会是有缺陷的，但它们并不一定都是坏论证。

坏论证和好论证相对立：坏论证是前提对于结论没有支持作用的论证，一个坏论证对于一个主张或者结论是真的还是假的不产生作用。相对于好论证，我们对于坏论证的理解就是：

① 没有好的理由使我们相信这个论证的前提是真的；

② 这些前提不导致、支持或者建立该结论；

③ 前提不是比结论更为可信。

案例　空地上的奶牛

一个农民担心自己的获奖的奶牛走丢了。这时送奶工到了农场，他告诉农民不要担心，因为他看到那头奶牛在附近的一块空地上。

虽然农民很相信送奶工，但他还是亲自看了看，他看到了熟悉的黑白相间的形状并感到很满意。过了一会，送奶工到那块空地上再次确认。那头奶牛确实在那，但它躲在树林里，而且空地上还有一大张黑白相间的纸缠在树上，很明显，农民把这张纸错当成自己的奶牛了。

问题是虽然奶牛一直都在空地上，但农民说自己知道奶牛在空地上时是否正确？

分析：这一案例是认知论领域的一个最重要的思想实验。

在这个实验中，农民相信奶牛在空地上，且被送奶工的证词和他自己对于空地上的黑白相间物的观察所证实。而且经过送奶工后来的证实，这件事也是真实的。尽管如此，农民并没有真正地知道奶牛在那儿，因为他认为奶牛在那儿的推导是建立在错误的前提下的。因此，这个农民的论证，其前提中有不真实的前提，但结论正确，故不是好论证。

阅读　警惕"坏论证"

在某些哲学家看来，科学论证（argument from science）是从神经生物学的角度给出的论证。以视觉为例，其基本思路是：

① 世界中的对象所反射出的光子刺激视网膜中的光感受细胞，从而引发了一系列神经生物学过程；

②这些过程最后终结于大脑皮层，形成了视觉印象；

③我们根本看不到实在世界，而只能看到一系列事件（视觉印象），这些事件（视觉印象）是实在世界对我们的神经系统施加影响的结果。

科学论证认为，虽然我们可以用日常语言谈论世界中的对象和事态，但一旦要对它们给出科学分析时，我们就不得不返回"表象实在论"（representative realism）。"表象实在论"表明，我们所能看见的一切都只是视觉图像或感觉予料，而非实在对象本身。

哲学家约翰·R. 塞尔（John R. Searle）认为，在对知觉问题的日常讨论中，最可能说服人们的论证就是科学论证，而在哲学家这里，最有影响的论证则是幻觉论证。

幻觉论证（argument from illusion）以知觉与幻觉的区分为前提。塞尔把知觉称为"真实的情况"（veridical case）或"好的情况"（good case），与之相反，幻觉则是"虚假的情况"（falsidical case）或"坏的情况"（bad case）。然而，塞尔明确声称，他会尽量避免使用"虚假的""这个更糟糕的词"。至于"虚假的"（falsidical）这个词为什么是"更糟糕的"，比谁糟糕，塞尔没有明言，不过从上下文来看，那个不那么糟糕的词，应该指的是"感觉予料"。

幻觉论证的基本内容是这样的：假定我吃了一块大麻蛋糕，从而产生了一个幻觉，我看见面前有一头粉色的猪正扭着屁股冲我笑，而且听见它正在叫我的名字。我想抓住它，可怎么也抓不住。我分明看见了它，也听见了它的声音，但当我靠近它时，它就突然消失了，过了一会儿之后，它又出现在了我的面前，扭着屁股冲我笑，还在叫我的名字。在这种情况下，我并没有看见一头真实的猪，但我也不是体验到了虚无，我确实体验到了、意识到了、觉知到了什么东西。

这个东西是什么呢？在笛卡尔、洛克和贝克莱的著作中，它被叫作"观念"；在休谟那里，它被叫作"印象"；在20世纪哲学中，它被叫作"感觉予料"。由于处在幻觉中的我既不能区分这种体验是幻觉还是真实的知觉，也不能区分所体验到的"对象"是虚幻的还是真实的，所以我们必须对二者给出相同的分析。而且，不仅在幻觉中我没有看到猪本身，即便在真实的情况下，亦即在真正的知觉中，我也并未看到猪本身，而只是看到了猪的感觉予料（对此，贝克莱、休谟、康德、艾耶尔都有"精彩"论证）。由此，我们应该说，不论是在知觉（好的情况）

下，还是在幻觉（坏的情况）下，我们都没有看到一个本体论上客观的实在对象，我们看到的仅仅是本体论上主观的感觉予料。因此，结论就是：

你根本看不到实在世界中的对象或其他本体论上客观的现象，至少不是直接地看到，你只能看到感觉予料。因此，直接实在论是错的。

然而，正如塞尔所问的那样，如果你接受了幻觉论证的结论，那么留给认识论的问题就是：你看到的感觉予料和你实际上没有看到的物质对象之间是什么关系？在塞尔看来，对此问题的不同回答决定了近代认识论的不同面相。在哲学中，关于幻觉论证的经典例子有很多，例如弯曲的棍子（the bent stick）、椭圆的硬币（the elliptical coin）、重影（double vision）、麦克白的匕首（Macbeth's dagger）、沙漠绿洲、海市蜃楼等。塞尔对这些例子都做了详细分析。通过对这些例子的分析，他刻画了幻觉论证的基本结构。

第一步：不论是在真实的（好的）情况下，还是在幻觉的（坏的）情况下，都有一个共同的要素——在视觉系统中进行的定性的主观体验。

第二步：由于在两种情况下，共同的要素在质上是同一的，所以不论我们对其中一种情况给出怎样的分析，我们都必须对另一种情况给出同样的分析。

第三步：不论是在真实的情况下，还是在幻觉的情况下，我们都觉知到了什么（意识到了什么，看到了什么）。

第四步：但在幻觉的情况下，这个什么不可能是物质对象，因此，它必定是一个主观的心理之物。用一个词来说，它就是"感觉予料"。

第五步：但是根据第二步，我们必须对两种情况做出相同的分析。因此，在真实的情况下，正如在幻觉的情况下一样，我们只看到了感觉予料。

第六步：由于不论在幻觉中，还是在真实的知觉中，我们都只看到了感觉予料，因此，我们必须得出结论说，我们根本看不到物质对象或其他本体论上客观的现象。所以，直接实在论遭到了驳斥。

在塞尔看来，如果我们接受了幻觉论证的结论，即，"我们根本看不到物质对象或其他本体论上客观的现象"，我们所能通达的唯一实在就是我们自己的私人体验，那么，我们就无法解决怀疑论的问题：我们如何能够通过知觉认识实在世界？——"因为我们的知觉只能通达私人的主观体验，本体论上主观的体验与本体论上客观的实在世界之间有一条不可逾越的鸿沟"。

[摘自《观物如实：一种知觉理论》（当代世界学术名著），[美] 约翰·R. 塞尔 著中国人民大学出版社，2021年3月]

二、评价原则

用于对给出的论证的评价，指的是以批判性准则来评价论证的原则。培养和训练批判性思维能力，需要掌握评价论证的如下基本原则。

1. 中立原则

对论证的评价是一种反思性思考方式，客观分析性反思不夹杂个人的情感偏好和价值取向，需要以一种中立的立场来进行思考、选择和做出明智的决定。

这要求我们评估论证时，要尽可能地把论证者设想为一个正常的、理性的人，我们应尽可能对被分析的论证做出有利于支持结论的解释。当我们考虑论证所给出的理由是否正当？所做出的推理是否强有力？要以合理性的最大限度来理解论证。

2. 结构原则

决定什么是好论证的首要标准，就是看它的论证结构是否组织良好，即是否拥有坚实的逻辑结构。既然是论证，它的结论必须由至少一个前提支持着，它的结构形式则必然是下面两种情况之一，如果是演绎性的，结论必然地从前提导出；如果是归纳性的，结论或然地从前提导出。把结构性原则运用于特定的论证中，以下几个方面是应该考查的。

① 这一论证的前提的真实性是否比结论更有可能？

论证要使用比结论更容易接受的前提，如果这些前提被人接受了，而它们又能导向结论，那么结论的接受便是可能的了。

② 前提之间是否存在冲突？

若存在多个前提，且前提之间互不相容，这对论证有可能是致命的结构缺陷，因为前提彼此矛盾的论证会产生荒谬的结论。

③ 关键性前提是否有与结论相同的声称？

好的论证所使用的前提，不应该假定结论的真实，结论所宣称的东西，前提便不能宣称。如果犯了这种结构性的缺陷，便犯了"乞题"（也叫"丐题"）

的谬误，前面已论述，乞题是指一个原本要被论证的命题早已在前提中被假定为真，这样的论证没有提出任何新信息来支持结论，无助于我们决定做什么或相信什么。

④ 结论是否与前提矛盾？

如果结论与论证中的前提相冲突，就违反了矛盾律。

⑤ 如果论证是演绎性的，论证的结构是否违反演绎规则？

演绎逻辑违反任何一种规则，都只会带来演绎性论证的结构缺陷。

3.辩驳原则

辩驳原则是确定好论证的一项重要原则，要求论证的前提对各种可以预见的异议构成有效的反驳。具体是指要正当地相信什么，必须考察所有的证据，包括要考察反面的论据，通过预料到最严重的诘难，并要有力地削弱反对的力量。

立场对立的两个论证，不可能同时是好论证。要解决"你对我也对"的两难，就要把对方最有力的辩护驳得体无完肤。缺少辩驳性的论证，不会是好论证，因为要正当地相信什么，我们必须考察所有的证据，如果没有考察反面的论据，就不能算考察了所有的证据。

运用辩驳原则，以下几个方面是应当提出和回答的。

① 对我们正在辩护的主张或观点，什么是最有力的异议？

② 论证是否有效地回应着反论？

③ 有什么潜藏的严重缺陷，是对方有可能发现的？

④ 论证本身是否清楚自己可能的缺陷并有所阐述？

⑤ 论证是否表明为什么同一问题上的其他观点是有缺陷的、不成功的？

缺少辩驳性的论证，即一个论证，如果没预计到并且有效地驳回反对立场的最有力的诘难，就不能说是好论证。一个完整的论证甚至需要驳回有利于反对立场的多种论证，只有把每一种批评都反驳得哑口无言，才能称得上一个出色的好论证。

第二节　评价标准

论证的好与坏取决于理由是否坚实，以及理由对主张的支持是否有力。理解论证不应过分关注作者的立场和主张，而应将关注的焦点引向支持一种主张的要据和理由。论证评价的关键在于掌握评价理由是否坚实以及评价理由对主张的支持力度的技术。

论证评价的基本标准是前提对结论的相关性、充分性和前提的可接受性，分别是相干性标准（standard of relevance）、充足性标准（standard of sufficiency）和可接受性标准（standard of acceptability），即RSA标准。只有通过上述三个评价标准，即论证必须有数量和质量都充足的相关且可接受的前提，才能使我们觉得这论证足够有力，可以接受它的结论了。

一、相干性标准

论证的相干性标准是指前提必须和结论相干，即前提与结论的真实性相关联：它们必须通过相干性检验。即前提和结论必须是相关的，这是前提的资格问题。如果前提之一不相干，则表明论证并不好。

1.相干性的含义

相干性也叫相关性。通常，我们进行推理或论证时，前提和结论之间总是存在某种共同的意义内容，使得我们可以由前提想到、推出结论，正是这种共同的意义内容潜在地引导、控制着从前提到结论的思想流程。除非一个人思维混乱或精神不正常，他通常不会从"白菜是蔬菜"推出"所有的金属都是导体"，因为这里前提和结论在内容、意义上没有相关性，完全不搭界。

一个论证的前提总要对其结论的接受（拒斥）有干系。前提是否相关，是相对于结论而言的。不相关的前提对论证的结论的好坏毫无影响。所以，这是一个判定前提和结论相关性的方法：如果前提对结论的好坏有影响，就是相关的。具体而言，前提是相关的，是指如果人们接受这个前提，就会相信结论，至少，这前提对结论的价值或真实性有所贡献，有所支持。

2.不相干的理解

不相干是指，如果前提对结论没有影响，它就是无关的。具体而言，前提是不相关的，是指即使人们接受它，它对结论的价值和真实性也无所支持，无所证明，甚至毫无联系。

以下两则幽默均是前提与结论均不相关的例子。

例1：甲说："信不信由你！我在五分钟内打死了十只苍蝇，而且有六只是母的，四只是公的。"乙说："我不信！你怎么认得出来哪些是母的，哪些是公的？"甲说："那最简单不过了。我在镜子上打死的肯定都是母的，而在酒杯上打死的肯定都是公的。"

例2：一个男孩向他的同伴炫耀："有一次，我爸爸不小心掉进河里，眼看就要淹死了，幸好他急中生智抓住身边游过来的两条小鱼，被这两条小鱼带到了岸上"，同伴们听了都不信，纷纷要求男孩拿出证据来。"这还要证据？"男孩睁大眼睛不解地说，"我爸爸至今还好好地活着，这难道不是最好的证据？"

前提和结论貌似相关但实质上不相关，存在以下两种特殊情况：

第一种情况，如果前提和结论是一样的（比如，只是用了一样意义的不同的词），它们虽然相关，但却是我们前面说的同义反复：A是A。这是空洞。

另外一种情况，前提和结论的关系是这样的"互相依赖"，本来是用前提来支持结论，但前提自身的证明不独立于结论，那么这样就是所谓的循环论证。

例3：如果白菜是蔬菜，那么所有的金属都是导体；白菜是蔬菜，所以，所有的金属都是导体。

尽管上述是一个形式有效的推理，但前提和结论明显不相干。这就表明，有些逻辑上有效的推理形式，作为日常思维中的论证却可能是坏的论证，

根据同一律，从p当然可以推出p，但若以p为论据去论证p，即使不是循环论证，也至少犯有"无进展谬误"。因此，当我们作论证评价时，常常要考虑前提与结论、论据与论点之间的这种内容相关性，要求它们之间既有内容的关联，又不能在内容上相互等同，否则就没有论证之必要了。

因此，分析论证的第一步，就是要检查前提与结论有没有明显的不相关性。论证不符合相关性规范，有很多种情况，比如，有的论证诉诸与主旨无关的事，比如诉诸众人的意见，以人为据，诉诸无知或诉诸传统观点，还有的使用错误的理由去支持结论。

例4：在一次聚会上，10个吃了水果色拉的人中，有5个很快出现了明显的不适。吃剩的色拉立刻被送去检验。检验的结果不能肯定其中存在超标的有害细菌。因此，食用水果色拉不是造成食用者不适的原因。

分析：上述论证的结论是：食用水果色拉不是造成食用者不适的原因，其根据是检验的结果不能肯定送检的色拉中存在超标的有害细菌。不能肯定送检物中存在超标的有害细菌，不等于否定送检物中不存在超标的有害细菌。而只有否定送检物中不存在超标的有害细菌，才能得出结论：食用水果色拉不是造成食用者不适的原因。因此，上述论证的漏洞是：把缺少证据证明某种情况存在，当作有充分证据证明某种情况不存在。该结论显然和其给出的前提理由没有什么相关性，是典型的前提和结论之间不相干，因此是一个坏论证。

例2：所谓的环境保护论者争辩说，提议中的格登湖发展计划将会干扰鸟的迁徙模式，然而同样的这些人近年来对议会提出的几乎每一个发展建议都提出环境上的反对意见这一事实表明，他们对鸟类迁徙模式所表达的关注只不过是他们反对发展、阻碍进步的一个借口。因此，应该不用进一步考虑而应忽略他们的宣称。

分析：上述论证根据"环境保护论者总是提出反对意见"，就得出结论"他们的宣称应该被忽略"。显然，其推理错误在于基于论述者的动机而反驳一个结论，明显是前提和结论之间不相干，因此是一个坏论证。

3.相干性的判断

证据和问题、推理和结论之间的相关性，是考虑论证时不可忽视的要求。成为一个论证的前提或证据既要求有准确性，又要有相关性。在认真对待一个证据之前，即使它是真的，还必须先回答它的相关性问题。因为清晰、真实和精准的数据或证据，完全可能和问题没有关联性。若无关联性，就犯了无关性的逻辑错误。因此，在分析和构造论证时，必须追问：这理由和问题本身有什么关系？它和我们的论证有联系吗？它和我们的论点、结论相关吗？

判断某一特定的前提或理由是否相关，我们可以向自己提出以下两个关键问题。

第一，如果前提为真，是不是会使人更加相信结论为真？如果回答为是，前提就很可能是相关的。如果回答为否，前提就基本没什么相关性了。

第二，即使前提为真，当我们判断论证的结论是否为真的，需要参考前提的真实与否吗？如果回答为否，自称支持结论的前提便实为不相关。如果回答为是，我们便认为前提是相关的。

当然，我们不能从表面上看似不相关就武断地判断不相关。很多科学研究的目的就是找推理或者因果关系中缺失的部分，填补原因和结果之间的空白。相应地，在理解、分析论证时，当前提和结论之间看来有鸿沟时，我们也要尝试填补它，看看推理是否能变得合理，从而使认识得到深入。

例1：早晨去楼下买油条，大妈说要2.5元一根。我说："昨天不是2元一根吗？"大妈说："因为猪肉涨价了。"我说："猪肉涨价，关你油条什么事？！"大妈说："因为我想吃猪肉。"瞬间觉得大妈说得好有道理。

分析：大妈卖的油条涨价的理由是猪肉涨价了。这一论证的前提和结论似乎不相关，但我们加上一些省略的步骤后，使得前提和结论紧密相关了。

猪肉涨价了。

我想吃猪肉。

（我的生活成本提高了。）

（我要保持生活水准，就要提高我的收入。）

（要提高我的收入，就要提高我产品的价格。）

（油条是我的产品。）

所以，油条涨价了。

可见，通过找到这样起填补鸿沟作用的省略前提，如果它们是可信的，那么论证就成为相关的甚至合理的。

例2：在南非的祖鲁兰，每17个小时就有一头犀牛被偷猎。"飞翔的犀牛"行动从乌姆福洛奇保护区精心挑选了114头白犀牛和10头黑犀牛，将它们空运到南非一个秘密的地区，犀牛保护者希望犀牛能在这里自然地繁殖和生长，以避免因偷猎而导致犀牛灭绝的厄运。

分析："飞翔的犀牛"行动的目的是，避免因偷猎而导致犀牛灭绝的厄运；其做法是，从保护区精心挑选白犀牛和黑犀牛，空运到南非一个秘密的地区，希望其能在这里自然地繁殖和生长。我们加上一些省略的步骤后，使得前提和结论紧密相关了。

"飞翔的犀牛"行动从保护区精心挑选白犀牛和黑犀牛，空运到南非一个秘密的地区，希望其能在这里自然地繁殖和生长。

（给犀牛人为选择的新家适合白犀牛和黑犀牛的繁殖和生长。）

（住在犀牛新家附近的居民不会有人为昂贵的犀牛角而偷猎。）

（对犀牛新家的保密措施严密，使偷猎分子不知道那里有犀牛。）

所以，"飞翔的犀牛"行动将避免因偷猎而导致犀牛灭绝的厄运。

如果这些省略前提是作者的原意，那么我们补充的是原来隐含的前提，从而我们便完善了论证，丰富了认识。但是，如果我们找不到这样的中介前提，那么这个论证就确实不相关，该论证就是个坏论证了。

二、充足性标准

论证的充足性标准是指前提足够支持结论之真实性，即前提必须给结论提供充分支持：它们必须通过充足性检验。

充足性也叫充分性，当然，这里的充分性是论证逻辑里的充分性，与演绎逻辑里的充分性的含义并不等同。演绎逻辑的充分性是指，前提能够必然地推出结论，即如果前提都是真实的，并且推理形式是正确的，那么，就一定能推出结论。而这里论证的充分性是指要有充分的证据支持结论，即前提对结论要构成充分的支持。如果没有考虑支持主张或论点的全部证据，论证就有跳跃到结论或仓促结论的过失。

1. 充足理由律

充足理由律是逻辑学中的一条基本规律，其作用在于确保思维的论证性，实际上是要求在逻辑论证时，怎样使它具有说服力。

（1）充足理由律的基本内容

充足理由律的内容是，在同一思维和论证过程中，一个思想被确定为真，要有充足的理由。

它可以表达成：A真，因为B真并且B可以推出A。

充足理由律要求在一个论证过程中，任何一个论断被确定为真的，必须具有真实的充足理由，并且理由与推断之间要有必然的逻辑联系。充足理由律具体要求主要有三点：

第一，对所要论证的观点必须给出理由；

第二，给出的理由必须真实；

第三，从给出的理由必须能够推出所要论证的观点。

（2）违反充足理由律常见的逻辑错误

违反充足理由律的要求就会犯"推不出"的错误，是指在一个推理过程中，理由虽然真实，但是理由（前提）和主张（结论）之间没有必然的逻辑联系。

论证违反充足理由律有很多种表现，比如，基于非常少的样本，或使用了不具代表性的样本数据而仓促地得出结论；证据只是某个人或论证者认识的几个人的经验；论证缺乏关键性的证据等。

（3）评价论证充足性的常用问题

在考察评价论证时，可以追问以下基本问题：

第一，给出的理由，虽然是相关且可以接受的，足以导出论证者的结论吗？

第二，论证是否有误判因果的瑕疵？

第三，论证中是否缺失使人接受结论所需要的最关键的证据、事实或信息？

2.论证的充足性

论证必须通过充足性检验，即考察前提是否足以支持结论，这是看现有前提的总和是否足以导出结论的问题。论证的充足性具体包括两层含义：

第一，事实、证据和信息的充足性。

科学论证的前提是需要充分占有材料，没有足够的信息，思考很可能有片面性和局限性，包括是否看到了问题的各个可能的方面，是否考虑了各种证据和事实。这里的充足性主要两个维度：已提出的证据类型是否足够；证据的范围是否适当。

第二，推理性质、强度的充足性。

这代表推理的可靠性，即在有足够的证据的情况下，证据是否有足够的强度来支持结论。常见的推理错误往往是由于证据支持不充足的问题，因此，各种推理的方法和准则都以达到推理的充足性为目标。

例1：有些人若有一次厌食，会对这次膳食中有特殊味道的食物持续产生强烈厌恶，不管这种食物是否会对身体有利。这种现象可以解释为什么小孩更易于对某些食物产生强烈的厌食。

以下哪项如果为真，最能加强上述解释？

Ⅰ.小孩的膳食搭配中含有特殊味道的食物比成年人多。

Ⅱ.对未尝过的食物，成年人比小孩更容易产生抗拒心理。

Ⅲ.小孩的嗅觉和味觉比成年人敏锐。

分析：

上文前提：有些人会对这次膳食中有特殊味道的食物持续产生强烈厌恶。

补充Ⅲ项：小孩的嗅觉和味觉比成年人敏锐。

得出结论：小孩更易于对某些食物产生厌食。

可见，Ⅲ项有力地加强上述解释，使得论证具有充足性。

例2：自然界的基因有千万种，哪些基因最为常见和最为丰富？某研究机构在对大量基因组进行成功解码后找到了答案，那就是有自私DNA之称的转座子。转座子基因的丰富和广度表明，它们在进化和生物多样性的保持中发挥了至关重要的作用，生物学教科书一般认为在光合作用中能固定二氧化碳的酶是地球上最为丰富的酶，有学者曾据此推测能对这种酶进行编码的基因也是最丰富的。不过研究却发现，被称为垃圾DNA的转座子反倒统治着已知基因世界。

以下哪项如果为真，最能支持该学者的推测？

Ⅰ.不同的酶需要不同的基因进行编码。

Ⅱ.不同的酶可能由同样的基因进行编码。

Ⅲ.同样一种酶有时是用不同的基因进行编码的。

分析：在光合作用中能固定二氧化碳的酶是地球上最为丰富的酶。

补充Ⅰ项：不同的酶都需要各自独特的基因进行编码。

得出结论：能对这种酶进行编码的基因也是最丰富的。

可见，Ⅰ项最能支持该学者的推测，使得论证具有充足性。

3.充足性标准

在论证中，不同推理类型的充足性标准是不一样的。

评价一个论证必须分析该论证采取了什么样的论证方式，好论证的结构一定组织良好。论证方式是指论点和论据之间的联系方式，一般表现为一个推理系列。按照推理结构不同，大体上可以分为演绎推理、归纳推理和合情推理等不同的类型。因为推理类型有不同的推理关系，有不同的充足性判定准则，所以，评价一个论证的好坏，先要看它的推理类型。根据推理类型分析推理是否恰当，是评价论证质量高低的重要指标。

（1）在演绎推理中，推理的充足性标准是指"有效性"

如果是演绎推理，就看演绎是否有效，即要求保证结论真。

所谓"演绎有效的"是指，如果一个推理的前提真则结论必真，或者说前提真则结论不可能假，则这个推理就是演绎有效的。尽管从假的前提出发也能进行合乎逻辑的推理，其结论可能是真的，也可能是假的，但从真前提出发进行有效推理，却只能得到真结论，不能得到假结论。只有这样，才能保证使用这种推理工具的安全性。

这种有效性（亦称"保真性"）是对于正确的演绎推理的要求。正如前面所述，演绎有效的论证是最严格的论证，除了在数学等精确科学中出现外，演绎有效的论证在日常思维中并不多见。

例1：只有在适当的温度下，鸡蛋才能孵出小鸡来。现在，鸡蛋已经孵出了小鸡，可见温度是适当的。

分析：上述论证的结构是：只有 p，才 q；q，所以，p。

这显然不符合演绎推理的规则，是一则无效的论证。

例2：增加人体血液中脂蛋白的浓度，将会提高人体除去过量胆固醇的能力，从而降低胆固醇的水平。通过规律性的锻炼和减肥，一些人血液中的脂蛋白的含量显著增加。所以，经常性锻炼和减肥降低了一些人血液中的胆固醇含量。

分析：上述论证的前提是：

第一，增加脂蛋白，将会降低胆固醇的水平。

第二，通过锻炼和减肥，一些人的脂蛋白的含量增加。

从中可推出：经常性锻炼和减肥降低了一些人血液中的胆固醇含量。

可见，这是一则演绎有效的论证。

例3：蟋蟀是一种非常有趣的小动物，宁静的夏夜，草丛中传来阵阵清脆悦耳的鸣叫声，那是蟋蟀在歌唱。蟋蟀优美动听的歌声并不是出自它的好嗓子，而是来自它的翅膀。左右两翅一张一合，相互摩擦，就可以发出悦耳的声响了。蟋蟀还是建筑专家，与它那柔软的挖掘工具相比，蟋蟀的住宅真可以算得上是伟大的工程了。在其住宅门口，有一个收拾得非常舒适的平台。夏夜，除非下雨或者刮风，否则蟋蟀肯定会在这个平台上歌唱。因此，无雨的夏夜如果没有刮风，蟋蟀就在平台上唱歌。

分析：上述论证的前提是："夏夜，除非下雨或者刮风，否则蟋蟀肯定会在这个平台上唱歌"，即只要是不下雨并且不刮风的夏夜，蟋蟀就一定会在这个平台上唱歌。

因此，在无雨的夏夜，如果没有刮风，蟋蟀就在平台上唱歌。

可见，这是一则演绎有效的论证。

（2）在归纳推理中，推理的充足性就是高可能性

如果是归纳推理，就看归纳强度，即要求结论的成立有高概率。前提能给结论提供高度的支持，结论出现的概率很高。如果一个归纳推理，包括统计、类比和因果等，它的前提使结论真的可能性很高，它就是一个充足的归纳推理。当然，不用说，归纳推理的充足性是一个程度的概念。

所谓"归纳强的"是指，许多推理或论证尽管不满足保真性，即前提的真不能确保结论的真，但前提却对结论提供了小于100%大于50%的证据支持度，这样的推理或论证通常可以称之为"归纳强的"。反之，如果一个推理或论证，其证据支持度小于50%，则通常可以称它是"归纳弱的"。

归纳强的推理或论证是合理的，并且被广泛而经常地使用着。归纳弱的推理仍有一定的合理性和说服力，但其说服力是相对有限的。一般所说的简单枚举法、类比法等，当作为论证方法时，从逻辑上看都是归纳弱的。

例1：神经化学物质的失衡可以引起人的行为失常，大到严重的精神疾病，小到常见的孤僻、抑郁甚至暴躁、嫉妒。神经化学的这些发现，使我们不但对精神疾病患者，而且对身边原本生厌的怪癖行为者，怀有同情和容忍。因为精神健康，无非是指具有平衡的神经化学物质。由此可见，理解神经化学物质与行为的关系将有助于培养对他人的同情心。

分析：上述论证是归纳强的，简化后的论证如下：

第一，神经化学物质的失衡可以引起人的行为失常。

第二，神经化学的这些发现，使我们对精神疾病患者及其怪癖行为者怀有同情和容忍。

由此显然可以得出结论：理解神经化学物质与行为的关系将有助于培养对他人的同情心。

例2：美国研究人员分析了南极半岛和邻近的斯科舍海地区的实地数据后发现，20世纪70年代以来，当地气温上升了5至6摄氏度，并且来自其他海域的哺乳动物增多导致南极哺乳动物捕食竞争加剧。因此，在上述地区作为哺乳动物主要食物来源的磷虾密度降低了80%。而同一时期，生活在该地区以磷虾为主食的阿德利企鹅和帽带企鹅的数量也急剧减少。因此，气候变暖和哺乳动物的捕食竞争加剧威胁了帽带企鹅的繁殖。

分析：上述论证是归纳强的，简化后的论证如下：因为气温上升与捕食竞争加剧导致了磷虾数量的减少，而帽带企鹅以磷虾为主食，所以磷虾数量的减少会威胁帽带企鹅的数量。

例3：黑脉金斑蝶的幼虫以乳草植物为食，这种植物所含的毒素使得黑脉金斑蝶对它的一些捕食动物有毒。研究发现，副王峡蝶对大多数捕食动物都有毒。副王峡蝶的外形和黑脉金斑蝶非常相似，但它的幼虫并不以乳草植物为食。因此可以得出结论，副王峡蝶之所以很少被捕食，是因为她和黑脉金斑蝶在外形上的相似。

分析：上述论证是归纳弱的，简化后的论证如下：

前提：黑脉金斑蝶的幼虫以含有对其捕食动物有毒的乳草植物为食，而副王峡蝶的幼虫并不以乳草植物为食。

（隐含假设：蝶类在幼虫时以乳草植物为食则带毒，否则就不带毒。）

结论：副王峡蝶之所以很少被捕食，是因为它和黑脉金斑蝶在外形上的相似。

而上文又断定：副王峡蝶对大多数捕食动物都有毒，这意味着上述隐含假设不成立，这就严重削弱了题干论证。

（3）在合情推理中，推理的充足性就是达到综合最佳的结论

争取"最佳"的结论是广义归纳推理的一个共同要求。将各种证据综合起来，比所有别的解释更可信，这个论证就是好的。比如在实践推理中，我们为达到一个目标，应该采取哪一种计划、行动或方案。那么，就要根据行动的目的、规则、要求，通过论证得到最佳的方案。我们说一个计划、方案、评价得到了充分的支持，指的是对这样的方案的论证使人信服，可以接受，是目前认为最好的方案。

例1：蕨丛是一种有毒的野草，正在北半球传播并毁坏牧场，一个潜在的并不昂贵的自我维护的措施是引进这种植物的天敌；南半球有一种土生土长的吃蕨丛的蛾子，而且研究发现，把南半球这种蛾子释放到北半球依然能大量存活。因此，一些科学家建议通过释放这种南半球吃蕨丛的蛾子到北半球蕨丛蔓延的地区，可以控制蕨丛。

分析：上述科学家的建议符合推理的充足性，因此其建议合理。

例2：某种新发现在污水中的极其有害的细菌难以直接探测到。在海水中对一种毒性较小类型的细菌伊克利的测试，可能是一个可靠地决定这些更有毒的

细菌是否存在的方法，因为除非海水遭到含有有毒细菌的污水污染，海水中才会含有伊克利。

分析：上述论证是基于若海水中存在伊克利就意味着海水遭到了有毒细菌的污水污染，而提出一个方法，即可通过探测伊克利来确定更有毒的细菌的存在。

若事实上，伊克利比污水中更有害的细菌死得更快，并且不再容易被探测到。这就意味着上述推理不具有充足性，即通过探测伊克利来确定更有毒的细菌的存在这一方法。

注意：充足性标准是相对的。

与相关性一样，判断前提对结论支持的充足性，要看前提与结论双方。前提对结论的支持充不充足，一要看前提的力量和范围，二要看结论的力量和范围。理由、证据对该结论的支持强度，自然会随着结论的强弱和范围的变化而变化。如果结论扩展了范围但证据还是原来的，那么推理的充分性就有所减弱。

另外，在论证中，我们不可能保证一切情况都考虑到了，不可能保证万无一失，所以，达到最佳合理性或最佳结论也是相对的、变化的和比较性的。在发现新的证据、事实、信息或新方案的情况下，我们应该随时对论证进行修正。

三、可接受性标准

论证的可接受性标准是指前提对理智的人来说是可以接受的：它们必须通过可接受性检验。即需决定我们是否会接受已陈述的前提。人们要问：它是合理的主张吗？它本身需要辩护吗？它真吗？否定的回答是拒斥论证成立的理由，此时，论证有成问题的前提。

1.可接受的含义

要支持一个结论，那理由必须是可以接受的。理由是可以接受的，意思是说，对理智的人来说，在所有能够获得的相关证明面前，应当能接受那声称。

这个标准实际包括两个标准，一个是绝对标准，涉及前提对世界的关系（真）；另一个是相对标准，涉及前提对（结论的）听众的关系（可接受性）。在论证评价中，我们使用"可接受的"这个词，而不是传统的术语"真"，有以下几个原因。

第一，绝大多数论争中，达到对结论的一致同意的关键，在于到达对前提的接受。前提为人接受，对方就会逻辑地转向对结论的接受。

第二，要求良好论证的前提在任何绝对的意义上为真，是不合实际的苛求。

真实前提是得出真实结论的必要条件，但这一条件却不是那么容易保证的。有时候，前提可能只是某种常识性说法，但常识并不总是那么可靠。有一个说法很有道理：在常识里可能隐藏着一个时代的偏见。有时候，前提可能是大多数人的看法，但真理并不以信仰者的多少为依归。有时候，前提可能是某位权威的意见和看法，但权威并非在一切时候、一切情况下都是权威。除此之外，在论证中常常会暗中使用一些未明确陈述的前提和假设，它们的可靠性更要受到质疑。因此，一切并非都是理所当然的。

案例 缸中的大脑

没有比所谓的"缸中的大脑"（brain in a vat）假说更有影响力的思想实验了。这个思想实验涵盖了从认知学到哲学到流行文化等各个领域。这个实验的内容是：想象有一个疯狂科学家把你的大脑从你的体内取出，放在某种生命维持液体中。大脑上插着电极，电极连到一台能产生图像和感官信号的电脑上。

因为你获取的所有关于这个世界的信息都是通过你的大脑来处理的，这台电脑就有能力模拟你的日常体验。如果这确实可能的话，你要如何来证明你周围的世界是真实的，而不是由一台电脑产生的某种模拟环境？

分析：这个实验的核心思想是让人们质疑自身经历的本质，并思考作为一个人的真正意义是什么。这个实验的最初原型可以一直追溯至笛卡尔。在他的 *Meditations on the First Philosophy* 一书中，笛卡尔提出了能否证明他所有的感官体验都是他自己的，而不是由某个"邪恶的魔鬼"产生的这样的疑问。笛卡尔用他的经典名言"我思故我在"来回答这个问题。不幸的是，"缸中的大脑"实验更为复杂，因为连接着电极的大脑仍然可以思考。这个实验被广泛地讨论着，有许多对于此实验前提的反驳，但仍没有人能有力地回应其核心问题：你究竟如何才能知道什么是真实？

第三，语言分析告诉我们，在大量的日常语言文本中，我们所用的"真"这个词，实际上通常是"可信其为真"的意思。

第四，即使一个前提在绝对的意义上是真的，仍然会有人不接受，因为他们所处的位置无从判断其真伪。

当然，对一些人来说是合理的，在另一些人看来可能又不合理了。因此，我们提出一些指标：哪些前提是可接受的。帮助我们了解哪些前提的可接受的指标，叫做可接受性的标准，帮助我们判定哪些前提是不应该接受的指标，叫做不可接受性的条件。

2.可接受的特征

前提必须可接受：只有用可接受的前提支持结论，才能使人相信你的观点并接受你对论题做出的论证。一个前提，对理智的人来说，如果为下述情况之一，便是可接受的：

① 论据（前提）是真实的。

② 有好的理由使我们相信这个论证的前提是真的。

一个好论证是指，这个论证的前提为结论给出了好的理由，使得其结论被人们相信为真。因此，一个好论证就是一个有好的理由的论证。比如，有个人经验支持的主张，或者另一个良好论证的结论，这些往往都具有可以信赖的好理由。

③ 前提有充分证据支持。

比如，世界顶级学术期刊《科学》和《自然》等建立起较高的学术信誉和知识信誉的著名杂志、有信誉的参考资料以及出现在可信赖的媒体资源上的主张就有较高的可信度。

④ 相关权威人士的无争议的声称。

该主张是专家意见，或某一专业人士就专业问题发表的意见，而且这些意见中也看不到有误导的动机，这类声称可信度相对较高。日常生活中，由某些权威人士或者可信任的人提出来的主张，也有较高的可信度。

⑤ 前提必须比结论更为可信。

包括前提并没有不恰当的预设（假设），前提对各种可以预见的异议构成有效的反驳等。

⑥ 在论证中辩护得很好的声称。

包括由个人的观察或由其他有能力的观察者的无争议的证词来确认的声称，所声称的内容是在有能力的关注者那里没什么争议的成熟观点，以及在论证中看起来是合情合理的假定的声称。

3.不可接受的情况

如果理由是不可接受的，或者其可接受性尚待证明，这样的理由通常不能对论题提供有效的支持，这样的论证就不是好论证。如为下述情况中的声称，理性的人便不应该接受：

· 与值得依赖的权威相悖的声称。

· 与另一有理有据的、在有能力的关注者那里没什么争议的声称相悖的声称。

· 与个人的观察或其他有能力的观察者的无争议的证词不一致的声称。

· 一个有疑问的且在论证中没有或无法得到充分辩护的声称。

· 自相冲突或语言混乱或关键词项意义不明的声称。

· 基于另一隐含的且相当可疑之假定的声称。

例1：地球外有没有生命是科学家长期探索的课题。1996年美国航天局对火星陨石的研究中，正式提出了表明火星上36亿年前曾经存在生命的证据，并向全世界科学家挑战，欢迎他们证明这一论点是错误的。科学界对此反映不一。

分析：美国航天局认为，火星上36亿年前曾经存在生命，其理由是火星陨石这一证据。

但事实上，36亿年前太阳系中有众多陨石，很难确切断定哪一块真正来自火星。这就使得上述理由不可接受，从而有力地削弱了上述论证。

例2："DNA指印"是一种新近被采用的生化程序，它运用从人的遗传物质得到的DNA图谱，来比较嫌疑犯的遗传物质和从犯罪现场得到的遗传物质样品是否相匹配。这项技术的提议者断言，通过这种比较得到不相同的独立结果具有天文数字般大的可能性，因此，DNA指印可以用来识别罪犯。这一看法基于这样的假设，即体现不同遗传特性的单个的DNA图谱是各不相同的。

分析："DNA指印"提议者认为DNA指印可以用来识别罪犯。其理由是假设体现不同遗传特性的单个的DNA图谱是各不相同的。

但科学研究发现，在人类总的人口中有各种不同的亚群体，这些亚群体的某些特定的遗传特征是共通的，这意味着可能有些亚群体的单个的DNA图谱是相同的。这就使得上述"DNA指印"提议者的理由不可接受，从而有力地质疑了提议者的断言。

4.虚假理由

虚假理由当然属于不可接受的理由，是指用虚假的理由充当论据去证明自己的观点，但实际上根本起不到这种证明作用。

例1："宇宙在时间上是有开端的。因为，宇宙是上帝创造的，而上帝创造的东西在时间上是一定有开端的。"

分析：上述推理所依据的理由——"宇宙是上帝创造的"不真实，因此，这一推理犯了"虚假理由"的逻辑错误。

例2：战国时期，楚国文人宋玉的《登徒子好色赋》，就是运用诡辩来证明自己不好色，而楚国大夫登徒子是一个好色之徒的。宋玉论证到，登徒子的妻子非常丑陋，头发蓬乱，耳朵不灵，嘴巴秃短。而登徒子竟然喜欢她，并和她生了五个孩子。连这么难看的女人都钟爱，若对漂亮一些的女人不就更爱吗？这就充分说明了登徒子是个好色之徒。

分析：逻辑上稍加分析，就不难看出这个论证的诡辩性质。根据充足理由律的要求，在论证某一观点时，所持的理由不仅要真实，而且从理由能够推出所要论证的观点。"登徒子和他貌丑的妻子关系很好"，这个前提虽然真实，但从中根本不能推出"登徒子好色"的结论。而且结论恰恰相反，登徒子是个重情重义不看重美色的好人。

宋玉推出"登徒子好色"的结论，其实犯了"虚假理由"的错误。他实际上使用了一个虚假的未陈述前提"凡不嫌弃妻子貌丑的人都是好色之徒。"这个大前提显然是不成立的。

第三节　评价过程

论证评价要求我们在评价一个主张时，必须做到摆事实，讲道理，实证数据和逻辑分析相结合，而不能以感觉代替事实，用直觉判断代替逻辑推理。一个论证在什么情况下是应该接受的，即前提对结论的支持满足何种条件才足以使结论成为可接受的，在什么情况下应该排斥它。

一、评价步骤

分析和评价论证包括论证识别和论证评价两大步骤。

序号	步骤	思考内容
1	论证识别	①批判性阅读：理解议题、目的、立场、背景和论证；思考问题 ②分析论证：澄清语言概念、辨别论证结构、补充隐含前提、揭示隐含假设
2	论证评价	①前提的可靠性：确认证据客观、追寻直接证据、检查来源可靠、审核来源公正 ②论证的合理性：确定前提相关、判定推理充分、推导最好解释、综合最佳决策 ③论证的辩证性：力求公正开放、促进竞争创新、构造替代论证、调整综合论证

1. 论证识别

论证识别的前提是批判性阅读，批判性阅读的目标是理解。通过发现论证的议题、目的、立场、背景、前提、推理和结论，从而为进一步分析和评价论证奠定坚实的基础。在批判性阅读的基础上，进行细致分析论证。

（1）辨识：主张（结论）和理由（前提）

首先，注意语言和意义问题，即要澄清关键的词句、术语、概念的含义，这决定着对论证的理解和判断。通过找出一段论证中的关键性词句，并且追问：它们通常或可能是什么意思？它们实际上是什么意思？它们的这种使用合适吗？从而准确地理解论证中关键词句和概念。

其次，依靠清晰的概念来理解需要重构论证，明确论题和论点是什么，理由是什么，在此基础上，将论证表达标准化完整化。

（2）论证标准化：补充隐含前提

论证分析的目标是使得论证标准化，最好用论证的结构图来表达，有利于清晰认识对前提、推理、结论之间的关系，这就涉及论证的隐含前提。

隐含前提是推理有效的必要成分。分析、理解和评价一个论证的好坏，应该深入到它的基础之中，在分析一段论证时，除了表达出来的那些内容，我们还需要追问在这个推理中，有没有还未表达出来的，但又是论证必需的条件、前提和原理？价值冲突和隐含假设是什么？描述性隐含假设是什么？它们是否站得住脚？善于发现论证的隐含前提，并讨论它们的合理性，是高层次思想方法中的一个基本功。

2. 论证评价

在论证识别的基础上进行论证评价，主要从前提的可靠性、论证的合理性、论证的辩证性三个方面来进行评价。

（1）评估前提的可靠性

评估前提的可靠性就是评估前提的可接受性，要认真考虑论证的前提，包括隐含前提和假设的真理性、可信性。

首先，要认真审查理由（前提）的质量。证据有多好的关键标准是证据的客观性，有没有独立、中立的检验。

其次，要评价信息来源的公正性。即要审查证据理由的来源的直接性、可靠性。

再次，要评价隐含前提的可靠性。如果论证的隐含前提和假设，被认为是不可靠的，那么论证就不可能是完善的。

（2）评估论证的合理性

评估论证的合理性包括评估前提与结论的相关性以及评估论证的充足性，即论证的前提是否为结论提供了相关、重要和充足的支持。所有论证都是把证据的真实性和含义传递到结论上，并确保不要让结论有超出证据支持的成分。

在审查前提的质量之后，接着就是评价从前提到结论的推理关系。评价推理关系就是评价前提对结论的实际支持力。同时要考虑推理当中有没有谬误？所用统计推理是否错误？省略了什么样的有意义的信息？什么样的合理的结论是可能的？等等。

对不同的推理类型，有不同的评价准则。因此，通常的做法是先判定推理的类型，再来运用相应的标准判定：是演绎的推理就考察其有效性，是归纳推理便考虑高度的可能性，是涉及解释和实践等方面的合情推理便考虑是否为最佳推理。

（3）评估论证的辩证性

评估论证的辩证性就是考察论证是否认真考虑了正反所有方面的信息、观点、解释和论证，看它在竞争中有什么优劣。

评价和完善一个论证的好办法，是寻找和考察不同的立场和论证。每一论证都必须考虑多面，单方面的论证往往是有偏见的论证。人都是基于某种立场来论证的，同样的事实，从不同的立场出发，就会产生不同的思考原则，从而导出不同的推理结论。

只有多样化的思考才是独立思考，没有认真考虑不同观点的论证不能被判为好论证。好的论证必须是多面论证：既正面论证自己的立场，又要反驳对立的立场。反驳也应该是双向的：一要批判对方的正面论证；二要回应对方对自己论证的批判。

评估论证的辩证性重点在于评估对相反主张的反驳力。人们通常会从这样两个途径来消除反对理由：第一，弱化反面理由并指出，综合考虑后，支持的理由还是占上风；第二，反驳反面理由的真实性、相关性或者重要性，从而排除它们。若上述消除反对理由获得成功，则可以坚持现有论证的结论不变；或者吸取新的证据，排除其他的反驳，从而加强这个论证。

在完成上述这些检查程序后，我们最后才可以对论证进行总结和判定：这个论证的结论可不可以接受？在多大程度上可以接受？我们接受这个结论的信心有多大？

总之，在论证评价的全流程中贯穿着论证评价的一般规范，综合上面所述，论证评价的步骤和一般流程如下图：

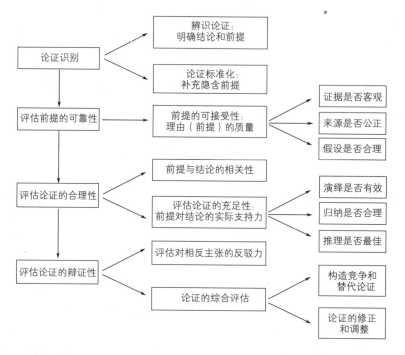

二、综合评估

上述三方面的评估是评价论证的三个维度，其中，评估对相反主张的反驳力是评估论证辩证性的基本要求，除此之外，最后还要对论证作综合评估。

1.构造竞争和替代论证

科学方法论认为，科学知识就是通过竞争、排除、修正和综合而增长。只有存在多种论证的竞争，才能得到最好论证。竞争的、替代的理论有助于发现新事实，揭示事实后面的其他观察理论，判定事实检验的意义，判断其他竞争理论的合适性。构造竞争和替代论证就是考虑引入不同的观点、解释、假说、方案。替代的解释、假说、立场、方案越多、质量越高，推理就越好，结论就越可能，论证就越优化。比如：

① 在因果推理中，只有排除别的因果关系的可能解释后，才能知道A是B的原因。

② 在解释推理中，只有排除了竞争、替代的假说后，留下的最佳解释才可能是可接受的。

③ 在决策推理中，只有充分思考了一切可能的行动方案，才会得到综合平衡的最优选择。

（1）构造不同论证的途径

构造不同的论证通常可以让自己站在反对者的立场上来拷问它，其途径有两个：

① 从不同立场和角度出发反对结论，即采用和现在论证相反的结论，构造出不同的论证。一种办法是，寻找不同事实证据和理由，即用新理由来支持和现在论证相反的结论。其中常用的思路是发现和想象反例。另一种办法是，反驳或者弱化原来论证的事实证据和理由，即反驳支持原结论的理由。

② 运用相同的事实证据，但对它的原因和意义给予不同解释。替代论证可以从论证的不同解释、推理中产生，具体是用原来的理由和证据，但提出不同的解释，从而导致不同的结论。比如，科学发现的一个重要途径是构造不同假说，对相同的事实，根据不同的知识、规律和原理等，构造替代的解释，得出另外的结论。

（2）构造不同论证的方法

批判性思维要求根据事实证据来构造、考察和评判各种替代的论证。寻找不同的论证，需要运用想象力、创造力，要尽力去构思新证据、新解释、新思路。如果从同样事实上看出新的含义，推出新的结论，并且得到证实，那么，新的知识由此产生。

构造不同论证的主要方法如下：

① 用"分析—变换—推理"法构造不同的论证。

首先，分析论证的构成和关系要素。考察论证所陈述的内容，深入到论证的前提、结论和它们的关系中，并追问每一个细节。

其次，变换其内容并代之以不同的或者假想的情况。通过对论证的条件、场合、要素、方式等细节的变换和假想推理，想象不同的可能情况。

然后，进行"如果这样会如何"的推理。即想象在不同的可能情况下论证的变化和影响，从而考察推理出什么新的结果。

这样构造的新论证可以是对原来论证的否定，也可以是对它的补充、修正或者限定。

② 用开放性思考来构造不同的论证。

开放性思考包括全方位、多阶段的思考，包含如下主要内容：

第一，思考概念的不同含义。通过思考概念的不同意义，来看用不同意义会不会导致论证的变化，从而产生新论证。

第二，变换隐含前提和假设。尽量挖掘论证的隐含前提和假设的多样性和各种可能性，看是否能产生新论证。而且，隐含前提往往是评判的价值和标准，运用不同的标准，也可创造新论证。

第三，搜索结论的影响和意义。考察、想象、发现结论的各种意义、影响和实际后果，可以构造不同的论证。

③ 构造审议和与对立面对话。

组织一个小组来审议一个议题，不同成员持不同、对立的立场，进行对话和讨论，挖掘出议题的正反两方面。在审议中，与对立面对话的规则包括：双方必须持不同立场，一方要直接回应对方的论点，双方要给出证据、理由，对话的每次表达不应长篇大论。

总之，好的论证需要充分考虑正反两方面的因素，而且能合理地回答各种反驳。

2. 论证的修正和调整

通过主动寻找不同视角、发现不同解释和假说、构造替代论证、对比各不同论证的理由和结论，论证评价就走到了最后一步，即在前面的分析、评价、判断、反驳的基础上，对论证做出整体的综合、修正和调整。

好的论证，都要面对反驳和竞争。论证如果要获得竞争成功，就要考虑对立面的理由和论证。好的论证，就是竞争中的优胜者，并且能做出相应的处理和调整。

正如前面所述，若一个论证能够成功地消除各种对立面的论证，则可以维持原论证。若不能有效地消除反面论证，则要承认反面论证的合理性，相应地修改原论证或放弃原论证。这就要导致修正立场和论证，修正的主要途径如下。

（1）修正结论的强度和适用范围

论证的合理性不仅取决于理由，也取决于结论，因此，需要比较理由和结论的范围、程度。我们需要考虑结论是否在前提的充足支持范围内，若已判断证据理由是可靠的，推理是相关的，则要追问，论证下的结论是否超出了理由或证据可以容许的范围？作出的结论是必然的还是或然的？必要的时候，我们可以通过弱化结论强度、缩小适用范围以避免反例，从而使修正后的结论更加可靠。

（2）吸取不同论证的内容来调整原论证和结论

全面的论证来自不同论证的综合，突破用一个角度看问题的局限，我们才能获得更加全面和客观的看法。从不同角度和对立面中才能综合，通过加入别的论证的优点来修改这个论证。甚至构造新的综合性论证，以新的理论来包含旧的理论。

（3）放弃自己的结论

可能是抛弃原论证，选取对方的论证；也可能是认识到现有各种的论证都不够满意，决定暂时不下结论，后续进一步的探索等。

不管是什么结果，都或者导致了新的知识，或者推进了对问题的了解，在认识或者解决问题的道路上又前进了一步。科学史上，大多数成功的理论都经历了论证修正的过程。根据别的竞争论证而修正、调整和综合论证，是一个科学理论走向成熟的途径。

3.论证的最后评判

论证的性质可以从三个方面来看：逻辑的、实质的（或辩证的）和修辞的。相应地，全面地评价论证需要考虑三个角度。

项目	评价内容	评价标准
逻辑的角度	论证的前提和结论之间是否存在适当的联系	一个论证是好的，当且仅当，它是逻辑有效的
实质的角度（辩证的角度）	前提和结论是否都真或可接受	一个论证是好的，当且仅当，它是通过理性方式消除了意见分歧
修辞的角度	论证能否说服和吸引听众	一个论证是好的，当且仅当，它对于目标听众来说是可接受的

论证的最后评判，是对所有方面和环节的分析思考的综合，重点考虑论证的可接受性、说服力和感染力。

论证的目的是说服受众，因此，论证也有是否恰当、合适和是否具有说服力、感染力的问题。论证是否恰当和合适取决于论证想要说服的（潜在的）受众是什么对象和类型。如果要说服的潜在受众是学术同行，那么，使用通俗的语言就不合适的，而使用严格的专业学术语言就是恰当的。如果你要说服的对象是普通受众，使用过于学术化的语言反而是不合适的。

评价论证还要考虑问题的复杂性，因为结论的含义或者后果是包括正反面的。因此论证评价最终要综合地权衡各种情况，形成全面的认识，采取合理平衡的行动。

科学论证
逻辑与科学评价方法（第二版）

Scientific Argumentation
Logic and Scientific Evaluation Method

第九章

论证分析

论证分析就是对所提供的论证的可接受性进行分析，要求根据批判性思维的一系列准则对给出的论证的可靠性进行评估，主要关注概念特别是核心概念的界定和使用是否准确并前后一致，有无各种明显的逻辑错误，该论证的论据是否支持结论，论据成立的条件是否充分等。

论证分析没法像信息分析一样快速。在信息分析中通过练习迅速提升信息搜索的速度和准确度，但论证分析需要长期有意识地练习。论证分析的主要目的不是为了批判，而是为了完善论证，达成共识与促进沟通。

第一节　逻辑规律

逻辑基本规律是正确思维的根本假定，也是理性的交流的必要条件。主要的逻辑基本规律有三条：同一律、矛盾律、排中律。

一、同一律

同一律的基本内容是：任何一个思想与其自身是等同的。同一律要求在同一思维过程中，必须在同一意义上使用概念和判断，不能在不同意义上使用概念和判断。

1.同一律的基本要求

同一律的公式是：A→A (A是A)

同一律的逻辑要求是：在同一思维过程中，一个思想必须保持其确定和同一。

具体一些说，这个要求包括两方面的内容：第一，在同一思维过程中，每个思想都必须是确定的；第二，在同一思维过程中，每个思想前后应当保持一致。

同一律对词项运用的要求是：在同一思维过程中，任何词项必须保持内涵和外延的同一，原来在某一意义上使用某一词项指称什么对象，表达什么概念，在同一思维过程中就要保持它原来的意义，而不能用同一词项指称不同的对象，表达不同的概念。与此对应，不同的词项应该表达不同的概念，指称不同的对象。

任何一个概念都有其确定的内涵和外延，是这个概念就是这个概念，而不是别的概念。任一命题都有其确定的命题内容，是这个命题就是这个命题，而不是别的命题。

一艘可以在海上航行几百年的船，归功于不间断的维修和替换部件。只要一块木板腐烂了，它就会被替换掉，以此类推，直到所有的功能部件都不是最开始的那些了。

问题是，最终产生的这艘船是否还是原来的那艘特修斯之船，还是一艘完全不同的船？如果不是原来的船，那么在什么时候它不再是原来的船了？

哲学家后来对此进行了延伸，如果用特修斯之船上取下来的老部件来重新建造一艘新的船，那么两艘船中哪艘才是真正的特修斯之船？

分析：这个思想实验探讨的"同一性"问题。

对于哲学家，特修斯之船被用来研究身份的本质。特别是讨论一个物体是否仅仅等于其组成部件之和。比如，一个不断发展的乐队，直到某一阶段乐队成员中没有任何一个原始成员。这个问题可以应用于各个领域。对于人体，人体不间断地进行着新陈代谢和自我修复。今天组成你身体的元素，与昨天有很大不同，与几年以前几乎完全不同。但是我们仍然认为你还是你，现在的你和几年前的你是同一个人，这是为什么呢？

因为"全同原理"存在，组成你的身体的元素虽然被替换了一遍，但是同类粒子之间的性质是完全一样的，你身体的性质不发生任何改变。当然，现在你比几年前长大了一些或者变老了一些，这是由于你身体的结构发生了一点细微的变化，组成你身体的元素之间的相互关系发生了一点改变，而不是由于替换了元素的关系。

我们认定的同一性是认定一个事物是它本身的依据不是组成这一事物的元素，而是这一事物的内部结构，即元素之间的关系，以及这一事物的时空连续性。

仅仅结构相同，并不表明他们就是同一事物，还必须同时具备时空连续性才行。

我们可以按照一张图纸建造两座大楼，假设建筑工人都是绝顶高手，两座大楼的任何一个分子、原子都完全一样，这两座大楼具有一模一样的结构，但他们显然是两个事物。两座大楼同时处于空间的不同位置，它们当然不可能是一个东西。

我从来没有见过你的身体同时在两个地方，如果我在两个地方见过你，比如，一次在家里、一次在学校，那肯定不是同时，一定是不同的时间。而且可以肯定：你一定有一个从家里到学校的连续的运动过程，虽然你在不同的时间，可以在不同的地方，但是任何一个特定的时刻，你肯定在一个唯一的地方。

同样道理，仅仅具有时空连续性，结构完全不同也不行：我们把一辆汽车砸碎了炼成铁块，用这铁块制成一座金属雕像，虽然它具有时空的连续性，但是它的结构彻底改变了，我们不能说雕像就是原来的汽车。它们不具有同一性。

现在再来审视"特修斯之船"，特修斯之船不断更换部件，最后所有的部件都换了一遍。在整个过程中，它显然具有时空连续性，就好像你的身体不断进行新陈代谢，但丝毫不影响其时空连续性；更换的船板和以前的船板有点区别，但差别不大，功能完全一样，和整个船的复杂性比起来，这点差别可以忽略不计，整个船的结构基本没有改变，即使有一些改变，也像你比几年前变老了一点一样，这点差别完全不影响同一性。因此特修斯之船还是特修斯之船，你就是把船板更换一千遍，它还是它自己，这根本不影响同一性。

若你用换下来的船板和部件再组装一艘船，即使结构一样，它和特修斯之船没有时空连续，因而那是另外一艘船。

2.违反同一律要求的常见逻辑错误

违反同一律要求的逻辑错误主要有两种：混淆或偷换概念、转移或偷换论题。

（1）混淆或偷换概念

就是在同一思维或论辩过程中，把不同的概念当作同一概念来使用的错误。混淆概念通常是一种不正当论证的诡辩手法，它或是利用同一语词的不同意义，或是利用两个语词在语义上的相同或部分相同，来达到混淆概念的目的。

例1：我国正常婴儿在3个月时的平均体重在5～6公斤。因此，如果一个3个月的婴儿的体重只有4公斤，则说明期间他(她)的体重增长低于平均水平。

分析：上述论证混淆了"平均体重增长"与"平均体重"这两个概念。如果上述婴儿出生时的体重低于平均水平，则期间他(她)的体重增长不一定低于平均水平。

例2：克鲁特是德国家喻户晓的"明星"北极熊，北极熊是名副其实的北极霸主，因此，克鲁特是名副其实的北极霸主。

分析：上述论证存在偷换概念谬误，第一个"北极熊"是非集合概念，第二个是"集合"概念。

例3：大多数人都不是生活在容易脱水的环境，再说，我们的身体调节体液的能力还是很不错的。这个8杯水的谣言起于1945年，美国国家研究委员会食品和营养委员会说，成年人应该每天摄入2.5升水（大约相当于8杯，或2/3加仑）。媒体就这么报道了，后来委员会解释了这2.5升水大多来自食物，媒体却没有跟上。

分析：媒体显然混淆了每天要摄入"8杯水"和每天要喝"8杯水"是两个概念，意思并不相同。

案例　麦加拉派的疑难

麦加拉派因创建于古希腊西西里岛的麦加拉城而著名，它在逻辑学上的主要贡献有：条件句的性质，模态理论等以及下述怪论和疑难。

(1) 有角者。你没有失去的东西你仍然具有。你没有失去角，所以你有角。

(2) 知道者怪论。厄拉克特拉不知道站在她面前的这个人是她的哥哥。

厄拉克特拉知道奥列斯特是她的哥哥，

站在她面前的这个人与奥列斯特是同一个人，

所以，厄拉克特拉既知道又不知道这同一个人是她的哥哥。

逻辑分析：

(1) 在"有角者论证"中，犯有"混淆或偷换概念"的逻辑错误。

诡辩是偷换概念的典型，诡辩论者通过偷换概念到达自己的目的。

"你所没有失掉的东西"在大小前提里的意思是不一样的。在大前提中的"你所没有失掉的东西"实际是指"你本来就有，而以后也没有失掉的东西"；而小前提中的"你所没有失掉的东西"，是指"本来就没有，因而也无所谓失掉的东西"。这互不相同的两个概念不能进行替换。因此，由于角是你原来没有的东西，因此，尽管你"没有失去"它，你仍然没有角。

(2) 实际上涉及同一替换原则在"认识"、"知道"这类词汇所构成的语境中的有效性问题，已经成为20世纪新兴的内涵逻辑的讨论和处理对象。尽管"奥列斯特"和"站在她面前的这个人"这两个词具有同样的外延，却具有不同的内涵。厄拉克特拉只知道"奥列斯特"的内涵，并不知道它的外延，在这种情况下，不能使用同一性替换原则。

（2）转移或偷换论题

转移或偷换论题是在论证中常见的一种逻辑错误。这种错误是在论证过程中把两个不同的论题（判断或命题）这样或那样地混淆或等同起来，从而用一个论题去代换原来所论证的论题。

转移论题是指在同一思维中改变已提出的论题；偷换论题是指用一个相似但实际上不同的论题代替原先的论题。

以下例子都犯了转移论题的错误：

例1：一个秃头男人来到理发店。理发师问："有什么可以帮助的吗？"那个人解释说："如果能够让我的头发看起来像你的一样，我就付给你1000块钱。""没问题。"理发师一边说着，一边飞快地把自己剃成了光头。

例2：警察："你为什么骑车带人，懂不懂交通规则？"

骑车人："我以前从来没有骑车带人，这是第一次。"

例3：市民："专家同志，你们制定的市民文明公约共15条60款，内容太多，不易记忆，可否精简，以便直接起到警示的作用。"

专家："这次市民文明公约，是在市政府的直接领导下，组织专家组，在广泛听取市民意见的基础上制定的，是领导、专家、群众三结合的产物。"

例4：某对外营业游泳池更衣室的入口处贴着一张启事，称"凡穿拖鞋进入泳池者，罚款五至十元"。某顾客问："根据有关法规，罚款规定的制定和实施，必须由专门机构进行，你们怎么可以随便罚款呢？"工作人员回答："罚款本身不是目的。目的是通过罚款，来教育那些缺乏公德意识的人，保证泳池的卫生。"

例5：某公司用淀粉加红糖制成所谓"营养增高剂"，被骗者甚众。工商管理人员因它是假药要查封它。该公司董事长振振有词，不让查封，他说："我没有害死人。营养增高剂吃不死人，你不信，我现在就吃给你看，并且吃了它还顶事，管饱。"

分析：那位董事长用一些不相干的事实来逃避管理人员的问题，属于转移论题。

例6：1988年，乔治·布什与詹姆斯·丹奎尔搭档竞选美国总统。当时人们攻击奎尔，说他的家族曾帮他挤进印第安纳州的国民卫队，以逃避去越南服兵役。对此，布什反驳说："奎尔曾在国民卫队服役，他的分队当时尚有空缺；现在，他却受到了爱国派们尖锐的攻击……诚然，他没去越南，但他的分队也没有被派往那里。有些事实谁也不能抹杀：他没有逃往加拿大，他没有烧掉应征卡，也肯定没有烧过美国国旗！"

分析：问题在于奎尔的家族是否曾经帮助他避服兵役，而不在于他是否爱国。布什所提出的那些事实性断言与结论不相干，他靠诉诸我们的情感因素，诱使我们从基本问题游离开去。

例7：有五名日本侵华时期被抓到日本的原中国劳工起诉日本一家公司，要求赔偿损失。2007年日本最高法院在终审判决中声称，根据《中日联合声明》，中国人的个人索赔权已被放弃，因此驳回中国劳工的起诉请求。查1972年签署的《中日联合声明》是这样写的："中华人民共和国政府宣布：为了中日人民的友好，放弃对日本国的战争赔偿要求。"

分析：日本最高法院的论证偷换了论题，《中日联合声明》写的"中华人民共和国政府宣布放弃对日本国的战争赔偿要求"，这与"中国人的个人索赔权已被放弃"是两个不同命题，中国政府放弃对日索赔并不意味着放弃中国人个人的战争索赔权。

例8：商业伦理调查员：XYZ钱币交易所一直误导它的客户说，它的一些钱币是很稀有的。实际上那些钱币是比较常见而且很容易得到的。

XYZ钱币交易所：这太可笑了。XYZ钱币交易所是世界上最大的几个钱币交易所之一。我们销售钱币是经过一家国际认证的公司鉴定的，而且有钱币经销的执照。

分析：上述商业伦理调查员指责XYZ钱币交易所误导客户的根据是，它所称的很稀有的货币，实际上是比较常见的。XYZ钱币交易所的回答回避了商业伦理调查员的问题，只是陈述了该交易所的一些优势，这显然使得它的回答没有说服力。

二、矛盾律

矛盾律又称不矛盾律。矛盾律的内容是：在同一思维过程中，两个互相矛盾或反对的思想不能同时是真的。

1.矛盾律的基本要求

矛盾律的公式是：$\neg(A \land \neg A)$（即：A不是非A）。

矛盾律的要求是：在同一思维过程中，对两个相互矛盾或反对的思想不能都加以认可，而必须指出其中有一个是假的。

运用矛盾律必须注意以下几点：

第一，矛盾律是指同一思维过程说的。

矛盾律所要排除的两个相互排斥的思想，是指在同一思维或表述过程中，也即是在同一时间、同一关系下，对于同一对象而言的两个相互矛盾或相互反对的思想。离开了这些条件，就谈不上两个思想之间的相互排斥。例如，诗人臧克家有这样两句名言："有的人死了，可他还活着；有的人活着，可他却死了。"这两句话是从不同方面表述同一对象的。前一句是说：有的人肉体上死了，可他的精神还活着；后一句是说：有的人肉体上活着，可他的精神却死了。因此，这样的表述并不矛盾，因为其中每一句话所表达的两个命题并不是相互排斥的。

第二，矛盾律不适用于具有下反对关系的思想。

第三，必须注意区分逻辑矛盾与辩证矛盾。

矛盾律只是要求排除思维中的逻辑矛盾，辩证矛盾是事物内部相互对立的两个方面，两者相互排斥、斗争，在一定条件下相互依存、转化。辩证矛盾普遍存在于自然、社会和思维领域中，受对立统一规律的制约。所以，逻辑矛盾和辩证矛盾是截然不同的。

2.违反矛盾律要求常见的逻辑错误

矛盾律要求在同一思维过程中，思想必须前后一贯。即对于同一对象不能同时作出两个互相矛盾的断定，换句话说，对两个互相矛盾或互相反对的判断不能都肯定，必须否定其中的一个。否则，会犯"自相矛盾"的错误。

关于思想的逻辑矛盾，我国战国时代的思想家韩非子曾经谈到过这样一个故事：有一个卖矛(长矛)和盾(盾牌)的人，先吹嘘他的盾如何的坚固，说："吾盾之坚，物莫能陷"。过了一会，他又吹嘘他的矛是如何的锐利，说："吾矛之利，物无不陷"。这时旁人讥讽地问："以子之矛，陷于之盾，何如？"卖矛与盾的人无言以答了。因为，当他说"我的盾任何东西都不能刺穿"时，实际上是断定了"所有的东西都是不能够刺穿我的盾"这个全称否定命题；而当他说"我的矛可以刺穿任何东西"时，实际上又断定了"有的东西是能够刺穿我的盾的"一特称肯定命题。这样，由于他同时肯定了两个具有矛盾关系的命题，因而就陷入了"自相矛盾"的境地。

例1：有一个青年科技工作者诚恳地对爱迪生说："我有一个伟大的理想，要发明一种万能溶解剂——它能溶解一切物质。"

"万能的溶解剂吗？"爱迪生吃了一惊："那么，你打算把它放在什么容器里呢？"

分析：爱迪生的质问生动地揭示了"可以溶解一切物质的万能溶液"所蕴含的矛盾：它是溶液，需要器皿来盛它；但它又能溶解一切物质，故没有任何器皿能够盛它。上述矛盾的存在有力地说明了发明万能溶液是不可能的。

例2：按当前消费计算，每加仑汽油增收1分钱的汽油税每年会增加10亿元的收入。由于每加仑征收50分的汽油税每年就会增加500亿的收入，这看起来是解决财政赤字的一个好办法。这样做还可以降低对汽油的需求，以保护生态，它使国家不至于过分依赖外国石油产品。

分析：上述论证属于自相矛盾，使用了相互矛盾的假设。要想多收汽油税，就得鼓励多消耗汽油；而降低对汽油的需求、保护生态等，则要鼓励少消耗汽油。

例3：给编辑的信：在这个节日期间，我们应努力恢复真正的奉献精神，每个人应赠送礼物而不期望得到礼物，如果有人送给我们礼物，我们应该拒绝它并建议把它送给别人，这样，我们会充分体验到完全奉献的感受。

分析：上述观点是，每个人都应该赠送礼物。同时，每人都不应该接受礼物。可是，如果没有人接受礼物，那么任何人的给予将如何实施呢？可见作者的观点是自相矛盾的。

案例 二十二条军规

第二次世界大战时某国空军有一条军规：如果飞行员被医生诊断有精神病，则他可以不参加作战飞行；但假如他要不参加作战飞行，则本人应该提出不参加作战的理由；而假如他意识到自己有病不能参加作战，那就证明他头脑健全，没有精神病。

请问：如该国空军确有飞行员患有精神病，这条军规是否可行？为什么？

分析："二十二条军规"常用来比喻圈套、枷锁等，是一套自相矛盾的诡辩逻辑。

这条军规不可行，违反了矛盾律。飞行员被诊断有精神病，说明头脑不健全，所以可以不参加作战飞行；而不参加作战飞行的精神病人又需要自己提出不参战的理由，这就反过来又肯定精神病人头脑健全，没有精神病。军规对互相矛盾的两个判断都予以肯定，故违反了矛盾律。

3.归谬推理

归谬推理也叫归谬法，是反驳式论证的常用方法。归谬法则是对命题的反驳，要论证一个命题是假的，先假定这个命题是真的，然后推出一个不能接受的结论，由此该命题的假得到了证实。其论证过程如下：

被反驳的论题：p

假设：p成立

推理：如果p，则q

q不成立

所以，p不成立。

伽利略（1564—1642）是近代自然科学的奠基者，是科学史上第一位现代意义上的科学家。他首先为自然科学创立了两个研究法则：观察实验和量化方法，创立了实验和数学相结合、真实实验和理想实验相结合的方法，从而创造了和以往不同的近代科学研究方法，使近代物理学从此走上了以实验精确观测为基础的道路。爱因斯坦高度评价道："伽利略的发现以及他所应用的科学推理方法是人类思想史上最伟大的成就之一。"

16世纪以前，希腊最著名的思想家和哲学家亚里士多德是第一个研究物理现象的科学巨人，他的《物理学》一书是世界上最早的物理学专著。但是亚里士多德在研究物理学时并不依靠实验，而是从原始的直接经验出发，用哲学思辨代替科学实验。亚里士多德认为每一个物体都有回到自然位置的特性，物体回到自然位置的运动就是自然运动。这种运动取决于物体的本性，不需要外部的作用。自由落体是典型的自然运动，物体越重，回到自然位置的倾向越大，因而在自由落体运动中，物体越重，下落越快；物体越轻，下落越慢。

伽利略当时在比萨大学任职，他大胆地向亚里士多德的观点挑战。伽利略设想了一个思想实验：让一重物体和一轻物体束缚在一起同时下落。按照亚里士多德的观点，这一思想实验将会得到两个结论。

首先，如果一个轻的物体和一个重的物体绑在一起然后从高处丢下来，那么重的物体下落的速度快，由于这一联结，重物受到轻物的牵连与阻碍，两个物体之间的绳子会被拉直。这时轻的物体对重物会产生一个阻力，下落速度将会减慢，下落时间将会延长；其次，也由于这一联结，两个物体绑在一起以后的质量应该比任意一个单独的物体都大，那么整个系统下落的速度应该变快，因而下落时间会更短。显然这两个结论是相互矛盾的。所以，原命题"物体越重下降越快"是荒谬的。

点评：这个矛盾证明了亚里士多德的理论是错误的。伽利略这个思想实验用了归谬法，帮助证明了一个很重要的理论：无论物体的质量，不考虑阻力的情况下，所有物体自由落体的速率都是一样的。

伽利略利用思想实验和科学推理，巧妙地揭示了亚里士多德运动理论的内在矛盾，打开了亚里士多德运动理论的缺口，导致了物理学的真正诞生。

可见，归谬推理是这样一种推理，它根据一个命题蕴涵荒谬的或不可接受的命题来推出该命题是假的。如果从一个命题出发能够推出自相矛盾的结论，则这个命题肯定不成立。

归谬法的论证逻辑是这样的：如果基于真实的前提构建了一个有效论证，那么这个论证的结论必定正确。因此，如果有一个有效论证，而结论是错误的，尤其当结论明显是荒谬的时候，那很容易知道这一论证的前提肯定存在错误。

以下例子均用了归谬推理，即通过假设一个观点为正确会导致明显荒谬的结论，来论证这个观点是错误的。

例1：湖队是不可能进入决赛的。如果湖队进入决赛，那么太阳就从西边出来了。

例2：语言是不能创造财富的。若语言能够创造财富，则夸夸其谈的人就是世界上最富有的了。

例3：法学家：刑法修正案(八)草案规定，对75周岁以上的老人不适用死刑，这一修改引起不小的争论。有人说，如果这样规定，一些犯罪集团可能会专门雇佣75岁以上老人去犯罪。我认为，这种说法不能成立，按照这种逻辑，不满18岁的人不判处死刑，一些犯罪集团也会专门雇佣不满18岁的人去犯罪，我们是否应当判处不满18岁人的死刑呢？

例4：张先生：应该向吸烟者征税，用以缓解医疗保健事业的投入不足。因为正是吸烟导致了许多严重的疾病。要吸烟者承担一部分费用，来对付因他们的不良习惯而造成的健康问题，是完全合理的。

李女士：照您这么说，如果您经常吃奶油蛋糕或者肥猪肉，也应该纳税。因为如同吸烟一样，经常食用高脂肪、高胆固醇的食物同样会导致许多严重的疾病。但是没有人会认为这样做是合理的，并且人们的危害健康的不良习惯数不胜数，都对此征税，事实上无法操作。

分析：李女士认为，如果按照张先生的观点，向吸烟者征税是合理的，那么向经常食用高脂肪、高胆固醇的食物的人征税也是合理的。而后者显然是不合理的。这属于归谬法的反驳。

例5：科学家有时被描述成做出如下假设的人，即基于某些事情的假设直到被证明为真（符合实际）之前，这一假设并不是真实的。现在，假设提出了食品添加剂是否安全的问题，在这个问题上，既不知道它是安全的，也不知道它是不安全的。基于这一特征，科学家会假设添加剂不是安全的，因为它没有被证明是安全的；但是，他们同样会假设添加剂是安全的，因为它没有被证明不是安全的。然而，没有科学家就一种给定的物质假设它既是安全的又是不安全的而不相互矛盾。所以，这个有关科学家的特征描述显然是错误的。

分析：上述论证用的是归谬推理，先假设对科学家的特征描述是正确的，然后由之导出一个矛盾：就一种给定的物质既能假设它是安全的，又能假设它是不安全的。由于这一结果难以置信，所以对科学家的特征描述一定是错误的。

三、排中律

排中律指同一个思维过程中，两个相互矛盾的思想不能同假，必有一真。

1.排中律的基本内容

排中律的公式是：$A \vee \neg A$（A或者非A）

公式中"A"或"非A"表示两个互相矛盾的命题。因此，这一公式是说，任一命题A及其矛盾命题非A不可能同时都是假的。或者A真，或者非A真，两者必居其一。

排中律的逻辑要求是：对于两个互相矛盾的判断，必须明确地肯定其中之一是真的，不能对两者同时都加以否定。

2.违反排中律要求常见的逻辑错误

违反排中律就要犯"两不可"的逻辑错误。

在概念方面的表现是：在一个论域中，对两个相互矛盾的概念都不加以认可；或提出一个所谓"中性概念"来回避对它们作出明确的选择。

在判断方面的表现是：对两个相互矛盾的判断都加以否定，或杜撰出一个所谓"居中判断"来回避对两个相互矛盾的判断作出明确的表态。

下面例子都犯了"两不可"的逻辑错误：

例1：这篇文章的观点不能说是全面的，也不能说是片面的。

例2：有人说："世界上究竟有没有鬼呢？"有人说有，有人说没有，我认为两种看法都不对。鬼这个东西应该介于有和没有之间。

例3：这次新机种试飞只是一次例行试验，既不能算成功，也不能算不成功。

例4：在即将举行的大学生辩论赛中，我不认为我校代表队一定能进入前四名，我也不认为我校代表队可能进不了前四名。

3.排中律是反证法的逻辑根据

反证法是间接论证的主要方法，它是通过证明与原论题相矛盾的命题为假，来确定原论题真的论证方法。通俗地说，反证法是通过证明"非此不行"来论证"应该如此"的论证方法。运用反证法大致有三个步骤：

首先，假设与原论题相矛盾的反论题为真；

其次，从中推出相互矛盾的两个结论；

最后，根据排中律，即两个相互矛盾的命题不能都假，其中必有一真，由反论题假推出原论题真。

其论证的过程是：

如果非P则Q；

如果非P则非Q。

所以，P

例：运输部门认为把车船票价提高40%的方案必须执行。并对此做出解释：不可否认，这些费用的增加会加重公共汽车和地铁乘客的负担；但是，如果不加价，服务质量就会大幅度下降，其结果会丧失大量的乘客，而这是不能令人接受的。

分析：该论证使用的是反证法。上文的论证策略是试图通过论证不涨价不行来达到坚持必须涨价的目的，即通过为拒绝接受另一种选择提供理由而间接地得出了结论。

案例

据说，克罗特地区有一个奇怪的风俗：男人和男孩都说真话；而女人和女孩从不连续地说真话或假话，即如果前句是真话，那么她下句便要说假话，反之亦然。

有一天，旅行者遇到一对带着孩子的夫妇。旅行者问那个孩子："你是男孩吗？"孩子用克罗特语回答，可旅行者听不懂孩子的话。好在孩子的父母都会说旅行者的语言。

"孩子说'我是男孩'。"他们当中的一个说道。"孩子是女孩，孩子说谎了。"另一个说道。读者能不能根据孩子父母的话，判断出这个孩子是男孩还是女孩？是父亲先说话还是母亲先说话？

分析：先从假设孩子是男的来开始。

在这个前提之下，第一个说话的要么是父亲，要么是母亲。如果这两种情况都会导致矛盾，那就要推翻前提，即孩子不是男的。

我们接着来假设第一个说话的是母亲，那么母亲说的"孩子说'我是男孩'"，这句话是真的。

而第二个说话的是父亲，共有两句话，"孩子是女孩，孩子说谎了"这两句都是假的，而题意告诉我们，男人是不说假话的，所以与题意矛盾。因此，在假设孩子是男孩这个前提下，第一个说话的是母亲，第二个说话的是父亲不成立。

再来看第一个说话的是父亲而第二个说话的是母亲行不行？第一个说话的是父亲，他无疑说了真话。第二个说话的是母亲，她的第一句话显然是假的，而她第二句话"孩子说谎了"，根据女人不连续说假话的题意应为真话，但是根据题意，男孩又是不说谎的，因此，又导致了矛盾。

在假定孩子是男孩的前提下，无论第一个说话的是父亲还是母亲，都会导致矛盾，因此由之出发的假定前提是假的，即反证了孩子是女孩。

第二节　论证谬误

坏论证就表现为一种谬误。恰当地评估论证不仅需要掌握评估论证好坏的一系列批判性准则，还需要掌握与论证的谬误相关的知识。需要积累范例式的谬误认知经验，才有助于把论证的谬误识别出来。

日常的谬误分类很难有一个完美的清单，谬误分类是学术界争议很大的一个领域，迄今为止还没有一个精确的、公认的分类模式。由于谬误的种类很多，通过练习谬误分析来熟悉人们推理过程中经常会犯的错误，从而在论证中产生一种迅速发现谬误的直觉。

借鉴以往谬误研究的成果，我们从论证三要素（主张、理由和支持）的角度出发，把谬误分为主张谬误、理由谬误和支持谬误三大类。

一、主张谬误

主张或论点、结论是论证的最终目标，对主张的怀疑产生对理由的需求。主张谬误是主张本身包含的错误或疑问。而这往往来源于语言本身的谬误。语言谬误是指在使用语言过程中所出现的语义、语法和语用方面的错误，是由于在前提或结论中出现语义的含糊而产生的。它涉及意义与指称、语言与实在、想象与现实、环境与交际、表达与理解、歧义与模糊等。

从逻辑的角度来说，主张谬误往往是违反同一律的表现。同一律要求：一个概念必须有确定的内涵和外延。在同一论证过程中，必须保持其自身的同一性：一个命题必须有明确的陈述，肯定什么就肯定什么，否定什么就否定什么。在同一论证过程中，必须保持其断定的同一性。否则，如果一个语词、语句或论题在一个论证过程中，它在前提中有一个特指的意义，但在结论中却变成了完全不同的另一个意义，这种推理的错误所引起的歧义性谬误，就是语言谬误，也可以认为是主张谬误。

在批判性阅读和写作中，针对论证的主张或论点、结论，需要作出的批判性思考问题如下：

① 议论的主要问题是什么？

② 主张或者结论是什么？

③ 结论中的主要概念是什么？

④ 对概念的定义是否清晰、准确？

⑤ 对概念的解释和运用是否一致？

⑥ 理由或者解释与主题是否相关？

⑦ 对论题的理解和运用是否一致？

对主张的批判性思考，需要检查论证是否存在以下谬误。

① 语词谬误：包括语词歧义、语词含混、偷换概念、歪曲词意；

② 语句谬误：包括语句歧义、语句含混、断章取义、强调不当；

③ 论题谬误：包括转移论题、熏鲱谬误、稻草人、回避论题、错失主旨等。

1. 语词谬误

自然语言中的词语常常是多义的，或者说是语义模糊的。如果人们在论证过程中，有意无意地利用这种多义性和模糊性，去得出不正确的结论，就会犯逻辑错误。

"语词谬误"也叫词法歧义、含糊其词（equivocation），是指对句中某个词的不同理解而产生的歧义，具体是指在确定的语言环境下对同一语词在不同意义下使用而引起的逻辑谬误，即一个语词在前提中可能具有一种意义，但是在结论中却是另一种不同的意义。由于用心不专或故意操作，在论证过程中，词或短语的意义可能会变化，它们可以在言语表达中不经意地被转换，或者由于特别的意图被故意地调换其意义的使用。歧义性谬误的造成，其实质在于违反了语言的明确性原则及交际的相关性原则。

案例

据说，从前有个道士专给人算命，算得十分灵验，前往找他算命的人很多。一天有三个要进京赴考的考生，在进京之前想问问三人之中谁能考中。于是他们就到道士那里，说明来意，点了香，叩了头。只见道士闭着眼朝他们伸出一个指头，却不说话。考生们不知其意，请求道士说明。道士拿起拂尘一挥，说道："去吧，到时自然明白，此乃天机不可明言。"三个考生只好怏怏走了。

考生们走后，小道童好奇地走过来问道："师父，他们三人到底有几个得中？"

道士："中几个都说到了。"

道童："你这一个指头是什么意思？是一个中吗？"

道士："是的。"

道童："他们要是中了两个呢？"

道士："那这个指头就是指有一个不中。"

道童："如果他们三个都中了呢"

道士："那这个指头就是指一齐中。"

道童："要是三个都不中呢？"

道士："这个指头就是指一齐都不中。"

道童："原来这就是'天机'呀！"

分析：这位道士利用同一语词的不同意义，把"一"这个概念变换成四个不同含义的概念，是一种不正当论证的诡辩手法。

（1）语词歧义

语词歧义来源于语词和词组的多义特性，大多数词汇都有多于一个的字面意义，但在多数情况下，通过注意语境和利用我们良好的感觉，我们不难将这些意义分辨开来。但是，当人们有意无意地混淆一个词或短语的几个意义时，就是在歧义地使用这个词或短语。

语词歧义的特点就是混淆同一语境下某个词或短语的不同意义。例如，"二八佳人"，本身可以有"十六岁的女子""二十八岁的女子""十六位女子""二十八位女子"四种可能的解释。再如，"我有了！"这句话可能指的是"我怀孕了！""我拥有某东西了！"。"打太极"可以真的是指"打太极拳"，也可能是指一个人在"推托"。

例1：有个小学考试题是：以"难过"造一句。

一学生的回答：我们家门前的大水沟很难过。

分析：题中的"难过"应是指感情上难过，这学生将其理解为"难以迈过"。但学生可以强辩：老师并未明确指出这个多义词中的本意呀。看来该题在逻辑上也不是没有漏洞。

例2：有份三明治好过没有东西。没有东西好过明白人生的意义。所以有份三明治好过明白人生的意义。

分析：第一个"没有东西"是实指没有食物，第二句"没有东西好过明白人生的意义"是指拥有任何东西都不如明白人生的意义。

案例 还款

> 某人年初向另一人借钱1.6万元，年中还了1万元，另一人向其出具了"某今还欠款1万元整"的纸条，一式两份。虽然纸条上签有两人的名字，但没有写明是收据，落款也没有写明"收款人某"。当这个人后来再还所欠余款时，另一个人说应还1万元，并拿出当初的纸条为证："某今还（hai）欠款1万元整"。
>
> **分析**：利用词语歧义的这一现象，故意模糊其在特定语境中的确切含义，就是模糊语境的诡辩了。按常理，还钱时所出具的只能是"收到还（huan）款多少"的收据，不可能出具"还（hai）欠款多少"的收据。这是还钱时的特定语境所决定的。但由于上例纸条中有一个并非多余的"欠"字，就给诡辩者利用"还"的语音歧义来模糊语境造成了口实。对付这类的诡辩，我们只能还原其特定的语境，并在特定的语境中解释某一概念的确切含义。

（2）语词含混

语词含混是指一个词语在范围上是不确定的，如果存在着不清楚一个词是否可以正确地适用的边界情形，一个词就是含混的。语词含混的表达形式常常容许作连续的、一系列的解释。其意义朦胧、晦暗和不确切。

例1：古希腊的"谷堆论证"：一粒谷算不算谷堆？不算！再加一粒呢？也不算！再加一粒呢？还不算。再加一粒呢？……最后加的一粒谷造成了谷堆。

可见，上述"谷堆"这个语词是含混的。

例2：我们的词汇是无意义的并且无法与其反义词区分开来，举一个例子可以证明这一点。人们认为，他们知道"秃头"与"有头发"之间的区别。假设一个21岁的普通人头上有N根头发。我们说这个人不是秃头而是有头发的。但是少一根头发当然不会有什么分别，有N-1根头发的人会被说成有头发。假设我们继续，每次减少一根头发，结果将是相同的。但是有一根头发的人和没有头发的人的区别是什么呢？我们把他们都称为秃头。我们没有能区分"秃头"和"有头发"的地方。

分析："秃"虽然是个含混的词，但词汇可以缺乏准确却不至于无意义，因此，不能得出上述"我们的词汇是无意义的并且无法与其反义词区分开来"这样的结论。

（3）偷换概念

偷换概念或混淆概念是指在论证中把不同的概念当作同一概念来使用的逻辑错误，实际上是改变了概念的修饰语、适用范围、所指对象等具体内涵。

从严格意义上来讲，偷换概念是论证者或说话者故意这么做，而混淆概念是论证者或说话者并没有意识到这一点，而无意中犯了此种谬误。这里，为简便起见，统一称为偷换概念的谬误。当偷换了一个重要概念，句子甚至观点的意思就会大不一样。

例1：所有黄牛头上都有角，张三是黄牛，所以张三头上有角。

分析："黄牛"可以指作为动物的黄牛，也可以指"票贩子"。

例2：孔子说"君子寓于义，小人寓于利。"张三个子很小，便是小人，所以张三只懂得讲利害。

分析：孔子说的"小人"是指不道德的人，而张三是"小人"，指的是个子小，不是同一概念。

例3：法律规定干涉他人商业行为属于违法行为，那么，降价干涉了他人商业行为，所以降价是违法的。

分析：这里，第一个"干涉"和第二个"干涉"的意思是不同的，所以结论不成立。

例4：凡有意杀人者都应被处死刑；某行刑者是有意杀人者；所以，某行刑者应被处死刑。

分析：例中"有意杀人者"两次出现，但其意义是不同的。第一次指"以身试法，故意杀人"；第二次指"依照法律，奉命处死犯人"。此论证在不同意义上使用这一语词，并以此为论据证明"某行刑者应被处死刑"的论断。

（4）歪曲词意

歪曲词意也叫意义歪曲，是指把一个词的意思故意曲解成其他的意思来用，即将不同的词等同，或者强行改变一个词的通常意义。

例1：小明："我不认为孩子们应该往大街上乱跑。"

大亮："我反对，把孩子们关起来，不让他们呼吸新鲜空气，那真是太愚蠢了。"

分析：大亮把不让孩子们在大街上跑，曲解为把孩子们关起来，不让他们呼吸新鲜空气，这就是典型的歪曲词意。

例2：美国总统里根在辩护他削减扶贫开支的计划时说："我的计划没有伤害任何人——没人被抛到雪地里冻死。"

分析：对里根而言，"伤害"一词，似乎只是"冻死"才算数，穷人的救济少了，很多开支都紧下来，不吃早餐、营养不良等，难道这些对他们来说都不算伤害？

例3：甲："火不热。"

乙："为什么？"

甲："若火是热的，在地上写许多火就会烫伤脚，在炉上写上火就会把锅烧开。"

分析：例中把"火"的实指与其自指混二为一，属于"名实混一"的谬误。"名实混一"是"歪曲词意"的一种特例，就是把名词实指与其自指混二为一所形成的谬误。一个名词既可以用来指谓某一对象事物，又可以用来指称自己。若在论证中把两者在同一意义上加以使用，就会产生"名实混一"的谬误。

2.语句谬误

在确定的语言环境下，同一语句可能包含两种或两种以上的意义。语句谬误，也叫句法歧义、构型歧义，是指对句法结构有不同理解所产生的歧义，具体是指在确定的语言环境下，对同一语句作不同意义的解释而导致的逻辑谬误。

（1）语句歧义

语句歧义也叫模棱两可（amphiboly）、语法歧义、语法错误或两栖谬误，是指论证中运用句子的歧义来实现某种论证目的的谬误。当一个句子在一种方式中出现的时候，可以用不同意义来理解，具体是指由于句子语法结构的不确定而产生的一句多义，这包括语词结合关系不明，动宾关系不明，代词所指不明，定语修辞不明，状语修辞不明，施受关系不明，等等。

例1："小王和舅舅一去看了电影，回家之后，他还想再去看一次。"

分析：这里的"他"是指小王，还是指小王的舅舅？

例2：下面是一则广告：

出售：德国牧羊犬，吃任何东西，特别喜欢小孩。

分析：这个牧羊犬是特别喜欢吃小孩，还是狗本身喜欢小孩？

例3："我们班上有10个象棋爱好者与围棋爱好者，所以，我们班上有10个围棋爱好者。"

分析：表达这一推理的前提"我们班上有10个象棋爱好者与围棋爱好者"的语句是有歧义的：既可以理解为这10人既是象棋爱好者又是围棋爱好者，也可以理解为这10人中仅有一部分是象棋爱好者，而另一部分是围棋爱好者。但只有在前一种意义上才能推出上述结论，在后一种意义上是推不出上述结论的。

（2）语句含混

语句含混也叫由语句的暧昧所产生的谬误，是指同一个语句在同一语境中有两种及以上的语义。

例1：一算命先生给人算卦说："父在母先亡。"

分析：由于标点不同，这句话有两种含义：①父亲健在，母亲已亡；②父亲在母亲前面去世。如果加上时态因素，它可以表示对过去的追忆，对现实的描述，对未来的预测，因此就有6种不同的含义：①父母亲都去世了，但母亲先去世；②父母亲都去世了，但父亲先去世；③父亲健在，但母亲已去世；④母亲健在，父亲已去世，即父亲先于母亲去世；⑤父亲将在母亲之前去世；⑥母亲将在父亲之前去世。这已经穷尽了全部可能的情况，永远不会错。算命先生就是以此类把戏骗人钱财的。

例2："蚂蚁是动物，所以，大蚂蚁是大动物"；"象是动物，所以，小象是小的动物"；"这是一头小象，而那是一只大蚂蚁，所以，这只小象比那只大蚂蚁小"。

分析：这三句话都犯了模糊谬误，也属于语句含混。模糊谬误是一种由错误使用"相对性"词项而来的错误。在不同语境中，相对词具有不同的意义。这一论证的关键之处是，"大""小"是个相对词，是相对于不同的类别而言的，不能加以混淆：小象是非常大的动物，大蚂蚁却是非常小的动物。这个谬误就是一个关于相对词"大""小"的一种模糊谬误。

（3）断章取义

"断章取义"也叫偷换句义，把偷换的内容从总观点下降到某一句话的内容，即把一句话从一个语境中提出，让脱离语境的句意与原句所想表达的意思不同。断章取义与语境转移相关，通常是借用别人的话，但却又把借用来的话脱离原来的语境，从而使之具有了完全不同的含义，并以此攻击别人。

例1：某商店老板对一位稽查人员说："我卖的酒没有掺水。要是我的酒掺水，它能这么好喝吗？"这位稽查人员说："你看，你已经承认你的酒掺水了。"

例2：2007年教育部新闻发言人曾就就业问题谈到，当代大学生的就业观念需要改变，可以选择适合自己发展的任何一种职业，所以说，"大学生养猪，媒体不必哗然"。结果被一些媒体概括为"大学生养猪论"。

阅读　化疗

　　化疗是一种全身性治疗手段，和手术、放疗一起，并称为癌症的3大治疗手段。由于化疗药物的选择性不强，在杀灭癌细胞的同时也会不可避免地损伤人体正常的细胞，从而出现药物的不良反应。

不少人对化疗了解得不够，只听到化疗不好受，只传播化疗无效，甚至很多人可能听过一条传言，叫："假如自己患癌症的话，81%的肿瘤科医生会拒绝化疗。"这下许多人开始不淡定了，连医生患癌都拒绝化疗，那么普通人患癌还化疗干什么呢？难道化疗都是给别人做的吗？真相到底是什么？

这句话是出自加拿大的一个问卷调查结果，事情的经过是这样的：

30多年前，顺铂化疗刚刚兴起，作为试验药物用于治疗肺癌。当时数据不多，疗效不明，而且副作用很明显。因此，本着对患者负责的态度，医生群体中出现了对它使用的争议，不少医生担心出现过度医疗，给患者带来不必要的毒副作用。为了确定到底什么样的肺癌患者应该尝试顺铂化疗，1986年，加拿大麦吉尔癌症中心对医生做了一个问卷调查："假如你是一位60岁的肿瘤科医生，被诊断为非小细胞肺癌，同时发现肝转移和骨转移；你身体状况不错，除了重体力活和剧烈运动，你几乎和正常人一样。这种情况下，你是否会选择使用顺铂这种试验性化疗药物？"

结果是81%受调查的医生选择不使用顺铂化疗。

注意了，这里有几个前提：患者60岁，不是年轻人；虽然患癌症，但当时身体状态不错；非小细胞肺癌，而且已经多器官转移；尝试毒性较大，而且疗效未知的试验性顺铂化疗。基于这几点基础上，当时81%调查的医生选择不使用顺铂化疗，是一种非常正常的选择。

所以说"假如自己患癌症的话，81%的肿瘤科医生会拒绝化疗。"这句话的真相就是：一个忽略了前提条件，断章取义的说法。但是我们在其中也得到了一个信息，老年癌症晚期患者不建议化疗，而一般采用保守疗法。

而对多数癌症患者来说，化疗是规范化治疗的重要手段之一，有的患者因化疗获益达到终身治愈的疗效，有的患者尤其是晚期患者经化疗病情得到部分或阶段性缓解。

（4）强调不当

语言在使用过程中，由于其强调的重点不同，语义就会发生改变，也即由于错置论证中的命题的强调重点，使得论证走向歧途所造成的谬误。

强调不当有以下两类错误。

① 错置强调。它是指在论证或反驳中，把某些重要部分所强调的东西忽略或置换，从而改变论证的方向，把人引入歧途。

例：有一艘航船，船长值班时发现大副酗酒，就在航海日志上写道："今天大副酗酒。"轮到大副值班时，见到船长的记录很不满意，于是在航海日志上写道："今天船长没有酗酒。"

分析：大副的日志通过对"今天船长没有酗酒"的强调，试图制造"在没有记录的日子，船长好像天天都在酗酒"这一暗示意义。

② 错置重音。也叫重读谬误、重音谬误（accent），是指通过转移发音重点而产生的谬误。发音重点不同，一个陈述可以给出的意义有可能是很多的。若前提的明显意义依赖于一个可能的强调，但得出的结论却依赖于对相同词汇不同的重读意义，这时就犯了重读谬误。这种谬误往往是有意利用重读、强调等手法，传达不正确的、误导人的信息。

例1："我们不应该在背后议论我们朋友的缺点。"

这句话以平常的语气说"我们不应该在背后议论我们朋友的缺点"，这像是在勉励自己；如果重读其中的"背后"二字，则会有"我们可以当面议论我们朋友的缺点"之意；如果重读其中的"我们的朋友"，则会有"我们可以背后议论不是我们朋友的人的缺点"之意，如此等等。

例2："女人没有男人便会迷失。"

分析：如果语气加重在女人没有，变成"女人没有，男人便会迷失"，迷失的是男人；但当加重在不同地方，使得此句话成为"女人没有男人，便会迷失"，迷失的就成了女人。

3. 论题谬误

论题是有待于证明的命题。论题谬误是指违反同一律的要求，论证者本来应该论证命题A成立，结果有意或无意地去论证了命题B成立。这种情形在写作中叫做"跑题""文不对题"，在日常交流中叫做"答非所问"。

论题谬误往往发生在结论过于宽泛或者过于绝对之时，因此，避免此类谬误的办法是，一方面，检查论据，看它们可以客观地得出什么结论；另一方面，检查结论，看它需要什么样的论据作为支持，然后检查论证中是否给出了这样的论据。

（1）转移论题

转移论题或偷换论题是指在论证过程中违反同一律的要求，偏离正题而转向另一问题，从而转移人们对关键问题的注意力。从论据的角度来看，其谬误实质就是通过对与原论题相似或无关的另一论题的举证来转移或逃避对原论题的举证责任。

"转移论题"与"偷换论题"的相同之处是，论证者所论证的命题并不真正是他原来所要论证的结论，其本质区别仅在于是否存在主观上的故意。"转移论题"是指在无意识的情况下，离开了原来议论的论题。"偷换论题"是指故意将原来议论的论题偷偷改换为其他论题，以达到混淆视听的目的，是一种典型的诡辩。为简便起见，这里把"转移论题"与"偷换论题"统一称为广义的"转移论题"的谬误。

例1：日常生活中问别人"你怎么会知道？"

对方回答："我怎么会不知道？"

分析：对方便是答非所问，犯了"转移论题"的谬误。

例2：小张到水果店买水果，见架上的香蕉不怎么好，就问："老板，还有好点的香蕉吗？"店主说："有刚进回来的桂圆，很新鲜的，又便宜，要不要？"

分析：这里，店主不直接回答小张有没有好点的香蕉，而是将话题转移到桂圆上，大谈桂圆如何物美价廉，这就是转移了论题。

例3：爷爷带孙子上街，孙子看到街边有人在用气枪打气球，就问："爷爷，为什么打枪的人要睁一只眼闭一只眼啊？"爷爷说："如果把两只眼都闭上了，那就什么都看不见了。"

分析：这里，孙子问爷爷打枪为何要睁一只眼闭一只眼的原因，实际包含了这样一个问题，那就是打枪的时候为何不两只眼都睁开，而要闭上一只眼睛？结果爷爷却回答说，"如果把两只眼都闭上了，那就什么都看不见了"，明显地回避了孙子问题的实质，转移了孙子的论题。

例4：问："这一条铁轨上有5个人，那一条铁轨上有1个人，你是决定去撞死这5个人呢，还是决定去撞死那1个人呢？"

答："凭什么你说了算？凭什么你把1个人放在一条铁轨上，把5个人放在另一条铁轨上，然后让我来选择撞死谁？"

分析：该回答回避了问题，明显地转移了论题。

例5：当一位演艺界明星受到偷逃个人所得税的控告时，她为自己辩护说，"多年来，我已经交纳了上百万元的个人所得税，比我表妹所在的国营机械厂所交的税还要多。难道这也是罪过吗？"

分析：该明星的辩护属于转移论题，因为她是否偷逃个人所得税与她所交税额的多少无关。

（2）熏鲱谬误

熏鲱谬误，也叫"红鲱鱼""红鲜鱼"，属于转移论题的一种方式，是指转换论题，逃避论证责任的论证谬误。通常这种谬误会引入一个不相干的问题，从而转移人们对论题的注意力。

"熏鲱"这个概念，据说来自训练猎犬的一个步骤，当猎犬循着猎物的气味进行追踪时，将熏烤过的鲜鱼装在袋子中，拖曳袋子交叉穿过追踪猎物的痕迹，以此来引诱猎犬迷失它所追寻的目标。由于熏烤过的鲜鱼有浓烈而持久的香味，只有最好的猎犬才能避开它的诱惑，继续按照原来的气味追踪猎物。也有一说是起源于动物保护者用熏鲱鱼干扰猎狗的嗅觉，动物保护者为了避免野生动物被猎狗发现，就在保护区内放置用烟熏过的鲱鱼，以转移猎狗的注意力。

当论证者以转变议论主题的方式来转移读者或听者的注意力时，就会产生熏鲱的谬误。论证者不去论证自己提出的论题，却用无关的论题把水搅浑，本来要证明的论题反而看不见了。拖曳熏鲱的高手在转变原来的主题时，读者或听者通常是觉察不到的。为了达到这一目的，其中的一个做法是将原来的主题转变到一个与之有微妙关系的主题上来。论证者这样做的目的是获得论证的成功。

例1：老张："老王，你若不在办公室里而是到外面去吸烟，那不是更好吗？"

老王："吸二手烟没那么糟糕，每天骑车上班吸汽车的油烟，那才糟糕呢。现在不比从前了，从前骑车上班能锻炼身体，现在骑车上班会减少寿命。听说一位每天在马路上跑步的小伙子，烟酒不沾，却得了肺癌，年纪轻轻的就死了。"

分析：老王明显地在拖熏鲱，相关的问题是老王出去抽烟是否对其他人来说更好，而不是吸二手烟和吸汽车尾气哪个更坏。

例2：环保主义者一再强调核电站的危险性。遗憾的是，电的危险性并不取决于它来自哪里。每年都有好几百人在意外事故中触电身亡。由于这些意外事故大多数都是粗心大意造成的，所以，如果教育人们多加小心，这些事故就可能会避免。

分析：在论证中，原本的议论主题是核电站的危险性，但论证者将之转变为触电身亡是危险的。转换后的主题与存在核电站爆炸或者核反应堆熔毁可能性的主题，有明显的区别。不过，这两者确实都与电力设备直接相关，论证者正是借助这一点来转移人们的注意力。

例3：近些天来，人们大量地谈论清除蔬菜和水果上的农药的必要性。不过，许多水果和蔬菜对我们的健康来说是必不可少的。胡萝卜是人体摄取维生素最好的来源，花椰菜富含铁，橙子和葡萄含有大量的维生素C。

分析：在论证中，原论题说的是清除蔬菜和水果上的农药的必要性，论证者却将之转换为水果和蔬菜对健康的好处。论证者正是利用这两者所关注的都是水果和蔬菜，从而故意拖曳熏鲱。

（3）稻草人

"稻草人"（straw man）谬误就是虚拟了一个和原先的论题显然不同的另外一个论题，论证或反驳在形式上是正确的，但实际所论证或反驳的论点与真正的论点不一致。其谬误特点是，论辩中有意或无意地歪曲对方的立场，以便能够更容易攻击对方，或者回避论辩对方较强的论证而攻击其较弱的论证。

稻草人毕竟不是真人，很容易打倒。在论证中，通过歪曲对方的主张来削弱对方观点的错误，犹如扎一个容易被击倒的稻草人。这个名字很形象，这种谬误论证，就像用稻草人替代真人一样，用某个观点替代对方的真实观点，用攻击稻草人的做法替代对论辩对方的反驳，攻击这个替代观点来冒充对论敌的反驳。通过歪曲对方的立场，树立一个很容易被击倒的"稻草人"，把一个更容易遭抨击的立场强加给对方。歪曲对方观点的手法有限制、概括、简化、夸张、虚构等。但是，这如同一拳击倒一个稻草人或者吓唬小鸟的假人，影响实在有限，因此，击败对手已遭扭曲的观点，影响也同样十分有限。

广义的"稻草人"谬误既可出现在论证当中，又可出现在反驳当中。如果出现在论证当中，通常表现为"转移论题""偷换论题""文不对题"等形式。狭义的"稻草人"谬误，仅指曲解对方的立场，扭曲对方观点的归谬法运用，先把对方的观点变成一个容易推翻的版本，然后将其驳倒。此时，那个被扭曲的观点，已经不是难以反驳的对方的观点，而是一个更易反驳的"稻草人"了。其表现形式是，甲说了观点A，乙没有直接反驳A，而是把A篡改成了和A相似的观点B，然后通过反驳打到B来反驳A，从而证明对方的观点不可接受。

稻草人谬误与偷换论题谬误极其相似，甚至有认为稻草人谬误是偷换论题的一种表现形式。但实际上，偷换论题谬误与稻草人谬误的主要区别在于：前者通常是偷换自己的论题，而后者则是偷换对方的论题。

熏鲱的谬误也易于和稻草人的谬误相混淆，两者都会产生转移读者或听者注意力的效果。在稻草人谬误中，论证者首先开始歪曲对手的论证，然后通过击倒被歪曲的论证来得出他自己的结论。在熏鲱谬误中，如果有对手的话，论证者会有意忽视对手的论证，同时针对对方的论题进行偷梁换柱。所以，若要区分这两种谬误，就应当确定论证者是在攻击一个被歪曲了的论证，还是在单纯地转变议论的主题。另外，稻草人的谬误总是牵涉到两位论证者，至少有一位潜在的对手，而在熏鲱谬误中通常不存在这种情况。

例1：某甲说："你有些事做得不对。"

某乙回答说："什么？你竟然认为我什么事都做得不对。"

例2：有个小伙说要找一位个儿高的对象。反驳者说："难道你要找一个两米七的？多丑都可以吗？"

例3：有人说，"语言是能够创造物质财富的"。反驳者则说："那么，夸夸其谈的人就是世界上最富有的人了？"

（4）回避论题

回避论题，也叫蔑视论题，或叫迷失观点，是指完全回避对方观点，论证不提供证据，而是直接回避或蔑视所要讨论的话题。

下面几例都犯了回避论题的谬误。

例：商人：我们的汽车工业需要得到保护。

报告人：寻求保护是和我们整个自由贸易的观念相冲突的。

商人：瞧，先生们、女士们，没有人会比我们生意人更赞同自由贸易的观念了。我重复一遍我的论题，我们的汽车工业需要得到保护。

分析：商人显然采用了蔑视论题的态度，认为只有他最有权利来讨论自由贸易的问题，其他人则没有这个权利。

（5）错失主旨

"错失主旨"是指给出的论据的确能够支持某个结论，然而该结论却不是要论证的结论。或者说，论证的前提支持某一个特定的结论，但是，论证者从中得出的却是另一个与预期的结论不同的结论，这一结论通常与预期的结论有模糊的关联性，也即论证者从前提得出结论时，在得出的结论中脱离了前提所支持的论点。

例1：近来，盗窃和抢劫的犯罪率在不断上升，达到了令人惊讶的程度。结论是明显的：我们必须尽快恢复死刑这种刑罚。

分析：从该论证的前提至少能够推出两个正确的结论："我们应当在盗窃和抢劫猖獗的地区增派警力"或者"我们应当着手实施消除犯罪根源的方案。"恢复死刑这种刑罚根本不是该论证合乎逻辑的结论。更何况盗窃和抢劫犯的也不是死罪。

例2：如今，福利制度的弊端泛滥成灾。我们唯一的选择就是把这些弊端和福利制度一起连根废除。

分析：从上述论证的前提合乎逻辑地得出的结论是"建议完善福利制度的某些方面，以便消除盗用福利的弊端"，而不是将福利制度连根拔除。

（6）谬误谬误

作为一个理性的人，不能因为别人的论述中存在谬误或者错误，就认为别人的观点一定是错误的。否则就会犯"谬误谬误"。

例：一个提倡健康饮食的人在电视上发表了很荒唐的饮食理论来推广健康

饮食理念，小红看后觉得健康饮食就是骗人的，于是开始每天暴饮暴食。

分析：虽然那人的饮食理论荒唐，但其健康饮食的观点并没错误，因此，小红犯了谬误谬误。

二、理由谬误

从论证角度来看，谬误是一种看似正确但经过检验可证其为错误的论证类型，通常被定义为逻辑上有缺陷的但可能误导人们认为它是逻辑上正确的论证。

好的论证必然不会包含谬误，决定好论证的基本标准有三条：相干性标准（standard of relevance）、充分性标准（standard of sufficiency）、可接受性标准（standard of acceptability），简称为 RSA 标准。相应地，一个好论证必须通过相干性检验、可接受性检验、充分性检验。

对理由的批判性思考，必须检验是否满足论证的以下两条标准：

第一，相干性标准（standard of relevance）：理由（前提）和主张（结论）必须相干。违背这条规则，就会犯相干谬误。相干谬误是由论据与论题的心理相关造成的，它不具有逻辑相关性，其实质在于以感情代替逻辑，而不是用逻辑的规范进行论证。不满足相干性标准，则产生相干谬误。

第二，可接受性标准（standard of acceptability）：理由（前提）必须是可接受的。理由必须满足：第一，理由不能与主张相同；第二，理由不能比主张更可疑。提出理由是为了打消人们对主张的疑虑。显然，只能用更可接受的陈述来说明乍看起来不那么令人信服的主张的可接受性。违背这条规则的谬误，就会犯论据谬误和预设谬误。

尽管形成论证的根本是主张，但一个论证发挥其功用的关键却是理由（前提/论据）。针对论证中给出的理由，需要作出批判性思考的问题如下：

① 理论根据（理论、原则、规律、法则等）是什么？
② 事实根据（事实、数据、实验、经验等）是什么？
③ 理由（包括理论或事实的论据、证据、数据等）的使用是否恰当合理？
④ 论证的主要假设是什么？假设是否可接受？
⑤ 理由与主张是否一致？

对理由的批判性思考，需要检查论证是否存在以下谬误：

① 相干谬误：包括诉诸无知、诉诸情感、诉诸怜悯、诉诸偏见、诉诸强力、诉诸恐惧、诉诸众人、以人为据、人身攻击、诉诸权威等；
② 论据谬误：包括矛盾论据、虚假论据等；
③ 乞题谬误：包括同语反复、循环论证等；

④ 预设谬误：包括预期理由、复合问题、非黑即白等。

其中，预设谬误在前面已有论述，这里重点讲述前三类谬误。

1. 相干谬误

相干谬误（fallacies of relevance）也叫相关谬误、关联性谬误。前面已述，一个好论证必须满足论证的相干性标准（standard of relevance），违背这一标准的谬误，称为"相干谬误"，实际上指的是一个论证所依据的理由与其主张不相干，因此不能确立其主张为真而所犯的谬误。

所谓不相干，就是逻辑上无关，也就是诉诸与主张无关的理由谬误，无关的证据或论据本身可以是真的，但其与主张无关。好的论证必须满足论证的相干性标准，应该立足于理由与主张的逻辑相干，即在逻辑上支持主张，由理由可逻辑地导出主张。相干谬误的实质是论证的理由与主张在心理上相干，而不是逻辑上相干。如果人们对论证中的心理相干与逻辑相干发生混淆，不是用逻辑的规范与标准审视、评价一个论证，而是受感情的左右，以感情代替逻辑和理性，就会犯相干谬误。

相干谬误的最大特点是，该论证所寻求的依据不是逻辑的、理性的。相干谬误论证的理由与主张常常在语言、心理上是相干的，论证者往往利用语言表达感情的功能，以言词激起人们心理上的恐惧、敌意、怜悯、热情，从而使人们接受其主张。

（1）诉诸无知

诉诸无知（from ignorance）的谬误也叫根据不知，犯的是这样的逻辑错误，它以某一命题的未被证明或不能被证明为据，而断言这一命题为真或假。诉诸无知的论证谬误，其实质是推卸证明责任，其结论是缺乏论证性的。

下列三例都分别存在两种论证，都是利用证据不足来支持结论的正确性，都犯了诉诸无知的谬误：

例1：对"中医是否科学？"这个问题有以下两派说法。

说法一：科学不能证伪中医理论，所以中医理论是正确的。

说法二：科学不能证明中医理论，所以中医理论是错的。

例2："占星术是否真的灵验？"这个问题有以下两派说法。

说法一：人们已经花了好几个世纪的时间试图为占星术的主张提供结论性的论据，却从未有人获得成功。所以，我们得出的必然结论是：占星术是一派胡言。

说法二：人们已经花了好几个世纪的时间试图证明占星术的主张是假的，却从未有人获得成功。所以，我们得出的必然结论是：占星术是真的。

例3：对"上帝是否存在？"这个问题也有以下两派说法。

说法一：有神论者的论证：你能证明上帝不存在吗？不能，所以上帝存在。

（牧师经常说："你们无法证明上帝不存在。因此，上帝一定存在。"）

说法二：无神论者的论证：你能证明上帝存在吗？不能，所以上帝不存在。

（若干世纪以来，人们都一直在努力证明上帝的存在，但迄今尚无人能够证明。因此，上帝并不存在。）

（2）诉诸情感

诉诸情感（appeal to emotion）是一种在论证中不依靠有充分根据的论证，而仅利用激动的感情、煽动性的言辞，去拉拢听众，去迎合一些人的不正当要求，以使别人支持自己论点而出现的谬误。

当然，并非诉诸情感的论证都是谬误，只有那些被滥用的诉诸情感的论证才是谬误。这里所述的诉诸情感谬误就是指被滥用的诉诸情感的论证，具体是指用表达性语言和其他有计划的手段以博取情感，激起兴奋、愤怒或憎恨，而不是致力于提出证据和合理论证。诉诸情感有多种方式，也可以说人有多少种情感类型，就会产生多少种利用它来作为依据的谬误。诉诸积极情感的例子是，诉诸听众的安全感、正义感或诚实感。诉诸消极情感的例子是，诉诸听者的恐惧感、贪婪感和羞愧感。

比如，诉诸怜悯（appeal to pity）是一种诉诸情感的谬误，怜悯显然也是一种情感，这个谬误可以定义为：如果一个论题不用相关的证据来证实，而通过借助于打动人们的同情心，博得同情，激起人们的恻隐之心，诱使人相信其论题，这种以情感的乞求来获得论题的支持，这样的论证就是诉诸怜悯的谬误。

诉诸怜悯典型型式："因为A很可怜，所以A的所作所为没有错。"

当然，有些试图唤起读者或听者在情感上的共鸣的论证并不是谬误。但如果所诉诸的怜悯与结论是不相干的，试图仅仅以唤起读者或听者的同情心来支持其结论，那么就犯了诉诸怜悯的谬误。

例1：学生："老师，请让我及格，否则我找工作的时候会有困难。"

例2：学生："我知道考试是依据答题结果给分的，但是我应该得A，因为我的小猫病了，我的车抛了锚，我又得了感冒，所以我的学习是很艰难的！"

例3：有的犯罪嫌疑人在法庭上痛哭流涕地说："我上有年迈的失去自理能力的老母，下有两个正在上小学的孩子，如果给我判刑，投入监狱，他们该怎么办呀！"

（3）诉诸偏见

如果一个论证使用了带有偏见的倾向性证据，使得这个论证的结论变成了无法进行讨论的论题，那么，这个论证就犯有诉诸偏见的谬误。

诉诸偏见实质上是诉诸主观，即以主观代替客观的谬误，包括确认性偏见、一厢情愿、懒散归纳、诉诸信心、诉诸武断、诉诸传统、诉诸起源等。

① 确认性偏见

确认性偏见（confirmation bias）是指一种选择性的思想，集中于支持相信的人已相信的证据，而忽略反驳他们观点的证据。确认性偏见常见于人们以信心、传统及成见为根据的信念。

例1：如果有些人相信祈祷的力量，相信的人只会注意到少量"有回应"的祈祷，而忽略大多数无回应的祈祷。

例2：赌场经理会响钟及鸣笛以公告胜利者，却永不会提及失败者。这令人觉得赌博胜出的机会看来颇大，但是事实却完全相反。

例3：某慈善机构为了证明自己尽到了职责，到处宣传自己拨出了XXXX的善款，却只字不提自己公款消费的奢侈无度。

分析：某慈善机构的说法是确认性偏见，犯了"得克萨斯神枪手"谬误，即你先开了一枪，然后在子弹击中的地方画上靶心，搞得自己真是个神枪手一样。你先决定了自己的立场，然后才开始找证据，并且你只找对自己有利的，而对于那些对自己不利的就选择性忽略。

② 一厢情愿

一厢情愿（wishful thinking）是指以自己单方面的想法作为论证根据。

例：一群孩子在谈论一只蛤蟆的雌雄，相持不下时，一个孩子突然说："我知道怎么辨认了。"老师很高兴，说："请讲。"孩子说："投票表决。"

③ 懒散归纳

懒散归纳（slothful induction）是以自己单方面的想法来否定归纳得出来的恰当结论。

例：即使有一万多个实验证明化学物质影响我们的感觉，我就是不相信。

④ 诉诸信心

诉诸信心（appeal to faith）是指依靠相信，并非靠逻辑或证据支持，也属于一种诉主观的谬误。

例：因为我希望明天在户外打球，所以明天一定天晴。

⑤ 诉诸武断

诉诸武断（appeal to arbitrary）是指既未提出充分的论据，也未进行必要的论证，就主观作出判断的一种谬误。

例1：旺发公司如此兴旺发达，完全是这个公司的名字起得好。

例2：1908年，清朝3岁的宣统皇帝继位，接受文武百官的朝贺，钟鼓齐鸣，三呼万岁，把宣统皇帝吓得直哭。抱着宣统皇帝的摄政王安慰小皇帝说："快完了，快完了。"后来，清王朝于1911年被辛亥革命推翻。清朝的遗老遗少怪罪摄政王说，就是他在登基大典上说："快完了"，所以把大清朝的江山给葬送了。

⑥ 诉诸传统

诉诸传统（appeal to tradition）是诉诸传统论证的一种滥用形式，是指仅以一种看法与传统的关系为依据，来判定它的真假或价值。这种论证模式通常是：a是旧的或传统的，因此，a是正确的、好的或真的。

诉诸传统论证并不总是谬误的。例如，尊老爱幼是中华民族的传统美德，因此，在公共汽车上应当主动给老人和小孩让座。这种诉诸传统显然与结论是相干的，因此，它没有犯诉诸传统的谬误。但是，如果诉诸传统与结论不相干，那就犯了诉诸传统的谬误。

例1：不少老人都认为，不需要定期做身体检查，而是等身体出了毛病才去看医生，他们认为上一辈没有定期做身体检查的习惯，问题也不大。

例2：交警说："这里是单行道，你逆行了，因此，罚款200元。"司机说："以前我这样走都没有问题呀？"

⑦ 诉诸起源

诉诸起源（appeal to origin）是指通过某个理论、观点、事物的来源，来论证该理论、观点、事物的真或者价值。

例1：他一定是坏人，因为他的父亲就是坏人。

例2：她出生于那样一个家庭，我们怎么能够指望她有好的品德、优雅的举止和高贵的气质呢？

例3：研究尼采的哲学是没有任何意义的，因为尼采自己最后就发疯了。

例4：某人说："我知道这种药是用一种剧毒的植物提炼成的，尽管医生建议我服用它，但我决不服用，因为我害怕被毒死。"

（4）诉诸强力

诉诸强力（appeal to force）也叫诉诸势力、诉诸武力、诉诸暴力、诉诸威力，是指论证者借助强力、武力、威胁或恫吓等非理性的方式，迫使对方接受自己的观点或放弃他本人的观点。其谬误在于，人们接受一个论证的结论，不是依据论题本身的理由，而是因为这个结论不需要讨论，有一种外在的强制力量或者是对这个力量的恐惧保证了这个结论必须接受。

强力是多方面的，不一定都是武力的，它可能是军事的，还可能是政治的、法律的，也可能是经济的，如多数原则也是一种强制力。当然，并不是所有的强力或威胁都是谬误的。一些国家在法律中规定，要让人们深信酒后驾驶会受到严惩。虽然这种法律似乎确实规定了诉诸武力或武力干涉的威胁，但人们并不认为这是不合理的。

当论证者向他人提供一个结论时，含蓄地暗示或者明确地告诉对方，如果他或她不接受这个结论，就会受到伤害，这时就会出现诉诸强力的谬误。这种谬误总是包含着论证者向听者或读者所施加的将会受到身体或心理伤害的威胁，所威胁的对象可能是某个人，也可能是某个群体。显然，这种威胁与结论的内容在逻辑上是不相关的。所谓"秀才遇到兵，有理说不清"，"强权胜于公理"，"打棍子、扣帽子、抓辫子、装袋子"等都是诉诸强力的谬误，但依赖大棒或各种形式的强力威胁从理性上说都是不可接受的，是对理性的抛弃。

例1：乡长对各村主任说："以后有谁再把村人均收入报到2000元以下，小心你头上的乌纱帽！"

例2："你承不承认你偷了我的钱包？否则我就打断你的腿！"

例3：儿童对伙伴说："《泰勒塔贝斯》是最好看的电视片。如果你不信，我就去把我大哥叫来，让他痛揍你一顿。"

（5）诉诸恐惧

诉诸恐惧（appeal to fear），也是一种诉诸强力，论据基于恐惧或威胁，用一些想象的、未经证实的负效应和有害效果来恐吓，从而获得支持。典型的诉诸恐惧的论证形式是：你有AB两个选择。A令你恐惧，所以选择B。

从心理角度而言，趋利避害，去危就安是人之常情，人们会本能地采取某些抵抗恐惧的措施或为了避免恐惧而接受某些观念。诉诸恐惧最常见的例子是，宣传者会警告受众可能面临的危险或灾难，比如对恐怖主义的恐惧、对犯罪的恐惧、对经济困顿、环境灾难、天灾、人口爆炸、侵犯个人隐私或歧视等的恐惧，如果受众不立刻跟随或改变观念，就会身陷于危难当中，希望受众借此改变行为或观念，以减少恐惧。

例1：你再继续酗酒，就会跟你爸一样早死！

例2：如果你不信神，你将会下地狱被火烧。

例3：灾难的出现是因为神惩罚不信者，所以我们都应该信神。

（6）诉诸众人

诉诸众人（popularity）也叫诉诸大众、诉诸公众、诉诸群众、以众取证、从众谬误、流行意见等，其谬误在于援引众人的意见、见解、信念或常识进行论证。

当然，并非诉诸众人的论证都是谬误，只有那些被滥用的诉诸众人的论证才是谬误，比如以众取证，利用人们期望受到他人的爱、尊重、赞赏、重视、承认、欢迎和接受以及符合主流的这种大多数人的心理，从而赢得受众支持自己的观点。

典型的诉诸众人论证是"大家都这么认为，所以某事可信"，这是一种利用从众效应进行论证的逻辑谬误。事实上，只因为很多人相信某些东西，与那是事实与否并无关系。众人一致的意见或看法未必就是真理，真理有时在少数人手里，而众人一致的看法有时却是谬见。诉诸众人最常被广告所用，运用群众心理，向群众诉诸感情来煽动群众，赢得群众支持。

例1：看！人人都这样说，还会错吗？

例2：大多数人相信神，所以神一定存在。

例3：吸烟的人很多，所以吸烟不会有害健康。

例4：这一定是真的，不然为什么这么多人都这么说呢？

例5：据央视《今日说法》报道，某法官判定某人有罪，其根据是"群众的议论"。其实，某人是否有罪，需要事实来断定，"群众的议论"与这个人"有罪"之间没有必然的关系。

例6：心理学家阿希做过一个从众实验：

当参加测试的大学生走进实验室时，发现已经有5个人先坐在那里了。他不知道，这5个人都是托儿。阿希让大家做个判断：卡片上4条线段，哪两条一样长？

线段差异明显，正常人很容易作出判断。但5个托儿故意同时说出一个错误答案。于是，一大串测试者跟着选择了错误答案。通常，每个人都有潜在的从众心理：别人做什么我跟着做什么，我的行为就是正确的。

（7）以人为据

以人为据也叫诉诸人身（adhominem fallacy），其谬误是指以立论者或反驳者的人格或处境为根据，而不是以立论者或反驳者所提出的观点和理由为根据而进行辩护或反驳。这种谬误可分为因人纳言、因人废言等。都是从不同角度、在不同程度上，以"人"本身作为其立论或驳论的唯一根据。当然，并非所有针对人的论证都是谬误，只有那些被滥用的针对人的论证才是谬误。

① 因人纳言

因人纳言是指仅根据论证者个人的品德高尚、才华出众、处境优越或自己对论证者的好感就轻率地肯定其论断或观点，而不考虑其论断的内容是否真实或其论证过程是否正确，便对立论者的论点表示接受和赞同的一种谬误。其中，崇拜纳言的谬误根源在于对上级、领导、老师、学长或其他崇拜者的盲目信奉；私情纳言的谬误根源在于对亲属、朋友或其他有利害关系者的盲目信任。

人身保护的谬误属于典型的因人纳言，具体包括两类：一是，人格人身保护是以自己或他人的人格高尚为理由，诱使他人相信其论题为真，其实人格优秀的人坚持的看法未必就一定对；二是，处境人身保护是以自己或他人处境优越为理由，诱使他人相信其论题为真。

例1：他的功课很好，所以不会做坏事。

例2：根据某人是逻辑专家来论证这个人讲话一定符合逻辑。根据某人专门研究伦理学来论证这个人的言行一定符合道德规范。

例3：班级的一个同学讨论问题的时候，他经常会说：某某老师讲过，某某学长说过，某某教授就是这样认为的。

② 因人废言

因人废言是指仅仅根据论证者在品质、名声方面的缺陷，所处环境的特殊性，以往有过错等方面的原因或自己个人对立论者的厌恶态度，而不考虑立论者的论断内容是否真实，也不根据逻辑反驳的规则和要求，就对立论者的论点加以否定而表现出来的一种谬误。

这种谬误往往牵涉到两位论证者，其中一位（直接地或含蓄地）提出了一个具体的论证，第二位予以回应，第二位论证者在回应时关注的不是第一位论证者所给出的论证，而是第一位论证者本人。论辩者不是依靠客观证据来攻击别人的论证，而是转而攻击论证者本身，这样就是犯了人身攻击的错误，其论证当然是无效的。

例1："以他一向对人的态度，他一定不会对你好的。"

例2："Dworkin（德沃金）出版了若干专著，认为色情会伤害女性。但是，Dworkin是个丑陋的怨妇，因此不值得相信。"这句话对Dworkin的长相和性格的刻薄描述，与她的论证是否有力毫无关系。

例3：在某学校的招生会议上，甲老师提议："我觉得某学生不错，应该破格录取。"乙老师立刻提出了反对意见："我反对，像他们那样的小学校怎么可能培养出优秀的学生呢？"

例4：当小明提出了一个很合理的关于基础设施建设的提议的时候吗，小红说她不相信任何小明说的话，因为小明不爱国，经常批评政府，不懂得感恩。小红犯了人身攻击的谬误。

（8）人身攻击

人身攻击（attacking the person）是属于典型的"因人废言"的谬误，具体是指攻击做出主张的这个人的品格、人格、动机、态度、地位、境况或行为，并以这个攻击为证据来证明被攻击者的主张不成立。

人身攻击是一种谬误性反驳，即它的抨击不是指向结论，而是指向断定结论或为结论辩护的人。其特点是，论证不是针对对方的观点发表意见，而是针对提出观点的人的出身、职业、品德、处境等与论题无直接关系的方面进行攻击，以降低对方言论的可信度。当然，并非所有的人身攻击都是谬误，只有那些被滥用的人身攻击才是谬误。换句话说，只有当被攻击的品格、境况或行为与所要反驳的结论不相关时，该论证模式才犯了人身攻击的谬误。

① 人格人身攻击

人格人身攻击也叫诽谤、恶意诋毁、诉诸他恶、毁谤型人身攻击、辱骂式的人身攻击，是指直接的针对人身，不去论证对方观点的对错，而用一些恶毒的言辞诋毁对方的人格和人品，通过诋毁对方的品行、人格、才智、技能来否定对方的论题。

例1：从某个人的品行不好，推出其人的理论研究成果不可信。

例2：你们不要相信他的话，他因乱搞男女关系受过处分，并且经常说谎。

② 处境人身攻击

处境人身攻击也叫背景谬误、景况式的人身攻击，是指依靠攻击对方的处境、背景或景况来进行论证，由回应论点改变为攻击论点发起人的处境来搞臭对手的论证。

处境人身攻击的特点是，仅仅根据某人的身份低微、所属集团或处境特殊而否定此人的观点或陈述。如果一个人接受或者拒绝一个论题仅仅是因为就这个论题作出论证的人的职业、国籍、政治派别或者其他一些景况方面的原因，而不是对论证的前提予以思考的结果，就固执地迫使对手接受或拒绝某个结论，那么这样的论证就是谬误的。

人的出身、经历、职业、地位等各种处境的优势或劣势，都可以成为处境人身保护或处境人身攻击的借口。实际上，人们处境的优劣与当前所提的论题并无逻辑联系，只是在心理上相关，这些与心理相关的因素不能成为论证其论题为真的充足理由。

例1：不要相信他的话，因为他是个酒鬼！

例2：你是石油公司的员工，为了利益，你当然会质疑全球变暖！

例3：某位记者并不是出生于农村，家里也没有亲人、亲戚在农村，他不了解农村的真实状况，他关于农民、农村、农业所说的话完全不可信。

例4：甲："政府应该为最低工资进行立法以保障工人不被剥削。"乙："真是荒谬，你因为找不到一份好的工作才这样说吧。"

例5：张厂长反对陈主任增加成本会计部的建议："你当然说成本会计十分重要，因为你是会计主任。"

例6：一个老烟枪劝别人说，抽烟不好伤身体，可能会有人反驳说："他自己就抽得那么凶，他说的话不能听。"

（9）诉诸权威

诉诸权威（appeal to authority）的谬误，严格地说，是"诉诸不当权威"，是指这样一种谬误：在论证中滥用权威者的证言作为论据，以此论证某论题的思维错误。

当然，权威指的是在某个领域的某些方面成为结论性陈述或证明来源的个人或组织。权威是重要的置信因素。合理地诉诸权威，是指在论证中，恰当地使用权威的言论可以形成支持结论的良好理由。在专家的知识技能领域之内合理地相信权威，是恰当的做法。但是，任何权威都不可能是一切领域中的内行，就是在他们所熟悉的领域里，也不可能做到"句句是真理"。如果在论证中只根据权威者的"权威"来断定某一命题的真或假，就会犯诉诸权威的错误。在现实生活中，这种论证模式运用得当与否是区别谬误与否的关键。换句话说，如果论证模式运用得当，它就不是谬误，否则就是谬误。

诉诸权威谬误通常的表现形式有以下几种：

① 不相干权威

诉诸讨论的范畴以外的权威人士。在论证中，当某一权威超出了论题所属的专业知识领域，其言论的可信度就大打折扣。比如，达尔文是生物学专家，毕加索是绘画行家，显然达尔文谈生物，毕加索谈绘画的意见是有说服力的；但达尔文谈绘画，毕加索谈生物，这些意见就不一定那么可信。

例1：进化论是错误的，因为某著名球星反对进化论。

例2：经济学家都认为爱因斯坦的相对论是不可能的。

例3：有的医药企业请来一批并不是相关领域的名人、权威赴会论证，企图以他们的个人名望作为论证的根据，以证明他们所生产的某种新药效果好。

② 绝对化权威

在诉诸权威的论证中，交际者未能自觉地把权威论证看成是归纳意义上的，而是当作演绎有效的论证形式来使用，把本来仅仅是或然性的结论当作必然性论断来处理，从而使权威的论断绝对化。

例1："某院士都是这么说的，你胆敢有异议？"

例2："某诺贝尔奖的获得者也持这个观点，难道还能有错？"

③ 滥用权威

滥用权威是指，某人声称自己具有专门知识，但实际上他并不拥有这种知识，或者他的专业知识与当前的问题是无关的。

例1：某人在没有提供实际论辩的情况下以教授自居，声称他拥有必要的专门技能而大谈核能威胁，而实际上他的专业领域是研究考古的。

例2：一位专攻埃及学的教授说："妇女的逻辑跟男子的逻辑是不同的。作为教授，我可以说这是完全正确的。"

④ 有问题的权威

有问题的权威包括匿名权威（匿名的权威人士使人不能确定其权威性）、过期的权威、有偏见的权威，开玩笑的权威等。

例1："因为亚里士多德认为奴隶制是正确的，所以奴隶制是正确的。"

例2："有香车自然有美人，某汽车公司董事长都这样说啦！"

例3：有位心理学家曾经说过，每个人都有犯罪倾向，所以，你是有犯罪倾向的。

（10）个人怀疑

这类谬误是指因为自己不明白或者知识水平不够，就得出一个事物可能是假的。一些很复杂的概念和知识，有些人因为不理解，就觉得这些东西是错误的。

例：小明指着块石头说："你说进化论是真的，那你让这块石头进化给我看看。"小明就犯了个人怀疑的谬误。

（11）诉诸自然

这类谬误是指认为一个事物是"自然"的，所以它是合理、必然并且更好的。事实上，一个事物是自然的并不一定代表它就更好。

例：吃草药肯定比吃人工制造的药有效，因为草药更加"自然"。

2.论据谬误

前面已述，一个好论证必须满足论证的可接受性标准（standard of acceptability），即所有前提都必须是可接受的。违背这一标准的谬误统称为"前提谬误"。

前提的可接受性评价有以下三条规则：

规则1：一个好论证必须所有前提都同时可接受。

如果前提中隐含着逻辑矛盾，就违背了这条规则，就要犯"矛盾论据"的谬误。

规则2：一个好论证必须每个前提都是可接受的。

违背这条规则的谬误包括两种下列情形。

① 前提所描述的事件与客观事实不相符，就要犯"虚假论据"的谬误。

② 前提以未经证实的命题作依据，就要犯"预设谬误"（包括"预期理由""复合问题"和"非黑即白"）。

规则3：前提的可接受性不能依赖于结论的可接受性。

违背这条规则就犯了"乞题谬误"（包括"同语反复""循环论证"）。

这里，我们把其中的"矛盾论据"和"虚假论据"统称为"论据谬误"。

（1）矛盾论据

矛盾论据也叫自相矛盾、论据相左、前提不一致（inconsistency）等，就是在前提或理由中至少包含一组矛盾命题的谬误。在论证中不能同时断定两个互相反对或互相矛盾的命题为真，若论证中所使用的论据包含有逻辑矛盾，那么其可信度等于零，这一论证也就不能令人信服了。

在论证中，为了确立论题（结论）的真实性，必须断定论据的真实性，并由此展开推论。如果在断定论据的真实性时，或者在展开推论的过程中，把一般原则或普遍命题绝对化，就会产生绝对命题的错误，而绝对命题是导致自相矛盾的根源。例如，韩非的"矛盾之说"清楚地表明了这一点。"吾盾之坚，物莫能陷也"和"吾矛之利，于物无不陷也"这两个绝对命题同出一人之口，因而导致了"自相矛盾"这种尖锐的矛盾形式。

例1："提高邮票价格，可以产生更多的收益，减少邮件流量。"

分析：提高邮票价格既然会减少邮件流量，那就很可能会减少收益，上述说法出现了目的与结果之间的矛盾。

例2：凯蒂：无论我们什么时候在一起，我们约定谁都不能与第三个人跳舞。可是，今天我不得不跟汤姆跳舞，因为他是我的一个老朋友。因此，我和汤姆跳舞并不违背我们的约定。

分析：上述论证的所有前提不能同时被接受。第一个前提说的是，他们两个人在一起时都不得和第三个人跳舞，而第二个前提说的是她不得不与第三个人——汤姆跳舞。这两个前提显然不能同时为真，如果这两个前提同时为真，那就得出"对我来说，这样做是对的，但对于你来说，与那个陌生人跳舞是不对的"这样的结果。因此，这个论证包含了不一致的前提。

例3：张女士打电话给李先生，李先生的小孩接了电话。由于种种原因，李先生并不想接张女士的电话，故小声地对小孩说，告诉她说我不在。小孩拿着话筒大声地说："我爸说他不在家。"

分析：小孩说的"我爸说他不在"这句话本身表明了"李先生在家"，因此，这个语句作为前提是不可接受的，是一个自相矛盾的语句。

（2）虚假论据

虚假论据（false reason）又称虚假原因、虚假理由、虚假前提等，它是违反充足理由律要求的逻辑错误。

论证就是要从人们认为真的东西或者是至少可接受的命题出发，在人们都是理性的、都讲道理的这个假设之下，通过逻辑的强制力，去证明某个另外的命题的真或者假。充足理由律要求，在论证中对结论的断定必须以充足理由为根据。如果在论证中以虚假的理由为根据，或者理由虽然是真实的，但理由与结论之间没有关系，形同虚设，就会犯虚假理由的错误。

例1：油条是食物，食物是好吃的，因此油条是好吃的。

分析：这个论证的问题在于：食物并不总是好吃的。

例2：切开人有罪，外科医生切开人，因此外科医生有罪。

分析：这个论证的问题在于：切开人并不总是有罪。

例3：所有的猴子都是人变的，金丝猴是猴子，所以，金丝猴是人变的。

分析：这个论证所依据的理由"所有的猴子都是人变的"显然是虚假的。

例4：你说所有的人都是会死的，但据我所知，张果老、嫦娥都吃过长生不死药，他们就能长生不死；我是卖长生不死药的人，我担保，凡是吃过我的长生不死药的人都会长生不死。所以，你的那种说法是假的。

分析：这个论证所依据的理由"张果老、嫦娥都吃过长生不死药，他们就能长生不死"显然是虚假的。这样的论证根本不能证明它的结论，根本起不到论证的作用。

3.乞题谬误

乞题谬误（begging the question）又叫丐题、乞求论题、窃取论题，是指一个原本要被论证的命题早已在前提中被假定为真。这是违反论证预设的相异律所导致的谬误。根据"相异律"，理由必须与其所支持的观点不同（断言或意义上的不同，而非形式上的不同）。否则，如果理由的真包含了对论题真的断定或理由的真是以假定论题真为前提的，那么就会产生"乞题"谬误。

这类谬误的实质就是，论题的真实性是要靠论据来证明的，而论据的真实性又要靠论题去证明。这种谬误较常见的形式是论证者利用某些语言手段制造出一种错觉，这种错觉通过遗漏一个可能假的、关键性的前提来制造，并使人觉得，对于确立该论证的结论来说，不需要再提供任何论据。由于这样的论证事先假设了前提为真，因而乞求论题属于预先假设的谬误。

狭义的"乞题谬误"主要包括"同语反复"和"循环论证"，广义的"乞题谬误"大致等同于广义的"预设谬误"。

（1）同语反复

"同语反复"也叫"同义反复"或"重复论题"，是乞题谬误的简单形式，即用另一种与论题在表述方式有差异，但实质内容没有差异的命题做论据，实际上这种谬误是一种直接的循环论证。

同语反复的形式是：有A是因为有A。

这种谬误的实质是论证的结论是对一个可能假的前提的重述，只是在语言表述上略有不同而已。这种重复主要是从内容、实质、意义上说的，其语言表达形式可能有所不同。正因如此，它才有一定的迷惑性，给人一种好像做出某种论证的假象，而实际上并没有进行论证。在这样的论证中，前提支持结论，结论通常只是对前提的强调。论证者用修饰性的措辞重述相同的内容，时常会给人一种错觉，好像所提供的前提是支持结论的独立论据，而事实并不是这样。

例1：吸鸦片能令人昏睡，因为鸦片有催眠效力。

分析："能令人昏睡"与"有催眠效力"是同语反复。

例2：所有基督徒都是品行端正的，因为所谓基督徒就是品行端正的人。

分析：这一论证显然犯了"同语反复"的谬误。

例3：所有宣传革命的人对未来都怀有梦想，理由很简单，如果一个人对未来没有梦想，他就不可能去宣传革命。

分析：此论证中，前提与结论说的是同一件事情。诉求的问题是"你怎么知道宣传革命的人的确对未来怀有梦想？"

例4：对谋杀和绑架的罪犯处以极刑是正当的，因为对那些犯有如此可恨而残酷罪行的人，处以死刑是非常合法和恰当的。

分析：这一论证的论据及结论分列如下。

论据：对那些犯有如此可恨而残酷罪行的人处以死刑是非常合法的和恰当的。

结论：对谋杀和绑架罪处以极刑是正当的。

把这里的论据稍加变换，就能看出同一个意思重复了两遍："非常合法和恰当的"很大程度上也就是"正当的"，而"那些犯有如此可恨而残酷罪行的人"意思就是"谋杀和绑架的罪犯"。因此，该论据实际上与结论完全一样！对于为什么对谋杀和绑架的罪犯处以极刑是正当的，该论证并未给出任何真正的理由，反而难免让人质疑："呃，那么，你为什么认为对谋杀和绑架的罪犯处以极刑是正当的呢？"

（2）循环论证

"循环论证"（circular reasoning），是乞题谬误的复杂形式，是指论据间接重复论题。在论证中，必须用论题以外的其他命题作为支持论题的根据，论据的真实性必须独立于论题。

① 循环论证的相对形式

循环论证的相对形式是：有A是因为有B，有B是因为有A。

即论据的真实性直接地依赖于论题，就会产生循环论证的错误。

例1：天气热是因为温度变高，温度变高是因为天气热了。

例2：鸡蛋难吃是因为你认为它不好吃，如果你认为它好吃它就不难吃了。

例3：他没有犯罪，我怎么会逮捕他？我逮捕了他，那么就说明他一定犯了罪。

例4：老师："小明，你今天为什么又迟到了？"

小明："因为我起晚啦。"

老师："那你为什么不早点起床？"

小明："因为我起床的时候就已经晚了。"

例5：甲："凡是女人都很心软。"

乙："不一定，你没听说'女人似蛇蝎'吗？"

甲："那种女人根本不是女人！"

乙："为什么？"

甲："因为女人心肠都软。"

例6：KengDie教的经文《KengDie Sutra》里面说的东西都是真理，因为在《KengDie Sutra》第一章第二段里面提到了"KengDie所述都是真理"。

分析：这是窃取论点的谬误，采用循环论证的方法来证明一个被包含在前提里面的观点。把前提假设默认为真的，然后利用循环论证的方式来证明它。

② 循环论证的间接形式

循环论证的间接形式是：有A是因为有B，有B是因为有C，有C是因为有A。

论证者要证明A，这要用到B，证明B要用到C，而证明C又要用到A。在兜了一个圈子之后，又回到最初的出发点。循环论证等于没有证明。当然，诡辩者使用循环论证的时候，会绕一个大圈子，使得其看起来并无破绽。

由于循环论证的推论过程构成一个或长或短的封闭链环，而不管其中间环节有多少，其最后的结论也就是最初的论据，即以论题为根据推出论题，等于没有论证，犹如一个在原地打转的车轮，没有进展，所以又称之为"无进展"的谬误。

例1：瘦子：你怎么这么胖啊？

胖子：因为我吃得多。

瘦子：那你为什么吃那么多呢？

胖子：因为我喜欢吃。

瘦子：那你为什么喜欢吃呢？

胖子：因为我胖，所以喜欢吃。

例2：某人是个好学生，因为他每门课成绩都很好。每门课成绩都很好是因为他喜欢读书，而他喜欢读书是因为他是个好学生。

例3：很清楚，福特汽车公司生产的轿车是美国最好的轿车。我们之所以知道他们生产的轿车是最好的，是因为他们的发动机设计是一流的。他们的发动机设计之所以是一流的，是因为他们在这方面付出的努力要比其他制造商多得多。很明显，他们之所以能付出这么多的努力，是因为他们造出了美国最好的轿车。

③ 循环论证的特殊形式

循环定义是循环论证的特殊形式，具体是指用A定义B，再用B定义A；或者用A定义B，用B定义C，用C定义A。这种定义方法看似有用，但实际上是谬误。

例1：甲："什么是松树？"

乙："松树是会长出松果的树木。"

甲："什么是松果？"

乙："松果是长自松树的果实。"

例2：甲："什么是百度？"

乙："百度是一个搜索引擎"

甲："什么是搜索引擎？"

乙："像百度那样的网站就叫作搜索引擎。"

三、支持谬误

支持就是指在一个论证中，接受前提有利于接受结论；或者说，那些能够有利于从前提推出结论的前提对结论有支持关系。对论点的辩护是否成功，取决于理由对主张的支持力或支持强度。

"支持谬误"，又被称为"推不出谬误"。这种谬误与下述论证评价的充分性标准有关。前面已述，决定好论证的三条基本标准简称为RSA标准，其中，对支持的批判性思考，必须检验是否满足论证的充分性标准（standard of sufficiency）：前提给结论必须提供充分支持。违背这条规则，即前提没有给结论提供充分支持，就会犯"支持谬误"。

按照主流逻辑学的界定，前提与结论之间的支持关系要么是演绎支持关系，要么是归纳支持关系（广义归纳）。即，支持主要有两种：一是演绎支持，二是归纳支持。

对演绎支持关系而言，要用演绎有效性标准来进行评价，一个谬误是演绎谬误，是指该论证是非有效的，也即这种论证并没有从形式结构上保证前提给结论提供充分支持。

对归纳支持关系而言，要用归纳强度标准来评价，如果一个论证的前提与结论的支持关系是归纳，但其论证形式却不是归纳强的，即论据在内容上对论题的归纳支持不足，那么这个论证就犯了归纳谬误（包括概括、统计、因果、类比及合情等谬误）。归纳谬误的产生不是因为前提与结论在逻辑上不相关，而是因为前提与结论的逻辑关系不足以为结论提供有力的支持。归纳谬误属于论据不足的谬误，主要是针对论据对论题的证据支持关系而言的，即结论缺乏论据的充分支持，或论据在内容上对论题支持不足。

针对支持强度进行评估，需要作出的批判性思考的问题如下。

① 论证运用了哪种推理类型？

② 演绎推理是否符合规则？

③ 用于归纳概括的样本或事例是否有代表性？

④ 统计推理是否正确？

⑤ 因果推论是否排除了其他有竞争性的假说？

⑥ 类比或比喻推理是否恰当？

⑦ 合情推理是否合理？

对支持的批判性思考，需要检查论证是否存在以下谬误：

① 演绎谬误：包括词项逻辑、命题逻辑等推理中的谬误；

② 概括谬误：包括特例概括、轻率概括等；

③ 统计谬误：包括以偏概全、数字陷阱、数据误用等；

④ 因果谬误：包括强加因果、因果倒置、混淆原因、复合原因、复合结果、错否因果、滑坡谬误等；

⑤ 类比谬误：包括类比不当、类推不当等；

⑥ 合情谬误：包括举证不全、以全贬偏、分解谬误、合成谬误等。

支持谬误，即推不出谬误除了前述演绎谬误和归纳谬误（概括谬误、统计谬误、因果谬误和类比谬误）之外，还有一类涉及论证的谬误，但它既不是演绎谬误也不是归纳谬误，我们把这类谬误叫做"合情谬误"，是指不合情的论证，包括举证不全、以全贬偏、合成谬误与分解谬误等。这类谬误的特点是前提与结论相干，而且前提的可接受性不是问题，关键在于根据这些前提推导不出结论。

1. 举证不全

举证不全的谬误是指证明或反驳的论证过程不完整，理由不足以支撑主张。举证不全具体包括证据不足、片面理由等。

（1）证据不足

证据不足是指论证所列出的证据不足以推出结论，其谬误的根源在于一个论证的前提与结论构成的支持关系不够充分。

例1：陈先生的演讲经常得到满堂彩，因此，他一定是个很有学问的人。

分析：其实演讲得到满堂彩不一定表明很有学问，有可能只是因为演讲者的个人魅力。

例2：某家的珠宝被窃，办案人员认为是张三盗窃的，因为资料显示他有窃盗前科。

分析：不能就因有窃盗前科就确定这次珠宝遭窃是张三做的。

例3：年迈的福格森太太（她几乎已经失明）作证说：在朦胧的暮色中，她看见被告用刺刀刺伤了受害者，当时她就站在离事发地点约有100码的地方。所以，陪审团的成员们一定会认为被告是有罪的。

分析：这里，目击者缺乏对她所证明的事情的观察能力，所以她的证词是靠不住的。

（2）吹毛求疵

"吹毛求疵"又称为琐碎的谬误，就是故意挑剔，硬找差错，是指在论辩时，不是对对方的论题、论据或论证方式加以批驳，而是对某些非根本的、琐细的东西大加责难，并试图以此驳倒对方。

在进行论辩时，应对被反驳论证的主要内容加以认真分析，而对那些非根本性的错误只需附带指出即可。否则，不仅会分散人们对主要问题的注意力，而且会削弱反驳的力量。

例：姚雪垠在与郭沫若辩论明史的若干问题时，指出《甲申三百年祭》运用《明季北略》时，所引的卷数有问题，并由此得出结论说："连卷数与题目都看不清，当然谈不上辨别史料的真伪了。"

分析：姚雪垠在这里不在明史的重要问题上与郭沫若讨论，而是抓住一个枝节问题，扩大其严重性，试图从根本上否定郭沫若的研究成果，这就犯了"吹毛求疵"的谬误。

（3）片面理由

片面理由的谬误也叫片面辩护、遮盖论据，是指展示论据时只展示对主张有利的论据，而忽视了一些不利的重要论据。

主张的成立与否经常有正反两面的理由，正确的做法应是将正反两方理由都一一列举并相比较，之后再进一步选择要赞成或反对。但常有人因为已经有预设的结论，因此只举出跟自己所支持主张有关的理由，这便是片面理由的谬误。

例1：神为何在世上创造这么多苦难？答案是：你必须明白，神自有他神奇的安排，我们没有特权去知道的。

例2：在家中家长不喜欢小孩看电视太多，为阻止小孩看电视便对小孩一一列举电视负面的影响，但其实看电视也有好的一面。预设看电视是不好的，而后以电视的负面影响为由阻止小孩看电视，那么此家长便是犯了这种谬误。

2. 以全赅偏

以全赅偏也叫偶然性谬误、不顾特例等，是指未对一般原则的应用情况和范围详加考察就进行特殊情况下的推广。

当人们将一个概括或一般规则应用于它所不适用的特殊事例时，就会产生偶然性谬误（以全赅偏）。反之，当我们无心或故意地把对一个特殊事例为真的东西直接看做对大量事例为真，我们就犯了逆偶然谬误（以偏概全）。

人们从经验的概括中获得普遍性通则，但是当这些普遍性的陈述应用到一个具体的特例时，我们就应该保持一点警惕，不要机械地去生搬硬套。特定的环境有可能让普遍性命题失效。因为概括，即使是那些广泛合适和有用的概括，往往也有例外，我们必须对之保持警惕。也就是说，普遍性都有例外，几乎每一个好的规则都有一些例外。当一个普遍的命题应用到一个特指个体情形的时候，这种普遍性并不一定适合说明该个体的情形。

区群谬误是一种以全赅偏，又称生态谬误、层次谬误，是一种在分析统计资料时常犯的错误。如果仅基于群体的统计数据就对其下属的个体性质作出推论，就是犯了区群谬误，这种谬误假设了群体中的所有个体都具有群体的性质。

例1：政府法规规定，行走此公路的汽车最高时速为七十公里。所以即使载着快要生产的产妇，亦不可超过七十公里。

例2：吗啡有多种用途，可以减轻病患的痛苦，但吗啡也算在毒品范围之中；若我们的通则是"对人体使用毒品是违法的行为"，而"吗啡是毒品的一种"，并得到"医生为减轻病患的痛苦而使用吗啡是违法的"这样的结论，便是犯了此谬误。

例3：我们要坚持，在规定有对所有人都有"此处不许游泳，违者罚款"的规则的地方，一个人在此处游泳就要罚款。但下水救人应该是其特例。因为规则总是和一定的场合相联系。

例4：人是有理性的，张教授的那个痴呆儿是人，所以，张教授的那个痴呆儿是有理性的。

分析：

一般规则是：人是有理性的。

特殊事例是：张教授的那个痴呆儿。

在这种情况下，这一规则是不适用的。

例5：公民言论自由是受宪法保护的权利。所以，约翰不应当为他上周煽动暴乱的言论而被捕。

分析：

一般规则是：言论自由在正常情况下是受保护的。

特殊事例是：约翰的言论。

由于这种言论是煽动暴乱的言论，因而对保护言论自由这个规则来说是不适用的。

偶然的特征是煽动暴乱的言论。

3.合成谬误

类目错误（category errors）包括合成谬误和分解谬误两类。

合成谬误（composition）也叫合举、构成谬误，是指在论证中，以部分（个体）、元素所具有的某种属性不恰当地推出其整体或集合体也具有这种属性的结论所产生的谬误。下列都是合成谬误的例子。

例1：某人的心脏是健康的，由此推出这个人的身体也是健康的。

例2：由组成森林的每棵树都不怎么壮观，推出那片森林也不怎么壮观。

例3：由一个足球队的每一个球员都很优秀，推出该足球队一定很优秀。

例4：每艘战舰都做好了战斗准备，推出整个舰队做好了战斗准备。

例5：由于某一剧本的每一场都是艺术完美的典范，所以该剧本作为一个整体也是艺术完美的。

4.分解谬误

分解谬误（division）也叫分举、分割谬误，指的是以总体符合某条件，推断总体的所有部分均符合某条件，即以整体或集合体所具有的某种属性推出其部分（个体）或元素也具有这种属性的谬误。下列都是分解谬误的例子。

例1：这支交响乐团非常出色。因此，这支交响乐团的每一位乐师都非常出色。

例2：某台机器沉重、庞大、复杂，而组成这台机器的零件也沉重、庞大、复杂。

例3：人有意识，而人体和人脑都是由原子组成的，所以原子都有意识。

例4：盐是无毒的化合物。所以，盐的组成要素钠和氯也是无毒的。

例5：沙特人普遍很富有，所以每一个沙特人都很富有。

四、诡辩

诡辩都包含谬误，但谬误并不都是诡辩。诡辩与一般的谬误最大的区别在于：谬误是无意的，而诡辩是有意的。不经意的论证失误或推理不当，是在所难免的，只要发现了谬误然后纠正即可。如果有意识地运用谬误的推理去证明某个明显错误的观点，以诱使人上当，这就是诡辩。也就是说诡辩的恶劣性在于其主观上的故意，即有意识地为某种谬误而作的论证的态度。

案例　关于"学习"的巧辩

古希腊时期，智者尤苔谟斯和狄奥尼索德鲁则曾用巧辩法击败了认为"学习者比不学习者更聪明"的人。他们首先把人分成聪明的和无知的两类，然后把学习者归为无知的人一类。下面是他们和一个孩子之间的对话：

"当你正在学习的时候，你的处境和你在不知道你在学习的东西之时的处境有任何区别吗？"

"没有。"

"当你在不知道这些东西的时候，你是聪明的吗？"

"根本不是。"

"那么，如果你没有智慧，你是无知的吗？"

"当然。"

"因此，在学习你不知道的东西时，你是在无知状态中从事学习的。"

这个孩子点头同意。

"因此，你看，学习的人是无知的，而不是聪明的。"

分析：上面这段对话显示出了古希腊智者巧辩术的几个特征：

第一，不适当的区分（如把人分为"聪明的"和"无知的"两类）；

第二，混淆概念（如把"不知道"混同为"不知道正在学习的东西"）；

第三，不适合的定义（如把"无知"笼统地定义为"不知道"）；

第四，在对话中通过提问方法逐步使对手接受自己预先设计的答案。

对于这种诡辩，亚里士多德曾经尖锐地批评说："正如游戏中的骗局和卑鄙的竞争的不同特征是确定的，巧辩就是论辩中的卑鄙竞争。卑鄙的竞争者不取胜决不罢休，巧辩者同样如此。智者就是那些为了公务和赚钱的目的而这样做的人，智者行为就是通过这种表面的智慧演示来赚钱的方式。"

所谓诡辩，是无理的狡辩，就是故意运用貌似正确的推理手段，作出似是而非的推论。黑格尔给诡辩下了一个较好的定义："诡辩这个词通常意味着以任意的方式，凭借虚假的根据，或者将一个真的道理否定了，弄得动摇了；或者将一个虚假的道理弄得非常动听，好像真的一样。"

案例

两个中学生找到他们的老师，问道："老师，究竟什么叫诡辩呢？"

老师稍稍考虑了一下，然后说："有两个人到我这里来做客，一个人很干净，另一个人很脏，我请这两个人洗澡，你们想想，他们两个人中谁会洗呢？"

"那还用说，当然是那个脏人。"学生脱口而出。

"不对，是干净人，"老师反驳说，"因为他养成了洗澡的习惯，而脏人却觉得自己没有什么可洗的。再想想看，是谁洗澡了呢？"

"干净人。"两个青年改口说。

"不对，是脏人，因为他需要洗澡。"老师反驳说，然后再次问道，"如此看来，我的客人中谁洗澡了呢？"

"脏人！"学生喊着重复了第一次的回答。

"又错了，当然是两个人都洗了。"老师说，"因为干净人有洗澡的习惯，而脏人需要洗澡。怎么样？到底谁洗澡了呢？"

"那看来是两个人都洗了。"青年人犹豫不决地回答。

"不对，两个人都没有洗，因为脏人没有洗澡的习惯，干净人不需要洗澡。"

"有道理，但是我们究竟该怎样理解呢？"学生不满地说，"您每次都讲得不一样，而且似乎总是有道理！"

"正是如此。你们看，这就是诡辩：以貌似讲理的方式行不讲理之实。"

诡辩从表面上来看，似乎很有道理。论证一个问题，也总是可以拿出许多"根据"和"理由"。但是，这些根据和理由都是经不起推敲的。诡辩者往往玩弄概念、故弄玄虚，作出歪曲的论证，其目的是为自己荒谬的理论和行为作辩护。诡辩论往往夸大相对性，脱离客观标准，论证中概念、主题不能保持一贯性。

诡辩的基本特征有三个：

① 外表上、形式上伪装为正确的推理形式。

② 违背论证规则，即出现谬误。

③ 出于辩护需要，主观故意地颠倒是非、混淆黑白。

阅读　罗伯特议事规则

亨利·罗伯特（1837-1923）毕业于美国西点军校，最后升任工兵准将，罗伯特根据美国草根社团的合作实践，以及英国四百多年的议会程序，用系统工程的方法编纂成杰作《议事规则》，于1876年问世。其重要性为人们所认识，影响迅速扩大，被广泛接纳为各类会议的议事准则。1915年修订和大为扩充的第四版，书名就被公认作《罗伯特议事规则》（*Robert's Rules of Order*）了。《罗伯特议事规则》共有六百多页（英文本更长达千页），内容十分庞大。

当今世界，无论是公共领域中的联合国大会、欧盟议会、各国国会的议事程序，还是私人领域里如上市公司、合伙小店、兴趣团体、学校班会等的议事章程，无不以《议事规则》为依据和蓝本，而议事规则也成了一门专门的学问。

一、罗伯特议事规则的3大特点

约定性，即规则明示在前，对事不对人；

工具性，凡事不往道德上扯，能用工具来解决的绝不无端拔高和指控；

价值中性，旨在凝聚组织认同，提高运作效率，平衡多元利益，通过文明议事来说服、辩论、妥协，从而形成有效果的行动。

二、罗伯特议事规则的12条基本原则

第1条　动议中心原则：动议是开会议事的基本单元。"动议者，行动的提议也。"会议讨论的内容应当是一系列明确的动议，它们必须是具体、明确、可操作的行动建议。先动议后讨论，无动议不讨论。

第2条　主持中立原则：会议"主持人"的基本职责是遵照规则来裁判并执行程序，尽可能不发表自己的意见，也不能对别人的发言表示倾向。（主持人若要发言，必须先授权他人临时代行主持之责，直到当前动议表决结束。）

第3条　机会均等原则：任何人发言前须示意主持人，得到其允许后方可发言。先举手者优先，但尚未对当前动议发过言者，优先于已发过言者。同时，主持人应尽量让意见相反的双方轮流得到发言机会，以保持平衡。

第4条　立场明确原则：发言人应首先表明对当前待决动议的立场是赞成还是反对，然后说明理由。

第5条　发言完整原则：不能打断别人的发言。

第6条　面对主持原则：发言要面对主持人，参会者之间不得直接辩论。

第7条　限时限次原则：每人每次发言的时间有限制（比如约定不得超过2分钟）；每人对同一动议的发言次数也有限制（比如约定不得超过2次）。

第8条　一时一件原则：发言不得偏离当前待决的问题。只有在一个动议处理完毕后，才能引入或讨论另外一个动议。（主持人对跑题行为应予制止。）

第9条　遵守裁判原则：主持人应制止违反议事规则的行为，这类行为者应立即接受主持人的裁判。

第10条　文明表达原则：不得进行人身攻击、不得质疑他人动机、习惯或偏好，辩论应就事论事，以当前待决问题为限。

第11条　充分辩论原则：表决须在讨论充分展开之后方可进行。

第12条　多数裁决原则：（在简单多数通过的情况下）动议的通过要求"赞成方"的票数严格多于"反对方"的票数（平局即没通过）。弃权者不计入有效票。

三、罗伯特议事规则的基本精神

议事规则的基本精神却是非常简约清晰的，大致来说有五项：权利公正、充分讨论、一时一件、一事一议、多数裁决。

罗伯特议事规则有专门讲主持会议的主席的规则，有针对会议秘书的规则，当然大量是有关普通与会者的规则，有针对不同意见的提出和表达的规则，有关辩论的规则，还有非常重要的、不同情况下的表决规则。

有一些细节规则后面的逻辑原则是十分有意思的。比如，有关动议、附议、反对和表决的一些规则是为了避免争执。

在美国的法庭上也是这样，当事双方的律师是不能直接对话的，因为一对话必吵无疑。规则规定，律师只能和法官对话，向陪审团呈示证据;而陪审团按照规则自始至终是"哑巴"。不同观点和不同利益之间的针锋相对,就是这样在规则的约束下,间接地实现的。

就事论事:论证需要坚持"对事不对人"。"专门对事、绝不对人"无疑是正确处理问题的基本角度论证时,需要对事不对人,需要将注意力集中于所讨论的问题,而不要集中于提出这一主张的人。

不问动机:在《罗伯特议事规则》中要求,在论证中不允许去质疑他人的动机。动机是很难证实的,会议审议的是某事而不是某人,针对个人动机是明显的跑题。动辄质疑动机,是我们的传统思维定式。这导致一群中国人在一起基本上不可能合作,讨论问题也往往演变为人身攻击。

四、如何高效地开会

开会是高效议事的最主要的沟通形式,我们需要通过会议来商讨和决定群体事务和行动。若要持续有效,必须靠适当的机制来平衡和协调群体,与个人之间的权责利关系。以明确的规范和程序作为工具,会议才能真正集思广益、拓宽言路、凝聚共识,才能导致行动,产生实效。

若程序不当或操作不当的话,结果会很糟糕,甚至适得其反。《罗伯特议事规则》系统严谨、规则周详、逻辑自洽,专业化程度很高。参会者的立场越是多元,诉求越有差异,所涉及的利益分配越是复杂,议事规则的执行就越倾向于严格。

第一条:会议主持人,专门负责宣布开会制度,分配发言权,提请表决,维持秩序,执行程序。但主持人在主持期不得发表意见,也不能总结别人的发言。

第二条:会议讨论的内容应当是一个明确的动议,"动议,动议,就是行动的建议!"动议必须是具体的、明确的、可操作的行动建议。

第三条:发言前要举手,谁先举手谁优先,但要得到主持人允许后才可以发言,发言要起立,别人发言的时候不能打断。

第四条:尽可能对着主持人说话,不同意见者之间避免直接面对的发言。

第五条:每人每次发言时间不超过两分钟,对同一动议发言每人不超过二次,或者大家可以现场规定。

第六条:讨论问题不能跑题,主持人应该打断跑题发言。

第七条:主持人打断违规发言的人,被打断的人应当中止发言。

第八条:主持人应尽可能让意见相反的双方轮流得到发言机会,以保持平衡。

第九条：发言人应该首先表明赞成或反对，然后说理由。

第十条：不得进行人身攻击，只能就事论事。

第十一条：只有主持人可以提请表决，只能等到发言次数都已用尽。或者没有人再想再发言了才能提请表决，如果主持人有表决权，应该最后表决。防止抱粗腿。

第十二条：主持人应该先请赞成方举手，再请反对方举手。但不要请弃权方举手。

第十三条：当赞成方多于反对方，动议通过。平局等于没过。

五、罗伯特议事规则的意义

《罗伯特议事规则》的意义在于：基于不同想法、不同身份、学识、年龄、脾性、国籍和文化背景的一群人，在罗规规则指引下，能帮助大家公平、有序、高效地讨论共同待决的议题，并最终形成可操作的"动议"。由于功效显著，绝大部分国家议会都在使用《罗伯特议事规则》。上至联合国大会、下至学校班会乃至企业、NGO，常会在本机构的议事规则中看到"未尽事宜，以《罗伯特议事规则》为准"。可以说，《罗伯特议事规则》已成为一部不可或缺的日常工具书。

只有基于事实和逻辑的论证，有助于我们每个人做出自己合理的选择和明智的决策。

五、悖论

悖论(paradox)是指荒谬的理论或自相矛盾的语句和命题。其特点是，前提明显合理，推理过程合乎逻辑，推理的结果则是自相矛盾。

悖论是具有如下模式的推论：如果承认陈述 A 为真，就会推出陈述 A 为假；如果承认陈述 A 为假，就会推出陈述 A 为真，于是就陷入了悖论。

1. 逻辑史上的经典悖论

在古希腊文明早期，悖论的产生推动了逻辑学的发展。古今中外有不少著名的悖论，它们震撼了逻辑和数学的基础，激发了人们求知和精密的思考，吸引了古往今来许多思想家和爱好者的注意力。

公元前6世纪古希腊克里特岛人埃匹门尼德提出的说谎者悖论："所有的克里特岛人都说谎。"他究竟说了一句真话还是假话？

分析：如果他说的是真话，由于他也是克里特岛人之一，他也说谎，因此他说的是假话；如果他说的是假话，则有的克里特岛人不说谎，他也可能是这些不说谎的克里特岛人之一，因此他说的可能是真话。

说谎者悖论是最早的悖论，该悖论在当时就引起广泛关注。据说科斯的斐勒塔更是潜心研究这个悖论，结果把身体也弄坏了，瘦骨嶙峋，为了防止被风刮跑，不得不在身上带上铁球和石块，但最后还是因积劳成疾而一命呜呼。为提醒后人免蹈覆辙，他的墓碑上写道："科斯的斐勒塔是我，使我致死的是说谎者，无数个不眠之夜造成了这个结果。"

历史上出现了许许多多的悖论。从中世纪一直到当代，悖论都是一个热门话题，并且对于下面这样一些问题，如悖论究竟是如何产生的？又如何去克服和避免？是否应该容忍悖论，学会与它们和平共处？迄今为止，仍莫衷一是，没有特别令人满意的解决方案。

古希腊哲学家芝诺为了证明"运动是不可能的"，他提出了如下运动悖论，以此证明运动不可能存在。

一、"两分法"悖论

这是芝诺否认事物运动的第一个悖论。

运动着的事物在到达目的地之前，先要完成全程的1/2；在达到1/2处之前，又要完成它的1/2。如此分割，乃至无穷，永远也达不到目的地。

他认为，从A点到B点的运动是不可能的。因为为了由A点到达B点，必先到达AB的中点C；为了达到C点，必先到达AC的中点D；为了达到D点，必先到达AD的中点E……，这样的中点有无穷多个，因此，从A点出发的第一步根本迈不出去。

芝诺这个悖论暗示运动的路程是无限可分的。

二、"阿基里斯追龟"悖论

阿基里斯是古希腊神话中善跑的英雄。假设乌龟先爬一段路然后阿基里斯去追它。他论证说：这样的话，阿基里斯永远追不上乌龟。因为前者在追上后者之前必须首先达到后者的出发点，可是，这时后者又向前爬了一段路了。于是前者又必须赶上这段路，可是这时后者又向前爬了。由于阿基里斯和乌龟之间的距离可依次分成无数小段，因此阿基里斯虽然越追越近，但永远追不上乌龟。

具体举例说明：

一条笔直的跑道，乌龟在前，阿基里斯在后，相距1000米。

发令枪响，同时起跑。阿基里斯于10倍的速度，追赶乌龟。

阿基里斯跑1000米，乌龟领先100米……

阿基里斯跑1100米，乌龟领先10米……

阿基里斯跑1110米，乌龟领先1米……

阿基里斯跑1111米，乌龟领先0.1米……

阿基里斯跑1111.1米，乌龟领先0.01米……

阿基里斯跑1111.11米，乌龟领先0.001米……

……

以此类推，无穷无尽。

无论龟跑得多慢，阿基里斯跑得多快，他也只能逐步缩小这个距离，而不可能彻底消除这一距离，因此，阿基里斯永远追不上龟。

时空如果无限可分，则"芝诺悖论"成立，且毫无逻辑破绽。

三、"飞矢不动"悖论

"飞矢不动"的悖论是芝诺否认事物运动的第三个悖论。

被射出去的飞箭在一段时间里通过一段路程，这一段时间可被分成无数时刻。在每一个时刻，飞箭都占据一个位置，因此是静止不动的。就是说，飞着的箭在每一瞬间肯定在某一个空间位置上，而在一个空间位置上，意味着在这一瞬间它是静止的。既然在每一瞬间都是静止的，而时间又是由这些瞬间所构成，那么总的来看它是静止的。

芝诺通过这个悖论旨在说明路程和时间的无限可分性所造成的速度是静止的。

四、"运动场"悖论

首先假设在操场上，在一瞬间（一个最小时间单位）里，相对于观众席A，列队B、C将分别各向右和左移动一个距离单位。

◆◆◆◆观众席A

▲▲▲▲队列B

▼▼▼▼队列C

B、C两个列队开始移动，如下图所示相对于观众席A，B和C分别向右和左各移动了一个距离单位。

◆◆◆◆观众席A

▲▲▲▲队列B……向右移动

▼▼▼▼队列C……向左移动

而此时，对B而言C移动了两个距离单位。也就是，队列既可以在一瞬间（一个最小时间单位）里移动一个距离单位，也可以在半个最小时间单位里移动一个距离单位，这就产生了半个时间单位等于一个时间单位的矛盾。因此队列是移动不了的。

分析：

以上是芝诺四个悖论的具体内容，体现了古希腊早期哲学家对"极限问题"的思考。上述这些结论显然荒谬，与现实明显相悖，但逻辑上似乎没有毛病。

结论是否荒谬并不要紧，关键是论证是否符合逻辑、符合理性的推理规则。如果论证不合逻辑、推理有漏洞，那自然应当放弃；如果论证没有问题，那就不能轻易放弃，相反，要以此追究我们的常识是否出了问题。

要深入理解芝诺悖论，需要考虑时间空间的连续性问题。在这四个悖论中，前两个是一组，后两个是另一组。前一组预设了时间空间是连续性的，因而可以无限分割；后一组预设了时间空间是不连续的，因而存在着最小单元。

1. 亚里士多德的观点

针对"两分法"悖论，亚里士多德批评说：芝诺主张一个事物不可能在有限的时间里通过无限的事物，或者分别地和无限的事物相接触。须知长度和时间被说成是"无限的"有两种涵义，并且一般地说，一切连续事物被说成是"无限的"都有两种涵义：或分起来的无限，或延伸上的无限。因此，一方面，事物在有限的时间里不能和数量上无限的事物相接触，另一方面，却能和分起来无限的事物相接触，因为时间本身分起来也是无限的。因此，通过一个无限的事物是在无限的时间里而不是在有限的时间里进行的，和无限的事物接触是在无限数的而不是在有限数的现在上进行的。

针对"阿基里斯追龟"悖论和"两分法"的悖论在思路上是一致的，其实是一回事。亚里士多德认为在运动中领先的东西不能被追上这个想法是错误的。因为在它领先的时间内是不能被赶上的，但是，如果芝诺允许它能越过所规定的有限的距离的话，那么它也是可以被赶上的。

针对"飞矢不动"悖论，亚里士多德反驳说："他的这个说法是错误的，因为时间不是由不可分的'现在'组成的，正如别的任何量都不是由不可分的部分组合成的那样。"又说："这个结论是因为把时间当作是由'现在'组成的而引起的。如果不肯定这个前提，这个结论是不会出现的。"

针对"运动场"悖论，亚里士多德批评说："这里错误在于他把一个运动物体经过另一运动物体所花的时间，看作等同于以相同速度经过相同大小的静止物体所花的时间。事实上这两者是不相等的。"

2. 现代科学的观点

流传千年的"芝诺悖论"，奥妙究竟在哪里？

没有量子化的时空观念，"芝诺悖论"永远是个死结。

哲人庄子也曾断言："一尺之棰，日取其半，万世不竭。"

但物质、时空是无限可分吗？

德国科学家马克斯·普朗克，破天荒地发现，10^{-43}秒与10^{-35}米，是时空的最小极限。

最小极限的时空，处于极不稳定的量子真空涨落状态，再也无法分割。极限空间，不是10^{-35}米，就是0米；不是0米，就是10^{-35}米；绝对没有10^{-35}米至0米的中间状态。时空到达最小极限，再也无法切分。

极限时空，从A点到达C点，只需"量子跃迁"，瞬时即达，不经过中间任何一点，不需要一丁点儿时间。

既然时空不能无限分割，阿基里斯追赶乌龟的"步骤"，也不是无限多。到达最小时空极限，阿基里斯就会"量子跃迁"。

解决悖论难题需要创造性的思考，悖论的解决又往往可以给人带来全新的观念。由于芝诺悖论涉及非常深刻的时间与空间的连续性和无限问题，对它的讨论有力地推动了无限数学，包括微积分等高等数学的建立和发展。

我们在日常的论证分析中，可能涉及的大都是语用悖论，即经典的概念问题、意义问题、定义问题等，这类悖论源于认识论和心理等关于意义和断定的含混以及自我指称等。

例：某人说了一句"我在说谎"。请问他是否在说谎？

分析：如果他在说谎，那么"我在说谎"就是一个谎，因此他说的是实话；但是如果这是实话，他又在说谎。矛盾不可避免。

案例　理发师悖论

最著名的悖论是英国哲学家、逻辑学家罗素于1920年提出的"罗素悖论"（"集合悖论"）。后来，罗素本人用通俗的语言将其改为"理发师悖论"：

"某村子里有个理发师，他规定：在本村我只给而且一定要给那些自己不刮胡子的人刮胡子。请问：这个理发师给不给自己刮胡子？"

分析：理发师给不给自己刮胡子呢？只有两种情况：不给自己刮，或者给自己刮。

如果理发师不给自己刮胡子，那么按照他的规定（我一定要给那些自己不刮胡子的人刮胡子），他就应该给自己刮胡子。这就是说，从理发师不给自己刮胡子出发，必然推出理发师应该给自己刮胡子的结论，这本身就构成逻辑矛盾。

如果理发师给自己刮胡子，那么按照他的规定（我只给那些自己不刮胡子的人刮胡子），他就应该不给自己刮胡子。这就是说，从理发师给自己刮胡子出发，必然推出理发师应该不给自己刮胡子的结论，这本身也是一个逻辑矛盾。

要破解悖论，不能诉诸经验、常识，只能诉诸进一步的理性论证。哲学认为悖论产生在人类思维中进行相对与绝对的"割离性"联结之时。现代逻辑认为悖论产生的一般原因有自我指称、绝对否定、总体无限等。为了消除悖论，历代哲学家、逻辑学家、数学家们提出了各种新的理论，促进了哲学、逻辑和科学的发展。

2.科学悖论

佯谬和悖论在英语中只有一个词：paradox，而在中文中这两个词的意思稍有不同。"佯谬"就是指一个命题看上去是一个错误，但实际上不是。它在科学中是普遍存在的，并有区别于悖论这种逻辑矛盾。"悖论"是表面上同一命题或推理中隐含着两个对立的结论，而这两个结论都能自圆其说。研究悖论和佯谬，可以增强科学认识能力，活跃思维，引导人们不断深入地探索大自然（宇宙）人生的奥秘。

在20世纪的宇宙大爆炸理论提出之前，人们对于宇宙的认识是朴素的：宇宙无限大、存在的时间无限长、宇宙处于稳恒态、宇宙中的星体分布在大尺度上均匀。然而那时的人们不知道的是，从这四条基本假设却可以逻辑地推出与事实明显相悖的结论——奥伯斯佯谬。

如果宇宙是稳恒，无限大，时空平直的，其中均匀分布着同样的发光体，由于发光体的照度与距离的平方成反比，而一定距离上球壳内的发光体数目和距离的平方成正比，这样就使得对全部发光体的照度的积分不收敛，黑夜的天空应当是无限亮的。

然而这个结论显然与事实不符。每天的黑夜总是如期降临，天空并不是一直无限亮着。这就说明以前我们对宇宙的认识存在问题。奥伯斯本人给出了一个解释，他认为宇宙中存在的尘埃、不发光的星体吸收了一部分光线。然而这个解释是错误的，因为根据热力学第一定律，能量必定守恒，故此中间的阻隔物会变热而开始放出辐射，结果导致天上有均匀的辐射，温度应当等于发光体表面的温度，也即天空和星体一样亮，然而事实上没有观察到这种现象。

直到宇宙大爆炸理论的提出，奥伯斯佯谬才迎刃而解。根据大爆炸理论，宇宙的年龄不是无限的，被认为是一个最重要的原因。宇宙诞生于150亿年前的一个大爆炸，到现在宇宙仍处在膨胀的过程当中，因此，宇宙的存在时间便是有限的，并且并非处在稳恒态。四条基本假设的两条已经不再成立，因此奥伯斯佯谬也自然被瓦解。

如果在一个科学理论中发现了悖论，则说明这个理论出了问题，或者排中律与矛盾律错了。从哲学的高度看，悖论根源于认识对象所固有的矛盾和主客观之间的矛盾。为新的概念、新的学说、新的学科，以至新的科学革命的思想火花和思维的潜流，有重要的潜科学价值。

要探索宇宙各种规则和秘密，自然离不开科学理论的支持。除了一些我们能够正常理解的科学理论之外，还有一些科学理论则显得特别奇特，颠覆人们的一些认知，我们称这样的理论为科学悖论，其中有三个著名的科学悖论，每一个都让我们感受到了科学的无尽魅力。

一、祖父悖论

爱因斯坦相对论告诉我们，时间的快慢跟速度呈现反比关系，速度越快，物体的时间就越慢。当物体的速度无限接近光速的时候，时间也就会无限接近停止，如果速度超越了光速，那么理论上时间就可以倒流。

所以，有科学家根据相对论提出了时空穿越的猜想。从相对论的角度时空穿越是有可能的，于是在1943年，一位科幻小说作家提出了一个对后世影响巨大的"祖父悖论"。

那么何为"祖父悖论"呢？简单来说，假如时间机器是存在的，那么小王穿越时空回到过去，在自己父亲还没有出世前杀死了自己的祖先之后所引起的一系列矛盾。

如果小王回到过去杀死了自己的祖父，那么自己的父亲就不会出现，自己的父亲都不会出现，那么自然也就不会有小王的存在。若是小王都不存在了，那么谁又回到过去杀死了自己的祖父？这不是互相矛盾吗？

这个悖论提出之后在科学界引起了很大的轰动，不少的科学家从"祖父悖论"中醒悟：理论上存在的时间旅行，时空穿越或许在现实中是根本不存在的。即使真的有某种方法能够回到过去，或许我们看到的也只是一些时空留影，而无法真正去人为进行改变。

虽然不少的科学家认为时间旅行是不存在的，但是有一些科学家还是支持时空穿越的可能性，只不过他们认为，即使我们能够穿越时空回到过去，前往的时空或许也不是我们这个时空，而是另一个跟这个时空非常相似的平行宇宙。

科学家对于宇宙提出了多元宇宙论，认为这个宇宙有数不尽的平行宇宙，它们都有许多相似之处，这个时空存在小王、小王的父亲和祖父，那么在另一个时空也可能存在小王、小王的父亲和祖父，只不过人物的命运不同。

小王穿越时空回到了过去杀死的祖父只不过是另一个平行宇宙中小王的祖父，而不是现在这个时空的祖父。如果平行宇宙是存在的，那么祖父悖论也就并不能真正证明时间旅行无法成为现实。

二、费米悖论

人类在走出地球之后，一直在进行地外文明的搜寻，可是半个多世纪过去了，直到现在我们还没有丝毫的发现。难道外星文明不存在？站在宇宙浩瀚的尺度，我们发现银河系至少有上千亿颗恒星，而在整个可观测宇宙中恒星的数量则达到了 7×10^{22}（1后面22个0）颗。

恒星的数量都是一个无法形容的恐怖数字，那么围绕恒星运动的行星数量更是多到无法用数字来形容。在如此恐怖的基数面前，只要外星文明存在的概率大于零，那么即使是一个小小的银河系，存在的外星文明数量可能也非常多。

更何况我们不要忘了，宇宙的年龄已经有138亿岁，根据科学家的研究认为，宇宙在138亿年前从大爆炸诞生之后，经过10多亿年的演化就形成了星系、恒星、行星等比较完善的宇宙空间。

那个时候的宇宙应该就具备了生命诞生的条件，即使宇宙诞生的38亿年后才出现了最早的一批生命星球，那么这一批生命星球其中一部分有可能一直延续发展到现在。而地球生命诞生的时间是在40亿年，也就是说，宇宙中最早期的那一批生命星球，它们如果演化出文明，那么诞生的时间要比人类早数十亿年。

这是一个多么巨大的差距，人类如果有数十亿的发展时间，或许早已成为强大的宇宙星际文明，可以纵横宇宙，跨越星际旅行。人类可以做到，那么强大的外星文明或许也可以做到，如果是这样，那宇宙应该非常热闹，即使我们发现不了外星文明，应该也能够观测到一些文明存在的痕迹。

可现实却是，我们没有丝毫发现，这就是著名的费米悖论，不管是从哪一个角度来分析，人类可以发现外星文明存在的痕迹，外星文明应该也会跟人类接触。可是现实的宇宙却是一片孤寂，这是怎么回事？

三、色盲悖论

相信很多朋友都听说过色盲，大部分对于颜色的判断都是正常的，红黄蓝绿我们都可以正常分辨，可是有一些人却跟我们的眼睛不一样，他们有非常奇怪的色盲症。绿色在他们眼中是蓝色，而蓝色在他们眼中则是绿色。

科学对于色盲的解释是一种先天性色觉障碍，无法分辨自然光谱中的各种颜色或某种颜色。对于色盲的人们来说，他们并不知道自己看到的颜色跟别人不一样，认为自己看到的颜色才是自然界正确的颜色。

于是这样一个重要的问题出现了：我们如何确定我们看到的颜色才是正确的？色盲者看到的颜色是错误的？会不会有一种可能，色盲者看到的世界才是这个世界真正的样子？这个悖论一直困扰着科学界，直到目前还无法给出一个确定的答案，正如有科学家提出：梦境是真实的还是虚幻的？我们所处的世界如何确定它是真实的？有没有可能也是一个梦境？

这些悖论看上去有违常理，但是它们同样是科学，有可能还是我们进一步认知这个世界，认识万物本质的重要途径。

在科学理论研究中主动地、有意识地发现悖论，从逻辑上发展、完善科学理论或者构造新的理论中找到破绽或突破口，从而促进原有理论的进一步完善和严密并极大地促进科学的发展。

案例　薛定谔的猫

"薛定谔的猫"是由奥地利物理学家薛定谔于1935年提出的有关猫生死叠加的著名思想实验，是把微观领域的量子行为扩展到宏观世界的推演。这里必须认识量子行为的一个现象：观测。微观物质有不同的存在形式，即粒子和波。通常，微观物质以波的叠加混沌态存在；一旦观测后，它们立刻选择成为粒子。实验是这样的：在一个盒子里有一只猫，以及少量放射性物质。之后，有50%的概率放射性物质将会衰变并释放出毒气杀死这只猫，同时有50%的概率放射性物质不会衰变而猫将活下来。

根据经典物理学，在盒子里必将发生这两个结果之一，而外部观测者只有打开盒子才能知道里面的结果。在量子的世界里，当盒子处于关闭状态，整个系统则一直保持不确定性的波态，即猫生死叠加。猫到底是死是活必须在盒子打开后，外部观测者观测时，物质以粒子形式表现后才能确定。这项实验旨在论证量子力学对微观粒子世界超乎常理的认识和理解，可这使微观不确定原理变成了宏观不确定原理，客观规律不以人的意志为转移，猫既活又死违背了逻辑思维。

点评：德国物理学家海森堡1927年提出了测不准原理，即量子不确定性原理，陈述了精确确定一个粒子，例如原子周围的电子的位置和动量是有限制的。这个不确定性来自两个因素，首先测量某东西的行为将会不可避免地扰乱那个事物，从而改变它的状态；其次，因为量子世界不是具体的，但基于概率，精确确定一个粒子状态存在更深刻、更根本的限制。

在没有人观察的时候，薛定谔的"魔鬼箱子"里粒子到底衰变了还是没有衰变？按照人类现有的逻辑思维方式：它要么衰变了，要么没有衰变——二者必居其一。但是按照量子力学的要求，你必须认为这个粒子既没有衰变，也不是"没衰变"，而是处于"衰变"和"没有衰变"这两种状态的"叠加状态"。如果没有打开盒子进行观察，我们永远也不知道猫是死是活，它将永远处于半死不活的叠加态，可这使微观不确定原理变成了宏观不确定原理，客观规律不以人的意志为转移，猫既活又死违背了逻辑思维。这直接导致微观物理学知识能够解释宏观物理学，但是宏观物理学知识无法解释微观物理学。

量子力学作为20世纪最有突破的科学成就之一，也是最具争议的科学之一。"薛定谔的猫"很好地阐述了这一现状。人们不能接受量子力学是因为它的不确定性。对于传统的物理学来说，只要找到了事物之间相关的联系，就能在每时每刻确定，事物之间相关的物理数据。然而海森堡提出的量子不确定性原理使得你无法预知一个微观粒子未来的状态。正如爱因斯坦所说的：上帝不玩骰子，但是量子力学让我们不得不相信，上帝似乎是玩骰子的。

科学悖论具有重要的科学价值，其意义在于：

第一，悖论是探索未知领域的向导

从哲学的高度看，悖论根源于认识对象所固有的矛盾和主客观之间的矛盾。如果在一个科学理论中发现了悖论，则揭示着这个理论出了问题。因此，科学悖论往往是新的概念、新的学说、新的学科，以至新的科学革命的思想火花和思维的潜流。

第二，悖论是科学理论创新的杠杆

在科学发展史中，悖论曾引发了几次大的危机，从而促进了原有理论的进一步完善和严密，并极大地促进了物理学的发展。在科学理论研究中主动地、有意识地发现悖论，就有可能在逻辑上发展、完善科学理论或者构造新的理论中找到破绽或突破口，从而推动科学的发展。

案例　双缝干涉实验

当你在家观察一只飞行中的苍蝇的时候，尽管它不停地飞来飞去，绕得你眼花缭乱，但是可以确定的是，它在每一个时间点都会出现在一个位置，这就是粒子性。如果你往平静的水中扔一颗小石子，水就会被小石子激起一层层的涟漪，这就是波动性，但是如果你连续扔了两个小石子，当它们产生的涟漪相互接近的时候，就会产生波的干扰现象。

在我们的现实生活中，我们去观察一个现象，要么表现为粒子性，要么表现为波动性。但是如果将其放在微观物理学中，这一切就不同了，因为在微观世界中，那些微小的粒子会呈现一种神奇的现象"波粒二象性"，说得简单一点，这些粒子的行动方式既是粒子性质，也是波动性质。

为了证明这一现象，蒂宾根大学的克劳斯·约恩松在1961年突发奇想，设计出了一个双缝干涉实验。

起初这个实验没有得到多少人的关注，只是认为电子具有波粒二象性。但是在1974年，米兰大学梅里教授对克劳斯·约恩松的双缝干涉实验进行了改进，让这个实验变得恐怖了起来。

与此前不同，他为了能够清晰地看到电子的出入，他特地安装了精度非常高的摄像仪器，实验的形式和克劳斯·约恩松的实验形式一样，都是将单个电子一一发出，但是实验结果却与克劳斯·约恩松的实验结果不一样，屏幕上出现的并不是多条明暗相间的干涉条纹，而是只有两条亮纹。实验的过程被摄像仪器记录了下来，电子就像是粒子一样，一个个地通过左边的缝隙和右边的缝隙，然后在屏幕上形成两条亮纹。

梅里也感觉非常的奇怪，为什么会出现这样的现象呢？他又反复地进行了好几次，但是实验的结果都是一样的，最后还是会形成两条亮纹。这让他百思不得其解，于是他关掉了摄像仪器。但是神奇的一幕再次出现，在关掉摄像仪器的那一瞬间，屏幕上呈现的不再是两条亮纹，而是克劳斯·约恩松实验中的多条干涉纹。

　　于是梅里教授开启了反复开关机摄像仪器的实验，果不其然，那些干涉条纹也不断地浮现和消失。这太神奇了，当你监控电子运动的时候，它就会以粒子的形式呈现，当你关掉监控设备的时候，它就会以波的形式呈现。电子就像是有了生命一样，它们居然有了意识。这也是这个实验的恐怖之处。

　　"双缝实验"的结果，使人们或多或少地对这个世界的真实性产生了怀疑，如果我们没有观测的时候，那些除了我们自己可以观测到的人和事以外，其他的很多人和事会不会都是以波的形式存在，当我们观测到某个人的时候，这个人就变得真实了，也就是以粒子存在，当我们不观察他的时候，他会不会又回到了波的形式。

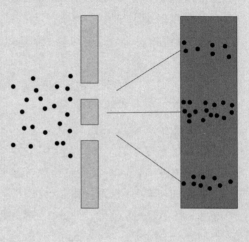

第三节　论证批判

　　论证批判是指针对一篇论证文，写出分析报告，形成一篇评论性短文。论证批判具有批判性、分析性、评论性三大特点。

一、论证有效性分析

　　典型的论证批判是论证有效性分析，被公认为是一种有效提高逻辑与批判性思维能力的训练科目。当前，以考查逻辑与批判性思维能力为核心的综合测试目前已成为国内各类硕士专业学位入学考试的一个重要环节。其中，管理类硕士专业学位联考和经济类硕士专业学位联考的综合能力测试卷中的"论证有效性分析"和美国商科类研究生入学考试GMAT中的"论证分析（analysis of an argument）"非常类似，都较为综合地测试了考生的论证分析能力和批判性写作能力。

论证有效性分析的考题一般是给出一段有缺陷的论证，要求被测试者找出该论证的主要缺陷，从论证层面分析和评论所给材料中的论证是否恰当有效，分析其中存在的问题，包括论证中的概念是否明确，判断是否准确，推理是否严密，论据是否充分等。然后选择若干要点，评价该论证的有效性，最终写出一篇对该论证的分析性评论文章。

论证分析的工具是批判性思维，批判性思维要求思考应当具有清晰性、相关性、一致性、正当性和预见性。具备批判性思维能力的人，其思维具有全面性、中立性、恰当性、敏锐性等特征。论证有效性分析主要考查考生的批判性思维能力，具体包括批判性阅读能力、论证缺陷分析能力、评论性写作能力这三种能力。根据论证有效性分析测试的三大能力要求，论证有效性分析的写作相应也是三个步骤：批判性阅读、论证缺陷分析、评论性写作。

1. 批判性阅读

论证有效性分析的写作基础是批判性阅读（critical reading），在国际教育界，批判性阅读被认为是对事物进行客观评估与思考的能力，是教育的核心目标之一。

批判性阅读关键的一个步骤，是要求阅读者要学会论证分析，按照逻辑论证的程序去验证一个观点的可接受性。要求阅读者具备准确全面梳理题干论证的推理过程的能力，即要求阅读者能够找出待评估论证的论证结构，理清该论证的前提与结论之间的关系。

批判性阅读需要冷静并细心地观察，并思考以下几个问题。

（1）关于论证的主张

① 论证的论题是什么？是描述性的还是说明性的？有没有分论题？

即要找出一篇文章中的思想、观点的概括性表述。

② 论证的结论是什么？结论是否恰当？

对找出的结论作初步的批判性思考，根据事实和科学原理分析其对错。

（2）关于论证的理由

① 论证的论据是什么？论据有哪些？文章中给出了哪些论据？

如果对结论的真假不能简单地做出判断，那就进一步去寻找并发现它的论据。

② 文章中的论据本身是否成立？

对论据的真伪做出批判性辨析，分析这些论据是否真实可靠。

③ 论证中是否还有未陈述的理由？是否存在影响主题成立的反面例证？

如果有的话，找到论证中未陈述的那些前提，未陈述的前提很有可能是不恰当的，往往是整篇论证中关键的缺陷之一。

（3）关于论证的支持

① 论证结构是什么样的？主张和理由的关系如何？

在明确论题和确信论据真实的前提下，评价论题与论据的关系，即论据对论题是否能提供有效的支持，这种支持是必然性的还是可能性的。

② 论证中使用了什么样的推理？

考察论证中使用了什么样的推理，分析这些推理是否符合相关的推理要求；如果你肯定文章中的论证，试着重复这一论证，以接受其合理性；如果你否定文章中的论证，试着做出反驳，以确定其论证的错误。事实上，无论你接受或拒绝文章中的思想观点，你都需要做出一个与之相关的论证——证明型论证或者反驳型论证，然后才能使自己相信做出接受或拒绝的决定是有道理而不是盲目的。

（4）论证有效性分析的阅读步骤

具体针对论证有效性分析测试，其阅读步骤大致分为以下两步。

① 仔细阅读原文。原文作为一个待评估论证，至少要读三遍。不能望文生义，不能曲解原文。这样才有助于切实弄明白待评估论证的结构和主要缺陷。

② 分析论证结构。一定要迅速准确地理出论证结构。复杂的论证结构建议画出论证图。在此基础上，找到前提和结论的内在关系。

总之，批判性阅读就是在阅读中提炼出论证的主张、理由和支持关系，分析论证的结构和推理的方法，分析论证中相关要素的关系，如分析原因和结果的关系，分析理由和结论的关系等。

2.论证缺陷分析

如何评估一篇文章的好坏，属于分析性的问题，也就是根据某一组评判标准给写出的文章进行评判。论证有效性分析测试要求识别有论证的缺陷，能够识别常见的论证谬误形式。具体要求考生能够判断出论证链条中哪些环节有问题，找出题干论证中主要的缺陷和漏洞，并能够进行逻辑分析。

（1）论证缺陷分析的要点

分析问题，首先要提出问题。批判性思考，首先要学会恰当地提问。讨论论证运用推理的合理性情况，在论述中必须对论证中的推理方法和论据的使用做出分析。所以，建议读者平时进行论证有效性分析的时候，多从论证角度思考一些问题，长此以往，会有助于批判性思维能力的提升。论证缺陷分析中常用的问题如下。

① 论证中的主要概念是什么？核心概念是否清晰、明确，在论证过程中是

否保持一致？

②定义是否恰当？定义是否具有清晰性、明确性、一致性？语句有无歧义？

③论据是否可信？论据的支持能力如何？数据是否可信？证据链是否环环相扣？对所用论据是否存在其他可能的解释，是否存在明显的逻辑漏洞，或者存在削弱结论的反例等？

④因果联系是否紧密？因果联系方式如何？溯因是否恰当？

⑤有没有未陈述的前提假设？其恰当性如何？有哪些作为思考基础的假设是存在疑问的？

⑥论证方法是否正确、是否有效？寻找支持论点及分论点的理由，理由是否充分？推论的方法是否可行？

⑦有无重要信息被忽视或遗漏？什么样的证据能强化或削弱该论证，对论证做怎样的调整能使它更加可靠，或者还需要提供哪些方面的信息能帮助你更好地评估该论证？

（2）论证缺陷的识别与阐述

具体的论证谬误种类繁多（见上节），现把常见的论证缺陷归纳如下。

①混淆概念类错误：分析文章是否存在前后概念理解混淆的现象，可能有"混淆概念"的错误。

②概念不一致错误：文中在概念的使用上可能存在问题，在说到事件1时，上文中用的是概念1，而在说到事件2的时候，用的却是概念2。这两个概念显然是前后不一致的。

③不当假设：作者在论证中所作的假设是不恰当的。

④不当类比：若出现寓言故事，则可能存在"不当类比"的错误；（故事/寓言）和（企业经营之道/启发）不具有客观的类比性。

⑤不当类推：由过去不当类推到现在和未来。

⑥数字谬误：在文中出现数字百分比的列举时，要分析考虑分子和分母的变化，以及样本基数的变化中错误的推理。

⑦数据和结论不相干：论证者提供的数据与其结论的关联性十分有限，论证者提供的数据不能有效支持其结论。

⑧轻率概括的谬误：文中出现举例的，首先考虑可能会有"轻率概括"或"以偏概全"的可能，即在文中并没有提供调查/的个案是否具有典型性。

⑨存在他因：论据1或论据2是否是导致某现象的唯一原因呢？是否存在其他原因导致该现象发生呢？

⑩非黑即白：这两种情况虽然同时并存，但否定一方，并不意味着一定导致另一方成立。

⑪ 强加因果：文章的论证看似很有道理，其实前提和结论二者并不相干。

⑫ 条件关系错误：文章论证是否错误地使用了条件关系。

⑬ 自相矛盾错误：文章结论是否存在"自相矛盾"的推理。

⑭ 绝对化错误：考虑论述者是否存在"想当然的绝对推理"的错误。

⑮ 考虑问题不全面错误：即使文中作者的推理是正确的，但最终的解决方法是否是唯一的解决方案，是否会产生负面和消极影响。

（3）论证缺陷分析的策略

关于谬误的识别，建议阅读者不必纠缠过细的谬误分类，从较大的尺度上说明谬误的所在就可以了。建议读者按如下策略来分析一则论证。

① 分析要重结构，轻内容。要对论证结构、谬误进行分析，不要被待评估论证的内容把注意力牵走，应把分析重点牢牢把握在论证缺陷上，而不是论证的观点上。

② 分析要兼顾整体和细节。要注重整体论证框架，不能一头扎进细节，大缺陷往往不在语词和单一命题上。

③ 分析要沿着论证链条。要注意分析方法，不能生搬硬套。应该言之有物，有的放矢，实事求是。

3.评论性写作

论证有效性分析测试要求考生具备写出一篇条理清晰且流畅的分析性评论文章的能力，能够把自己的分析、判断用平实客观的文字条理清晰地表达出来。

（1）写作定位

论证有效性分析的写作是评论性写作，其关键是：分析评估、评而不驳。即评论论证方法的优劣，而不是反驳题干的观点。所以，要首先把论证评论和反驳某种观点区分开。论证评论是针对论证方法的，是从思维技术和写作技术层面展开的评述，目的是揭示题干论证的谬误，以期改进作者的批判性思维。

所以，原则上，论证评论不涉及个人对题干所论证主题的观点和立场。也就是说，不要试图说明你个人对此主题的观点。论证分析者在多数情况下是不同意原论证作者观点的，但也有可能会同意原论证作者的观点，这都不是关键，重要的是不管你同意还是不同意原论证作者的观点，即使同意原论证作者的观点，但只要原作者的论证存在缺陷，你就要把这些缺陷和漏洞找出来，并进行分析评论。

（2）展开模式

展开分析论证文的模式主要有两种：一是围绕分析的要点来组织顺序和材

料；二是按照原来论证的叙述流程来组织分析。选择哪一种程序取决于你的个人选择。

针对论证的前提和论证提出疑问之后，需要直截了当地把你的想法和证据，使用简短的句子，最相关的顺序写出来。

不要面面俱到：对一个文章的分析可能包括很多方面，你可能有很多话说，但是，一个好的分析文章可以只需要明确表达最重要、最相关和最成熟的分析和判定。

（3）行文要点

论证有效性分析的写作要围绕的主题是：这样的论证恰当吗？有效吗？也就是说，无论你同意还是不同意原文的观点，你的写作目的只有一个，就是对论证方法的评论，指出论证缺陷。要紧紧围绕这一点来写作，这样才不会跑题。

从论证分析的角度看，是指出题干的论证性如何，即是否有效、是否严谨、是否恰当等。从评论写作的角度看，即行文的论证性如何，同样也有一个是否有效、是否严谨、是否恰当的问题。论证有效性分析的语言表达要尽量做到以下几点。

① 使用平实的语言——不要刻意雕琢语词，不要纠缠细节。

② 使用清晰、准确的语言——不用形容词和比喻，杜绝夸张性语言。

③ 详略得当——掌握分析的尺度，避免多余或过多的解释。

④ 行文流畅——用词尽量规范，分析论述不拖沓。

总之，在写作中要注意分析得当，理由充分，结构严谨，语言得体。

二、案例分析

学习论证有效性分析写作对养成良好的批判性阅读习惯、提高综合运用批判性思维技能和批判性写作能力等，都大有裨益。以下举例分析。

例1：分析下面的论证在概念、论证方法、论据及结论等方面的有效性。

沙尘天气按照强度等级可以分为，浮尘、扬沙和沙尘暴。浮尘是指尘土、细沙均匀地浮游在空中，使水平能见度小于10公里的天气现象；扬沙是指风将地面尘沙吹起，使空气相当混浊，水平能见度在1～10公里以内的天气现象；沙尘暴是指强风将地面大量尘沙吹起，使空气很混浊，水平能见度小于1公里的天气现象。

我们知道，沙尘天气的发生需要有沙尘源和强冷空气输送这两个条件基本条件。北京的春天经常发生沙尘暴。就是因为，北京地区在春季最容易满足这两个条件。我们每年都可以见到满天浮尘、尘飞沙扬甚至狂风大作的沙尘暴。

尽管近年来，北京西北部、张家口地区加大了防风固沙力度，绿化带也越来越多，沙尘天气有逐渐减少的趋势，但是预计今年沙尘暴会有所增多。因为，去年冬天北京地区降雨很少，气候干燥，春天地表解冻后，植被覆盖率较低，一遇大风天气，沙尘暴是很难避免的。我国北方，内蒙古地区沙进人退的现象尚未根本缓解，大范围的荒漠区提供了足够的沙源。预计今春北京沙尘天数比常年春季偏多，有可能发生强沙尘暴，建议有关部门做好准备。

分析：上文的逻辑结构与主要逻辑缺陷如下。

		原文	逻辑缺陷分析
观点		预计今春北京沙尘天数比常年春季偏多，有可能发生强沙尘暴	
论证过程	1	预计今年沙尘暴会有所增多	对沙尘暴、沙尘天气等概念使用混乱
	2	尽管近年来，北京西北部、张家口地区加大了防风固沙力度，绿化带也越来越少的趋势，但是预计今年沙尘暴会有所增多	仅凭"去年冬天北京地区降雨很少，气候干燥"这一原因，难以推出"今春北京沙尘天数比常年春季偏多"的结论，更不能推出"有可能发生强沙尘暴"
	3	去年冬天北京地区降雨很少	作者的意图应该是说"降水很少"。冬天气温低，本来就很难形成降雨，大多只能形成降雪
	4	内蒙古地区沙进人退的现象尚未根本缓解，大范围的荒漠区提供了足够的沙源	内蒙古地区的沙源就算形成沙尘暴，也只是在当地肆虐，就算有强风送达北京，经过较远的距离一般也弱化为沙尘或浮尘天气，难以形成北京的沙尘暴

下面提供参考性的分析评论。

《今春北京沙尘天数比常年春季会偏多吗》

上文作者预测"今春北京沙尘天数比常年春季偏多，有可能发生强沙尘暴"，然而，由于其理由不够充分，存在概念使用混乱等逻辑缺陷。因此，其结论缺乏说服力。

首先，作者对沙尘暴、沙尘天气等概念使用混乱。一方面，作者指出，沙尘天气是对浮尘、扬沙和沙尘暴等天气现象的总称。另一方面，作者却时而把沙尘天气等同于沙尘暴，有言过其实之嫌。

其次，既然"沙尘天气的发生需要有沙尘源和强冷空气输送这两个条件基本条件"，而北京周边加大了防风固沙力度，沙尘源逐渐减少，所以，作者仅凭"去年冬天北京地区降雨很少，气候干燥"这一原因，难以推出"今春北京沙尘天数比常年春季偏多"的结论，更不能推出"有可能发生强沙尘暴"。

再次，作者用词不够准确。"去年冬天北京地区降雨很少"，作者的意图应该是说"降水很少"。冬天气温低，本来就很难形成降雨，大多只能形成降雪。

最后，作者的预测基于的另一个原因是"内蒙古地区大范围的荒漠提供了足够的沙源"，这一理由是不可靠的。因为内蒙古地区的沙源就算形成沙尘暴，也只是在当地肆虐，就算有强风送达北京，经过较远的距离一般也弱化为沙尘或浮尘天气，难以形成北京的沙尘暴。

总之，该文的论证不严谨，使得其预测的结论难以令人信服。

例2：分析下面的论证在概念、论证方法、论据及结论等方面的有效性。

把几只蜜蜂和苍蝇放进一只平放的玻璃瓶里，使瓶底对着光亮处，瓶口对着暗处。结果，有目标地朝着光亮拼命扑腾的蜜蜂最终衰竭而死，而无目的地乱窜的苍蝇竟都溜出细口瓶颈逃生。是什么葬送了蜜蜂？是它对既定方向的执着，是它对趋光习性这一规则的遵循。

当今企业面临的最大挑战是经营环境的模糊性与不确定性。在高科技企业，哪怕只预测几个月后的技术趋势都是件浪费时间的徒劳之举。就像蜜蜂或苍蝇一样，企业经常面临一个像玻璃瓶那样的不可思议的环境。蜜蜂实验告诉我们，在充满不确定性的经营环境中，企业需要的不是朝着既定方向的执着努力，而是在随机试错的过程中寻求生路，不是对规则的遵循而是对规则的突破。在一个经常变化的世界里，混乱的行动比有序的衰亡好得多。

分析：上文的逻辑结构与主要逻辑缺陷如下。

		原文	逻辑缺陷分析
观点		企业不要朝着既定方向努力，而要随机试错，不是遵循规则而是要突破规则，混乱的行动值得提倡	观点严重存疑，值得商榷
论证过程	1	蜜蜂试验	用蜜蜂试验类比企业经营是不恰当的
	2	当今企业面临的最大挑战是经营环境的模糊性与不确定性。在高科技企业，哪怕只预测几个月后的技术趋势都是浪费时间的徒劳之举	技术趋势并非不可预测。即使在高科技技术发展日新月异的当今，预测难以做到很精准，但至少可以预测出技术发展的大致趋势，这也是企业经营决策的重要依据
	3	就像蜜蜂或苍蝇一样，企业经常面临一个像玻璃瓶那样的不可思议的环境	蜜蜂试验所处的是一种特定的、静止的环境，而企业经营面临的是社会和市场这种开放的、复杂的、变动的环境，这两种环境不具有可比性

		原文	逻辑缺陷分析
论证过程	4	蜜蜂实验告诉我们，在充满不确定性的经营环境中，企业需要的不是朝着既定方向的执着努力，而是在随机试错的过程中寻求生路	即使在不确定性的经营环境中，也可以预测和把握经济发展、技术发展及市场需求的趋势。企业根据自身实际，确定发展方向并朝着既定方向执着努力，显然更有成功的可能性
	5	不是对规则的遵循而是对规则的突破	遵循规则和突破规则，不是完全对立的。一方面，遵循规则不是机械地困守在规则中，适当的时候可以有所突破；另一方面，对某些规则的突破并不意味着不需要遵循规则
	6	在一个经常变化的世界里，混乱的行动比有序的衰亡好得多	对企业来说，混乱的行动和有序的衰亡并不是两种仅有的选择。最优的选择应该是理性的分析、有序的行动

下面提供参考性的分析评论。

《蜜蜂试验不能表明企业经营》

上文试图通过蜜蜂试验，来类推到企业经营，由于该论证存在诸多逻辑问题，因此，其结论缺乏说服力。现剖析如下。

首先，该论证用蜜蜂试验类比企业经营是不恰当的。蜜蜂试验涉及的是生物行为，而企业经营涉及的是人的社会行为，即使两者有某种共性，但也有本质的区别，不能用这一生物行为试验简单地类推到企业经营。

其次，即使当今高科技企业面临的经营环境具有模糊性与不确定性，也不意味着技术趋势不可预测。毕竟技术发展具有一定的规律性，即使在高科技技术发展日新月异的当今，预测难以做到很精准，但至少可预测出技术发展的大致趋势，这也是企业经营决策的重要依据，因此，不能说这样是徒劳之举。

再次，蜜蜂试验所处的是"瓶底对着光亮，而瓶口对着暗处的玻璃瓶"这样一种特定的、静止的环境，而企业经营面临的是社会和市场这种开放的、复杂的、变动的环境，这两种环境不具有可比性。况且，即使在不确定性的经营环境中，也可以预测和把握经济发展、技术发展及市场需求的趋势。企业根据自身实际，确定发展方向并朝着既定方向执着努力，显然更有成功的可能性。当然，企业需要根据情况的变化适当调整方向，但方向的调整需要理性分析、有序决策而不能随机试错。因此，不能用小概率的随机试错而成功的特例否定朝着既定方向的执着努力。

另外，遵循规则和突破规则，不是完全对立的。一方面，遵循规则不是机械地困守在规则中，适当的时候可以有所突破；另一方面，对某些规则的突破并不意味着不需要遵循规则。比如，企业必须遵循法律规则，但对某些市场规则在遵循的同时也可以突破、修改甚至创建新规则。可见，虽然经营环境的不确定性确实要求企业不能机械地遵循所有规则，但上文中把这一正确的观点错误地偷换为，经营环境的不确定性要求企业不遵循任何规则。

最后，虽然在蜜蜂试验中，有目标地朝着光亮的努力断送了蜜蜂的生命，而无序的乱窜拯救了苍蝇。但在一个经常变化的世界里，对企业来说，混乱的行动和有序的衰亡并不是两种仅有的选择。反对有序的衰亡，并不能合理推出，要肯定混乱的行动。的确，像蜜蜂这样墨守成规是死路一条，但苍蝇的没头没脑也事实上大大降低了成功的概率。因此，最优的选择应该是理性的分析、有序的行动。

例3：分析下面的论证在概念、论证方法、论据及结论等方面的有效性。

科学家在一个孤岛上的猴群中做了一个实验，将一种新口味的糖让猴群中地位最低的猴子品尝，等它认可后，再让猴群的其他成员品尝；花了20天左右，整个猴群才接受了这种糖。将另一种新口味的糖让猴群中地位最高的猴王品尝，等它认可后，再让猴群的其他成员品尝。两天之内，整个猴群就都接受了该种糖。看来，猴群中存在着权威，而权威对于新鲜事物的态度直接影响群体接受新鲜事物的进程。

市场营销也是如此，如果希望推动人们接受某种新商品，应当首先影响引领时尚的文体明星。如果位于时尚高端的消费者对于某种新商品不接受，该商品一定会遭遇失败。

这个实验对于企业组织的变革也有指导意义。如果希望变革能够迅速取得成功，应该自上而下展开，这样做遭遇的阻力较小，容易得到组织成员的支持。当然，猴群乐于接受糖这种好吃的东西；如果给猴王品尝苦涩的黄连，即使猴王希望其他猴子接受，猴群也不会干。因此，如果组织变革使某些组织成员吃尽苦头，组织的领导者再努力也只能以失败而告终。

分析：上文的逻辑结构与主要逻辑缺陷如下。

		原文	逻辑缺陷分析
观点		权威对于新鲜事物的态度直接影响群体接受新鲜事物的进程	结论基本合理，但其推理依据有缺陷，而且在后续类推过程中有漏洞
论证过程	1	猴群实验	影响猴群接受新口味的糖的因素，除了先品尝该种新口味糖的猴子的地位高低，该实验至少忽略了一个重要因素，那就是糖的口味差异。猴王品尝后认可的糖被猴群快速接受，也许真正的原因是口味更好

		原文	逻辑缺陷分析
论证过程	2	市场营销也是如此，如果希望推动人们接受某种新商品，应当首先影响引领时尚的文体明星	从猴群实验类推到市场营销，在逻辑上也有缺陷。因为猴王在猴群中具有绝对的权威影响力，而引领时尚的文体明星在人群中只有相对的权威影响力
	3	如果位于时尚高端的消费者对于某种新商品不接受，该商品一定会遭遇失败	绝对化错误。比如，明星等位于时尚高端的消费者不接受国产中低端汽车新产品，但只要该车的性价比高，适合普通大众消费，照样可以取得市场的成功
	4	这个实验对于企业组织的变革也有指导意义	从猴群实验类推到企业的组织变革，同样具有逻辑漏洞，因为要猴群接受一种新的口味的糖，并不会带来利益、权利冲突等组织变革中会遇到的诸多问题
	5	如果希望变革能够迅速取得成功，应该自上而下展开，这样做遭遇的阻力较小，容易得到组织成员的支持	自上而下的变革是否一定容易成功也值得怀疑，因为这种变革如果不符合群众利益，所遭遇的阻力将会很大，变革也难以推行
	6	给猴王品尝苦涩的黄连，即使猴王希望其他猴子接受，猴群也不会干	这一判断不准，也没有得到前面实验的支持。其实，口味有个适应过程，猴王如果能适应，猴群也有可能逐步适应
	7	如果组织变革使某些组织成员吃尽苦头，组织领导者再努力也只能以失败而告终	在组织变革的过程中，某些组织成员的利益受到影响，甚至吃尽苦头，有时是不可避免的，但如果他们不是大多数成员，变革就不见得只能以失败而告终

下面提供参考性的分析评论。

《值得商榷的权威影响力》

上文通过猴群实验，认为权威对于新鲜事物的态度直接影响群体接受新鲜事物的进程，然后进一步类推到市场营销和组织变革上。由于整个论证有失偏颇，因此其论述的权威影响力值得商榷。

首先，开篇所论述的猴群实验存在逻辑漏洞。影响猴群接受新口味的糖的因素，除了先品尝该种新口味糖的猴子的地位高低，该实验至少忽略了一个重要因素，那就是糖的口味的差异。地位最低的猴子品尝的这种新口味的糖和地位最高的猴王品尝的另一种新口味的糖并非同一种糖，猴王品尝后认可的糖被猴群快速接受，也许真正的原因是这种糖的口味更好。可见，由于这一对比实验没有保证实验对象的其他方面的条件相同，作者把猴群接受新口味糖的快慢程度仅仅归因到权威的影响力，这一结论是没有说服力的。

其次，即使权威对于新鲜事物的态度直接影响群体接受新鲜事物的进程这一结论是合理的，该作者从猴群实验类推到市场营销，在逻辑上也有缺陷。因为猴王在猴群中具有绝对的权威影响力，而引领时尚的文体明星在人群中只有相对的权威影响力。而且，尽管明星具有较强的影响力，明星代言某些新产品，确实在一定程度上可以提高新产品的知名度、美誉度和可信度等，有助于人们接受。但由于产品定位各有不同，明星特质未必都能与产品的定位要求相吻合，比如明星一般就不适合代言中低端汽车产品，相反，具有爱国情怀的普通工程师、科研人员、教师等更适合代言国产中低端汽车产品，从而有助于影响普通消费者购买。同理，位于时尚高端的消费者不接受某种新商品，并不意味着该商品一定会遭遇失败。因为即使明星等位于时尚高端的消费者不接受国产中低端汽车新产品，但只要该车的性价比高，适合普通大众消费，照样可以取得市场的成功。

再次，从猴群实验类推到企业的组织变革，同样具有逻辑漏洞，因为要猴群接受一种新的口味的糖，并不会带来利益、权利冲突等组织变革中会遇到的诸多问题。由此，自上而下的变革是否一定容易成功也值得怀疑，因为这种变革如果不符合群众利益，所遭遇的阻力将会很大，变革也难以推行。而且自下而上的变革也未必不能成功，比如我国改革开放的经济体制改革就首先来自农村的"联产承包责任制"。其实，要顺利推行组织变革，应该自上而下与自下而上进行有机的结合。

最后，文中所述"给猴王品尝苦涩的黄连，即使猴王希望其他猴子接受，猴群也不会干"这一判断不准确，也没有得到前面实验的支持。其实，口味有一个适应过程，猴王如果能适应，猴群也有可能逐步适应。由此也不能类推出"如果组织变革使某些组织成员吃尽苦头，组织领导者再努力也只能以失败而告终"这一观点。变革本身就是权力再调整、利益再分配。在组织变革的过程中，某些组织成员的利益受到影响，甚至吃尽苦头，有时是不可避免的，但如果他们不是大多数成员，变革就不见得只能以失败告终。况且，只要变革有利于促进企业发展、有利于增强企业实力、符合股东和企业大多数员工利益，那么，这样的变革即使触犯了某些组织成员的利益，也照样有取得成功的可能。

综上所述，该论证虽然看似有理，但其推理不严谨，仍存在不少缺陷，是一个有待完善的论证。

例4：分析下面的论证在概念、论证方法、论据及结论等方面的有效性。

地球的气候变化已经成为当代世界的热点，这一问题看似复杂，其实简单，只要我们运用科学原理——如爱因斯坦的相对论——去对待，也许就会找到解决这一问题的方法。

众所周知，爱因斯坦提出的相对论颠覆了人类对于宇宙和自然的常识性观念，不管是狭义相对论还是广义相对论，都揭示了宇宙间事物运动中普遍存在的相对性。既然宇宙万物的运动都是相对的，那么我们观察问题时也应该采用相对的方法，如变换视角等。

假如我们变化视角去看一些问题，也许会得出和一般常识完全不同的观点，例如，我们称之为灾害的那些自然现象，包括海啸、台风、暴雨等等，其实也是大自然本身的一般现象而已，从大自然的视角来看，无所谓灾害不灾害，只是当它损害了人类的利益，危及了人类生存的时候，从人类的视角来看，我们才称之为灾害。

再变换一下视角，从一个更广泛的范围来看，我们人类自己也是大自然的一部分，既然我们的祖先是类人猿，而类人猿正像大熊猫、华南虎、藏羚羊、扬子鳄乃至银杏、水杉等等一样，是整个自然生态中的有机组成部分，那为什么我们自己就不是了呢？

由此可见，人类的问题就是大自然的问题，即使人类在某一时间部分地改变了气候，也还算整个大自然系统中的一个自然问题，自然问题自然会解决，人类不必过多干预。

分析：上文的逻辑结构与主要逻辑缺陷如下。

		原文	逻辑缺陷分析
论题		用相对论去对待地球的气候变化问题，会找到解决问题的方法	相对论是关于时空和引力的基本理论，用相对论去对待地球的气候变化问题是不合理的
论证过程	1	相对论揭示了宇宙间事物运动中普遍存在的相对性。既然宇宙万物的运动都是相对的，那么我们观察问题时也应该采用相对的方法，如变换视角等	这一推理存在明显的逻辑漏洞，从运动的相对性不能合理地类推到观察问题的相对性，属于不恰当的类比推论。用变换视角的方法看待地球的气候变化问题，完全与相对论无关
	2	我们称之为灾害的那些自然现象，从大自然的视角来看，无所谓灾害不灾害，只是当它损害了人类的利益，从人类的视角来看，我们才称之为灾害	曲解了灾害这一概念。灾害一定是从人类的视角来看待的，不存在从大自然的视角来看待灾害问题
	3	从一个更广泛的范围来看，我们人类自己也是大自然的一部分	这一观点有其合理之处，但并不完善，没有指出人类与自然关系的另一面，即人类能认识和正确运用自然规律改造和影响大自然

	原文	逻辑缺陷分析
结论	人类的问题就是大自然的问题，即使人类在某一时间部分地改变了气候，也还算整个大自然系统中的一个自然问题，自然问题自然会解决，人类不必过多干预	这一推理是有缺陷的，人类与大自然的关系上，人类是主动的，大自然是被动的，因此，不能笼统地说人类的问题就是大自然的问题。因为人类活动所造成的地球的气候变化问题，需要人类必要的干预

下面提供参考性的分析评论。

《气候变化问题不必人类干预吗？》

文章试图利用相对论去看待并解决地球的气候变化这一问题，然而在其论证过程中多处令人质疑，有诡辩之嫌，现作如下分析。

首先，上文认为，根据相对论，既然宇宙万物的运动都是相对的，那么我们观察问题时也应该采用相对的方法，如变换视角等等。这一推理存在明显的逻辑漏洞，从运动的相对性不能合理地类推到观察问题的相对性，属于不恰当的类比推论。相对论中的"相对"是指时间与空间的相对性，而观察问题采用相对的方法中的"相对"指的是变换视角等等，由前者不能类推出后者，因此，作者用变换视角的方法看待地球的气候变化问题，完全与相对论无关，不应该认为可用相对论去看待并解决地球的气候变化这一问题。

其次，该作者论述，从大自然的视角来看，无所谓灾害不灾害，只是当它损害了人类利益，从人类的视角来看，我们才称之为灾害。这一论述主观地曲解了灾害这一概念，所谓灾害，是对能够给人类和人类赖以生存的环境造成破坏性影响的事物总称，因此，灾害一定是从人类的视角来看待的，不存在从大自然的视角来看待灾害问题。

再次，该作者认为，人类自己也是大自然的一部分。这一观点有其合理之处，但并不完善，没有指出人类与自然关系的另一面。事实上，人类作为一个生物物种，的确是自然界的一部分，但人类能认识和正确运用自然规律改造或影响大自然，因此，人与自然的关系体现在两个方面，一是人类对自然的影响与作用，二是自然对人类的影响与反作用。

最后，该作者根据人类是大自然的一部分，进一步推出，人类的问题就是大自然的问题，自然问题自然会解决，人类不必过多干预。这一推理是有缺陷的，人类与大自然的关系上，人类是主动的，大自然是被动的，因此，不能笼统地说人类的问题就是大自然的问题。比如，人类把自然当作奴役的对象，破坏自然环境，改变了气候，引起气候灾害，反过来影响人类，这难道能说是大自然的问题吗？这显然是人类本身的问题。而且，即使自然问题自然会解决，但气候、环境等问题的自然解决需要漫长的时间，如果人类不进行反思并进行必要的干预的话，就有可能会影响到人类的生活甚至生存。所以，因人类活动所造成的地球的气候变化问题，需要从改变人类本身的观念和行为中才能找到解决问题的方法，也即需要人类必要的干预。

综上所述，该文借用相对论这一概念，发表了具有诡辩特征的相对主义论调，夸大了认识的相对性，否认客观的是非标准，因此，其论证有效性受到严重质疑。

例5：分析下面的论证在概念、论证方法、论据及结论等方面的有效性。

2010年9月17日，北京发生"惊天大堵"。当日，北京一场细雨，长安街东西双向堵车，继而蔓延至143条路段严重堵车，北京市交管局路况实时显示图几乎通盘红色。央视著名主持人白岩松以"令人崩溃""惨不忍堵"的字眼来形容。全国工商联房地产商会理事陈宝存在接受媒体采访时称，北京"首堵"已成常态，不"迁都"已经很难改变城市的路况。

12月13日，上海学者沈晗耀在接受媒体采访时表示：要解决北京集中爆发的城市病，迁都是最好的选择，并提出未来的新首都应选在湖南岳阳或河南信阳。有人将其表述称之为"迁都治堵"。12月15日，沈晗耀告诉《郑州晚报》记者，媒体"曲解"了他迁都的本意，他的设想是在中部与西部、南方和北方连接处的枢纽地区建设"新首都"，培育符合市场经济规律的"政策拉力"，以此根本改变中国生产力分布失衡的状况。治疗北京日益严重的城市病，只是迁都后的一个"副作用"。沈晗耀说，他所认为的新都选址，不应该是一个已经成型的大中型城市，而是再造一个新城。与大多数建议者一样，沈晗耀将"新都"的选址定在了中原地区或长江流域，他认为较好的两个迁都地址是："一个是湖南岳阳，一个是河南信阳。距离武汉二三百公里的地方都是最佳的选择。"他的理由是，这些地方水资源充沛、交通便利、地势平坦。更重要的理由是，迁都能够带动中西部的发展，有利于经济重心的转移。

其实，1980年就有学者提出将首都迁出北京的问题。1986年，又有学者提出北京面临迁都的威胁，一度引起极大的震动。2006年，凶猛来袭的沙尘暴将"迁都"的提议推向高潮。当年3月，参加全国人大会议的479名全国人大代表，联名向全国人大常委会提出议案，要求将首都迁出北京。此后，北京理工大学教授胡星斗在网上发出酝酿已久的迁都建议书："中国北方的生态环境已经濒临崩溃。我们呼吁：把政治首都迁出北京，迁到中原或南方。"并上书党中央、全国人大、国务院，建议分都、迁都和修改宪法。2008年，民间学者秦法展和胡星斗合作撰写了长文《中国迁都动议》，提出"一国三都"的构想，即选择佳地建立一个全新的国家行政首都，而上海作为国家经济首都，北京则只保留文化职能，作为文化科技首都。

网络上，关于迁都引发的争议，依旧在热议，甚至已有"热心人士"开始讨论新首都如何命名。但现实是，每一次环境事件都会引发民间对于迁都的猜想和讨论，不过，也仅仅限于民间。（摘自中国新闻网《大堵车引中国迁都争论多地掀民间选都热》，2010年12月17日）

分析：上文的逻辑结构与主要逻辑缺陷如下。

		原文	逻辑缺陷分析
观点		关于迁都引发的争议	值得商榷
论证过程	1	北京"首堵"已成常态，不"迁都"已经很难改变城市的路况	即使北京"首堵"已成常态，也并不能得出必须"迁都"的结论。针对北京的交通拥堵问题，"迁都"并非"治堵"的唯一办法，还有很多其他方法可以考虑
	2	要解决北京集中爆发的城市病，迁都是最好的选择	在没有足够论证的前提下，得不出要"迁都"是解决北京"城市病"最好的选择这一结论
	3	在中部与西部、南方和北方连接处的枢纽地区建设"新首都"，培育符合市场经济规律的"政策拉力"，以此根本改变中国生产力分布失衡的状况	利用"迁都"改变中国生产力分布失衡的状况，未必就能达到其预期目的。政治和经济中心的转移虽然可以刺激转入地区的经济发展，但也会给北京甚至华北地区的经济带来负面作用，同时还要考虑"迁都"后新首都地区的环境承载力，否则会得不偿失
	4	较好的两个迁都地址是："一个是湖南岳阳，一个是河南信阳。距离武汉二三百公里的地方都是最佳的选择。"他的理由是，这些地方水资源充沛、交通便利、地势平坦	将"水资源充沛、交通便利、地势平坦"作为迁都的理由，显然这一理由是不充分的。首都的确定要受到政治与国防安全因素、地区与区域平衡因素、都市综合征因素以及自然地理因素等多方面因素的影响，绝非水资源、交通和地势这三个因素能决定的
	5	中国北方的生态环境已经濒临崩溃。我们呼吁：把政治首都迁出北京，迁到中原或南方	"中国北方的生态环境已经濒临崩溃"缺少事实论据，更何况中原或南方的自然条件是否适合建都还有待论证，如地质灾害、洪水灾害、自然环境承受力等
	6	提出"一国三都"构想，即选择佳地建立一个全新的国家行政首都，而上海作为国家经济首都，北京则只保留文化职能，作为文化科技首都	"一国三都"的构想是否符合中国国情也值得商榷，中国的历史、文化以及在人们心目中的地位，首都是政治、经济、文化甚至交通、科技的中心，即便行政机构迁到新地点，也未必能发挥出首都所应起到的作用，毕竟首都的地位和功能不是短期可以形成的

		原义	逻辑缺陷分析
论证过程	7	每一次环境事件都会引发民间对于迁都的猜想和讨论，不过，也仅仅限于民间	"迁都"的猜想和讨论已不能认为仅仅限于民间了，尤其是2006年，人大代表向全国人大常委会提出的议案，此举证明了，该讨论已经进入官方机构和一定的官方程序了

下面提供参考性的分析评论。

《"迁都"真有必要吗？》

上文综述了各方关于迁都的热议，现就各种观点进行逻辑分析如下。

首先，北京"首堵"已成常态，不"迁都"已经很难改变城市的路况，陈宝存的这一观点值得质疑。即使北京"首堵"已成常态，也并不能得出必须"迁都"的结论。针对北京的拥堵问题，"迁都"并非"治堵"的唯一办法，还有其他很多方法可以考虑，如进行科学的城市规划，有效的交通管理，重新定位北京的首都功能，疏散市中心人口，控制人口增长，建设卫星城市等办法。

其次，上海学者沈晗耀的"迁都"观点值得商榷。第一，要解决北京集中爆发的城市病，迁都是最好的选择。这一观点不具有说服力，在没有足够论证的前提下，得不出要"迁都"是解决北京"城市病"最好的选择这一结论，而且，"迁都"是一项国家的重大决策，应该慎之又慎，否则将严重影响国家的政治基础和社会稳定。第二，利用"迁都"改变中国生产力分布失衡的状况，未必就能达到其预期目的。政治和经济中心的转移虽然可以刺激转入地区的经济发展，但也会给北京甚至华北地区的经济带来负面作用，同时还要考虑"迁都"后新首都地区的环境承载力，否则会得不偿失。第三，将"水资源充沛、交通便利、地势平坦"作为迁都的理由，显然这一理由是不充分的。首都的确定要受到政治与国防安全因素、地区与区域平衡因素、都市综合征因素以及自然地理因素等多方面因素的影响，绝非水资源、交通和地势这三个因素能决定的。

再次，"中国北方的生态环境已经濒临崩溃"缺少事实论据，更何况中原或南方的自然条件是否适合建都还有待论证，如地质灾害、洪水灾害、自然环境承受力等等。况且，是因为首都功能所在导致了首都地区的环境恶化，还是首都地区的环境本来就差而导致必须迁都，如果是前者，即使迁都到新地点，也势必导致新一轮的环境恶化。另外，"一国三都"的构想是否符合中国国情也值得商榷，中国的历史、文化以及在人们心目中的地位，首都是政治、经济、文化甚至交通、科技的中心，即便行政机构迁到新地点，也未必能发挥出首都所应起到的作用，毕竟首都的地位和功能不是短期可以形成的。

最后，"迁都"的猜想和讨论已不能认为仅仅限于民间了，尤其是2006年，人大代表向全国人大常委会提出的议案，此举证明了，该讨论已经进入官方机构和一定的官方程序了。事实上，"迁都"是一项重大的国家战略，实施起来需要耗费大量的人力、物力和财力，绝不是简单把行政机构搬离就算迁都了。从国家发展和军事战略来看，北京符合定都的规律，虽然北京目前遇到一些难题，但这些问题总是有多种办法可以解决的。比如，对北京城市结构和职能作调整，减少一些不必要的功能，让首都的功能更加简洁；约束权力并减少权力干扰经济市场，确保资源在全国其他地方得以更加公平的均衡分布；在北京近郊或周边建设"副都"等。

综上所述，针对北京的环境问题和大城市病，"迁都"真的是最好的选择吗？由于上文中各方观点的理由均不够充足，其结论也不足为信。

例6：分析下面的论证在概念、论证方法、论据及结论等方面的有效性。

Alpha go（阿尔法狗）是谷歌旗下的DeepMind公司开发的智能机器人，其主要工作原理是深度学习。2016年3月，它和世界围棋冠军职业九段选手李世石人机大战，以4比1的总比分获胜。2017年5月，在中国乌镇围棋峰会上，它又与排名世界第一的世界围棋冠军柯洁对战，以3比0的总比分获胜。围棋界公认的Alpha go棋力已经超过人类排名第一的棋手柯洁，赛后柯洁也坦言："在我看来，它（Alpha go）就是围棋上帝，能够打败一切……，对于Alpha go的自我进步来讲，人类太多余了。"

的确，在具有强大自我学习能力的Alpha go面前，人类已黯然失色，显得十分多余了。未来机器人将变得越来越聪明。什么是聪明？聪明就是记性比你好，算得比你快，体力比你强。这三样东西，人类没有一样可跟机器人相提并论。因此，毫无疑问，Alpha go宣告人类一个新时代的到来。现在一些饭店商店已经有机器人迎宾小姐，上海的一些高档写字楼已经由机器人送餐，日本已诞生了全自动化的宾馆，由清一色的机器人充当服务生。除了上天入地，还干许多人类干不了的活。机器人还可以进行难度更高、精确度更高的手术，它们还能书法，绘画，创作诗歌小说等，轻而易举进入这些原本人类专属的领域。迈入人工智能化时代，不只是快递小哥，连教师，医生甚至艺术家都要被智能机器人取代了！

现在，我们正处在信息成几何级数增长的大数据包围中，个人的知识量如沧海一粟，显得无足轻重。过去重视学习基础知识的算法，如让小孩学习加减乘除，背诵默写古诗词等，已经变得毫无意义。你面对的是海量数据，关键不是生产而是使用它们，只要掌握如何搜索就行，网络世界没有你问不到的问题、搜索不到的信息和数据。一鼠标在手，你就可以畅行天下，尽享天下了。可以说，在这样的时代，人的唯一价值在于创新，所以教育的改革在于培养具有独立思考能力，具有批判性思维、创新性思维的人。注重创新，创造，创意，这是人唯一能超越机器人的地方了。

Alpha go战胜围棋高手，只是掀开冰山一角，可以断言的是，随着人工智能时代的到来，人类即将进入一个由机器人统治的时代，人不如狗，绝非危言耸听，如果我们不愿意被机器人统治的风险，最好的办法把已有的人工智能全部毁掉，同时颁布法律明令禁止，就像禁止多利羊的克隆技术应用在人类身上一样。

分析：上文的逻辑结构与主要逻辑缺陷如下。

		原文	逻辑缺陷分析
观点		人类即将进入一个由机器人统治的时代，最好的办法是明令禁止人工智能	过去绝对化了
论证过程	1	Alpha go战胜世界围棋冠军李世石和排名世界第一的柯洁……在具有强大自我学习能力的Alpha go面前，人类已黯然失色	这一断定是不足信的。因为阿尔法狗的深度学习能力是人类设定的程序与学习模式，是一群科研人员的研发成果，没有人类何来阿尔法狗
		聪明就是记性比你好，算得比你快，体力比你强。这三样东西，人类没有一样可跟机器人相提并论。因此，毫无疑问，Alpha go宣告人类一个新时代的到来	聪明是综合实力的判断，而非简单取决于记忆力、算力和体力这三方面的表现，即使这三方面比人类好，但是综合能力未必比人类好。人类进入新时代不仅仅是由于机器人比人类在某个方面更聪明，而是时代与技术发展的结果
	2	现在，我们正处在信息成几何级数增长的大数据包围中，个人的知识量如沧海一粟，显得无足轻重	"在信息量是几何级数增长的大数据包围中"难以证明"个人的知识存量显得无足轻重"。因为信息不等于知识，信息只有通过被人们理解、认识和利用，才能成为知识
		你面对的是海量数据，关键不是生产而是使用它们，只要掌握如何搜索就行。……一鼠标在手，你就可以畅行天下	只要掌握如何搜索，未必可以搜到各种知识，未必就可以畅行天下。因为掌握了搜索能力，但是如果没有辨识力和判断力是很难筛选出哪些是有效的信息，怎能搜到自己需要的各种信息
		注重创新，创造，创意，这是人唯一能超越机器人的地方了	看法过于绝对化。因为人与机器人的差别远不如此，比如人类具有同理心、同情心、亲和力、情感交流能力、团队协作能力等等，这些都可以成为超越机器人的地方

		原文	逻辑缺陷分析
论证过程	3	如果我们不愿意被机器人统治的风险，最好的办法把已有的人工智能全部毁掉	非黑即白的错误，因担心人工智能的负面影响而主张对它采取完全排斥的态度，这过于绝对化了

下面提供参考性的分析评论。

<h3 style="text-align:center">《人工智能真的是洪水猛兽吗？》</h3>

上文围绕人工智能这一议题，试图通过论证说明，人类即将进入一个由机器人统治的时代，最好的办法是明令禁止人工智能。由于该论证存在较大的逻辑缺陷，因此，其观点是不足信的。

第一，作者列举了Alpha go战胜世界围棋冠军李世石和排名世界第一的柯洁，从而来说明，在具有强大自我学习能力的Alpha go面前，人类已黯然失色。这一推论的理由是不充分的。因为Alpha go的深度学习能力是人类设定的程序与学习模式，是一群科研人员的研发成果，没有人类何来阿尔法狗？ Alpha go战胜李世石柯洁，只能说是人类群体的智慧战胜了个体智慧，Alpha go的能力从另一面反而更加证明了人类的能力强大。况且，人类与机器人显然存在着本质的区别，人类的创造力与情感表现机器人是不具有的。

第二，"记忆力好、算得快、体力好这三样机器人比人强"不足以说明"机器人比人类聪明"。因为聪明是综合实力的判断，而非简单取决于这三方面的表现，即使这三方面比人类好，但是综合能力未必比人类好，比如，创新能力、同理心、独立思考能力、批判性思维能力，这些目前仍是人类独有的能力，比文章所提及的单纯的"聪明"更为重要。人类进入新时代的标志不应该是机器人在某个方面比人类更聪明，而应该是人工智能使机器人能够胜任一些通常需要人类智能才能完成的复杂工作，并受人类控制并服务于人类。

第三，"在信息量是几何级数增长的大数据包围中"难以证明"个人的知识存量显得无足轻重"。因为信息是碎片化的，知识是系统化的，信息的大数据只是说明信息量大，但是知识是人类在实践中认识客观世界的成果，它包括事实、信息的描述或在教育和实践中获得的技能。信息不等于知识，信息只有通过被人们理解、认识和利用，才能成为知识。人的创造力，需要以个人的知识为前提，因此，在当今信息量几何级数增长的时代，反而更加凸显了个人知识存量的重要性。

第四，掌握了如何搜索，未必就可以搜到各种知识，也未必可以畅行天下。

因为掌握了搜索能力不代表搜索者的分析和辨识能力强，虽然能在百度上搜到所谓的名词，但是网络信息繁多，如果没有分析力、辨识力和判断力是很难筛选出哪些是有效的信息，怎能搜到自己需要的各种信息？而且，推动社会发展和技术进步的关键并不是信息本身，而是对信息的转化和处理能力，以及创造新知识的能力，所以，只会信息搜索是远远不够的。

第五，文章认为，注重创新，创造，创意，这是人唯一能超越机器人的地方了。这一看法过于绝对化了，因为人与机器人的差别远不如此，比如人类具有思维和意识，并具有同理心、同情心、亲和力、情感交流能力、团队协作能力等这些都可以成为超越机器人的地方。

第六，作者最后提出观点：如果我们不愿意被机器人统治的风险，最好的办法把已有的人工智能全部毁掉。这犯了"非黑即白"的错误，因担心人工智能的负面影响而主张对它采取完全排斥的态度，这过于绝对化了。因为如果我们不愿意被机器人统治，那么最好的办法是不断完善相关技术，设定一系列人工智能安全机制，来使得机器人更好地服务于人类，而不是简单地毁掉或禁止人工智能。

总之，由于该论证存在上述诸多逻辑漏洞。所以，该论证的有效性受到严重的质疑。

第十章

论证构建

前述对论证结构的分析，主要是从客方的角度来审视的。然而，人们在决定自己应如何行动、评价他人的行动、为某种信念进行辩护等方面，我们随时需要构建自己的论证。构建论证的基本方法是先假设结论，然后去找前提。即事先假设某个主张是对的，然后找理由去支持这个结论。论证构建的一般过程如下：

① 提出具有理由支持的主张或观点；

② 收集和挑选理由、论据和证据；

③ 初步论证，检视理由、证据与推理过程的合理性；

④ 进行合理的论证；

⑤ 自我批判或让同行来评审自己的论证；

⑥ 澄清与解释自己的主张；

⑦ 在对话的过程中调整和改进自己的主张；

⑧ 进行反思性讨论。

当构建出一个论证之后，自己再做自我批判找出错误或没有说服力的地方去改进。如果可以改进完成则构建出一个好的论证，如果无法做到，那么，可能仍需努力寻找好的支持理由，或者，可以考虑放弃原本假设的结论。

第一节　构建模式

作为论证的主方，我们如何来构建自己的论证？一种广为流行的论证构建模式是英国哲学家图尔敏提出的，本节将详细阐述这一论证构建模式。

一个新主张、观点或一个新理论被接受，一个旧观点、旧理论被放弃，往往是一个旷日持久的论证过程，持有某种观点的人完全将自己所有的论辩对手一下子说服的情况很少。为了进行更有效的构建论证，图尔敏提出了自己的论证模型，该论证模型是受一个论证者被一个对手向其论点提出不同问题激发而成。

阅读　图尔敏简介

斯特芬·图尔敏（Stephen Toulmin）1922年3月25日出生于英国伦敦。1948年在剑桥大学因数理逻辑方面的研究获得博士学位。剑桥毕业后，他从1949年到1954年在牛津大学任教，讲授科学哲学课程。1959年赴美任教，先后在纽约大学、哥伦比亚大学和芝加哥大学等多所大学担任教职。1960年，他回到伦敦担任了一个基金会中关于思想史研究项目的负责人。1965年，他再次来到美国，先后任教于多所大学，并曾一度任职于美国国会的文化研究机构。1997年，他被美国国家人文基金会遴选为杰弗逊讲座教授，这一称号被认为是美国联邦政府在人文研究领域中授予的最高荣誉。2009年12月病逝于美国洛杉矶，享年87岁。"维基百科"的"斯特芬·图尔敏"词条，从4个方面介绍了他的贡献。第一，在"元哲学"方面，他同时批判了绝对主义和相对主义，他深入探讨了现代化带来的人文问题；第二，在论证方法方面，他提出了影响广泛的"图尔敏论证模型"；第三，在伦理学研究方面，他深入研究了伦理学的推理途径，他重振了古老的论辩术；第四，在科学哲学方面，他反对托马斯·库恩的科学范式的"革命论"，主张科学模型的"进化论"。

《论证的使用》是图尔敏一生中最重要的著作。此书从"概率（可能性）"概念入手，揭示了理性和形式逻辑在面对复杂的科学、社会问题时存在的局限性。他发现，仅仅借助于数学模型和形式逻辑，很难在现实生活中形成有效的论证。图尔敏对以形式逻辑为主体的传统逻辑学进行了反思，对始于亚里士多德的以"三段论"为代表的逻辑学体系进行了反思，对罗素和怀特海（Alfred Whitehead）所进行的逻辑学数学化的努力进行了反思。他认为，逻辑学的出发点不应是符合逻辑的理论，而应是符合逻辑的实践；逻辑学不应局限于研究理想的逻辑，更应该研究工作的逻辑（working logic），更应该研究日常生活实践中的逻辑。他指出，那种数学化的、跨时间的、跨学科领域的逻辑远远不能满足实际生活中论证和决策的需要。他认为，逻辑学中不仅需要包含形式逻辑，还需要包含非形式逻辑；不仅需要包含数学模型或几何学模型，还需要包含法学模型。在图尔敏的思想中，包含对科学的约定性的认识，对形式逻辑局限性的认识，对语言局限性的认识。这些，都是基于当代科学研究成果之上的。

图尔敏在《论证的运用》中有力地论述了传统形式逻辑的局限性，主张用"实践逻辑"补充形式逻辑的不足，提出了在国际上逻辑和论证研究中颇具影响力的"图尔敏论证模型"。图尔敏提出的这种模型旨在处理形式逻辑对日常的论辩所存在的局限，摆脱三段论模式在论证领域无法应对的复杂情况，展示出论证过程中所涉及的各个要素。

一、图尔敏论证模型

英国哲学家图尔敏在20世纪50年代早先提出了论证六要素，作为辩证情境中的论证的基本构成成分。这些要素并不是论证的微观结构的要素，即并非通过分析论证陈述的形式结构得出的，而是作为论证的宏观结构的要素。

1.图尔敏模型的要素

在图尔敏的论证模型中包含主张、结论（Claim，C）、根据（Ground，G）或者资料、事实（Datum，D）、理据、担保或保证（Warrant，W）、支撑（Backing，B）、限定词（Qualifier，Q）、反驳（Rebuttal，R）等基本要素。

① 主张（Claim），即结论，是要被证明的陈述、论点、观点。即我们想要证明和确立的结论。主张是一个断言，是一个命题，是一个用语言来表现出来的人的要求，并且做出断言者要证明断言的成立。这个"主张"可以具有争议，可以受到挑战，但"主张"发出者必须在面对挑战为其辩护。这是论证的出发点。

② 根据（Ground）或者依据、资料、事实（Data），就是用来论证的事实证据、理由（相当于三段论中的小前提），是支持"主张"的事实或数据，一般属于客观事实。

③ 理据、担保或保证（Warrant），即使正当理由，就是用来连接证据和结论之间的普遍性原理、原则、规律等，是连接证据和结论之间的桥梁。在前面讨论的论证结构中，保证被归在理由（前提）一类，常常是其中的大前提，或者是隐含前提和假设（若没有明确列出）。

"正当理由"解释了如何从"依据"得到"主张"，即"主张"和"依据"之间具有的关联性，它为这一过程提供了"担保"。"依据"和"正当理由"的最重要差别在于"依据"在论证中被明确指出。而"正当理由"是隐含的指出。正当理由包含的范围很大，可能是常识、统计数据，可能是口头的证言，可能是法律的先例，也可能是先前已经建立的主张。

④ 支撑（Backing），也叫支援，即用来支持上面的保证（大前提）的陈述、理由，它不是直接来支持结论，而是支持保证，表明这些普遍原则或关系是可靠的。

"支撑"是对正当理由的进一步支持，指一定的事件状态和法律规定。它具有可变性和领域依赖性，也是一种佐证和底层根基，一般证明力度比较大，例如，自然科学的定律、社会学中法律条文等。

⑤ 反驳（Rebuttal），即可能的反证，是对已经知道的反例例外的考虑、反驳和说明。即从依据、正当理由和支持进行反驳，怀疑其正确合法性。并且提出反对意见，再次验证从理由到主张的正确性。

⑥ 限定词（Qualifier），即模态限定词，是对保证、结论的范围和强度进行限定的修饰词，常常是因为有了对反例的考虑，从而对结论进行限定。"限定词"用来表明正当理由对主张证明的力度或程度。限定词的作用是为了对主张进行相对准确的表述，是一种严谨的精神。

图尔敏模式的论证的基本过程是：根据（G）或者资料、事实（D）和受支撑（B）支持的理据（W）一起，在接受了反驳条件（R）的反驳之后，经过限定词（Q），使结论（C）得以成立。

2.图尔敏的基本论证模型

图尔敏模式的显著特点是，从主方立场构建的论证，一开始就预见和打算回应可能的质疑和挑战。正是在不断考虑回应挑战的过程中，论证的构建活动得以完善。

下图给出了图尔敏的基本论证模型。

可见，图尔敏模型是指这样一个模型：给定证据事实G，既然依据W有B作为支持；因此，带量词的主张C成立，除非存在特定的反驳R使得这个推理不成立。

图尔敏模式可以看成是在批判性对话框架中，主张者为了应付可能的挑战者提出的各种批判性问题而采取的构建论证的程序或步骤。因此，论证模式中的6个因素，分别是对挑战者提出的6类批判性问题的回答。

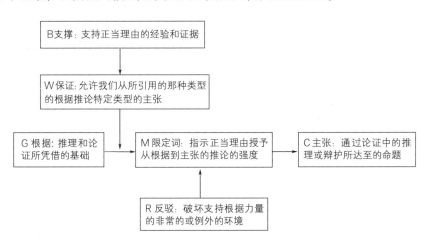

批判性问题	回答
对现有的这个问题怎么处置？	C：主张（结论）
你得出的主张有何依据？	G：根据（论据）

批判性问题	回答
你如何从这些根据得出该主张？	W：保证(担保)
这个保证可靠吗？	B：支撑
你的主张有多强？	M：限定词
哪些可能发生的情况或许推翻该论证？	R：反驳(反证)

例1：假设我们认为：张山对著作XXX有著作权。

为论证这个主张，就要证明张山有著作XXX的著作权。

分析：首先得提出证据，即著作XXX的版权页上标明张山是作者。

其次，根据一般知识，作者一般拥有著作权，这就可以证明我们的主张。

但是，他人也许质疑，"作者一般拥有著作权"是否可靠？我们引用具体法律条文，比如《著作权法》，表明我们使用的规则或一般知识是靠得住的。

不过，别人依然可能提出一些例外情形，比如揭发张山署名的著作XXX，其实是他人代劳，或者是剽窃他人等。我们只有排除掉这些例外情况，才能有力地坚持我们的主张。

正是由于这些可能的情况有可能存在，也因为我们所引用的一般知识是可废止概括，因而，我们只能有保留地坚持我们的结论。

假设C＝张山有著作权；G＝此书版权页上标明张山是作者；W＝作者一般有著作权；B＝这根据著作权法的规定；R＝真正的作者是别人，或此书存在严重剽窃行为，或……；Q＝假设地（很可能），这个论证可用图尔敏模式表示如下：

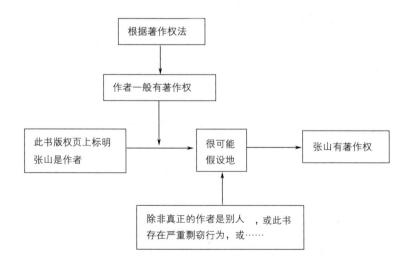

例2：假设我们现在面临这样一个问题：是否有地震要发生？

如果我们认为有地震发生，然而别人可能对此有所怀疑。所以，我们得论证这个主张。

分析：首先得提出证据，即：一些动物有异常表现。

其次，根据一般知识，动物能预感地震，这就可以证明我们的主张。

但是，他人也许质疑，"动物能预感地震"是否可靠？我们引用"一些专家是这么认为的"，表明我们使用的一般知识是靠得住的。

不过，别人依然可能提出一些例外情形，比如动物受了气候的影响，或受了污染的影响等才有了异常表现。我们只有排除掉这些例外情况，才能有力地坚持我们的主张。

正是由于这些可能的情况有可能存在，也因为我们所引用的一般知识是可废止概括，因而，我们只能有保留地坚持我们的结论。

假设C＝有地震要发生；G＝一些动物有异常表现；W＝动物能预感地震；B＝一些专家是这么认为的；R＝其他因素影响了动物；Q＝假设地（很可能），这个论证可用图尔敏模式表示如下：

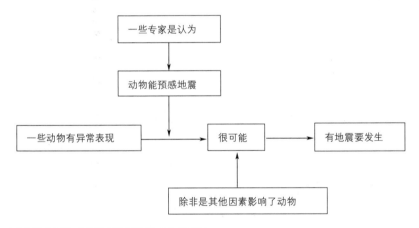

上述论证模式可以简略表示如下图：

3.图尔敏模型的优点

图尔敏论证模型构建出了明晰的论证，其优点如下：

① 该模型用不同的位置表示出论证各部分的功能及其必要性。

展示了论证是个"有机整体"，证据通过保证支持主张，即证据达到结论是因为保证，而保证本身也需要支撑，限定是由于辩驳而生的，六个要素各自起不同作用，整个论证的说服力取决于各要素的结合程度。

② 该模型是寻找或构建论证的隐含前提和假设的样本。

当一个论证的证据、保证没有明确陈述时，该模型促使去寻找这些"隐含前提"。寻找保证的支撑也促使人们探索到"支撑假设"的层次上，以帮助人们步步深入到论证的深层结构。

③ 该模型凸显了辩驳的必要性，这种辩证性在一般论证结构中难以体现。

在实际论证中，好论证必须考虑反例，一个论证如果没有认真地考虑其他论证的反驳，就不能认为是个成功的论证。该模型有助于提示人们开阔思路，考虑对立面。

④ 该模型明确了"限定"的作用，反映了论证和结论的确定程度和范围。

"限定"是一种保证论证合理性的调控手段，它表示了两种因素的参与：一是具体情况、条件的因素；二是上面说的辩驳、反例的作用。

好论证是前提和结论的合适配合。调整结论，以适合证据的能力，是一个常见的保护和加强论证的办法。论证被发现不合理，常常指的是结论超出了证据的力度。改变结论的适用范围、时间、程度，或者改变前提对结论支持的力度（模态），可以直接改变论证的合理性质，避免反驳和反例。调整结论可以从两个方面入手：

其一，调整前提支持结论的强弱程度：从必然、绝对调整到或然、可能；

其二，调整结论的适用范围和程度，从全称判断调整到特称判断，从所有到有些，从最好到较好等。

论证的支持强度和结论的强度，由以下这些表述强度和程度的词语来决定。

	强 （绝对性）	弱 （相对性、可能性）
模态 （支持程度）	这一定是、这必然是、这可以逻辑地导出、这当然是、这意味着、这包含着、这证明了	或然地、可能地、提示、似乎、较明显地、支持、相当程度上
量词 （数量和范围）	全部、所有	一些、很多、大部分、多数、个别、某个
时态 （时间长短和出现频率）	永远、总是、一贯	有时、一段时期、长时期
程度	最好、唯一好	最好之一、较好、好的

显然，改变模态，可以使论证改变类型，从演绎的变成归纳的；评价它的标准将会变化，从严格的有效性变为概率性，这样论证可以容忍个别的反例。改变结论的量词（数量和范围）、程度形容词、时态也有同样的作用。

阅读 合情合理的实用逻辑

一、好论证的四个条件

图尔敏指出一个好的推理要符合四个条件。这四个条件都是必要的条件，合起来就是好推理的充分条件。这四个条件中任一条件缺失，推理就不好，从而不能合理地导出结论。这四个条件是已证明合理的依据；充分的信息；已证明合理的正当理由；已证明没有例外的合理假定。接下来我们具体分析这四个条件。

1．已证明合理的依据

已证明属于合理前提的资源很多，比如直接观察、直接观察的笔录、先前做出观察或经历事件的人的记忆、个人证言、先前的好推理或论证、专家意见、诉求权威参考资源等。但这些资源是允许修正的，可能出错的。

（1）直接观察

一个已证明合理的依据，应该满足下述条件：

第一是观察者要足够的清醒，情绪状态良好，不能出现意识模糊和生理性缺陷；

第二观察环境要足够好，光线、声音和干扰源等方面要符合观察要求；

第三观察者观察的事物要经得起多人多次观察验证；

第四没有其它与观察相矛盾的已证信息。

（2）直接观察的书面记录

在许多专业领域，这种记录是重要的。比如，科学研究、警方调查和医疗检查。众所周知，记忆是可塑的、靠不住的，而书面记录不用依赖记忆的变幻无常而使得还原先前的观察成为可能。诺里斯认为良好观察记录的标准：

第一观察不应该报告得比所使用的观察技术能证明的更精确。

第二记录应紧接着观察时间做出。

第三记录应由观察者做出。

第四记录应在做出观察的同样的环境下做出。

（3）记忆

第三个来源是人们具有的先前观察或经验之物的记忆。人的记忆基本上是准确的，但是记忆会衰退和出错，同时人的记忆是可塑的。在《记忆七宗罪》中，哈佛大学的丹尼尔·沙克特教授对不恰当的人类记忆的成因进行了归类。所以在证据中一定要区分好记忆的论证效度。

（4）个人证言

第四个来源是个人证言。个人证言要按照观察、书面记录和记忆的标准对它加以审核，保证个人证言的正确性。基于远记忆的证言是不可信的，要警惕二手、三手或更远的证言。同时还要警惕证言的提供者可能由于粗心的陈述或有意欺骗的陈述而歪曲真相。

（5）先前的推理或论证

在连续的推理或论证过程中，先前被证明的结论显然是已被证明合理的根据。因此，先前推理或论证的结论可作为新推理的前提。

（6）专家意见

第六个来源是专家意见，一般情况下，专家意见是比较可信的。专家意见要满足下述7个条件才更有论证力。

条件1：被讨论的意见属于专家研究的范围之内。

条件2：专家要权威。

条件3：在获得这个意见的过程中，专家必定使用了专门技术。相关的事实材料必定已收集到，予以解释，用专业知识和技能予以加工。防止在信息缺失的情况下，专家做出错误的判断。

条件4：专家在应用专门技术和明确表达专家意见时做得认真小心。

条件5：专家是客观公正的第三方，和当事人没有利害关系。

条件6：该意见不应与其他有资质专家的意见相冲突。若专家们有分歧，则要进一步探究。

条件7：该意见不应与其他已经证明的信息相冲突。

有时，我们并不直接知道是否这7个条件被满足，此时要用推论来判断，要追踪一下专家在相关领域的信用记录。

（7）权威性参考源

第七个来源是一种权威性参考源，比如百科全书或专业类杂志。

请注意，通过以上七种方式得到论证的根据，后来都有可能变成假的，要时刻保持谨慎，随时做好修改自己意见的准备。

2．充分的信息

信息的获得要全方位、多角度，如果能从多人多处多维度获得信息，肯定比单人单维度获得信息更加的可靠。在搜集信息阶段，务必要克服"证实偏差"造成的影响，就是只搜集利于某个结论的信息，对其它信息进行选择性忽略。

3．已证明合理的正当理由

正当理由的合理性必须被支援所证明。正当理由和支援要经得起众人的检验和质疑。

4．已证明没有例外的合理假定

许多正当理由会遇到反驳，这时正当理由就缺乏权威性，或者结论是假的。例如："天鹅是白色的，在澳大利亚发现一只天鹅，那它一定是白色的"。其实澳大利亚有的天鹅是黑色的，所以这就是一个反例，它不能作为一个合理假定。

所以一个好论证满足一定的标准才是一个好论证，依据来源可靠或得到支持；前提与结论强相关；前提对结论提供强烈支持；论证的整个理由排除其他一切相反的可能结论。

二、图尔敏论证逻辑思想的基本原则

1．合情合理原则

合理性是一种强理性，合情合理是一种弱理性。强理性的特点是，追求数学的精确性，旨在把握必然的联系，确定的而且永恒的真理。而弱理性追求的合情合理，就像一个通情达理的人，他的判断和行为是受常识影响的，在某时某刻的某个行为认为是合情合理的，再换个时间换个地点换个情景，可能就是荒谬的，不合法的。例如：杀死老虎是个事实，在不同的情景下杀死老虎会有不同的结果，你可能成为打虎英雄，也可能成为猎杀野生动物的凶手。

图尔敏在《返回理性》中，对合理性和合情合理的特点做了一个概括：如果说合理性更多地表现为运用抽象概念来分析理论论证，坚持诉诸普遍法则，并结合形式的、普遍的、无时间性的、非情景的以及价值中立的论证来进行说明，那么合情合理则更多地倾向于实质、局域的、依赖情景的以及有伦理意味的论证，是一种柔性的、清淡的理性主义。包容了差异性、多样性和争议性，与科学实践的偶然性和不确定性相协调的理性原则，是一种没有教条的理性主义。

2．保权性原则

图尔敏认为正当理由是一种"实质推理"，实质有效的推理不是逻辑真理，不是保真推理，它是一种"保权推理"。保权性原则要比保真性原则要弱，同时不排斥保真性原则。

基于保权性原则的论证逻辑有以下特点：

特点1：基于保权性原则的推理具有不确定性、或然性，同时它又有合乎情理的特征。

特点2：基于保权性原则的论证逻辑不是外延逻辑，而是具有内涵逻辑特征的逻辑。

特点3：基于保权性原则的推理不是形式推理而是实质推理。也可以说，这种推理不是形式推理而是一种实用推理。

特点4：基于保权性原则的逻辑不是一种理论逻辑，按照图尔敏的说法，是一种工作逻辑。

3．局域原则

图尔敏论证模型表明，对任何一种论证而言，论证的力量和强度，形式和结构，都是以领域不变为前提的。"论域"是图尔敏论证思想的核心概念。

在图尔敏看来，三段论不是唯一的论证方法，分析论证也不适合处理实质问题，而且没有普遍唯一的论证标准，论证标准是领域依赖的。领域就是指边界，不同领域讨论不同的问题，超越了问题的边界，很多规则就不适用了。

在《论证的运用》一书对"领域"进行了界定：当两个论证的资料和结论分别属于同一个逻辑类型时，就可以说两个论证属于同一领域；当结论的支援是不同的逻辑类型时，两个论证属于不同的领域。

如果论证的领域是不同的，说明它们面对着不同种类的问题。当我们面对的问题是几何学问题时，我们就用几何学论证；当问题是道德问题时，我们就用道德论证；当问题是法律问题时，我们就用法律论证；只有对问题进行区分，才能在该领域内进行论证，超越领域之外，突破问题的边界，就会让我们永无休止地争论下去。就像用美学去论证数学问题是极为荒谬的。

4．实用性原则

图尔敏把论证分为两大类：分析论证和实用论证。其中分析论证与柏拉图的形式演绎逻辑相一致，它通向普遍真理但不考虑语境。它注重的逻辑严密、分析纯粹，进行推理时，必须是主谓结构，在形式上较为固定和死板。而实用论证与亚里士多德在《论题篇》和《修饰学》中的思想一致，是依赖语境的论证，相对比较灵活和实用。

三、图尔敏论证模型在科学上的应用

图尔敏论证模型的提出，主要是针对形式逻辑的局限，对"三段论"形式逻辑进行批判，为人们日常推理带来了方便，提出"辩论域"的观点，刻画出了论证的程序性模式，让复杂的实证分析具有了可行性和可操作性，这也符合科学研究的基本原理。

从图尔敏论证模型假设及其结构上看，可以从两个方面判断论证的水平：一是论证是否包含相关理由，如依据、理由、支援等；二是论证是否包含反驳。这样的评判标准与社会科学、物理科学、计算科学、生命科学等科学研究领域具有很多共性，例如科学倡导证实和证伪，证实就是寻找各种理由，证伪就是要进行反驳，所以图尔敏论证模型同时包括了证实和证伪思想，对科学思想的发展起到了推动作用。

图尔敏论证模型提供了一种科研思路，为科学实践拓展了思维。在图尔敏看来，论辩更加强调有效性，这个有效性包含逻辑和实质两个层面。这种思想对科学研究有两个方面借鉴：一是对理性依据的强调，就是在科学研究过程中要通过"摆事实、讲道理"要提供足够的"正当理由"、事实依据，让大家能够信服；二是对权威性论据的强调，通过"限定词""支援"等，让科学研究更加严谨，所展现的逻辑思维更加让大家信服，增强研究的信服力。

二、论证构建的步骤

图尔敏模型能有效地表述实际的论证模式，对于论证的构建具有指导意义。

1.构建论证的一般步骤

根据图尔敏模型，论证构建的一般步骤为：给定根据G，我们可以诉求正当理由W（它依赖支援B），在特殊反证（R）或取消资格的情况缺失时，来证明主张C。

步骤	要点	类比司法上的应用
1	提出一个特定的主张（claim）	类似于倾向于提出一个法律判决
2	提出该主张所基于的根据（ground）	类似于提出法律证据和事实

步骤	要点	类比司法上的应用
3	提出确保从根据得出主张的规则、原则或其他推论许可，即正当理由或保证（warrant）	类似于裁决的得出除了要基于法律证据和事实，还要依据法律条款或原则
4	当正当理由的权威性遭到怀疑时，所提出的支援（backing）就用来核定保证	类似于有效法律的适用要有相应的法律渊源
5	可能的例外或特殊情况，或许会推翻提出的这个论证，它们是该论证的反驳或反证（rebuttals）	类似于有些案件构成了一个法律规则适用的例外
6	给主张添加一个限定词（qualifiers），要考虑到这个论证给主张提供的证明能有多强？	类似于法律判决的程度范围

当然，在实际论证中，图尔敏论证结构中的某些元素通常是隐含的我们依照保证进行推理和论证，但保证通常没有被表达出来。证据也只是在我们被要求证明从根据得出结论的推导的恰当性时才需要表达出来，反驳也常常未被陈述出来，甚至限定词也常常是隐含的。

例3：假设你现在面临这样一个问题：是否应该买X型车？

如果你认为应该买X，然而别人可能对此有所怀疑。所以，你得论证这个主张。

分析：

按上述图尔敏模式分析后，可构建如下论证模式的简略图。

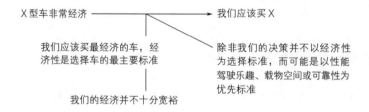

2.图尔敏模式的扩展

人们注意到，虽然图尔敏模式中强调了对"保证"需要"支撑"，即支持规律的理由，但对证据（根据）却没有这样的要求。但是，实际上，对证据，不管是个人的经验事实、公众的报道，还是科学观察和实验的报告，都有一个判断其可靠性的问题，这是日常生活和科学论证中的一个不能忽视的关键资格审查。所以一些人提出扩展图尔敏模式，在证据下面加上"确认"的部分（Verifier），它是对证据的辩护，包括个人经验、公众观察实验报告、引用、背景知识等等（VerLinden，1998）。虽然我们在下面说明图尔敏模式时主要引用其原来的形式，但一定要记住，在实际论证里，这个对证据的"确认"部分的必要性和重要性。当我们讨论理由、科学推理、隐含假设等内容时，我们其实就是在谈它，即证据的辩护问题。

例4：假设我们现在面临这样一个问题：麦克是哪国人？

我们的回答可能是：英国人。然而别人可能对此有所怀疑。所以，我们得论证这个主张。接下来，要证明麦克是英国人。

分析：

首先得提出证据，即麦克出生于百慕大。

其次，根据一般知识，出生于百慕大的人通常是英国人，这就可以证明我们的主张。

但是，他人也许质疑，"出生于百慕大的人通常是英国人"是否可靠？我们引用具体法律规定，表明我们使用的规则或一般知识是靠得住的。

不过，别人依然可能提出一些例外情形，比如麦克的双亲是外侨，或者麦克加入了美国籍等。我们只有排除掉这些例外情况，才能有力地坚持我们的主张。

正是由于这些可能的情况有可能存在，也因为我们所引用的一般知识是可废止概括，因而，我们只能有保留地坚持我们的结论。

假设C＝麦克是英国人；G＝麦克出生于百慕大；W＝出生于百慕大的人通常是英国人；B＝根据法律规定；R＝麦克的双亲是外侨，或者麦克加入了美国籍等，或……；Q＝假设地（很可能），这个论证可用图尔敏模式表示如下：

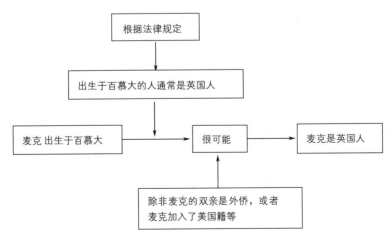

对于上述"麦克是哪国人"这一问题，通过批判性思考，可以对其论证提供各种角度的支持和削弱。

1.支持

（1）支持G

例如：麦克的出生登记或出生证表明麦克出生于百慕大。

（2）正当理由

① G-C之间的假设。

例如：出生于百慕大的人通常是英国人。

② 支援（增加新论据）。

例如：出生于百慕大的人通常是英国人，这是法律规定的。

（3）没有其他反驳因素

例如：麦克的双亲不是外侨，或者麦克没有加入美国籍。

（4）支持C

例如：麦克有英国护照。

2.反驳

（1）削弱G。即攻击根据（前提）

例如：麦克并不是出生于百慕大，而是出生于伦敦。

（2）反驳正当理由（假设）

① 断开G-C之间的联系

例如：出生于百慕大的人是法国人。

② 反驳对理由的支援。

例如：不存在"出生于百慕大的人通常是英国人"那样的国籍法。

又如：对该法的解释不正确，即"出生于百慕大的人不一定是英国人"。

（3）另有他因

例如：麦克后来加入了美国籍（或其他国籍）。

又如：麦克的父母亲是外侨。

（4）反驳C。即直接反驳结论。

例如：麦克仅持有美国护照。

又如：麦克没有英国护照。

3.图尔敏模型中常见的推理方式

图尔敏模型上标出了哪一个前提推导出哪一个结论，但我们还不知道这个前提是以什么方式推导出它的结论的。这个问题是关于前提和结论之间的推理方式的问题。

结论是由前提和推理关系两方面决定的。对不同的推理方式，有不同的标准来衡量其好坏。图尔敏模型中列出下面几大类别的推理方法，它们构成了保证的性质。

① 概括：从一些事实、例证、样本的真实性推导出更大范围的真实性，包括归纳概括和统计归纳，其中统计归纳是现在常见的形式。

② 类比：从两个事物的一些性质的相似性，推导出这两个事物在别的性质上的相似性。

③ 标志：认为某种事实代表着某种隐含事物或者更广泛的原理的存在，实际上是寻求解释的推理，即根据已有的现象，推理和它相关的因素、隐含的因素或者引起它的因素。比如新的流行感冒代表一种新的流感病毒的存在。

④ 因果：推理某种事物是另一种事物的原因或者结果：推导因果关系的存在。

⑤ 权威：引用某个权威人士或者机构的断言来证明观点或事实的真实性。

⑥ 原则：运用某种广泛认为有效、真实的原则和普遍规律来推导结论，从而证明其适应场合下的结果的存在。这些原则有的是因果关系定律，有的是普遍规律。

⑦ 另外，还有科学中的最佳解释推理、假说演绎推理，以及现实生活中决策和行动的实践推理等等。

三、科学论证的教学

科学论证是科学认知的过程，是科学研究的一种范式，具体是指科学共同体围绕某一论题，利用科学方法收集证据，并运用科学的方式解释自然现象的成因或过程，同时评价自己及他人证据与观点之间的相关性，促进思维共享与交锋，最终达成可接受的结论的一种科学认知或研究活动。生活中人们很少练习如何科学地论证，很多人往往犯了错，尤其是在重大事情上踩坑，被收了智商税，才意识到学习论证的重要性。

当前，我国基础教育中最新的物理、生物和化学等课程标准已明确将"科学思维"或"证据推理"作为学科核心素养，科学论证在教育界已受到了高度的重视。科学论证教学的本质是将科学领域的论证引入课堂，使学生经历类似科学家的论证过程，理解科学概念和科学本质，并促进思维发展的科学探究教学。

科学论证是人们对科学本质不断追问的必经之路，是以真实的科学证据为基础，通过一定的科学思维方法建立合理性关系的批判性思考过程。论证教学的缘起可追溯至两千多年前苏格拉底的助产术（又称为产婆术、论辩式、诘问式、辩证式等）。他以"反讽、归纳、诱导和定义"四个步骤开展对话，通常会先告诉对方自己一无所知（自知无知的反讽），让对方自由言说；然后，在倾听过程中顺其思路去寻找对方思维上的漏洞而不是用"是非对错"进行直接评判（归纳与诱导），运用辩证对话的方式达到主客体间的共识与内心的共鸣（定义）。

科学论证是科学探究的核心，学生在"论"中进行假想和预设，在"证"中进行推理和建构。明确的论证教学有利于探究教学实践中学生"活动"与"思维"的平衡，能够促进学生对科学概念的理解和科学论证能力的提高。教师所创设的良好的论证情境与氛围亦能推动论证教学的不断深入，学生的论证意识与水平会逐渐提高，通过主张的预设、数据的甄别、证据的筛选、支援的提出、反驳的出现等这些推理、交流、检验、批判与修正等活动过程，帮助学生实现科学概念的理解，促进学生科学素养的发展。

阅读 科学论证的要素及其教学模型

开展基于论证的科学教学是发展学生科学思维，培养科学素养的重要途径。探析科学论证的要素构成，设计科学论证的教学模型将为组织科学论证教学活动提供理论依据。在国际科学教育领域，从20世纪80年代末开始对科学论证教学进行了大量的理论和实证研究，提出并实践了多种教学模型。目前在国际科学教育中普遍运用的科学论证教学模式主要有图尔敏论证要素模型（TAP）、论证探究式教学模型（ADI）、科学写作教学模型（SWH）以及批判反思教学模型（PCRR）等。

（一）图尔敏论证要素模型（TAP）

1958年Toulmin 提出论证的基本构成要素为资料、主张和根据，这三个要素形成了一个基本的论证结构，称为Toulmin's Argumeng Pattern 基本模式，简称 TAP，在基本论证要素中加入限定、反驳与支援三个扩展要素，构成完整的"科学论证"六要素。"资料"是论证不可缺少的知识和前提，是论证的基本支撑；"主张"是在收集资料的基础上形成的，不同于结论和事实的初始观点；"根据"提供资料和证据，并阐释由资料推论至主张的过程；"支援"是在之前推论的基础上借助资料、事实和理论等对主张的可靠性进行进一步说明和维护；"限定"是对论证的适用范围进行规定，"反驳"是基于自身主张对不同观点进行辨析。TAP模型的论证要素简明清晰，论证资料易于获取且论证的逻辑结构完整合理，因此在科学教学中得到普遍应用。

（二）论证探究式教学模型（ADI）

将科学论证与探究过程结合，Sampson、Walker研究团队提出了ADI教学模型，即论证探究式教学（Argumengaion-drive inquiry model），主要分为提出探究问题、搜集数据、建构论据、分享解释、质疑反驳、撰写报告、双盲评议以及修改完善等八个环节，这八个环节充分体现了论证过程的核心要素，如提出探究问题和搜集数据是为了建构主张，建构论据是提供主张形成的根据，在分享解释和质疑反驳环节，理清主张和观点适用的条件和范围，由此帮助学生建立观点、结论和证据之间的逻辑关系。美国在科学课堂上运用ADI教学模型的实证研究表明，ADI教学模型有助于提高学生构建论点并参与科学论证的能力。

（三）科学写作教学模型（SWH）

为了促进学生在科学课堂上积极的思考，Keys, Hand与Prain等学者提出了SWH 教学模型，即启发学生积极思考的科学写作教学（Science Writing Heuristic）。SWH教学模型设计了促进实验室学习的教师活动设计模型和辅助学生思考的模型两个系统，教师活动主要是探查学生的迷思概念；指导学生通过观察实验和搜集资料数据提出问题；基于充分的比较讨论表达主张和反思观点；最后指导学生将自己的理解形成概念图，进而探索对于科学问题的理解。辅助学生思考的内容设计用观点、试验、观察、主张、阅读以及反思六个环节要素所对应的问题链驱动，引领学生的思维发展历程。教师指导活动和学生思考内容形成SWH 教学模型活动系统，学生在师生互动和生生互动中基于一定理论充分参与科学实践过程，学生最后撰写的实验报告，从思考的依据、实验过程以及观点结论就会形成科学的逻辑关系，体现论证推理的科学思维。

（四）批判反思教学模型（PCRR）

2015年Kujawski 提出了一种新的科学论证教学模型，旨在整合以上教学模型的优势，简称PCRR教学模型（Present, Critique, Reflect, Refine），该教学模型包括四个阶段：一是"呈现"，学生在观察之前基于迷思概念和经验先建构自己的理解，基于资料证据论证自己的观点；二是"批判"，主要是学生之间的意见反馈，补充修改论证过程；三是"反思"，学生通过反思重新分析原始论证来确保证据的准确性或充分性等；四是"提炼"，在同伴批判以及自身反思的基础上，修正初始提出的主张。"批判"和"反思"是 PCRR 教学模型的核心要素，

第二节　论证组织

揭示真理或者传播自己的主张都需要组织好论证。论证是形成认识和决策的过程，在实际中表达论证，目的是说服受众（目标读者或听众）来接受自己的主张。

一、论证的要求与规则

所谓论证，是指论证者为自己的主张（结论）提出理由（前提）并企图说服他人接受该主张的过程和结果。论证需要遵守一定的要求，根据不同的需要或标准，可以列出不同的论证规范。这里主要从认识论角度列出如下论证的要求与规则：

1. 关于论题（或论点、主张）的要求

（1）论题必须清楚、确切

论证活动要做到有的放矢，富有成效，论题本身必须清楚明白，简明扼要。否则，会犯"论旨不清"的错误。

（2）论题在论证过程中要保持同一

论证者必须对论题把握准确，若作者或演讲者缺乏论题意识时，就往往会游移于论题之外，从而犯"转移论题"或"偷换论题"的错误。

（3）论题的可信度必须低于论据

一个论证进行的必要性是因为某论点的真实性或可接受性不明显，容易受到人们的怀疑，于是需要用一些更可信、更可接受的命题作论据，以合乎逻辑的方式推出该论点的真实性或可接受性。否则，如果论点的可信度比论据还高，那就没有必要用该论据去论证该论点了。

2. 关于前提（或理由、论据）的要求

论证的力量来自理由。论证的合理性，首先要看它是否有理由，然后再来

分析和判定这理由是否足够好，是否能合理地支持主张。

理由，即论证中使用的论据，通常是一些已经被证实为真的论断。科学原理的陈述、法规与道德方面的行为准则、经验事实的总结概括、合乎逻辑的推理判断、恰当的譬喻和类比等，都可以用来作为理由。以充分的理由来支持自己的观点和信念，用理性的态度对各种意见和说法做出评价与选择，对论证思想至关重要。

（1）前提必须是正当的

在论证中，前提必须是真实的或者至少是论辩双方共同接受的。由于论证的目的是说服某些人去接受、承认论点的真，因此在论证过程中要选择那些能为待说服对象所理解、接受的论据作为前提。由于认识过程的复杂性，有时很难判定一个命题是否真实，但前提只要是论证双方都认定为真实的，或者是可以共同接受的知识，它就可以用来充当论据。违反上述规则所犯的逻辑错误，叫做"论据虚假""预期理由""论据不为双方所认可"等。

（2）论据必须是彼此一致和相容的

一组不一致或自相矛盾的命题不能做论据。即如果论据本身不一致，即论据本身包含逻辑矛盾，不能作为论证的理由。

3.关于论证方式（推理形式）的要求

论证中所使用的推理形式必须是演绎有效的，或者是归纳强的。否则，论证不可靠，会犯"推不出来"的逻辑错误。比如，论证中罗列了一些数据、命题，但结论是不合逻辑地从那些数据、命题推出来的。

阅读 韦斯顿的50条论证规则

下列50条论证规则选自韦斯顿《论证规则手册》（Anthony Weston, A Rulebook for Arguments, 5th edition, Hackett Publishing Company, Inc, 2017）最新版

序号	规则	译文
01	Resolve premises and conclusion	解决前提与结论问题
02	Unfold your ideas in a natural order	用自然顺序呈现你的想法
03	Start from reliable premises	从可信赖的前提开始
04	Be concrete and concise	要具体明了
05	Avoid loaded language	要避免加载语言

序号	规则	译文
06	Use consistent terms	要使用一致术语
07	Use more than one example	请使用不止一个例子
08	Use representative examples	请使用有代表性的例子
09	Background rates may be crucial	背景评估很关键
10	Statistics need a critical eye	需要谨慎看待统计数字
11	Consider counterexamples	请考虑反例
12	Analogy requires a relevantly similar example	类比需要相关类似例子
13	Cite your sources	请列出来源
14	Seek informed sources	寻找有信息量的来源
15	Seek impartial sources	寻找无偏见的来源
16	Cross check sources	请交叉检查来源
17	Build your internet savvy	建立起你的互联网悟性
18	Causal arguments start with correlations	因果论证始于关联
19	Correlations may have alternative explanations	关联也许有其他可替解释
20	Work toward the most likely explanation	迈向最可能的解释
21	Expect complexity	请预见复杂性
22	Modus Ponens	分离论证
23	Modus Tollens	逆分离论证
24	Hypothetical Syllogism	假言三段论
25	Disjunctive Syllogism	选言三段论
26	Dilemma	二难论证
27	Reductio ad absurdum	归谬法
28	Deductive arguments in several steps	多步骤演绎论证
29	Explore the issue	探讨议题
30	Spell out basic ideas as arguments	把基本思想用论证讲清楚
31	Defend basic premises with arguments of their own	维护他们自己论证的基本前提
32	Reckon with objections	要预料反对意见
33	Explore alternatives	请探讨可替选择
34	Jump right in	开门见山

序号	规则	译文
35	Urge a definite claim or proposal	促成明确主张或提议
36	Your argument is your outline	你的论证是你的大纲
37	Detail objections and meet them	请详述反对意见并应对之
38	Seek feedback and use it	请寻求反馈并利用它
39	Modesty, please	请你谦虚点!
40	Ask for a hearing	请求聆听
41	Be full present	要有满现场感
42	Signpost energetically	积极标出你的论证进程
43	Hew your visuals to your arguments	砍掉你论证的可视化部分
44	End in style	结语要别具风格
45	Do argument proud	自豪地做论证
46	Listen, learn, leverage	倾听，学习，影响
47	Offer something positive	要提供积极向上的东西
48	Work from common ground	从共同根基着手
49	At least be civil	至少要说常人说的话
50	Leave them thinking when you go	事后给听众或读者留下反思余地

二、论证文的写作方法

广义的论证文章有两大类，一类是分析、反驳已有的论证，这就是前面已论述过的论证有效性分析；另一类主要是构建和阐述自己的论证，这是一般意义上所认为的论证文，其写作目的就是使别人相信并接受你的观点和主张，这类论证文包括议论文、论述文或学术论文，它们写法和流程虽然有所不同，但在论证的构建上有共同的要求，下面阐述这类论证文的写作方法。

1.文章构思

构思是文章写作的首要环节，对构造论证文水平的高低有着重要作用。

（1）确立主题

在构思阶段，思考和确立主题是重中之重。确立主题就是要明确这个论证到底要论述什么，断定什么？

（2）收集信息

确定主题之后，搜寻和记录所有已知信息，包括所有正反方面的事实和观念。论证文写作的起草方法主要有两种：其一，自由记录：即积累想法、观点和已知经验，记下随时想到的和主题有关的内容、立场和推论句子；其二，列举和连接：记录每一个你能想到的和这个主题有关的东西，再看看是否能把它们组合、联系起来，形成思路。

（3）构造论证

根据搜寻到的诸多信息和想法，形成立场和论证基本要素。接下来是遵循前面阐述的论证方法和原则来确定立场、构造论证，包括确定支持的理由，使用合适的推理方法，考虑反例和竞争理论，以使得论证合理，结论适度。

2. 写作布局

文章的布局要点是要有组织有条理地表达论证逻辑。先起草一个写作纲要，即将根据主题、理由和结论的结构来安排文章的流程，一般可按照公认三段论的文章格式来安排：开头、正文和结尾，文章包括开头的引言段落、中间的论证段落和最后的结尾段落。

（1）引言段落

引言旨在解释主题和立场，引导读者注意主要问题。在引言中需要明确指出你要解决什么问题，或者支持什么立场。引言段落要保持直接和简略的风格，不管是支持一个政策，提议一项行动，反驳一个流行的观点，还是提出一个新的因果规律，都要直接清楚地陈述所要讨论、论证、回答的问题，解释它的重要性，为什么要讨论它，为什么要解决它，它和其他因素的相关性等。

（2）论证段落

论证段落是文章的主干，是充分阐述论点并详细展开论证的地方。在遵守写作纲要的基础上，把论点、理由和推理一个个地来论述，一个论点或要点为一个段落。论证段落的写作不要面面俱到，重点要充分阐述完善的论证，一些不完整的论证可以舍弃。好论证都是符合批判性思维准则的论证，论证写作要注意的地方包括：不要忽略概念的清晰性；不要忘记考虑反驳的、竞争的观点，应预先考虑各种反例和批判。

（3）结尾段落

结尾段落重在概括和重申你的立场，给出合适的限度。不要超出前提可以支持的范围，不要做出过头的结论，适当限定结论的范围和强度；把文章提议的影响和后果，包括正面和负面的，都表达出来。总之，最后得到一个综合为优的恰当结论。

另外，规范的学术论文还要严格遵守学术的引用规则。

3.论证组织

写论证自己观点的文章重点在于按照正面支持论点的方式来展开篇幅和细节。然而，正面论证并非只是单面论证。论证文的组织可借鉴"论证—反证—论证"的程序和"图尔敏模式"来组织自己的论证。

（1）论证—反证—论证

论证是辩证的，是多面的。批判性思维的标准要求表达一个在竞争和综合意义上的好论证。你一定要寻找并列出所有支持和反对的理由、证据。然后，根据理由的强弱、可信程度和相关性排队。综合权衡决定你的主张、立场和结论是否可以得到足够的支持，或者你需要改变或者修改立场以及相应的论证。如果你最后决定你的立场可以得到足够支持，那么你要采取这样的"正—反—正"论证程序，形成论证文章的脊椎：

首先，提出最强、最可信和最直接的理由来支持你的主张、立场、结论；

其次，要充分考虑可能的异议，客观地表述反对这个立场的最强、最可信和最直接的理由；

最后，综合论证，考虑反方的最强、最可信和最直接的理由，还是支持这个立场的理由更好。

（2）按图尔敏模式组织论证

图尔敏论证模式是论证—反证—论证的论文程序的细致化：把理由区分为证据、保证、支撑，按照这样的区分来安排段落，在文章开始部分表达断言和关于论证范围的限定。

总之，一个好的论证必须考虑正反不同的论证并给予回应，并要达到这样的效果：综合考虑各竞争方案的优缺点，你的主张、提议或方案虽然不是完美的，但是最好的。

阅读 论证写作模板

下面是根据图尔敏论证模式构造的写作纲要（Wheeler，2008）：

1. 对主题和问题的介绍

1.1 介绍引起读者注意的内容

1.2 表述主题和问题，澄清概念

1.3 表述基本立场或者结论，包括表明它所适用的范围

2．提供证据来支持论证

2.1证据一

2.2证据二

……

3．提供保证表明证据何以支持结论

3.1保证一

3.2保证二

3.3等等

4．提供支撑保证的事实理由——根据实践和理论说明保证的合理性

4.1对保证一的支撑

4.2对保证二的支撑

……

5．回答反驳和反例

5.1反驳一

5.2对反驳一的回答

5.3反驳二

5.4对反驳二的回答

……

6．结论

6.1概括论证和结论要点，指出论证的意义，使读者印象深刻。

4.论证表达

前面对论证组织的论述重在逻辑和辩证，但从论证文的写作表达上，还要注意修辞的功能。修辞因素是指能够增加论证在心理上的说服力而不影响其有效性、强度、可靠性或可信度。在做论证时，不仅要注重表达什么，而且要注重怎么表达，即论证的表达要考虑到读者或交流对象的接受水平。这需要注重以下三个方面。

（1）要关注读者或受众的社会特征和知识基础

影响读者或受众对论证的理解和接受的因素不仅仅是理性的，还包括教育程度、专业、地区、职业、语言以及性别、年龄、种族、民族、宗教信仰、面子、偏见、习俗、名声、政治立场、经济利益等各种因素。因此，表达时要关注到读者或受众的知识程度，对题材的兴趣和了解程度，从而相应选择材料、证据、语言方式、句子结构以及论证的详细程度等。如果读者对象是专业上的

同行，那么论证的背景交代和主题、问题的介绍都可以直接而简洁。如果读者对象是非专业的社会大众，那么写作时就要提供足够的背景信息和知识，语言应该具体通俗。要尽力寻求能说服读者或受众的出发点，使用交流对象熟悉甚至感到亲切的例子，使用对象感到符合切身利益的推论，使用对象接受的价值和评价标准，让对象感到你的知识和推理的可信、可靠等。

（2）要理解和尊重读者或受众的不同观点和立场

在论证写作时，要考虑到可能要面对着不同意你的结论甚至不同意你的出发点的人。因此，要事先预见并考虑可能的反驳，考虑对方立场的支撑点，以便进行相应的回答、说明和反证。论证要努力找到和交流对象的共同基础，所谓共同基础就是读者或受众和你共同持有的信念和假设。找到这样的共同基础，就可以使你选择大家都接受的知识、观念和原理来作为你论证中的出发点、前提和保证，这样使你的论证有良好的起点，可以让他们接受。

（3）要使用清楚、准确和流畅的语言

写作论证文章，要紧扣写作纲要，一次只给出一个论点，要用论证来支持自己的主张，同时要注意简洁清晰。要注意一方面要忠实地表达论证的完整内容和理性力量，另一方面要调动各种手段使读者或交流对象容易接受你的结论。两个目的都依靠你使用合适的语言传递，好的语言应该是清晰、明确、具体、流畅、生动、适度并具有可读性。

总之，一个好的论证需要一个好的表达传输给它的读者或受众。写文章，需要心里想着读者，考虑交流对象的状况，并做出针对性的安排。

5.学术写作

学术论文（含学位论文）的写作，需要通过一定的研究视角和方法进行论证，以得出论点或解释清楚某个问题。学术论文的写作应具有逻辑严密的论证过程和适当的论证形式。从逻辑论证方式看，研究方法大体可分为思辨研究和实证研究两类。实证研究包括定性研究和定量研究。

	类型	涵义与特点	适合范围
1	思辨研究	从某一前提出发，探究事物之间因果联系的逻辑分析方法。往往从某种假设出发，进行逻辑推导，强调社会政治现象的价值分析，带有演绎的、注释的特点，强调论证的逻辑性，结论往往带有一般性，可称为"应然"的研究	文史哲等人文学科的论文，采用思辨研究方法较为适合。柏拉图关于理想国的理论、资产阶级启蒙思想家的国家契约论等，都是通过思辨研究得出的结论

	类型	涵义与特点	适合范围
2	实证研究	运用科学的方法，对所研究的对象进行描述、解释和预测的分析方法。主要关注"是如何"的问题，多应用归纳逻辑(定性研究)、演绎法(定量研究)和统计的分析方法，强调证据和结论的可观察性、可验证性，因而多重视数量、事实等因素	政治学、经济学、社会学等社会科学方面的论文，多采取实证研究方法
2.1	定性研究	以观察、访谈(包括个人访谈和焦点团体访谈)为主，往往限于少数个案，通过归纳分析及文献档案资料分析，得出有关现象的共同属性的方法	特别适用于那种目的在于从深层次上探索人们的经验、习惯、价值观和态度并建立与此相关的意义联系的研究课题
2.2	定量研究	通过随机抽样，以典型样本的统计和实验数据，得出同类人群的一般结论的方法	定量研究则依赖于对某种重复出现的社会现象的观察和测量

阅读 学术论文怎么写

研究是一个论证的过程，论证是一个严密的逻辑思维过程。然而，当前众多的论文缺乏这种思维，大多数用发散性思维来写论文的，因而论文就缺乏深度。论证的逻辑体现在以下几个方面。

1. 层次感，而不是平面感

好的论证逻辑一定是立体的、有层次感的，而不是平面性。世界是平的，这只是一种臆想，论文的论证逻辑是立体感的，这是一个刚性的现实要求，而不是臆想。好的论证逻辑就像剥洋葱，一层一层剥到中心，最后才知道洋葱中心究竟是什么。而平面性的论证逻辑缺乏新奇感，就像摊大饼，一开始就知道大饼中是什么内容了，所以这样的论证不会给人遐想，也不会带来新奇。

2. 缜密性，而不是一盘散沙

论证缜密性体现的是作者思维能力，也体现作者对专业知识掌握的程度。专业基础扎实的，其逻辑思维能力肯定要强。相反，没有扎实的专业根基，那么其论证肯定是碎片化的。因为他掌握的专业知识本身就是碎片化的。碎片化的专业知识，只能导致碎片化的论证逻辑。

3. 科学性，而不是宣传性

学术研究无疑是一个求真的过程，这一过程需要通过大量的事实或史料经过逻辑论证之后才能得出结论。正是这样，学术才具有真理性和科学性。然而，当今的学术研究越来越缺乏这样的精神，做历史研究的不愿泡图书馆、档案馆，做现实研究的不愿做田野调查，用的是二手材料和二手数据，并且先预设一个价值立场，用这些材料和数据来证明这个预设的立场或观点。殊不知，同样的材料和数据可以证实完全相反的两种观点。这样，学术研究因没有按照学术规范而导致学术失去了科学性和真理性。反过来，预设一个观点，可以毫不费力地找到相应的材料和数据来证明这个观点，这同样也会导致难以找到学术的真理。正确的方法是在阅读了大量文献之后而形成新的观点，然后再回到材料，通过更多的材料来证明你的观点的科学性。

4. 学理性，而不是口语化

学术论文肯定是学术性很强的，它必须超越日常生活的口语化表达。口语强调是能让读者听得懂，所以具有随意性。而学术论文并不是要大众听得懂，而是要有专业背景的人才能听得懂。

5. 严谨性，而不是随意性

学术研究是一个求真的过程，因而需要研究者必须在论文写作中要有严谨的态度。学术论文在使用数据时一定要是权威性的数据，也就是权威机构发布的数据。

6. 围绕核心问题展开论证，而非学术散文天马行空

学术论文肯定有一个核心观点，因而在论证过程中就必须是围绕这个核心观点展开，所有的材料的目标都是指向这个核心观点的，而不是从核心观点延伸出去。一旦延伸出去就有可能偏离主题。一篇好论文的造就，少不了专业知识的积累、清晰简洁的思路和强而有力的论证。

摘自《SCI论文要点剖析：论证才是关键！》

科学论证
逻辑与科学评价方法

Scientific Argumentation
Logic and Scientific Evaluation Method

附录

科学论证测试

（说明：此处编排了两类题型，第一部分是论证推理，共50题，
都是五选一的选择题，每题1分，合计50分，建议做题时间90分
钟。第二部分是论证有效性分析，共2篇评论性写作，每题25分，
合计50分，建议做题时间60分钟。本测试总分100分，建议做题
总时间为150分钟。）

第一部分　论证推理

1.晴朗的夜晚我们可以看到满天星斗，其中有些是自身发光的恒星，有些是自身不发光但可以反射附近恒星光的行星。恒星尽管遥远，但是有些可以被现有的光学望远镜"看到"。和恒星不同，由于行星本身不发光，而且体积远小于恒星，所以，太阳系外的行星大多无法用现有的光学望远镜"看到"。

以下哪项如果为真，最能解释上述现象？

A.现有的光学望远镜只能"看到"自身发光或者反射光的天体。

B.太阳系外的行星因距离遥远，很少能将恒星光反射到地球上。

C.如果行星的体积够大，现有的光学望远镜就能够"看到"。

D.有些恒星没有被现有的光学望远镜"看到"。

E.太阳系内的行星大多可以用现有的光学望远镜"看到"。

2.香蕉叶斑病是一种严重影响香蕉树生长的传染病，它的危害范围遍及全球。这种疾病可由一种专门的杀菌剂有效控制，但喷洒这种杀菌剂会给周边人群的健康造成危害。因此，在人口集中的地区对小块香蕉林喷洒这种杀菌剂是不妥当的。幸亏规模香蕉种植园大都远离人口集中的地区，可以安全地使用这种杀菌剂。因此，全世界的香蕉产量，大部分不会受到香蕉叶斑病的影响。

以下哪项可能是上述论证所假设的？

A.人类最终可以培育出抗叶斑病的香蕉品种。

B.全世界生产的香蕉，大部分产自规模香蕉园。

C.和在小块香蕉林中相比，香蕉叶斑病在规模香蕉种植园中传播得较慢。

D.香蕉叶斑病是全球范围内唯一危害香蕉生长的传染病。

E.香蕉叶斑病不危害植物。

3.圈养动物是比野生动物更有意思的研究对象。因此，研究人员从研究圈养动物中能够比从研究野生动物中学到更多的东西。

上面的论证依赖于下面哪一个假设？

A. 研究人员只研究他们感兴趣的对象。

B. 一般而言，能够从研究对象那里学到的东西越多，从事该研究通常就越有意思。

C. 一般而言，研究对象越有意思，从研究该对象那里学到的东西通常就越多。

D. 研究人员从他们不感兴趣的研究对象那里学到的东西较少。

E. 一般而言，研究人员通常偏向于研究有意思的对象，而不是无意思的对象。

4. 巴斯德认为，空气中的微生物浓度与环境状况、气流运动和海拔高度有关。他在山上的不同高度分别打开装着煮过的培养液的瓶子，发现海拔越来越高，培养液被微生物污染的可能性越小。在山顶上，20个装了培养液的瓶子，只有1个长出了微生物。普歇另用干草浸液做材料重复了巴斯德的实验，却得出不同的结果：即使在海拔很高的地方，所有装了培养液的瓶子很快长出了微生物。

以下哪项如果为真，最能解释普歇和巴斯德实验所得到的不同结果？

A. 只要有氧气的刺激，微生物就会从培养液中自发地生长出来。

B. 培养液在加热消毒、密封、冷却的过程中会被外界细菌污染。

C. 普歇和巴斯德的实验设计都不够严密。

D. 干草浸液中含有一种耐高温的枯草杆菌，培养液一旦冷却，枯草杆菌的孢子就会复活，迅速繁殖。

E. 普歇和巴斯德都认为，虽然他们用的实验材料不同，但是经过煮沸，细菌都能被有效地杀灭。

5. 某科研单位新招聘的研究人员，或者具有副高以上职称的"引进人才"，或者是具有北京户籍的应届毕业的博士研究生。应届毕业的博士研究生都居住在博士后公寓中，"引进人才"都居住在"牡丹园"小区。

关于该单位新招聘的研究人员，以下哪项判断是正确的？

A. 居住在博士后公寓的都没有副高以上职称。

B. 具有博士学位的都是具有北京户籍的。

C. 居住在"牡丹园"小区的都没有博士学位。

D. 非应届毕业的博士研究生都居住在"牡丹园"小区。

E. 有些具有副高以上职称的"引进人才"也具有博士学位。

6. 通常情况下，长期在寒冷环境中生活的居民可以有更强的抗寒能力。相比于我国的南方地区，我国北方地区冬天的平均气温要低很多。然而有趣的是，现在许多北方地区的居民并不具有我们所以为的抗寒能力，相当多的北方人到南方来过冬，竟然难以忍受南方的寒冷天气，怕冷程度甚至远超过当地人。

以下哪项如果为真，最能解释上述现象？

A. 一些北方人认为南方温暖，他们去南方过冬时往往对保暖工作做得不够充分。

B. 南方地区冬天虽然平均气温比北方高，但也存在极端低温的天气。

C. 北方地区在冬天通常启用供暖设备，其室内温度往往比南方高出很多。

D.有些北方人是从南方迁过去的，他们没有完全适应北方的气候。

E.南方地区湿度较大，冬天感受到的寒冷程度超出气象意义上的温度指标。

7.在各种动物中，只有人的发育过程包括了一段青春期，即性器官由逐步发育到完全成熟的一段相对较长的时期。至于各个人种的原始人类，当然我们现在只能通过化石才能确认和研究他们的曾经存在，是否也像人类一样有青春期这一点则难以得知，因为：

以下哪项作为上文的后继最为恰当？

A.关于原始人类的化石，虽然越来越多地被发现，但对于我们完全地了解自己的祖先总是不够的。

B.对动物的性器官由发育到成熟的测定，必须基于对同一个体在不同年龄段的测定。

C.对于异种动物，甚至对于同种动物中的不同个体，性器官由发育到成熟所需的时间是不同的。

D.已灭绝的原始人的完整骨架化石是极其稀少的。

E.无法排除原始人类像其他动物一样，性器官无须逐渐发育而迅速成熟以完成繁衍。

8.一个数据库中现有A、B、C、D、E、F六个语句，但目前这个数据库是不协调的，必须删除某些语句才能恢复数据库的协调性。已知：

① 如果保留语句A，那么必须保留语句B和语句C。

② 如果保留语句E，则必须同时删除语句D和语句C。

③ 只有保留语句E，才能保留语句F。

④ 语句A是重要的信息，不能删除。

以上各项如果为真，则以下哪项一定为真？

A.保留语句E并且删除语句C。

B.同时保留语句C和语句D。

C.保留语句E并且删除语句D。

D.同时删除语句E和语句F。

E.同时保留A和E。

9.美国的一个动物保护组织试图改变蝙蝠在人们心目中一直存在的恐怖形象。这个组织认为，蝙蝠之所以让人觉得可怕和遭到捕杀，仅仅是因为这些羞怯的动物在夜间表现得特别的活跃。

以下哪项如果为真，将对上述动物保护组织的观点构成最严重的质疑？

A.蝙蝠之所以能在夜间特别活跃，是由于它们具有在夜间感知各种射线和声波的特殊能力。

B.蝙蝠是夜间飞行昆虫的主要捕食者，在一些夜间飞行的昆虫中，有很多是危害人类健康的。

C.蝙蝠在中国及其它许多国家同样被认为是一种恐怖的飞禽。

D.美国人熟知的浣熊和中国人熟知的食蚊雀，都是些在夜间特别活跃的羞怯动物，但在众人的印象中一般并没有恐怖的印象。

E.许多视觉艺术品，特别是动画片丑化了蝙蝠的形象。

10.在四川的一些沼泽地中，剧毒的链蛇和一些无毒蛇一样，在蛇皮表面都有红白黑相间的鲜艳花纹。而就在离沼泽地不远的干燥地带，链蛇的花纹中没有了红色；奇怪的是，这些地区的无毒蛇的花纹中同样没有了红色。对这种现象的一个解释是，在上述沼泽和干燥地带中，无毒蛇为了保护自己，在进化过程中逐步变异为具有和链蛇相似的体表花纹。

以下哪项最可能是上述解释所假设的？

A.毒蛇比无毒蛇更容易受到攻击。

B.在干燥地区，红色是自然界中的一种常见色，动物体表的红色较不容易被发现。

C.链蛇体表的颜色对其捕食的对象有很强的威慑作用。

D.以蛇为食物的捕猎者尽量避免捕捉剧毒的链蛇，以免在食用时发生危险。

E.蛇在干燥地带比在沼泽地带更易受到攻击。

11.尽管通过一种新的计算机辅助设计过程生产出来的定制的修复用的骨替代物的价格是普通替代物的两倍多，定制的替代物仍然是节约成本的。定制的替代物不仅可以减少手术和术后恢复的时间，而且它更耐用，因而减少再次住院的需要。

为评论以上提出的论述，必须研究以下哪一项？

A.一个病人花在手术中的时间与花在术后恢复的时间的比较。

B.随着生产定制替代物的新技术的出现，生产定制替代物减少的成本数量。

C.与使用普通替代物相比较，使用定制的替代物可以在多大程度上减少再次手术的需要。

D.用新技术生产的替代物比普通替代物生产得更仔细的程度。

E.当生产程度逐渐标准化，并可运用到更大规模上时，用新技术生产的定制替代物的成本将下降的数量。

12.人的脑细胞总数愈300亿个，参与人的正常智力活动的仅是其中的一小部分。要有效地开发青少年的智力，有两个必要条件，第一，必须使他们勤于思考，这样才能激活更多的脑细胞；第二，必须使他们摄入足够的脑细胞生长所需要的营养素，这样才能促进脑细胞的正常分裂。"125健脑素"具有青少年大脑发育所需要的各种营养素。据在全国范围内对服用该营养品的约10万名青少年的调查显示，"125健脑素"对促进青少年的大脑健康发育并继而有利于开发他们的智力，具有无可争议的作用。

如果上述断定是真的，则以下有关一群小学生的推断中，哪项成立？

Ⅰ.张泉勤于思考并服用了足量的"125健脑素"，因此，他的智力一定得到了有效的开发。

Ⅱ.李露的智力得到了有效的开发但未服用"125健脑素"，因此，他一定勤于思考。

Ⅲ.王琼勤于思考但智力并未得到有效的开发，因此，他一定没有摄入足够的脑细胞生长所需要的营养素。

A.仅Ⅰ。

B.仅Ⅱ。

C.仅Ⅲ。

D.仅Ⅱ和Ⅲ。

E.Ⅰ、Ⅱ和Ⅲ。

13.随着年龄的增长，人体对卡路里的日需求量逐渐减少，而对维生素和微量元素的需求却日趋增多。因此，为了摄取足够的维生素和微量元素，老年人应当服用一些补充维生素和微量元素的保健品，或者应当注意比年轻时食用更多的含有维生素和微量元素的食物。

为了对上述断定做出评价，回答以下哪个问题最重要？

A.对老年人来说，人体对卡路里需求量的减少幅度，是否小于对维生素和微量元素需求量的增加幅度？

B.保健品中的维生素和微量元素，是否比日常食品中的维生素和微量元素更易被人体吸收？

C.缺乏维生素和微量元素所造成的后果，对老年人是否比对年轻人更严重？

D.一般地说，年轻人的日常食物中的维生素和微量元素含量，是否较多地超过人体的实际需要？

E.保健品是否会产生危害健康的副作用？

14.小陈：目前1996D3彗星的部分轨道远离太阳，最近却可以通过太空望远镜发现其发出闪烁光。过去人们从来没有观察到远离太阳的彗星出现这样的闪烁光，所以这种闪烁必然是不寻常的现象。

小王：通常人们都不会去观察那些远离太阳的彗星，这次发现的1996D3彗星闪烁光是有人通过持续而细心的追踪观测而获得的。

以下哪项最为准确概括了小王反驳小陈的观点所使用的方法？

A.指出小陈使用的关键概念含义模糊。

B.指出小陈的论据明显缺乏说服力。

C.指出小陈的论据自相矛盾。

D.不同意小陈的结论，并且对小陈的论据提出了另一种解释。

E.同意小陈的结论，但对小陈的论据提出了另一种解释。

15.所有值得拥有专利的产品或设计方案都是创新，但并不是每一项创新都值得拥有专利；所有的模仿都不是创新，但并非每一个模仿都应该受到惩罚。

根据以上陈述，以下哪项是不可能的？

A.有些创新者可能受到惩罚。

B.有些值得拥有专利的产品是模仿。

C.所有的模仿者都受到了惩罚。

D.没有模仿值得拥有专利。

E.有些值得拥有专利的创新产品并没有申请专利。

16.规模相当于摧毁西伯利亚森林的那一次在地球大气层中的陨石爆炸，威力大概相当于1200万吨级的核爆炸，一个世纪大概出现一次。由复杂的计算机程序控制的高度自动化的系统对于未预料到的情况的反应是无法预测的。

如果以上关于由一个复杂的计算机程序控制的高度自动化的核导弹防御系统的陈述是正确的，可以最适当地得出以下哪一个结论？

A.在它建成后的一个世纪内，该系统会做出不适当的反应并且可能由于偶然性而引发一场核战争。

B.如果在地球大气层内发生一次大陨石爆炸，该系统将被摧毁。

C.对于该系统来说，不可能将一次大陨石爆炸和一件核武器的爆炸区分开来。

D.该系统是否对一次大陨石爆炸做出不适当的反应取决于爆炸发生的位置。

E.如果该系统的设计者没有考虑到陨石爆炸这种偶然性，那么该系统对一次大陨石爆炸将要做出的反应是不确定的。

17.一份对北方山区先天性精神分裂症患者的调查统计表明，大部分患者都出生在冬季。专家们指出，其原因很可能是那些临产的孕妇营养不良。因为在这一年最寒冷的季节中，人们很难买到新鲜食品。

以下哪项，如果为真，能支持题干中的专家的结论？

A.在精神分裂症患者中，先天性患者只占很小的比例。

B.调查中相当比例的患者有家族史。

C.与引起精神分裂症有关的大脑区域的发育，大部分发生在产前一个月。

D.新鲜食品与腌制食品中的营养成分对大脑发育的影响相同。

E.虽然生活在北方山区，但被调查对象的家庭，大都经济条件良好。

18. 如果在鱼缸里装有电动通风器，鱼缸的水中就有适度的氧气。因此，由于张文的鱼缸中没有安装电动通风器，他的鱼缸的水中一定没有适度的氧气。没有适度的氧气，鱼就不能生存，因此，张文鱼缸中的鱼不能生存。

上述推理中存在的错误也类似地出现在以下哪项中？

A. 如果把明矾放进泡菜的卤水中，就能去掉泡菜中多余的水分。因此，由于余涌没有把明矾放进泡菜的卤水中，他腌制的泡菜一定有多余的水分。除非去掉多余的水分，否则泡菜就不能保持鲜脆。因此，余涌腌制的泡菜不能保持鲜脆。

B. 如果把胶质放进果酱，就能制成果冻。果酱中如果没有胶质成分，就不能制成果冻。因此，为了制成果冻，王宜必须在果酱中加大胶质成分。

C. 如果贮藏的土豆不接触乙烯，就不会发芽。甜菜不会散发乙烯。因此，如果方宁把土豆和甜菜一起贮藏，他的土豆就不会发芽。

D. 如果存放胡萝卜的地窖做好覆盖，胡萝卜就能在地窖安全过冬。否则，地窖里的胡萝卜就会被冻坏。因此，因为朱勇过冬前在胡萝卜地窖做好了覆盖，所以他的胡萝卜能安全过冬。

E. 如果西红柿不放入冰箱就可能腐烂，腐烂的西红柿不能食用。因此，因为陈波没有把西红柿放入冰箱，他的一些西红柿可能没法食用。

19. 研究人员利用欧洲同步辐射加速器的X光技术，对一块藏身于距今9500万年的古岩石中的真足蛇化石进行了扫描。结果发现，这种蛇与现代的陆生蜥蜴十分类似，这一成果有助于揭开蛇的起源之谜。研究报告指出，这种蛇身长50厘米，从表面上看只有一只脚，长约2厘米，X光扫描发现了这只真足蛇的另一只脚。这只脚之所以不易被察觉，是因为它在岩石中发生了异化，其脚踝部分仅有4块骨头，而且没有脚趾，这说明真足蛇的足部在当时已呈现出退化的趋势。

以下哪项如果为真，最能支持上述学者的观点？

A. 这只真足蛇所处的年代正好是蛇类从无足动物向有脚蜥蜴进化的时期。

B. 这只真足蛇所处的年代正好是蛇类从有脚动物向无足动物进化的时期。

C. 这只真足蛇所处的年代正好是蛇类从无足动物向有脚蜥蜴退化的时期。

D. 这只真足蛇所处的年代正好是蛇类从有脚动物向无足动物退化的时期。

E. 这只真足蛇所处的年代正好是蛇类从有脚蛇向无足蛇退化的时期。

20. 关于一项重要的实验结果的报告是有争议的，在某科学家的指导下重复了这项实验，但没有得到与最初实验相同的结果；该位科学家由此得出结论：最初的实验结果是由错误的测量方法造成的。

以下哪项是这位科学家推理的假设？

A. 如果一项实验的结果是正确的，那么，在相同条件下进行实验应得到相同的结果。

B. 由于没有足够详细地记录最初的实验，所以，不大可能完全重复这一实验。

C. 重复实验不会像最初实验那样由于错误的测量方法而导致有问题的结果。

D. 最初的实验结果使得某个理论原则受到质疑，而该原则本身的根据是不充分的。

E. 最初报告这些有争议的结果的研究人员自己只观察到过一次这些结果。

21. 由于工业废水的污染，淮河中下游水质恶化，有害物质的含量大幅度提高，这引起了多种鱼类的死亡。但由于蟹有适应污染水质的生存能力，因此，上述沿岸的捕蟹业和蟹类加工业将不会像渔业同行那样受到严重影响。

以下哪项，如果是真的，将严重削弱上述论证？

A. 许多鱼类已向淮河上游及其它水域迁移。

B. 上述地区的渔业将会向蟹业转移，激化了蟹业的竞争。

C. 在鱼群分布稀少的水域中蟹类繁殖较快。

D. 蟹类适应污染水质的生理机制未得到科学的揭示。

E. 作为幼蟹主要食物来源的水生物蓝藻无法在污染水质中继续存活。

22、23题基于以下共同题干：

一位研究者发现，免疫系统活力低的人比免疫系统活力正常或者高的人在精神健康测试中的得分要低得多。研究者从这个实验得出结论认为，免疫系统防御生理疾病，也防御精神疾病。

22. 研究者的结论依赖于以下哪项假设？

A. 免疫系统活力高的人比免疫系统活力正常的人能更好地防御精神疾病。

B. 精神疾病对身体系统的影响类似于生理疾病对它的影响。

C. 免疫系统活力高的人不可能患精神疾病。

D. 精神疾病不会导致人的免疫系统活力的降低。

E. 对精神疾病的心理治疗不如医学治疗有效。

23. 如果以下哪项为真，最严重地削弱了研究者的结论？

A. 在完成对实验的指导性研究与实验正式开始之间有一年的间隔。

B. 人的免疫系统的活力水平不受药物使用的影响。

C. 少数免疫系统活力高的人与免疫系统活力正常的人在精神测试中的得分是近似的。

D. 免疫系统活力低的人比免疫系统活力正常或者高的人更易感染病毒。

E. 在正常的个体中，高度紧张导致精神疾病，而后由精神疾病导致免疫系统活力的降低。

24. 某个智能研究所目前只有三种实验机器人A、B和C。A不能识别颜色，B不能识别形状，C既不能识别颜色也不能识别形状。智能研究所的大多数实验室里都要做识别颜色和识别形状的实验。

如果以上陈述为真，以下哪项陈述一定假？

A. 有的实验里三种机器人都有。

B. 半数实验室里只有机器人A和B。

C. 这个智能研究所正在开发新的实验机器人。

D. 有的实验室还做其他实验。

E. 半数实验室里只有机器人A和C。

25. 环境学家特别关注保护濒临灭绝的动物的高昂费用，提出应通过评估各种濒临灭绝的动物对人类的价值，以决定保护哪些动物。此法实际不可行，因为，预言一种动物未来的价值是不可能的。评价对人类现在作出间接但很重要贡献的动物的价值也是不可能的。

作者的主要论点是什么？

A. 保护没有价值的濒临灭绝的动物比保护有潜在价值的动物更重要。

B. 尽管保护所有濒临灭绝的动物是必须的，但在经济上却是不可行的。

C. 由于判断动物对人类价值高低的方法并不完善，在此基础上作出的决定也不可靠。

D. 保护对人类有直接价值的动物远比保护有间接价值的动物重要。

E. 要评估濒临灭绝的动物对人类是否重要是不可能的。

26. 有一块空着的地可以种庄稼，甲、乙、丙、丁四个人讨论这块地种什么庄稼好。甲一会儿说应该种小麦，一会儿说不应该种小麦。乙对甲说："你的两种意见，我都不同意。"丙说："我看还是种小麦好。"丁说："我看还是种油菜好。"针对丙、丁的发言，乙又说："你们两人的意见，我都不同意。"

下列判断正确的一项是：

A. 甲的说法不存在逻辑错误。

B. 乙对甲的说法不存在逻辑错误。

C. 乙对丙、丁两人的说法存在逻辑错误。

D. 乙对丙、丁两人的说法不存在逻辑错误。

E. 乙的两次回答都不存在逻辑错误。

27. "二十四节气"是我国在农耕社会生产生活的时间活动指南，反映了从春到冬一年四季的气温、降水、物候的周期性变化规律。已知各节气的名称具有如下特点：

① 凡含"春""夏""秋""冬"字的节气各属春、夏、秋、冬季；

② 凡含"雨""露""雪"字的节气各属春、秋、冬季；

③ 如果"清明"不在春季，则"霜降"不在秋季；

④ 如果"雨水"在春季，则"霜降"在秋季。

根据以上信息，如果从春至冬每季仅列两个节气，则以下哪项是不可能的？

A. 雨水、惊蛰、夏至、小暑、白露、霜降、大雪、冬至。

B. 惊蛰、春分、立夏、小满、白露、寒露、立冬、小雪。

C. 清明、谷雨、芒种、夏至、秋分、寒露、小雪、大寒。

D. 立春、清明、立夏、夏至、立秋、寒露、小雪、大寒。

E. 立春、谷雨、清明、夏至、处暑、白露、立冬、小雪。

28. 实验发现，将小鼠突然置身于巨大声响（恐惧）中，小鼠大脑杏仁体内特定细胞更活跃，脑内一种特殊"恐惧蛋白"会增加，这种"恐惧蛋白"含量在一定时间达到峰值之后自动消失。进一步实验发现，"恐惧蛋白"的消失归功于一种名为"GluA1"的物质。缺少GluA1的小鼠会保持与巨大声响相关的恐惧记忆，而其他小鼠则不会。因此实验得出结论，研制GluA1类药物可以帮助人们删除痛苦或恐惧等不好的记忆，只留下快乐时光。

下列哪项如果为真，不能质疑上述结论？

A. 小鼠跟人的神经系统差距较大，小鼠实验结果很难应用到人身上。

B. 杏仁体负责掌管焦虑、急躁、惊吓及恐惧等负面情绪的产生和调控。

C. GluA1删除了恐怖记忆，也删除了自我保护的记忆。

D. 长期服用GluA1药物可能导致健忘症。

E. GluA1药物会损害人的记忆细胞，使人失去记忆。

29. 两个基于不同原理的检测系统，每一个都能测出所有有瑕疵的产品，但也会错误地抛弃3%的无瑕疵的产品。假设两个系统错误抛弃的产品没有重叠，且如果同时运行也不会相互干扰，则使用两个系统并仅抛弃那些两个系统都认为有瑕疵的产品可以避免所有的错误抛弃。

下列哪一项最精确地描述了上面论述中的推理过程？

A. 该推理是结论性的。如果支持结论的陈述正确，那么结论就不可能错。

B. 该推理很强，但不是结论性的，如果支持结论的陈述正确，那么就为结论提供了很好的根据，尽管附加的信息可能会削弱该论述。

C. 该推理很弱，支持结论的陈述，尽管与结论有关，但陈述本身最多只为该结论提供了不充分的根据。

D. 该推理有缺陷，因为该结论也只是对支持该结论的一项证据的重新阐释而已。

E.该推理有缺陷，因为该论述把一个因素是某一事件发生的必要条件的证据当作了该事件发生的充分条件的证据。

30.某些种类的海豚利用回声定位来发现猎物：它们发射出滴答的声音，然后接收水域中远处物体反射的回音。海洋生物学家推测这些滴答声可能有另一个作用：海豚用异常高频的滴答声使猎物的感官超负荷，从而击晕近距离的猎物。

以下哪项如果为真，最能对上述推测构成质疑？

A.海豚用回声定位不仅能发现远距离的猎物，而且能发现中距离的猎物。

B.作为一种发现猎物的讯号，海豚发出的滴答声，是它的猎物的感官所不能感知的，只有海豚能够感知从而定位。

C.海豚发出的高频记号即使能击晕它们的猎物，这种效果也是很短暂的。

D.蝙蝠发出的声波不仅能使它发现猎物，而且这种声波能对猎物形成特殊刺激，从而有助于蝙蝠捕获它的猎物。

E.海豚想捕获的猎物离自己越远，它发出的滴答声就越高。

31.我国天山是垂直地带性的典范，已知天山的植被形态分布具有如下特点：

① 从低到高有荒漠、森林带、冰雪带等；

② 只有经过山地草原，荒漠才能演变成森林带；

③ 如果不经过森林带，山地草原就不会过渡到山地草甸；

④ 山地草甸的海拔不比山地草甸草原的低，也不比高寒草甸高。

根据以上信息，关于天山植被形态，按照由低到高排列，以下哪项是不可能的？

A.荒漠、山地草原、山地草甸草原、森林带、山地草甸、高寒草甸、冰雪带。

B.荒漠、山地草原、山地草甸草原、高寒草甸、森林带、山地草甸、冰雪带。

C.荒漠、山地草甸草原、山地草原、森林带、山地草甸、高寒草甸、冰雪带。

D.荒漠、山地草原、山地草甸草原、森林带、山地草甸、冰雪带、高寒草甸。

E.荒漠、山地草原、森林带、山地草甸草原、山地草甸、高寒草甸、冰雪带。

32.科学研究表明，大量吃鱼可以大大减少患心脏病的危险，这里起作用的关键因素是在鱼油中所含的丰富的"奥米加-3"脂肪酸。因此，经常服用保健品"奥米加-3"脂肪酸胶囊将大大有助于你预防心脏病。

以下哪项如果为真，最能削弱题干的论证？

A."奥米加-3"脂肪酸胶囊从研制到试销，才不到半年的时间。

B.在导致心脏病的各种因素中，遗传因素占了很重要的地位。

C.不少保健品都有不同程度的副作用。

D."奥米加-3"脂肪酸只有和主要存在于鱼体内的某些物质化合后才能产

生保健疗效。

E."奥米加－3"脂肪酸胶囊不在卫健委推荐的十大保健品之列。

33.近年来，百舌鸟的数量剧减。百舌鸟是一种食肉鸟，生活在诸如农场和牧场这样的平地上。一些鸟类专家猜测其数量下降可能是因为一种新的更有效的杀虫剂的使用限制了百舌鸟所捕食的昆虫的种类。

对以下哪个问题的回答，与评价鸟类专家的假说不相关？

A.在新的杀虫剂使用前，百舌鸟的数量是否下降了？

B.在那些没有使用新的杀虫剂的栖息地，百舌鸟的数量显著下降了吗？

C.新的杀虫剂比以前使用的杀虫剂更明显地使百舌鸟所捕食的昆虫数量下降了吗？

D.吃了受新杀虫剂毒害的昆虫比吃了受以前的杀虫剂毒害的昆虫对百舌鸟的毒害会更大吗？

E.大多数人是否认为新的杀虫剂比旧的杀虫剂对环境的危害更小？

34.农业中连续使用大剂量的杀虫剂会产生两种危害性很大的作用。第一，它经常会杀死农田中害虫的天敌；第二，它经常会使害虫产生抗药性，因为没被杀虫剂杀死的昆虫最具有抗药性，而且它们得以存活下来继续繁衍后代。

从上文中，我们可以推出以下哪项措施是解决上述问题的最好方法？

A.只使用化学性稳定的杀虫剂。

B.培育更高产的农作物抵消害虫造成的损失。

C.逐渐增加杀虫剂的使用量使没被杀死的害虫尽可能地减少。

D.每年闲置一些耕地使害虫因没有充足的食物而死亡。

E.周期性地使用不同种类的杀虫剂。

35.某煤矿发生了一起事故。现场的人有以下的断定：

矿工1：发生事故的原因是设备问题。

矿工2：确实是有人违反了操作规范，但发生事故的原因不是设备问题。

矿工3：如果发生事故的原因是设备问题，则有人违反了操作规范。

矿工4：发生事故的原因是设备问题，但没有人违反操作规范。

如果上述断定中只有一个人的断定为真，则以下哪一项可能为真？

A.矿工1的断定为真。

B.矿工2的断定为真。

C.矿工3的断定为真，有人违反了操作规范。

D.矿工3的断定为真，没有人违反操作规范。

E.矿工4的断定为真。

36.硕鼠通常不患血癌。在一项实验中发现，给300只硕鼠同等量的辐射后，将它们平均分为两组，第一组可以不受限制地吃食物，第二组限量吃食物。结果第一组75只硕鼠患血癌，第二组5只硕鼠患血癌。因此，通过限制硕鼠的进食量，可以控制由实验辐射导致的硕鼠血癌的发生。

以下哪项如果为真，最能削弱上述实验结论？

A. 硕鼠与其他动物一样，有时原因不明就患有血癌。

B. 第一组硕鼠的食物易于使其患血癌，而第二组的食物不易使其患血癌。

C. 第一组硕鼠体质较弱，第二组硕鼠体质较强。

D. 对其他种类的实验动物，实验辐射很少导致患血癌。

E. 不管是否控制进食量，暴露于实验辐射的硕鼠都可能患有血癌。

37. 有效和冗长是语言体系的一个自相矛盾的特性，然而，当它们一块使用时，能增加交流的有效性和可信赖性。如果某一种口语非常地有效，那么它的每一个基本音素的所有可能排列都能组成一可被理解的单词。但是，如果人类的听觉系统不是一个完善的声音接收器，那么一种口语的基本音素的每一个可能的排列都能构成一个可被理解的单词的想法就是不正确的。

如果上面所有的陈述都是正确的，那么下面哪一项也一定是正确的？

A. 有效使一种口语有用，冗长使一种口语可信。

B. 在口语中，有效和冗长不可能被完全达到。

C. 如果一种口语非常地冗长，那么它就不可能有用。

D. 如果人类的听觉系统是一个完善的声音接收器，那么语言音素的每一个排列都可产生一个能被理解的单词。

E. 如果人类的听觉系统不是一个完善的声音接收器，那么口语就不可能非常地有效。

38. 一项实验正研究致命性肝脏损害的影响范围。暴露在低剂量的有毒物质二氧化硫中的小白鼠，65%死于肝功能紊乱。然而，所有死于肝功能紊乱的小白鼠中，90%并没有暴露在任何有毒的环境中。

以下哪项可为上述统计数据差异提供合理的解释？

A. 导致小白鼠肝脏疾病的环境因素与非环境因素彼此完全不同。

B. 仅有一种因素导致小白鼠染上致命性肝脏疾病。

C. 环境中的有毒物质并非对小白鼠的肝脏特别有害。

D. 在被研究的全部小白鼠中，仅有小部分暴露于低剂量的二氧化硫环境中。

E. 大多数小白鼠在暴露于低剂量的二氧化硫环境之后并没有受到伤害。

39、40题基于以下题干：

在一个古代的部落社会，每个人都属于某个家族，每个家族只崇拜以下五个图腾之一：熊、狼、鹿、鸟、鱼。这个社会的婚姻关系遵守以下法则：

崇拜同一图腾的男女可以结婚。

崇拜狼的男子可以娶崇拜鹿或鸟的女子。

崇拜狼的女子可以嫁崇拜鸟或鱼的男子。

崇拜鸟的男子可以娶崇拜鱼的女子。

父亲与儿子的图腾崇拜相同。

母亲与女儿的图腾崇拜相同。

39.崇拜以下哪项图腾的男子一定可以娶崇拜鱼的女子？

A.狼或鸟。

B.鸟或鹿。

C.鱼或鹿。

D.鸟或鱼。

E.狼或鱼。

40.如果某男子崇拜的图腾是狼，则他妹妹崇拜的图腾最可能是：

A.狼、鱼或鹿。

B.狼、鱼或鸟。

C.狼、鹿或熊。

D.狼、熊或鸟。

E.狼、鹿或鸟。

41.一般而言，科学家总是把创新性研究当作自己的目标，并且只把同样具有此种目标的人作为自己的同行。因此，如果有的科学家因为向大众普及科学知识而赢得赞誉，虽然大多数科学家会认同这种赞誉，但不会把这样的科学家作为自己的同行。

为使上述论证成立，以下哪项是必须假设的？

Ⅰ.创新性科学研究比普及科学知识更重要。

Ⅱ.大多数科学家以为普及科学知识不需要创新性研究。

Ⅲ.大多数科学家认为，从事普及科学知识不可能同时进行创新性研究。

A.只有Ⅰ。

B.只有Ⅱ。

C.只有Ⅲ。

D.只有Ⅱ和Ⅲ。

E.Ⅰ、Ⅱ和Ⅲ。

42.在接受治疗的腰肌劳损患者中，有人只接受理疗，也有人接受理疗与药物双重治疗。前者可以得到与后者相同的预期治疗效果。对于上述接受药物治疗的腰肌劳损患者来说，此种药物对于获得预期的治疗效果是不可缺少的。

如果上述断定为真，则以下哪项一定为真？

Ⅰ 对于一部分腰肌劳损患者来说，要配合理疗取得治疗效果，药物治疗是不可缺少的。

Ⅱ 对于一部分腰肌劳损患者来说，要取得治疗效果，药物治疗不是不可缺少的。

Ⅲ 对于所有腰肌劳损患者来说，要取得治疗效果，理疗是不可缺少的。

A. 只有Ⅰ。

B. 只有Ⅱ。

C. 只有Ⅲ。

D. 只有Ⅰ和Ⅱ。

E. Ⅰ、Ⅱ和Ⅲ。

43. 人类男女祖先"年龄"的秘密隐藏在Y染色体与线粒体中。Y染色体只从父传子，而线粒体只从母传女。通过这两种遗传物质向前追溯，可以发现所有男人都有共同的男性祖先"Y染色体亚当"，所有女人都有共同的女性祖先"线粒体夏娃"。研究人员对来自亚非拉等代表9个不同人群的69名男性进行基因组测序并比较分析，结果发现，这个男性共同祖先"Y染色体亚当"约形成于15.6万至12万年前。对线粒体采用同样的技术分析，研究人员又推算出这个女性共同祖先"线粒体夏娃"形成于14.8万年至9.9万年前。

以下哪项最适宜作为上述论述的推论？

A. "Y染色体亚当"和"线粒体夏娃"差不多形成于同一时期，"年龄"比较接近，"Y染色体亚当"可能还要早点。

B. 在15万年前，地球上只有一个男人"亚当"。

C. 作为两个个体，"亚当"和"夏娃"应该从未相遇。

D. 男人和女人相伴而生，共同孕育了现代人类。

E. 如果说"亚当"与"夏娃"繁衍出当今的人类，确实有一定的道理。

44. 最近10年，地震、火山爆发和异常天气对人类造成的灾害比数十年前明显增多，这说明，地球正变得对人类愈来愈充满敌意和危险。这是人类在追求经济高速发展中因破坏生态环境而付出的代价。

以下哪项如果为真，最能削弱上述论证？

A. 经济发展使人类有可能运用高科技手段来减轻自然灾害的危害。

B. 经济发展并不必然导致全球生态环境的恶化。

C. W国和H国是两个毗邻的小国，W国经济发达，H国经济落后，地震、火山爆发和异常天气所造成的灾害，在H国显然比W国严重。

D. 自然灾害对人类造成的危害，远低于战争、恐怖主义等人为灾害。

E.全球经济发展的不平衡所造成的人口膨胀和相对贫困，使得越来越多的人不得不居住在生态环境恶劣甚至危险的地区。

45.两位教授在讨论人造宇宙飞船的未来。

罗教授：人造宇宙飞船没有什么前途，因为在实现空间飞行的手段中，人造宇宙飞船在成本上最为昂贵。

周教授：没有哪一种人类的飞行器有过人造宇宙飞船这样好的安全记录：二十五年来只发生过两次事故。因此，人造宇宙飞船确实会很有前途。

以下哪项是对周教授针对罗教授观点所进行的论辩在逻辑上最好的评价？

A.如果周教授的论辩给出的证据是真实的话，他是试图证明罗教授的论据是错误的。

B.周教授的论辩提出了一个比罗教授的结论更有价值的观点。

C.周教授的论辩没有能够针对罗教授的观点，因为他没有能够揭示是否空间飞行可以先于宇宙飞行资金的筹集。

D.周教授的论辩没有针对罗教授的观点，因为他假定用人造宇宙飞船进行空间飞行没有任何其它的困难，而困难问题正是罗教授的观点。

E.周教授的论辩指出了罗教授的论据与结论之间的很大分歧。

46.一种确定物种起源的方法是比较有亲缘关系的物种的遗传物质。科学家们认为两个物种的遗传物质越是相似，它们从同一祖先分化出来的时间距今就越近。在比较了大熊猫、棕熊猫、浣熊、长鼻浣熊和所有七种熊的遗传物质之后，科学家们发现：熊类和浣熊是在3000万至5000万年之间分开的，棕熊猫是在此几百万年之后，在大熊猫从其他的熊类分出来的大约1000万年之前，从今天的浣熊和长鼻浣熊的祖先那分离出来的。

以上哪一项可以适当地从上文中推出？

A.大熊猫和棕熊猫的亲缘关系要比科学家起初认为的更接近。

B.科学家们现在认为大熊猫是第八种熊类动物。

C.在一定年限的误差下，确定不同物种的分离时间是可能的。

D.科学家们已经发现大熊猫在遗传上与熊类更相似而不是与浣熊更相似。

E.科学家们一致认为大熊猫和棕熊猫都与浣熊有同样的亲缘关系。

47.虽然菠菜中含有丰富的钙，但同时含有大量的浆草酸，浆草酸会有力地阻止人体对于钙的吸收。因此，一个人要想摄入足够的钙，就必须用其他含钙丰富的食物来取代菠菜，至少和菠菜一起食用。

以下哪项如果为真，最能削弱题干的论证？

A.大米中不含有钙，但含有中和浆草酸并改变其性能的碱性物质。

B.奶制品中的钙含量要远高于菠菜。许多经常食用菠菜的人也同时食用奶制品。

C.在烹饪的过程中，菠菜中受到破坏的浆草酸要略多于钙。

D.在人的日常饮食中，除了菠菜以外，事实上大量的蔬菜都含有钙。

E.菠菜中除了钙以外，还含有其他丰富的营养素，另外，其中的浆草酸只阻止人体对钙的吸收，并不阻止其他营养素的吸收。

48.科学家假设，一种特殊的脂肪，即"P-脂肪"，是视力发育形成过程中所必需的。科学家观察到，用含P-脂肪低的配方奶喂养的婴儿比母乳喂养的婴儿视力要差，而母乳中P-脂肪的含量高，于是他们提出了上述假说。此外还发现，早产5-6周的婴儿比足月出生的婴儿视力要差。

如果以下哪一项陈述为真，最能支持上述科学家的假设？

A.胎儿只是在妊娠期的最后4周里加大了从母体中获取的P-脂肪的量。

B.日常饮食中缺乏P-脂肪的成年人比日常饮食中P-脂肪含量高的成年人视力要差。

C.胎儿的视力是在妊娠期的最后3个月中发育形成的。

D.母亲的视力差并不会导致婴儿的视力差。

E.父母视力好的婴儿即使用含P-脂肪低的配方奶喂养，长大后他们的视力仍然好。

49、50题基于以下题干：

因为照片的影像是通过光线与胶片的接触形成的，所以每张照片都具有一定的真实性。但是，从不同角度拍摄的照片总是反映了物体某个侧面的真实而不是全部的真实，在这个意义上，照片又是不真实的。因此，在目前的技术条件下，以照片作为证据是不恰当的，特别是在法庭上。

49.以下哪项是上述论证所假设的？

A.不完全反映全部真实的东西不能成为恰当的证据。

B.全部的真实性是不可把握的。

C.目前的法庭审理都把照片作为重要物证。

D.如果从不同角度拍摄一个物体，就可以把握它的全部真实性。

E.法庭具有判定任一证据真伪的能力。

50.以下哪项如果为真，最能削弱上述论证？

A.摄影技术是不断发展的，理论上说，全景照片可以从外观上反映物体的全部真实。

B.任何证据只需要反映事实的某个侧面。

C.在法庭审理中，有些照片虽然不能成为证据，但有重要的参考价值。

D.有些照片是通过技术手段合成或伪造的。

E. 就反映真实性而言，照片的质量有很大的差别。

第二部分 论证有效性分析

51. 分析下述论证中存在的缺陷和漏洞，选择若干要点，写一篇600字左右的文章，对该论证的有效性进行分析和评论。

（论证有效性分析的一般要点是：概念特别是核心概念的界定和使用是否准确并前后一致，有无各种明显的逻辑错误，论证的论据是否成立并支持结论，结论成立的条件是否充分等。）

氟是地球上毒性最大的化学物质。它的腐蚀作用如此之大以至被用来蚀刻玻璃。有些人打算把这种物质放到饮用水中，这种想法真是疯狂绝伦。把氟加到水中，必将给我们的健康造成威胁。

进言之，许多医学组织也在反对此项做法。比如，得克萨斯医学协会便拒绝推荐氟化水。当然，不难解释为何有些医生对此褒奖有加。举例说来，氟化水的主要倡导者之一、州立大学医学院主任、营养学研究教授丹格医生，在过去六年间，从食品加工业、精制糖的利润、软饮料商，以及化学和药品的利润中获利高达35万美元。然而，每一个真正的营养学家都懂得，正是这些精制糖、软饮料、精制面粉使牙齿遭到毁坏。现在，这些食品的加工商们热衷于求助化学界帮他们掩盖这一事实。对此，难道还不会令人觉得不可思议吗？

52. 分析下述论证中存在的缺陷和漏洞，选择若干要点，写一篇600字左右的文章，对该论证的有效性进行分析和评论。

（论证有效性分析的一般要点是：概念特别是核心概念的界定和使用是否准确并前后一致，有无各种明显的逻辑错误，论证的论据是否成立并支持结论，结论成立的条件是否充分等。）

甲：有人以中医不为西方人普遍接受为由，否定中医的科学性，我不赞同。西方人普遍不能接受中医，是因为他们不理解中国的传统文化。

乙：西医是以科学研究为根据，科学研究的对象是普适的自然规律。因此，科学没有国界，科学的发展不受民族或文化因素的影响。把中医的科学地位归咎于西方科学界不认可中国文化，是荒唐的。

甲："科学是没有国界"是一个广为流传的谬误。如果科学真的没有国界，为什么外国制药公司会诉讼中国企业侵犯其知识产权呢？

乙：从科学的角度讲，现代医学以生物学为基础，而生物学建立在物理、化学等学科的基础之上。中医不以这些学科为基础，因此它与科学不兼容，只能说是伪科学。

甲：中医在中国有几千年的历史，治好了很多人，怎么能说它是伪科学呢？人们为什么崇尚科学，是因为科学对人类有用。既然中医对人类有用，凭什么说它不是科学？西医自然有长于中医的地方，中医也有长于西医之处。中医体现了对人体完整系统的把握、整体观念、系统思维，这是西医所欠缺的。

乙：我去医院看西医，人家用现代科技手段从头到脚给我检查一遍，怎么没有整体观念、系统思维呢？中医在中国居于主导地位的时候，中国人的平均寿命只有三十岁左右，现代中国人平均寿命是七十岁左右，完全拜现代医学之赐。

科学论证
逻辑与科学评价方法

Scientific Argumentation
Logic and Scientific Evaluation Method

答案与解析

（说明：以下答案与解析仅供参考。在规定时间内，第一部分论证推理，答对45题以上为优，答对35~45题为良，答对25~35题为一般，答对25题以下为差。第二部分论证有效性分析，得分45分以上为优，得分35~45分为良，得分30~35分为一般，30分以下为差。）

第一部分　论证推理

1.答案：D

题干需要解释的现象是：自身发光的恒星即使遥远有些也可以被光学望远镜"看到"，尽管行星自身不发光但可反射光，然而，太阳系外的行星大多无法"看到"。

D项表明，有些恒星没有被现有的光学望远镜"看到"，显然其行星所反射的光就更弱了，当然更不能"看到"了。这是个合理的解释，因此为正确答案。

其余选项均不能解释题干现象。其中，A项，现有的光学望远镜只能"看到"自身发光或者反射光的天体，而题干说行星是可以反射光的天体，那么就不能够解释太阳系外的行星大多无法用现有的光学望远镜"看到"。B项，太阳系外的行星距离遥远很少能将恒星光反射到地球上，但这并不意味着这些恒星及其行星不能被光学望远镜"看到"。C项，题干并未断定，太阳系外的行星体积不够大。

2.答案：B

为使题干论证成立，B项是必须假设的，否则，如果全世界生产的香蕉并非大部分产自规模香蕉园，那么，虽然规模香蕉种植园可以安全地使用这种杀菌剂，也推不出"全世界的香蕉产量大部分不会受到香蕉叶斑病的影响"这个结论。

其余选项是不需要假设的。比如D项，即使不是唯一的传染病，但只要是严重危害香蕉生长的传染病，不影响题干论证成立。

3.答案：C

该论证有下面的结构：

陈述的前提：圈养动物是更有意思的。

省略的前提：更有意思的动物是知识的更好来源。

陈述的结论：所以，圈养动物是知识的更好来源。

4.答案：D

选项D表明，干草浸液中含有一种耐高温的枯草杆菌，培养液一旦冷却，枯草杆菌的孢子就会复活，迅速繁殖。这就以另有他因的方式，有力地解释了普歇和巴斯德实验所得到的不同结果。

5.答案：D

题干断定新招聘的研究人员：或者具有副高以上职称的"引进人才"，或者是具有北京户籍的应届毕业的博士研究生。

可见，非应届毕业的博士研究生一定是具有副高以上职称的"引进人才"。

题干又断定，"引进人才"都居住在"牡丹园"小区。

因此，非应届毕业的博士研究生都居住在"牡丹园"小区。所以，D项正确。

其余选项都不能必然被推出。比如A项，题干只断定应届毕业的博士研究生都居住在博士后公寓，但应届博士研究生也有可能是副高以上职称。

6. 答案：E

题干陈述的反常现象是，通常长期在寒冷环境中可以有更强的抗寒能力，北方地区温度低于南方地区，但北方人抗寒能力不如南方人。

E项指出还有湿度差异，南方的寒冷气候不同于北方，所以来到南方的北方人不适应这种潮湿的寒冷。这从另一角度解释了上述现象。

7. 答案：B

由于任一动物个体的化石只能记录其一个特定的年龄段，而B项断定，对动物的性器官由发育到成熟的测定，必须基于对同一个体在不同年龄段的测定，因此，显然难以根据化石来确定原始人为类是否也有青春期，而由题干，化石又是研究原始人类的唯一根据，这就使得确定原始人类是否有青春期变得极为困难。可见，B项有力地陈述了题干所提及的这种困难的原因，能恰当地作为题干的后继。

其余各项作为题干的后继均不恰当。比如C项易被误选，许多考生会根据各种生物经历青春期的最低的生长速度不同，推出无法知道它们是否经历青春期的结论；这种推理是错误的，因为虽然生物的种类不同，可以区别对待，但是还是可以验证几种生物是否经历青春期的。

8. 答案：D

把题干条件表达如下：

① A→B∧C；

② E→¬D∧¬C，其等价于：D∨C→¬E；

③ E←F，其等价于：¬E→¬F；

④ A。

联立以上条件，可得：A→B∧C→¬E→¬F。

可见D项正确。

9. 答案：D

题干中动物保护组织的观点是：蝙蝠之所以让人觉得可怕和遭到捕杀，是因为这些羞怯的动物在夜间表现得特别的活跃。

D项如果为真，则对上述观点提出了一个有力的反例：浣熊和食蚊雀，都是在夜间特别活跃的羞怯动物，但在人们的印象中一般并没有恐怖的印象，因而是题干的观点的有力质疑。

10. 答案：D

题干对无毒蛇和链蛇相似的体表花纹这一现象的解释是：无毒蛇为了保护自己，在进化过程中逐步变异为具有和链蛇相似的体表花纹。

D项是上述解释的假设，否则，如果捕猎者并不避免捕捉剧毒的链蛇，那么，无毒蛇在进化过程中即使变异为具有和链蛇相似的体表花纹，也起不到保护自己的作用了。

其余选项都不是假设。其中，选项A和B所作的断定都会削弱题干解释的说服力。选项C和E虽然不会削弱题干解释的说服力，但不会增加这种说服力。

11. 答案：C

尽管生产成本更昂贵，由于其他开支的节省可以使定制的骨替代物成为节省成本的选择。为评论该论述，必须决定这些节省能否抵消增加的成本，因此需要研究期望的再次住院需要减少的情况，选项C是正确答案。

该论述并不要求研究手术与恢复时间的比率，因此A项不合适；过去和将来的成本变化与评论一项建立在目前计划的成本基础上的论述无关，因此选项B和E不合适；最后，由于研究生产定制替代物的仔细程度自身不能提供关于成本的信息，选项D也不正确。

12. 答案：B

对于任一青少年，令P表示"智力受到了有效的开发"，Q表示"勤于思考"，R表示"摄入了足够的脑细胞生长所需要的营养素"，S表示"服用了足量的125健脑素"。根据题意，用推理形式表示如下：

① $P \rightarrow Q \wedge R$；

② $S \rightarrow R$

推断 I 的形式是：$Q \wedge S \rightarrow P$。从题干条件推不出 I 成立。

推断 II 的形式是：$P \wedge \neg S \rightarrow Q$。因为Q是P的必要条件，所以，由P就可推出Q，既然由P单独就能推出Q，那么由P加上非S这个条件，当然也能推出Q。因此，推断 II 成立。

推断 III 的形式是：$Q \wedge \neg P \rightarrow \neg R$。从题干条件推不出 III 成立。

13. 答案：D

题干观点：由于老年人所需的维生素和微量元素较多，所以老年人应该食用保健品或者比年轻人更多的含有维生素和微量元素的食物。

题干的议论要成立，需要满足一个条件，即年轻人的日常食物中的维生素含量，并没有较多地超过人体的实际需要。D项正是针对这个假设，对于评判题干至关重要。对D进行肯定回答，即：如果年轻人的日常食物中的维生素含量，实际上较多地超过人体的实际需要，那么，老年人只要维持年轻时的日常食物就可以了，无需补充维生素了，这样题干的议论就不能成立。对D进行否定回答时，意味着老年人很可能的确需要摄入更多的食物来满足需要，支持题干论述，因此，D正确。

题干主要讨论维生素和微量元素的问题，A为明显无关比较，排除；

题干提供了保健品和食物两种选择，任选其一即可，B起不到评价作用，排除；

无论后果如何只要有不利后果就应该避免，C为明显无关选项，排除；

题干提供了保健品和食物两种选择，即使保健品有副作用，也可以通过选择食物来满足维生素的需要，E排除。

14.答案：D

小陈的结论是：远离太阳的彗星出现这样的闪烁光必然是不寻常的现象。其论据是：过去人们从来没有观察到这样的闪烁光。

小王不同意小陈的结论，认为远离太阳的彗星出现这样的闪烁光是寻常的现象，因为这种现象早已存在，只不过以前人们观察得不够持续和细心罢了。

可见小王并不否定小陈的论据所陈述的情况存在，只是对这一情况作出了另一种解释，基于这一解释，可得出与小陈不同的结论。因此，D项准确地概括了小王反驳小陈的观点所使用的方法。

15.答案：B

题干断定：

所有值得拥有专利的产品或设计方案都是创新，所有模仿都不是创新。

由此可知：所有值得拥有专利的产品或设计方案都不是模仿。

因此，"有些值得拥有专利的产品是模仿"是不可能的。

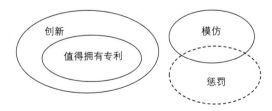

16.答案：E

题干给出两个事实：第一，陨石爆炸威力相当于核爆炸；

第二，计算机程序控制的自动系统对于未预料到的情况的反应是无法预测的。

如果该防御系统的设计者没有考虑到大陨石爆炸这种偶然性，这种爆炸，从该系统来看，是一种未预料的情况，该系统对这种爆炸的反应相应是无法预测的，因此，E项是正确答案。

其余选项均不能合理地推出。其中，A项中的核战争在题干中根本没有提到。B项，陨石的爆炸与该自动系统没有必然的联系。C项，题干根本没提到该系统是否能分辨陨石爆炸与原子弹爆炸。D项，其叙述内容也超出题干范围。

17. 答案：C

如果C项为真，则由于与引起精神分裂症有关的大脑区域的发育大部分发生在产前一个月，又由于冬季因难以买到新鲜食品易使临产的孕妇营养不良，因此，冬季出生的婴儿易患先天性精神分裂症。这就支持了题干中专家的结论。

其余各项均不支持题干。比如A项为无关项，因为题干已经限定是对北方山区先天性精神分裂症患者的调查统计。

18. 答案：A

题干的错误推理式是：如果P，那么Q。因此，如果非P，那么非Q。

A项的推理也犯了与题干同样的错误。

19. 答案：B

题干根据古岩石中的真足蛇化石进行了扫描，结果推出真足蛇的足部在当时已呈现出退化的趋势，得出了隐含的结论：蛇是由有脚动物蜥蜴进化而来的。由此可见，B项最能支持学者的观点。

其余选项都不正确，比如，D项把意思说反了。

20. 答案：C

题干论述：针对某项实验的结果，某科学家重复这项实验所得到的结果与原结果不同；科学家由此认为，最初实验的测量方法是错误的。

两次实验的结果不同，至少有一次实验的结果有问题。科学家要想推出第一次的实验结果是由错误的测量方法造成的，他必须假设第二次实验的测量方法是正确的，并且第二次实验的结果是没有问题的。可见，C项是该科学家推理的假设，否则，如果重复实验的测量方法是错误的，那么，就不能断定：最初的实验结果是由错误的测量方法造成的。

A项是个干扰项。因为即使一项实验的结果是正确的，而在相同条件下进行实验，如果测量方法不同，也不能得到相同的结果。

21. 答案：E

如果E项为真，说明虽然蟹自身有适应污染水质的生存能力，但是因为其主要食物来源蓝藻无法在污染水质中存活而难免受到生存威胁，因此，沿岸的捕蟹业和蟹类加工业将极可能和渔业一样受到淮河中下游水质恶化的严重影响。这就严重削弱了题干的论证。

22.答案：D

题干论述：因为免疫活力低的人精神健康也差，所以免疫系统防御生理疾病，也防御精神疾病。

D项是题干论证必需的假设，否则，如果精神疾病会导致人的免疫系统活力的降低，意味着题干所述现象有因果倒置的可能，即不是免疫系统活力低下导致精神疾病，而是精神疾病导致免疫系统活力低下，削弱题干论述。因此，该项为正确答案。

其余选项均不是研究者所依赖的假设，其中，A项类似对题干的重复，并且题干只讨论免疫活力低的人，免疫系统活力高的人不是必须的条件。B项没有涉及免疫系统，为无关选项。C项可以是题干的推论但不是假设。E项为明显无关选项。

23.答案：E

E项表明，精神疾病会导致人的免疫系统活力的降低，意味着题干所断定的因果关系可能是因果倒置的，即不是免疫系统活力低下导致精神疾病，而是精神疾病导致免疫系统活力低下，这就严重地削弱了研究者的结论，因此为正确答案。

其余选项均不妥，其中，A、B、D都是明显无关选项。C项不影响题干结论，因为少数特例不能影响总体趋势，而且题干讨论的是免疫系统活力低下的人和正常人或活力高的人的比较。

24.答案：E

根据题干，既然A、C不能识别颜色，因此识别颜色的工作只能由B做；既然B、C不能识别形状，因此识别形状的工作只能由A做。

既然大多数实验室里都要做识别颜色和识别形状的实验。因此，大多数实验室里都要同时有A和B。所以，E项断定一定为假。

25.答案：C

题干先表明了环境学家提出的办法不可行，然后进一步指出预言一种动物对于人类的价值也不可能。选项C恰当地概括了题干中作者的主要论点。

选项A、B、D为无关选项。

题干只是说，评价一种动物的具体价值是不可能的，并没有说评价动物对人类是否重要是不可能的，因此，选项E不能完全概括作者的观点。

26.答案：D

甲一会儿说应该种小麦，一会儿说不应该种小麦。因此，甲犯了"自相矛盾"的逻辑错误，A淘汰；

乙对甲说："你的两种意见，我都不同意。"种不种小麦乙都反对，违反了排中律，因此，乙犯了"两不可"的逻辑错误，B、E排除；

乙对丙、丁两人的说法没有违反排中律，不存在逻辑错误。因此，D为正确答案。

27. 答案：E

根据②"雨"都在春季，说明"雨水"在春季，

结合④得到，"霜降"在秋季，

再结合③得到，"清明"在春季。

而E选项"清明"是第三个，属于夏季，这是不可能的。

其余选项都有可能成立，比如，A项，由④"霜降"在秋季则"雨水"在春季，但题目只列了两个节气，并没有列出全部。所以，A项并非不可能。

28. 答案：B

题干通过小鼠的试验，得出结论：研制GluA1类药物可以帮助人们删除痛苦或恐惧等不好的记忆，只留下快乐时光。

选项B，对杏仁体的解释，补充说明题意，无法构成质疑，因此为正确答案。

其余选项均能质疑题干结论，其中：

选项A，小鼠跟人不一样，那么对小鼠管用但对人不一定管用，直接构成质疑。

选项C，GluA1删除了恐怖记忆，也删除了自我保护的记忆，那就不能做到只留下快乐时光，质疑结论。

选项D，长期服用GluA1药物可能导致健忘症，说明快乐时光也可能不能留下，质疑结论。

29. 答案：A

题干结论依赖的条件很充分，如果题干中有关两套检查系统的陈述是正确的，那么根据这些条件就必然能得到题干的结论。可见，题干论证是演绎论证，其结论是有效的。因此，A项是正确答案。

其余选项不妥，其中，B和C是对归纳推理的概括；E是误把必要条件作为充分条件的概括；D指的是循环论证。

30. 答案：B

如果B项的断定为真，则由于海豚发出的滴答声，不能使它的猎物感知，更谈不上使其感官超负荷从而被击晕，因此，海洋生物学家的推测显然不能成立。其余各项均不能构成质疑。

31. 答案：B

根据题意，天山植被形态，由低到高排列如下：

由条件①：荒漠、森林带、冰雪带；

由条件②③：荒漠、山地草原、森林、山地草甸；

由条件④：山地草甸草原、山地草甸、高寒草甸；

B项：高寒草甸比山地草甸低，这违背条件④，因此是不可能的。

从左到右由低到高排列可确定的如下表：

荒漠	森林带、冰雪带	
	山地草原、森林带	山地草甸、高寒草甸
山地草甸草原		

其余选项都是可能的排列。

32. 答案：D

如果D项的断定为真，说明吃鱼有助于预防心脏病，是由于鱼油中所含的"奥米加-3"脂肪酸经过了与鱼体内某些物质的化合而具有了疗效；但保健品胶囊中所含的"奥米加-3"脂肪酸完全可能缺少这种特殊的化合而不具有疗效。这就有力地削弱了题干的论证。

其余各项对题干的论证都有所削弱，但力度显然不如D项。

33. 答案：E

专家观点：百舌鸟数量下降可能是因为一种新的更有效的杀虫剂的使用限制了百舌鸟所捕食的昆虫的种类。

问题是要求评价，就是寻找一个在肯定或否定状态下支持题干而相反状态下削弱题干结论的选项。

A项在肯定回答状态下削弱专家观点，否定回答状态下支持专家观点，起到了评价作用。

B项在肯定回答状态下削弱专家观点，否定回答支持专家观点，起到了评价作用。

C项的肯定回答支持专家观点，否定回答削弱专家观点，起到了评价作用。

D项的肯定回答支持专家观点，否定回答削弱专家观点，起到了评价作用。

E项，大多数人的观点如何明显不影响专家的结论，起不到评价作用，因此为正确答案。

34. 答案：E

题干断定：连续使用大剂量的杀虫剂会产生两种危害。

可见，解决此问题的方法就应该是，不要连续使用大剂量的杀虫剂，但又要达到杀虫目的，那么，最好就是周期性地使用不同种类的杀虫剂。因此，E为正确答案。

A项对解决问题无用，B项做法非常消极，C项的副作用可能更大，D项比较荒谬，均排除。

35.答案：D

矿工1：设

矿工2：违∧¬设

矿工3：设→违

矿工4：设∧¬违

矿工3和矿工4的断定互相矛盾，其中必有一真一假。

又只有一人的断定为真，因此，矿工2和矿工1的断定为假。

由矿工1的断定假，可知：造成事故的原因不是设备问题。

由矿工2的断定假，可知：或者没有人违反操作规程，或者是设备问题

由上述两个推断，¬设∧（¬违∨设），可推知：没有人违反操作规程。

既然造成事故的原因不是设备问题，那么矿工4说"发生事故的原因是设备问题"就为假，因此矿工3的断定为真。所以，D项正确。

36.答案：B

题干的实验运用的是差异法。在运用差异求因果联系时，必须保持背景条件的相同。在上述实验中，考察的是进食量的差异，除此以外，其他实验条件应当相同。而B、C项都表明了背景因素不同，都能削弱题干。

如果B项为真，能有力地说明硕鼠患血癌的原因，极可能与进食量无关，而与进食的食物有关，这就有力削弱了题干的实验结论。由于B项直接点明了食物与血癌的关系，因此，削弱力度要大于C项所指的体质差异。

37.答案：E

题干断定：

① 如果某一种口语非常地有效，那么它的每一个基本音素的所有可能排列都能组成一可被理解的单词。

② 如果人类的听觉系统不是一个完善的声音接收器，那么一种口语的基本音素的每一个可能的排列不可能都能构成一个可被理解的单词。

从而可得出结论：如果人类的听觉系统不是一个完善的声音接收器，由②和①的逆否命题联立可以推出，那么它就不可能非常地有效。也即E为正确答案。

其余选项都不能从题干的论证中合理地推出，比如，D项是②的否命题，与题意不等价。

38. 答案：D

题干陈述：暴露在二氧化硫中的小白鼠，65%死于肝功能紊乱；所有死于肝功能紊乱的小白鼠中，90%并没有暴露在任何有毒的环境中。

这两个统计数据似乎有矛盾，但实质上是两个含义，并无矛盾之处。若D项为真，即在被研究的全部小白鼠中，仅有小部分暴露于低剂量的二氧化硫环境中，就为上述统计数据差异提供合理的解释。

其余选项均起不到解释作用。

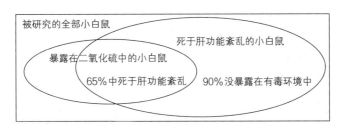

39. 答案：D

由题干条件"崇拜同一图腾的男女可以结婚"，因此崇拜鱼的男子可以娶崇拜鱼的女子。

再由题干条件"崇拜鸟的男子可以娶崇拜鱼的女子"，因此，崇拜鸟或鱼的男子可以娶崇拜鱼的女子。所以，D项成立。其余各项均不成立。

40. 答案：E

如果某男子崇拜的图腾是狼，则他父亲崇拜的图腾也是狼。由条件，崇拜同一图腾的男女可以结婚，并且崇拜狼的男子可以娶崇拜鹿或鸟的女子，因此，他母亲崇拜狼、鹿或鸟。又由条件，母亲与女儿的图腾崇拜相同，因此，他妹妹崇拜狼、鹿或鸟。

41. 答案：D

题干断定：第一，科学家只把同样具有创新性研究目标的人作为自己的同行。

第二，大多数科学家虽然会认同普及科学知识而赢得的赞誉，但不会把这样的科学家作为自己的同行。

为使题干的论证成立，II项和III项是必须假设的，否则，如果在大多数科学家看来，普及科学知识同样需要或者可以同时进行创新性研究，那么他们就没有理由不把从事科普的科学家看作自己的同行。

题干的论证涉及的是科学家的观点。有理由认为，题干的论证需要假设：大多数科学家认为，创新性科学研究比普及科学知识更重要。但我们不能知道，大多数科学家的观点一定成立。即题干不需要假设：（事实上）创新性科学研究比普及科学知识更重要。因此，Ⅰ项不是必须假设的。

42.答案：D

题干断定：

第一，对于一部分腰肌劳损患者来说，只接受理疗，而不用药物，可以得到预期治疗效果。因此，Ⅱ项必然为真。

第二，对于另一部分腰肌劳损患者来说，接受理疗与药物双重治疗可以得到预期治疗效果，此种药物对于这些患者获得预期的治疗效果是不可缺少的。因此，Ⅰ项必然为真。

题干并没有断定，对所有腰肌劳损患者来说，要取得治疗效果都必须理疗。因此，Ⅲ项不必然为真。

所以，正确答案选D。

43.答案：A

题干陈述：男性共同祖先"Y染色体亚当"约形成于15.6万至12万年前，女性共同祖先"线粒体夏娃"形成于14.8万年至9.9万年前。从中显然可以推出A项。

题干并没涉及具体的"亚当"与"夏娃"，因此，B、C、E项均推不出。至于D项，虽然符合事实，但不是题干推论出的。

44.答案：E

题干的结论是：人类破坏生态环境而付出代价。根据是：最近10年，地震、火山爆发和异常天气对人类造成的灾害比数十年前明显增多。

如果E项为真，则有助于说明：最近10年，地震、火山爆发和异常天气对人类造成的灾害比数十年前明显增多的原因，不在于生态环境本身的恶化，而在于越来越多的人不得不居住在生态环境恶劣甚至危险的地区，这不属于因破坏生态环境而付出的代价。这就有力地削弱了题干的论证。

其余各项均不能削弱题干的论证。其中，选项C所提及的W国和H国是两个毗邻的小国，而地震、火山爆发和异常天气所涉及的是大生态环境，因此，对二者的经济发展和受灾状况进行比较，对于揭示经济发展和生态环境的关系几乎没有意义。

45.答案：D

罗教授认为：人造宇宙飞船没前途的理由是成本昂贵。

周教授认为：人造宇宙飞船很有前途的理由是非常安全。

可见，周教授的论辩没有针对罗教授的观点，因为他假定用人造宇宙飞船进行空间飞行没有任何其它的困难，而困难问题正是罗教授所认为的成本昂贵。因此，D项正确。

46.答案：D

题干首先提出一普遍性的理论：两个物种的遗传物质越是相似，它们从同一祖先分化出来的时间距今就越近。

然后举出了一个具体的例子：在熊类和浣熊分开几百万年之后，棕熊猫与浣熊分开，大熊猫与其他的熊类分开的时间比棕熊猫还要晚。

根据题干提出的理论，可合理地推出：大熊猫在遗传上与熊类更相似而不是与浣熊更相似，因此，D项为正确答案。

其余选项均推不出。A项，题干没有描述科学家起初如何认为。B项，题干没有提及大熊猫是第几种熊类。C重复了题意，但不是推论。E是明显的错误选项。

47.答案：A

题干结论：必须吃其他含钙丰富的食物（取代菠菜或和菠菜一起食用）。

理由：虽然菠菜中含有丰富的钙，但含有大量能阻止人体吸收钙的浆草酸。

如果A项的断定为真，则说明在大米和菠菜一起食用时，既摄入了足够的钙，又没有用其他含钙丰富的食物来取代菠菜，或和菠菜一起食用。这就有力地削弱了题干的论证。

C项对题干有所削弱，但力度很小。因为即使菠菜在烹饪中受到破坏的浆草酸要略多于钙，如果原来浆草酸要远远多于钙，那么，菠菜里面剩下的钙还是不能被吸收。

其余各项均不能削弱题干。

48.答案：A

科学家的假设：P-脂肪是视力发育形成过程中所必需的。

其根据一：用含P-脂肪低的配方奶喂养的婴儿比母乳喂养的婴儿视力要差，而母乳中P-脂肪的含量高。

其根据二：早产5-6周的婴儿比足月出生的婴儿视力要差。

A项，胎儿只是在妊娠期的最后4周里加大了从母体中获取的P-脂肪的量，这就和根据二结合起来支持了科学家的假设。

其余选项均起不到有效的支持作用。比如，B项，成年人不涉及视力发育形成过程，为无关项。C项，起不到有效的支持作用。D项，支持力度也不明显。

49.答案：A

题干断定，一张照片只反映一定的真实性而不能反映全部的真实。如果A项为真，即不完全反映全部真实的东西不能成为恰当的证据。从而可以合理地得出结论：照片作为证据是不恰当的。因此，A为题干论证的假设。

50. 答案：B

题干论证：照片只反映一定的真实性而不能反映全部的真实，因此，照片作为证据是不恰当的。其隐含的假设即是：不完全反映全部真实的东西不能成为恰当的证据。

如果B项为真，即：任何证据只需要反映事实的某个侧面。这就否定了题干论证的隐含假设。因此，有力地削弱了题干论证。

第二部分　论证有效性分析

51. 上文的逻辑结构与主要逻辑缺陷分析如下：

		原文	逻辑缺陷分析
论题		拒绝氟化水	
论证过程	1	氟是地球上毒性最大的化学物质。……把氟加到水中，必将给我们的健康造成威胁	混淆了"氟"和"氟化水"这两个不同的概念
	2	许多医学组织也在反对此项做法。比如，得克萨斯医学协会便拒绝推荐氟化水	没有提供具体提供是哪些医学组织，为何反对的具体证据。拒绝推荐不一定就是反对，不能非黑即白，也可能虽然不推荐但并不反对且也是一种态度
	3	不难解释为何有些医生对此褒奖有加。举例说来，氟化水的主要倡导者之一、州立大学医学院主任、营养学研究教授丹格医生，在过去六年间，从食品加工业、精制糖的利润、软饮料商，以及化学和药品的利润中获利高达35万美元	即使倡导氟化水的丹格医生获得了丰厚商业利润，这一事实与是否应该拒绝氟化水并没有内在的因果联系
	4	正是这些精制糖、软饮料、精制面粉使牙齿遭到毁坏。现在，这些食品的加工商们热衷于求助化学界帮他们掩盖这一事实	该说法显然不能说明氟化水有毒，更不能作为拒绝氟化水的理由，反而有助于说明氟化水可能有利于保护牙齿等好处

【参考范文】

《拒绝氟化水的理由不足》

上文作者的观点是拒绝氟化水，但其提供的理由不足，使其论证不能使人信服。

首先，文章开头就混淆了"氟"和"氟化水"这两个不同的概念。显然，从氟有毒不能推论氟化水一定有毒。事实上，氟化水指的是含氟化物的水。若水中氟化物的含量在一定程度内，也许不仅对人体无毒，反而可能对人体有益。

其次，作者提出，许多医学组织反对氟化水，并没有提供具体是哪些医学组织，为何反对的具体证据。作者仅举了一例，得克萨斯医学协会便拒绝推荐氟化水。但是得克萨斯医学协会不能代表所有的医学组织，而且，拒绝推荐不一定就是反对，不能非黑即白，也可能虽然不推荐但并不反对且也是一种态度。

再次，作者认为，推荐或提倡使用氟化水的人是打算从中渔利，并以丹格医生从中获利来说明。这一论证具有诉诸人身的谬误之嫌，论证的焦点应该是氟化水对人类是有益还是有害，而不在于丹格医生的人品、动机和利益。即使倡导氟化水的丹格医生获得了丰厚商业利润，这一事实与是否应该拒绝氟化水并没有内在的因果联系。

最后，作者论述，在精制食品使牙齿遭到毁坏的情况下，这些食品的加工商们热衷于求助化学界帮他们掩盖这一事实。该说法显然不能说明氟化水有毒，更不能作为拒绝氟化水的理由，反而有助于说明氟化水可能有利于保护牙齿等好处。

总之，上述论证没有充分提供氟化水有害健康的合理理由，因此，作者认为应该拒绝氟化水的观点不具有说服力。

52.上文的逻辑结构以及主要逻辑缺陷分析如下。

		原文	逻辑缺陷分析
论题		中医是否科学？	
论证过程	1	甲：西方人普遍不能接受中医是因为他们不理解中国的传统文化	犯了虚假理由的错误，中医是否科学取决于科学的标准，而不取决于文化的标准
	2	乙：把中医的科学地位归咎于西方科学界不认可中国文化，是荒唐的	这一观点无误
	3	甲："科学没有国界"是一个广为流传的谬误。如果科学真的没有国界，为什么外国制药公司会诉讼中国企业侵犯其知识产权呢？	概念混淆，"科学有无国界"和"知识产权有无国界"完全是两回事

		原文	逻辑缺陷分析
论证过程	4	乙：从科学角度讲，现代医学以生物学为基础，而生物学建立在物理、化学等学科基础之上。中医不以这些学科为基础，因此，它与科学不兼容，只能说是伪科学	乙在断定"中医是伪科学"这一结论时，理由是不充分的。现代的中医虽然不以生物学等学科为基础，但现代科学的研究方法及其成果在中医中也有应用，因此不能说中医与科学不可兼容。而伪科学是把非科学一定要说成科学，而中医并未强调自己具有严格的科学性，所以，不能认为中医是伪科学
	5	甲：既然中医对人类有用，凭什么说它不是科学？中医体现了对人体完整系统的把握，整体观念、系统思维，这是西医所欠缺的	甲认为"既然中医对人类有用，就应当说中医是科学的"，这一推理必须假设：凡是有用的都是科学。而该假设不正确。而且，甲所认为的中医的长处，如强调整体观念、系统思维，并不能表明中医本身就是科学的，因为人的观念和思维方式不是判定科学的标准（科学的标准包括证据支持、客观性、完整性等）
	6	乙：我去医院看西医，人家用现代科技手段从头到脚给我检查一遍，怎么没有整体观念、系统思维呢？中医在中国居于主导地位的时候，中国人的平均寿命只有三十岁左右，现代中国人平均寿命是七十岁左右，完全拜现代医学之赐	乙认为西医具有整体观念、系统思维的理由是西医可以进行全身检查，这一推理曲解了"整体观念"和"系统思维"这两个概念。另外，乙通过对比，过去中医占主导时中国人均寿命很短，而现代中国人均寿命很长，得出结论"这完全拜现代医学之赐"。显然，这一推理存在明显的漏洞，犯了单因论的错误

【参考范文】

《一场缺乏说服力的辩论》

上文就"中医是否科学"这一论题，甲乙双方展开了论辩。甲认为，中医是科学；乙认为，中医是伪科学。为此，双方进行了针锋相对的辩论，但双方在辩论中都存在诸多逻辑漏洞，现分析如下。

首先，甲认为，西方人不能普遍接受中医是因为他们不理解中国的传统文化。这犯了虚假理由的错误，中医是否科学取决于科学的标准，而不取决于文化的标准。

其次，甲根据外国制药公司诉讼中国企业侵犯其知识产权，来反驳乙的"科学无国界"论，是严重的概念混淆，"科学有无国界"和"知识产权有无国界"完全是两回事。科学无国界是指，科学知识全人类都可以无国界地学习效仿，科学成果最终也由全人类无国界的分享。知识产权是指权利人对其所创作的智力劳动成果所享有的专有权利，一般只在有限时间内有效，目的是为了更好地保护知识产权权利人的利益，知识产权在有限的保护期内是有国界的。

再次，乙在断定"中医是伪科学"这一结论时，理由是不充分的。现代的中医虽然不以生物学等学科为基础，但现代科学的研究方法及其成果在中医中也有应用，因此，不能说中医与科学不兼容。而且，即使传统中医不是以生物学、物理、化学等学科为基础，也不能简单地判断中医是伪科学。当然，传统中医没有采用科学的手段、方法等，应该不属于严格的科学，但其中存在科学的成分，也包含不科学的成分。可以认为，中医并不属于严格的科学，但伪科学是指把非科学一定要说成科学，而中医并未强调自己具有严格的科学性，所以，不能认为中医就是伪科学。

另外，甲认为"崇尚科学是因为科学对人类有用。既然中医对人类有用，就应当说中医是科学的"，这一推理必须假设：凡是有用的都是科学。而该假设不正确，因为有用的未必是科学，所以这一推理不恰当。而且，甲所认为的中医的长处，如强调整体观念，系统思维，并不能表明中医本身就是科学的，因为人的观念和思维方式不是判定科学的真正标准。

最后，乙认为西医具有整体观念、系统思维的理由是西医可以进行全身检查，这一推理曲解了"整体观念"和"系统思维"这两个概念。一般来说，"整体"或"系统"应该是各个部分或各个要素的有机组合，各个部分或各个要素是相互联系和相互影响的，而并不是各个部分或要素的简单相加。另外，乙通过对比，过去中医占主导时，中国人均寿命很短，而现代中国人均寿命很长，得出结论"这完全拜现代医学之赐"。显然，这一推理存在明显的漏洞，犯了单因论的错误。因为过去人均寿命短也许是战争、自然灾害、生活水平低等诸多原因造成的，现代人人均寿命长也许是和平、抗自然灾害能力的提高、生活水平的提高等诸多原因造成的，因此，人均寿命的提高不能说明一定是西医的功劳，也即人均寿命的提高不一定和中医的非科学性有关。

综上所述，由于甲乙两人在论辩过程中存在诸如此类的逻辑问题，所以，就"中医是否科学"这一论题，双方相互对立的观点都缺乏说服力。

参考文献

[1] 周建武. 逻辑学导论——推理、论证与批判性思维. 2版. 北京:清华大学出版社. 2021.

[2] 周建武. 论证有效性分析——逻辑与批判性写作指南. 北京:清华大学出版社. 2016.

[3] 周建武, 武宏志. 批判性思维——逻辑原理与方法. 北京:清华大学出版社. 2015.

[4] 周建武. 科学推理——逻辑与科学思维方法. 2版. 北京:化学工业出版社. 2020.

[5] 武宏志. 论证型式. 北京:中国社会科学出版社. 2013.

[6] 武宏志. 批判性思维. 北京:高等教育出版社. 2016.

[7] 武宏志, 张志敏, 武晓蓓. 批判性思维初探. 北京:中国社会科学出版社. 2015.

[8] 武宏志, 周建武. 批判性思维——论证逻辑视角. 北京:中国人民大学出版社. 2010.

[9] 武宏志, 周建武, 唐坚. 非形式逻辑导论. 北京:人民出版社. 2009.

[10] 谷振诣. 批判性思维教程. 北京:北京大学出版社. 2006.

[11] 董毓. 批判性思维原理和方法——走向新的认知和实践. 北京:高等教育出版社. 2010.

[12] 熊明辉. 逻辑学导论. 上海:复旦大学出版社. 2011.

[13] 杨本洛. 科学本原与科学方法论的若干逻辑反思. 上海:上海交通大学出版社. 2014.

[14] 刘润泽. 科学探索逻辑. 北京:西苑出版社. 2012.

[15] [美]赫尔利著. 简明逻辑学导论. 10版. 陈波等译. 北京:世界图书出版公司. 2010.

[16] [英]斯特拉. 科特雷尔著. 批判性思维训练手册——透视西方大学经典思维训练法. 李天竹译. 北京:北京大学出版社. 2012.

[17] [美]保罗著. 批判性思维工具. 原书. 3版. 侯玉波译. 北京:机械工业出版社. 2013.

[18] [美]摩尔, 帕克著. 批判性思维. 原书. 10版. 朱素梅译. 北京:机械工业出版社. 2015.

[19] [美]柯匹, 科恩著. 逻辑学导论. 第11版. 张建军等译. 北京:中国人民大学出版社. 2007.

[20] [美]T. 爱德华·戴默著. 刀尔登等译. 好好讲道理:反击谬误的逻辑学训练. 杭州:浙江大学出版社. 2014.

[21] [美]吉尔(Giere. B. N.)等著. 理解科学推理. 邱惠丽等译. 北京:科学出版社. 2010.

[22] [美]苏珊·怀斯·鲍尔著. 极简科学史. 徐彬等译. 北京:中信出版社, 2016.

[23] [英]戴维·伍著. 科学的诞生:科学革命新史. 刘国伟译. 北京:中信出版社, 2018.

[24] David Hitchcock. "The Concept of Argument and Informal Logic", in Philosophy of Logic, Dale Jacquette (ed.), Amsterdam: Elsevier, 2007: 101 – 129.

[25] A Rulebook for Arguments. 5th edition. Anthony Weston. Hackett Publishing Company, Inc, 2017.

[26] A Workbook for Arguments. 2nd edition. David R. Morrow & Anthony Weston. Hackett Publishing Company, Inc, 2015.

[27] Lunsford, Andrea and John Ruszkiewicz. Everything's an Argument. Bedford Books, 1998.

[28] Copi, Irving M. and Carl Cohen. Introduction to Logic. Prentice Hall, 1998.

[29] Hurley, Patrick J. A Concise Introduction to Logic. Thornson Learning, 2000

[30] Takao, A. Y., & Kelly, G. J. (2003). Assessment of evidence in university students' scientific writing. Science & Education, 12, 341 – 363.

[31] wallace, C.Hand,B.& Yang,E.The Science Writing Heuristic: Using Writing as a Tool for Learning In Supporting Undergaraduate Science Students In Constructing Arguments Around Socioscientific Issues [J]. International Journal of Science Education 2014,36(9):1412－1433.

[32] Driver, R., Newton, P., & Osborne, J. (2000). Establishing the norms of scientific argumentation in classrooms. Science Education, 84, 287－312.

[33] Bell, P., & Linn, M. C. (2000). Scientific arguments as learning artifacts: designing for learning from the web with KIE. International Journal of Science Education, 22, 797－817.

[34] Osborne,J.F.,Patterson,A.Scientific Argument and Explanation:A Necessary Distinction？ [J]. Science Education,2011(5).

[35] Hand, B., Wallace, C. W., & Yang, E. (2004). Using a science writing heuristic to enhance learning outcomes from laboratory activities in seventh－grad science: quantitative and qualitative aspects. International Journal of Science Education, 26(2), 131－149.

（此处列出的仅为主要参考文献，其余参考书目未一一列举，在此一并致谢！）